Die Partnerschaftsgesellschaft mit beschränkter Berufshaftung (PartG mbB) als gesetzgeberische Zwischenstation der Liberalisierung des Gesellschaftsrechts Freier Berufe

Saarbrücker Studien
zum Privat- und Wirtschaftsrecht

Herausgegeben von Johann Paul Bauer,
Michael Martinek (geschäftsführender Herausgeber)
und Helmut Rüßmann

Band 86

PL ACADEMIC RESEARCH

Martin Kienzler

Die Partnerschaftsgesellschaft mit beschränkter Berufshaftung (PartG mbB) als gesetzgeberische Zwischenstation der Liberalisierung des Gesellschaftsrechts Freier Berufe

PL ACADEMIC RESEARCH

Bibliografische Information der Deutschen Nationalbibliothek
Die Deutsche Nationalbibliothek verzeichnet diese Publikation in der Deutschen Nationalbibliografie; detaillierte bibliografische Daten sind im Internet über http://dnb.d-nb.de abrufbar.

Zugl.: Saarbrücken, Univ., Diss., 2014

Gedruckt auf alterungsbeständigem,
säurefreiem Papier.

D 291
ISSN 1433-8866
ISBN 978-3-631-66405-6 (Print)
E-ISBN 978-3-653-05516-0 (E-Book)
DOI 10.3726/978-3-653-05516-0

PL Academic Research ist ein Imprint der Peter Lang GmbH.

Peter Lang – Frankfurt am Main · Bern · Bruxelles · New York · Oxford · Warszawa · Wien

Diese Publikation wurde begutachtet.

www.peterlang.com

Vorwort

Die vorliegende Untersuchung wurde im Sommersemester 2014 von der Juristischen Fakultät der Universität des Saarlandes als Inauguraldissertation angenommen.

Sie ist im wesentlichen während der Zeit als wissenschaftlicher Mitarbeiter am Lehrstuhl für Öffentliches Recht, insbesondere Recht des Gesundheitswesens von Herrn Prof. Dr. Steffen Augsberg und am Lehrstuhl für Bürgerliches Recht, Handels- und Wirtschaftsrecht, internationales Privatrecht und Rechtsvergleichung, Institut für europäisches Recht von Herrn Prof. Dr. Dr. Dr. h.c. mult. Michael Martinek entstanden.

Zu danken habe ich an erster Stelle meinem verehrten Doktorvater, Herrn Prof. Dr. Dr. Dr. h.c. mult. Michael Martinek. Durch ihn als Vorbild und Mentor konnte ich sehr viel über die rechtswissenschaftliche Arbeitsweise und Methodik lernen. Aber auch seine einzigartige Persönlichkeit war Auslöser seiner Vorbildfunktion. Für die außerordentlich gute Zeit danke ich ihm von ganzem Herzen. Mein Dank gilt auch Herrn Prof. Dr. Steffen Augsberg, der mir die Promotion erst ermöglichte, indem er mich zu Beginn meiner Promotion an seinem Lehrstuhl als wissenschaftlicher Mitarbeiter aufnahm.

Selbstverständlich gilt mein Dank auch Herrn Prof. Dr. Hannes Ludyga für die Übernahme des Zweitgutachtens. Schließlich danke ich dem gesamten Lehrstuhl von Herrn Prof. Dr. Dr. Dr. h.c. mult. Michael Martinek für die schöne Zeit, die mir die Promotion wesentlich verschönerte.

Die Arbeit widme ich meiner Mutter Anni Kienzler (geb. Seywald), sowie meiner Freundin Marisa Roschy und meinem besten Freund David Turan, die mich in jeder Lebenslage unterstützen.

Frankfurt am Main, im Januar 2015 Martin Kienzler

Inhaltsverzeichnis

Abkürzungsverzeichnis

a.A.	andere Ansicht
a.F.	alte Fassung
Abs.	Absatz
AcP	Archiv für die civilistische Praxis
AEUV	Vertrag über die Arbeitsweise der Europäischen Union
AG	Aktiengesellschaft / Amtsgericht
AGB	Allgemeine Geschäftsbedingungen
AktG	Aktiengesetz
Alt.	Alternative
AnwBl	Anwaltsblatt
AnwZertHaGesR	AnwaltZertifikat Online – Handels- und Gesellschaftsrecht
Art.	Artikel
AVB	Allgemeine Versicherungsbedingungen
AVB-RSW	Allgemeine Versicherungsbedingungen für Rechtsanwälte, Steuerberater und Wirtschaftsprüfer
BÄO	Bundesärzteordnung
BAG	Bundesarbeitsgericht
BayObLG	Bayerisches Oberstes Landesgericht
BB	Betriebsberater
BeckRS	Beck´sche Rechtssache
BGB	Bürgerliches Gesetzbuch
BGBl.	Bundesgesetzblatt
BGH	Bundesgerichtshof
BGHZ	Entscheidungssammlung des Bundesgerichtshofs in Zivilsachen
BMF	Bundesministerium für Finanzen
BMJ	Bundesministerium der Justiz
BNotO	Bundesnotarordnung
BORA	Berufsordnung der Rechtsanwälte
BR-Drucks.	Bundesrats-Drucksache
BRAK	Bundesrechtsanwaltskammer
BRAK-Mitt.	Bundesrechtsanwaltskammer-Mitteilungen
BRAO	Bundesrechtsanwaltsordnung
BVerfG	Bundesverfassungsgericht
BVerfGG	Bundesverfassungsgerichtsgesetz
c.i.c.	culpa in contrahendo

CA	Companies Act
CDDA	Company Directors Disqualification Act
d.h.	das heißt
DAV	Deutscher Anwaltverein
DB	Der Betrieb
DienstleistungsRL	Dienstleistungsrichtlinie
DStR	Deutsches Steuerrecht
DVStB	Steuerberater-Durchführungsverordnung
DZWIR	Deutsche Zeitschrift für Wirtschafts- und Insolvenzrecht
EEG	Eingetragene Erwerbsgesellschaft
EGG	Erwerbsgesellschaftengesetz
Einl.	Einleitung
EStG	Einkommenssteuergesetz
etc.	ecetera
EU	Europäische Union
EuGH	Europäischer Gerichtshof
EuRAG	Gesetz über die Tätigkeit europäischer Rechtsanwälte in Deutschland
EWIV	Europäische wirtschaftliche Interessenvereinigungen
f.	folgende
ff.	fortfolgende
Fn.	Fußnote
FS	Festschrift
GbR	Gesellschaft bürgerlichen Rechts
GDV	Gesamtverband der Deutschen Versicherungswirtschaft
gem.	gemäß
GenG	Genossenschaftsgesetz
GewO	Gewerbeordnung
GewStG	Gewerbesteuergesetz
GG	Grundgesetz
GmbH	Gesellschaft mit beschränkter Haftung
GmbHG	Gesetz betreffend die Gesellschaften mit beschränkter Haftung
GmbHR	GmbH-Rundschau
GWB	Gesetz gegen Wettbewerbsbeschränkungen
GWR	Gesellschafts- und Wirtschaftsrecht
h.M.	herrschende Meinung
HaRÄG	Handelsrechts-Änderungsgesetz

HGB	Handelsgesetzbuch
HS	Halbsatz
i.d.R.	in der Regel
i.R.d.	im Rahmen des / der
i.S.d.	im Sinne des / der
i.S.v.	im Sinne von
i.V.m.	in Verbindung mit
IA	Insolvency Act
IHS	Institut für Höhere Studien
InsO	Insolvenzordnung
IStR	Internationales Steuerrecht
JBl	Juristische Blätter
JR	Juristische Rundschau
JuS	Juristische Schulung
JZ	JuristenZeitung
KEG	Kommandit-Erwerbsgesellschaft
KG	Kommanditgesellschaft
KSchG	Konsumentenschutzgesetz
LLP	Limited Liability Partnership
LLPA	Limited Liability Partnership Act
Ltd.	Limited
m.w.N.	mit weiteren Nachweisen
mbB	mit beschränkter Berufshaftung
mbH	mit beschränkter Haftung
MDR	Monatsschrift für Deutsches Recht
Mio.	Millionen
MitbestG	Mitbestimmungsgesetz
MoMiG	Gesetz zur Modernisierung des GmbH-Rechts und zur Bekämpfung von Missbräuchen
MüKo	Münchener Kommentar
NJ	Neue Justiz
NJW	Neue Juristische Wochenschrift
NJW-RR	Neue Juristische Wochenschrift Rechtsprechungs-Report
NotBZ	Zeitschrift für die notarielle Beratungs- und Beurkundungspraxis
NZG	Neue Zeitschrift für Gesellschaftsrecht
OEG	Offene Erwerbsgesellschaft
OG	Offene Gesellschaft

OHG	Offene Handelsgesellschaft
OLG	Oberlandesgericht
PA	Partnership Act
PAO	Patentanwaltsordnung
PartG mbB	Partnerschaftsgesellschaft mit beschränkter Berufshaftung
PartGG	Partnerschaftsgesellschaftsgesetz
PRV	Partnerschaftsregisterverordnung
RAO	Rechtsanwaltsordnung
RBerG	Rechtsberatungsgesetz
RiLiRA	anwaltliche Standesrichtlinien
Rn.	Randnummer
S.	Seite
SCE	Europäische Genossenschaften
SE	Societas Europaea
sog.	sogenannte
StB	Der Steuerberater
StBerG	Steuerberatungsgesetz
StBW	Steuerberater Woche
StGB	Strafgesetzbuch
TierärzteO	Tierärzteordnung
UG	Unternehmergesellschaft
UGB	Unternehmensgesetzbuch
UmwG	Umwandlungsgesetz
UWG	Gesetz gegen den unlauteren Wettbewerb
Var.	Variante
VersR	Versicherungsrecht
VVG	Gesetz über den Versicherungsvertrag
WiB	Wirtschaftliche Beratung
WiR	Wirtschaftsrecht
WM	Wertpapier-Mitteilungen
WPO	Wirtschaftsprüferordnung
z.B.	zum Beispiel
ZahnheilkundeO	Zahnheilkundeordnung
ZAP	Zeitschrift für die Anwaltspraxis
ZGR	Zeitschrift für Unternehmens- und Gesellschaftsrecht
ZGS	Zeitschrift für das gesamte Schuldrecht
ZHR	Zeitschrift für das gesamte Handels- und Wirtschaftsrecht
ZIP	Zeitschrift für Wirtschaftsrecht
ZPO	Zivilprozessordnung

Einführung

Durch das „Gesetz zur Einführung einer Partnerschaftsgesellschaft mit beschränkter Berufshaftung und zur Änderung des Berufsrechts der Rechtsanwälte, Patentanwälte, Steuerberater und Wirtschaftsprüfer" will der deutsche Gesetzgeber der britischen *Limited Liability Partnership* (LLP) Paroli bieten. Das Ziel liegt aber nicht nur in der Wettbewerbsfähigkeit des deutschen freiberuflichen Gesellschaftsrechts; der Schrei Angehöriger Freier Berufe wurde in den letzten Jahren immer lauter und letztendlich vom deutschen Gesetzgeber erhört. Angehörigen Freier Berufe steht ein nur begrenztes Repertoire deutscher Gesellschaftsformen zur beruflichen Zusammenarbeit zur Verfügung. Aus diesem Grund wurde bereits 1994 die Partnerschaftsgesellschaft ins Leben gerufen, eine Gesellschaftsform, die lediglich Freiberuflern vorbehalten ist (§ 1 S. 1 PartGG). Die „versteckten Mängel" dieser Rechtsform ließen nicht lange auf sich warten. Die Partnerschaftsgesellschaft bietet nicht den gewünschten Schutz, den sie verspricht; die personelle Haftungsbeschränkung für Berufspflichtverletzungen steht aufgrund höchstrichterlicher Rechtsprechung auf wackeligen Beinen. Das Hauptargument der Partnerschaftsgesellschaft – die Handelndenhaftung gem. § 8 Abs. 2 PartGG – scheint aus diesem Grund nicht mehr zu überzeugen.

In Folge dessen wurden in der Praxis verschiedene Versuche unternommen, um diesem Dilemma aus dem Weg zu gehen. Erst kürzlich ist der Versuch gescheitert, eine Rechtsanwalts-GmbH & Co. KG im Handelsregister eintragen zu lassen. Der Bundesgerichtshof schloss sich dieser Entscheidung an, mit der Begründung, eine Rechtsanwaltsgesellschaft beabsichtige nicht den Betrieb eines Handelsgewerbes, sondern wolle zwecks Besorgung fremder Rechtsangelegenheiten durch die Übernahme von Anwaltsaufträgen zur Beratung und Vertretung in rechtlichen Angelegenheiten zugelassen werden. Jahre zuvor hat der Bundesgerichtshof bereits einer GbR mbH die Gültigkeit abgesprochen, sodass Angehörigen Freier Berufe nur der Weg in die Gesellschaft mit beschränkter Haftung, Aktiengesellschaft oder Unternehmergesellschaft (haftungsbeschränkt) verblieb, solange die persönliche Haftungsfreistellung im Vordergrund stand. Aus diesem Grund machten sich größere Rechtsberatungskanzleien ihre internationale Verwurzelung zu Nutze und nahmen die angelsächsische Rechtsform der *Limited Liability Partnership* (LLP) an. Die LLP bietet eine freie personengesellschaftsrechtliche Innenausgestaltung bei gleichzeitiger persönlicher Haftungsfreistellung für alle Gesellschaftsverbindlichkeiten. Dieser Vorteil vermochte bis dato keine deutsche Gesellschaftsform zu bieten. Dieser Vorgang wurde bereits schon einmal durchlebt. Im Jahr 2008 hinkte der deutsche Gesetzgeber mit dem

„Gesetz zur Modernisierung des GmbH-Rechts und zur Bekämpfung von Missbräuchen (MoMiG)“ hinter dem Nachbarn aus Großbritannien hinterher. Mit dem MoMiG bot der deutsche Gesetzgeber ein Pendant zur angelsächsischen *Limited* (Ltd.), indem er die Unternehmergesellschaft (haftungsbeschränkt) ins Leben rief. Dieses Szenario scheint sich nun zu wiederholen. Die Partnerschaftsgesellschaft mit beschränkter Berufshaftung soll der angelsächsischen LLP den Rang ablaufen; zumindest soll sie eine echte deutsche Alternative darstellen.

Warum der Gesetzgeber jetzt erst aktiv wird, hat mehrere Gründe. Auf der einen Seite ist die allgegenwärtige Angst um den Schutz der Rechtssuchenden und überhaupt jeden Abnehmers freiberuflicher Dienstleistung zu nennen. Auf der anderen Seite werden innovative Gesetzesvorhaben immer wieder von konservativen Interessensvertretern der Freien Berufe flankiert. Das spiegelt sich vor allem in der Bundesrechtsanwaltsordnung wider, die auch heute noch Ausfluss traditioneller Standesrichtlinien ist. Obwohl das Bundesverfassungsgericht 1987 mit zwei bahnbrechenden Entscheidungen die Richtlinien des anwaltlichen Standesrechts kassierte, sind sie sowohl in den Berufsordnungen als auch in der Gesetzgebung allgegenwärtig. Zu groß ist die Angst vor der Liberalisierung der Freien Berufe. Es handelt sich dabei nicht nur um ein rein gesellschaftsrechtliches Problem. Auch das Wettbewerbsrecht – insbesondere das Werberecht – leidet unter den Spuren tradierter Standesrichtlinien.

Die hiesige Untersuchung konzentriert sich insbesondere auf das anwaltliche Gesellschaftsrecht, wobei das Berufsrecht notwendiger Begleiter dieser Materie ist. Das Kernanliegen liegt in der Untersuchung der Partnerschaftsgesellschaft mit beschränkter Berufshaftung aus haftungsrechtlicher Perspektive. Den Grundstein für die Analyse legen die geschichtliche Entwicklung des anwaltlichen Gesellschaftsrechts sowie die Begriffsbestimmung des „Freien Berufes“. Um den innovativen Gehalt der Partnerschaftsgesellschaft mit beschränkter Berufshaftung zu bewerten, bedarf es zuerst einer Darstellung des aktuellen Standes, um das „Vorher“ mit dem „Nachher“ zu vergleichen. Außerdem ist eine begriffliche Klarstellung vonnöten, damit keine Missverständnisse auftauchen, wenn von „Freien Berufen“ die Rede ist. Es gilt daher das Wesen und die Merkmale des Freien Berufes herauszukristallisieren. Anschließend soll die Partnerschaftsgesellschaft in der ursprünglichen Form vorgestellt werden. Hauptaugenmerk liegt auch hier wieder auf der Haftung – sowohl der Partner als auch der Partnerschaft per se. Da die PartG mbB im Grunde eine Partnerschaftsgesellschaft ist, dient die Darstellung gleichzeitig der späteren Untersuchung; im gleichen Atemzug werden die Notwendigkeit und Rechtfertigung der Schaffung einer haftungsbeschränkten Partnerschaftsgesellschaft bezeugt. Insbesondere die haftungsrechtliche Besonderheit des § 8 Abs. 2 PartGG spielt hierbei eine Rolle, da diese jahrelang als das Flaggschiff der Partnerschaftsgesellschaft posierte. Sodann wird die neue Haftungsverfassung der Partnerschaftsgesellschaft mbB – die sich im Partnerschaftsgesellschaftsgesetz durch lediglich einen Absatz zu erkennen gibt – untersucht. Ziel der Untersuchung ist zum einen die Bewertung der PartG mbB aus haftungsrechtlicher Perspektive und zum anderen weitere Vorschläge – vor allem aus zukunftsorientierter Sicht – herauszukristallisieren, um das deutsche freiberufliche Gesellschaftsrecht wettbewerbsfähig zu gestalten. Ferner erfolgt eine rechtsvergleichende Analyse zu Großbritannien und Österreich, da die Partnerschaftsgesellschaft mbB zum einen als Pendant zur britischen LLP gilt und Österreich zum 01.01.2007 einen bedeutenden Schritt gegangen ist, der das freiberufliche Gesellschaftsrecht grundlegend reformiert hat. Die Untersuchung wird mithin zeigen, ob die Partnerschaftsgesellschaft mit beschränkter Berufshaftung nun wirklich der „Auswanderung in die LLP“ entgegenwirken kann und wie der deutsche Gesetzgeber in Zukunft die Auswanderung präventiv verhindern kann.

Erster Teil: Geschichtliche Entwicklung des anwaltlichen Gesellschaftsrechts / Begriffsbestimmung

A. Geschichtliche Entwicklung des anwaltlichen Gesellschaftsrechts

I. Vorbemerkung

Das anwaltliche Berufs- und Gesellschaftsrecht sieht sich einem steten und immer rapideren Wandel gegenüber. Bis 1994 gab es keine gesetzliche Regelung, die sich mit der beruflichen Zusammenarbeit von Rechtsanwälten beschäftigte.[1] Als Idealtypus freiberuflicher und unabhängiger anwaltlicher Tätigkeit galt lange Zeit der Einzelanwalt.[2] Erst mit Inkrafttreten des Gesetzes über die Neuordnung des Berufsrechts der Rechtsanwälte und der Patentanwälte vom 02.09.1994[3], wurde die Sozietät gesetzlich geregelt.[4] Noch vor 1989 war es für Rechtsanwälte undenkbar, sich mit Kanzleien in anderen Städten zu Sozietäten zusammenzuschließen. Erst ein wegweisendes Urteil des Bundesgerichtshofs am 18.09.1989[5] erklärte einen solchen Zusammenschluss für zulässig. Wie sich noch zeigen wird, bildete dieses Urteil den Meilenstein für die rasche Entwicklung des anwaltlichen Gesellschaftsrechts. Diese Wendung wurde aber erst durch zwei Entscheidungen des Bundesverfassungsgerichts (den sog. Bastille-Entscheidungen)[6] 1987 ermöglicht.

II. Die anwaltlichen Standesrichtlinien und das Urteil des Bundesverfassungsgerichts

Der Rechtsanwalt gilt schon seit jeher als unabhängiges Organ der Rechtspflege (§ 1 BRAO). Die Entwicklung des anwaltlichen Berufsrechts unterzieht sich dabei immer mehr einem gewandelten Rechtsverständnis.[7] Noch bis 1987

---

1 *Römermann/Hartung*, Anwaltliches Berufsrecht, S. 82.

2 *Henssler*, in: Henssler/Streck, Handbuch Sozietätsrecht, S. 2 Rn. 2; *Busse*, Deutsche Anwälte, S. 288; *Peitscher*, Anwaltsrecht, S. 47 Rn. 64.

3 BGBl. 1994 I, S. 2278.

4 *Hartung*, in: Henssler/Prütting BRAO Kommentar, BRAO, § 59a Rn. 1.

5 BGHZ 108, 290 = *BGH*, NJW 1989, 2890.

6 BVerfGE 76, 171 = *BVerfG*, NJW 1988, 191; BVerfGE 76, 196 = *BVerfG*, NJW 1988, 194.

7 *Stürner/Bormann*, NJW 2004, 1481 (1482).

galten Standesrichtlinien, die von der Bundesrechtsanwaltskammer erlassen wurden. Diese Standesrichtlinien konkretisierten die Generalklausel über die gewissenhafte Berufsausübung in § 43 BRAO.[8] Zwar besaßen sie nach allgemeiner Auffassung keine Rechtsnormqualität, sondern stellten lediglich eine „Erkenntnisquelle" für die Ehrengerichte bei der Auslegung der Generalklausel dar.[9] Faktisch wurden sie aber von den Kammern und Gerichten wie ein Gesetz angewendet.[10] Beispielsweise bestimmte § 28 Abs. 1 der Standesrichtlinien, dass die Sozietät zwischen Rechtsanwälten eine gemeinsame Kanzlei erfordert und grundsätzlich die gemeinschaftliche Entgegennahme der Aufträge und Entgelte. Daraus folgte die Standeswidrigkeit überörtlicher Sozietäten.[11] Am 14.07.1987 entgegnete das Bundesverfassungsgericht der Gültigkeit dieser Standesrichtlinien gleich mit zwei Beschlüssen.[12] In beiden Beschlüssen kam es zu dem Ergebnis, dass die Richtlinien des anwaltlichen Standesrechts nicht mehr als Hilfsmittel zur Auslegung und Konkretisierung der Generalklausel über die anwaltlichen Berufspflichten (§ 43 BRA0) herangezogen werden könnten. Der erste Beschluss betraf zwei Rügen, die ein Rechtsanwalt aufgrund diverser Äußerungen auferlegt bekam. Mit seinen Äußerungen habe er gegen das Gebot der Sachlichkeit gemäß den Standesrichtlinien verstoßen.[13] Der zweite Beschluss betraf das Werbeverbot von Rechtsanwälten gem. § 2 Abs. 2 der Standesrichtlinien. Ein Rechtsanwalt erstattete Selbstanzeige bei seiner Rechtsanwaltskammer, da er den Namen eines Mandanten an das Kriminalamt weitergegeben hatte. Kopien dieser Selbstanzeige leitete er sodann an diverse Presseorgane zwecks Veröffentlichung weiter.[14] Im Ergebnis stellte das Bundesverfassungsgericht fest, dass die anwaltlichen Standesrichtlinien keine tauglichen Berufsausübungsregelungen i.S.d. Art. 12 Abs. 1 S. 1 GG darstellten und somit verfassungswidrig in die Berufsfreiheit der Rechtsanwälte eingriffen.[15] Diese beiden Beschlüsse gaben

8 *Hartung*, NJW 2003, 261 (261).

9 *Stürner/Bormann*, NJW 2004, 1481 (1482).

10 *Henssler*, JZ 1992, 697 (706).

11 BGHZ 108, 290 = *BGH*, NJW 1989, 2890 (2891); *Heintzen*, Die überörtliche Rechtsanwaltssozietät, S. 32; *Odersky*, Anwaltliches Berufsrecht und höchstrichterliche Rechtsprechung, S. 18.

12 BVerfGE 76, 171 = *BVerfG*, NJW 1988, 191; BVerfGE 76, 196 = *BVerfG*, NJW 1988, 194.

13 BVerfGE 76, 171 = *BVerfG*, NJW 1988, 191 (191 ff.).

14 BVerfGE 76, 196 = *BVerfG*, NJW 1988, 194 (194 ff.).

15 BVerfGE 76, 171 = *BVerfG*, NJW 1988, 191 (192); BVerfGE 76, 196 = *BVerfG*, NJW 1988, 194 (195); *Odersky*, Anwaltliches Berufsrecht und höchstrichterliche Rechtsprechung, S. 15; *Heintzen*, Die überörtliche Rechtsanwaltssozietät, S. 41; *Knauer/Wolf*, BRAK-Mitt. 2007, 142 (142 f.).

den entscheidenden Anstoß zur stetigen Modernisierung und Liberalisierung des anwaltlichen Berufs- und Gesellschaftsrechts.[16] Als Beispiel kann das hierauf beruhende Urteil des BGH vom 18.09.1989[17] bezüglich überörtlicher Sozietäten angeführt werden. Damit war die Entwicklung weg vom Ehren- und Standesrecht hin zum anwaltlichen Berufsrecht abgeschlossen.[18]

III. Die Zeit nach dem Urteil des Bundesverfassungsgerichts

1. Das Partnerschaftsgesellschaftsgesetz von 1995

Das seit der ersten Rechtsanwaltsordnung vom 01.07.1878 überlieferte Bild des Anwaltsberufs wandelte sich seit 1987 so sehr, dass es erfahreneren Rechtsanwälten schwer fiel und zum Teil heute noch schwer fällt, sich der Entwicklung anzupassen.[19] Das lässt sich einwandfrei auf das anwaltliche Gesellschaftsrecht übertragen. Was vor den Entscheidungen des Bundesverfassungsgerichts 1987 – und dem ergänzenden Urteil des Bundesgerichtshofs 1989 – noch unzulässig war, nahm 1993 unaufhaltbar seinen Lauf. Das anwaltliche Gesellschaftsrecht fing rasch an sich zu entwickeln. Am 08.01.1993 hat das Bundesministerium der Justiz zum ersten Mal den Referentenentwurf[20] eines Gesetzes zur Schaffung einer Partnerschaftsgesellschaft vorgelegt.[21] Nach einigen Änderungen trat das Partnerschaftsgesellschaftsgesetz am 01.07.1995[22] in Kraft. Durch das Partnerschaftsgesellschaftsgesetz (PartGG) sollte den Angehörigen Freier Berufe eine besondere, auf ihre Bedürfnisse zugeschnittene Organisationsform zur Verfügung gestellt werden.[23]

2. Das Urteil des BayObLG zur Rechtsanwalts-GmbH

Zeitgleich stellte das Bayerische Oberste Landesgericht am 24.11.1994[24] in einem für das anwaltliche Gesellschaftsrecht elementaren Beschluss fest, dass die

---

16 So auch von *Lewinski*, Grundriss des Anwaltlichen Berufsrechts, S. 45.
17 BGHZ 108, 290 = *BGH*, NJW 1989, 2890 (2891).
18 *Knauer/Wolf*, BRAK-Mitt. 2007, 142 (143).
19 Vgl. *Hartung*, NJW 2003, 261 (262).
20 *Seibert*, Die Partnerschaft, S. 85 ff.; auch abgedruckt in ZIP 1993, 153.
21 *Henssler*, PartGG Kommentar, Einführung Rn. 6; *Wehrheim*, Die Partnerschaftsgesellschaft, S. 17; *K. Schmidt*, ZIP 1993, 633 (633); *Seibert*, ZIP 1993, 1197 (1197); *Seibert*, AnwBl 1993, 155 (155).
22 BGBl. 1994 I, S. 1744.
23 BT-Drucks. 12/6152, S. 7.
24 *BayObLG*, NJW 1995, 199.

Rechtsform der GmbH nun auch für Rechtsanwälte offen steht. Vorreiter dieses Beschlusses[25] war ein Urteil des BGH bezüglich der Zulässigkeit einer Zahnärzte-GmbH.[26] Hierin stellte der BGH fest, dass eine Zahnärzte-GmbH „als nach deutschem Recht gebildete und in Deutschland ansässige juristische Person gem. Art. 12 Abs. 1 GG das Recht auf freie Berufswahl hat und dass es deshalb für die Beurteilung ihrer hier angegriffenen Geschäftstätigkeit nicht maßgeblich darauf ankommen kann, ob es gesetzliche Bestimmungen gibt, die diese Tätigkeit zulassen, sondern dass vielmehr umgekehrt nur zu prüfen ist, ob es rechtliche Regelungen gibt, die eine entsprechende Berufsausübung verbieten".[27] Diese Grundsätze waren auch für die Beurteilung der Frage maßgeblich, ob eine Anwalts-GmbH zulässig ist, denn die Argumentation ließ sich ohne weiteres auch auf eine anwaltliche GmbH übertragen.[28] Seitdem steht die Rechtsform der GmbH auch den Rechtsanwälten zur Verfügung.

3. *Das Urteil des BayObLG zur Rechtsanwalts-AG*

Am 27.03.2000[29] hatte das Bayerische Oberste Landesgericht erneut über die Zulässigkeit einer Rechtsanwaltsgesellschaft – diesmal in Form einer Aktiengesellschaft – zu entscheiden. Parallel zur Entscheidung über die Zulässigkeit einer Rechtsanwalts-GmbH konnte sich das Bayerische Oberste Landesgericht erneut darauf stützen, dass die Anwalts-AG mangels eines gesetzlichen Verbotes erlaubt sein müsse.[30] 2005 hat der BGH die Zulässigkeit der Rechtsanwaltsgesellschaft in Form einer Aktiengesellschaft bestätigt.[31] Allerdings ist die Rechtsanwalts-AG nicht in den §§ 59c ff. BRAO aufgeführt. Gleichwohl hat sie einen Anspruch auf Zulassung, sofern sie die wesentlichen Voraussetzungen für die Zulassung einer Kapitalgesellschaft als Rechtsanwaltsgesellschaft in Anlehnung an die Bestimmungen in §§ 59c ff. BRAO erfüllt. Dies ergebe sich unmittelbar aus Art. 12 Abs. 1 und Art. 3 Abs. 1 GG.[32]

---

25 Das Bayerische Oberste Landesgericht nimmt ausdrücklich Bezug auf das Urteil des BGH, vgl. *BayObLG*, NJW 1995, 199 (200).

26 BGHZ 124, 224 = *BGH*, NJW 1994, 786.

27 BGHZ 124, 224 = *BGH*, NJW 1994, 786 (787).

28 *BayObLG*, NJW 1995, 199 (200); vgl. auch *Römermann/Hartung*, Anwaltliches Berufsrecht, S. 84.

29 *BayObLG*, NZG 2000, 649.

30 *BayObLG*, NZG 2000, 649 (649); vgl. *Römermann/Hartung*, Anwaltliches Berufsrecht, S. 85.

31 BGHZ 161, 376 = *BGH*, NJW 2005, 1568.

32 BGHZ 161, 376 = *BGH*, NJW 2005, 1568 (1569).

4. *Das Urteil des BGH zur Rechtsanwalts GmbH & Co. KG*

Die Entwicklung hin zur vollumfänglichen Organisationsfreiheit für Freiberufler wurde am 18.07.2011 durch ein Urteil des BGH[33] gebremst. Hierin hatte der BGH der Zulassung einer Rechtsanwaltsgesellschaft in der Rechtsform der GmbH & Co. KG eine Absage erteilt. Zur Begründung der Unzulässigkeit wurden mehrere Argumente herangezogen. Zum einen knüpfe § 161 Abs. 1 HGB zur Bestimmung des Wesens der Kommanditgesellschaft (KG) an den Betrieb eines Handelsgewerbes und damit an die Definition in § 1 Abs. 2 HGB an, wonach ein Handelsgewerbe jeder Gewerbebetrieb ist, es sei denn, dass das Unternehmen nach Art und Umfang einen in kaufmännischer Weise eingerichteten Geschäftsbetrieb nicht erfordert. Der Rechtsanwalt übe hingegen einen freien Beruf aus. Seine Tätigkeit sei kein Gewerbe (§ 2 Abs. 2 BRAO). Es fehle somit an einer Rechtsgrundlage, wonach eine Rechtsanwalts-KG gegründet werden könne.[34] Auch eine funktionale Interpretation von Normen, wonach gleiche Begriffe in verschiedenen Gesetzen eine unterschiedliche Bedeutung haben, verhelfe nicht zu einer Betrachtung anwaltlicher Tätigkeit als Ausübung eines Gewerbes i.S.d. Handelsgesetzbuchs (HGB). Eine solche Annahme widerspreche dem in mehreren Gesetzen einheitlichen Sprachgebrauch und dem insoweit im Zusammenhang mit der Neuregelung des Kaufmanns- und Firmenrechts im HGB noch einmal ausdrücklich bekundeten Willen des Gesetzgebers.[35] Zu guter Letzt verstoße diese Auffassung auch nicht gegen Art. 12 Abs. 1, 3 Abs. 1 GG. Ein verfassungsverbürgtes Recht, einen Beruf in jedweder Rechtsform betreiben zu können, auch soweit diese vom Gesetzgeber dafür nicht vorgesehen ist, gebe es nicht.[36]

Mit einem Beschluss am 06.12.2011[37] bestätigte das Bundesverfassungsgericht die Grundrechtskonformität des Urteils des BGH. Damit scheint die Unzulässigkeit von „Rechtsanwalts-Handelsgesellschaften" vorerst besiegelt zu sein. Ob diese Entscheidung für das anwaltliche Gesellschaftsrecht vorteilhaft ist, soll Gegenstand der späteren Untersuchung sein. Doch kann bereits hier erwähnt werden, dass sich einige Stimmen in der Literatur zu Recht gegen diese Entscheidung stellen.

33 *BGH*, NZG 2011, 1063.
34 *BGH*, NZG 2011, 1063 (1063).
35 *BGH*, NZG 2011, 1063 (1063) mit Bezug auf BT-Drucks. 13/8444, S. 33 f.
36 *BGH*, NZG 2011, 1063 (1065).
37 *BVerfG*, NZG 2012, 343.

IV. Zusammenfassung

Seit den 90er-Jahren hat sich das anwaltliche Berufsrecht hinsichtlich der beruflichen Zusammenarbeit von Rechtsanwälten in Form von immer mehr und immer größeren Organisationsformen geändert.[38] Das Bild des Rechtsanwalts als „Einzelanwalt" wurde verdrängt. Den Meilenstein hierzu haben gleich zwei Urteile des Bundesverfassungsgerichts – die sogenannten Bastille-Entscheidungen – gelegt. Daran anschließend erlaubte der BGH die Bildung überörtlicher Sozietäten. Die Tür für neue Gesellschaftsformen Freier Berufe stand von da an offen. Den Anfang machten zu Beginn der 90er-Jahre die Partnerschaftsgesellschaft und die Öffnung des Bayerischen Obersten Landesgerichts zur Freiberufler-GmbH. Im Jahre 2000 trat die Freiberufler-AG hinzu. 2011 wurde diese Entwicklung durch ein Urteil des BGH gebremst, indem die Freiberufler-GmbH & Co. KG für unzulässig erklärt wurde. Als nächsten Schritt hatte das Bundesministerium der Justiz[39] eine haftungsbeschränkte – wenn auch nur für berufliche Fehler – Partnerschaftsgesellschaft vorgesehen, indem § 8 PartGG um einen neuen Absatz 4 erweitert wurde.

B. Der Freie Beruf

I. Vorbemerkung

Der Rechtsanwalt übt einen „freien Beruf" aus, so steht es jedenfalls in § 2 Abs. 1 BRAO. Da sich die hiesige Untersuchung auf das freiberufliche Gesellschaftsrecht konzentriert, soll der Freie Beruf zuerst begrifflich definiert werden. Nur so lassen sich die Hintergründe der Partnerschaftsgesellschaft besser verstehen und eventuell weitere Lösungsansätze herausarbeiten. Es drängt sich dabei die Frage auf, welche Merkmale den „Freien Beruf" kennzeichnen und warum sich beispielsweise ein Rechtsanwalt als Freiberufler bezeichnen darf. Im Hinblick auf § 2 Abs. 2 BRAO scheint ein Gewerbetreibender jedenfalls nicht darunter zu fallen. Dasselbe sehen auch die §§ 32 Abs. 2 HS 2 StBerG, 43a Abs. 3 Nr. 1 WPO hinsichtlich der Steuerberater und Wirtschaftsprüfer vor. Somit ließe sich dem ersten Anschein nach die Behauptung aufstellen, dass sich derjenige, der ein Gewerbe betreibt, nicht als Freiberufler bezeichnen darf. Umgekehrt betrachtet würde ein Freiberufler niemals gewerbliche Tätigkeiten ausüben. Dieser Schluss muss jedenfalls dann gezogen werden, wenn man sich erstens streng an den Wortlaut der genannten Vorschriften hält und zweitens ein Gewerbe i.S.d. § 2

38 Vgl. auch *Busse*, Deutsche Anwälte, S. 289.
39 RefE vom 03.02.2012, S. 1 ff.

Abs. 2 BRAO bereits mit der Ausübung jedweder gewerblichen Tätigkeit – egal welchen Umfangs – annimmt. § 43a Abs. 3 Nr. 1 WPO stellt dies im Gegensatz zu §§ 2 Abs. 2 BRAO, 32 Abs. 2 HS 2 StBerG ausdrücklich klar, indem er von „einer gewerblichen Tätigkeit" spricht. Dies gilt allerdings nur für den Beruf selbst, nicht jedoch für einzelne Tätigkeiten. So kann ein Rechtsanwalt auch Maklertätigkeiten nachgehen. Die Maklertätigkeit gehört dann nicht zur Ausübung des Anwaltsberufs, sondern tritt neben den Anwaltsberuf als zusätzliche Berufstätigkeit.[40] Aufgrund der Zweitberufsrechtsprechung[41] des Bundesverfassungsgerichts schließen sich die anwaltliche und eine gleichzeitig gewerbliche Tätigkeit nicht generell aus.[42] Folglich kann nicht pauschal angenommen werden, dass ein Freiberufler eine gewerbliche Tätigkeit nicht ausüben darf (vgl. § 43a Abs. 3 Nr. 1 WPO).

Das zeigt sich insbesondere dadurch, dass manche Freiberufler gewerblich tätig sind und in diesem Fall unter die Vorschriften des HGB fallen. So können einige in § 1 Abs. 2 S. 2 PartGG und § 18 EStG genannte Freie Berufe gewiss auch als Handelsgesellschaft fungieren. Freilich können sich beispielsweise Fahrlehrer, Sprachschulen und Tanzschulen in das Handelsregister eintragen lassen, auch wenn ihr Unternehmen einen in kaufmännischer Weise eingerichteten Geschäftsbetrieb nicht erfordert (§§ 2, 105 Abs. 2 HGB).[43] Ebenso kommt es bei gemischten Betrieben mit teils freiberuflichen, teils kommerziellen Hintergründen – beispielsweise der Kurbetrieb, Altersheime, große Krankenhäuser, juristische Repetitoren, gewerbliche Dolmetscher, Privatschulen – auf das Gesamtbild an.[44] Folglich ist nur der Kernbereich der Freien Berufe aus dem Anwendungsbereich des HGB ausgenommen.[45] Im Ergebnis betrifft das die folgenden klassischen verkammerten Freien Berufe: Rechtsanwälte (§ 2 BRAO), Patentanwälte (§ 2 Abs. 2 PAO), Notare (§ 2 S. 3 BNotO), Wirtschaftsprüfer (§ 1 Abs. 2 WPO), Steuerberater (§ 32 Abs. 2 StBerG), Ärzte (§ 1 Abs. 2 BÄO), Zahnärzte (§ 1 Abs. 4 ZahnheilkundeO), Tierärzte (§ 1 Abs. 1 TierärzteO) und

---

40 *Römermann/Hartung*, Anwaltliches Berufsrecht, S. 43.

41 Vgl. *Römermann/Hartung*, Anwaltliches Berufsrecht, S. 45.

42 *BVerfG*, NJW 1993, 317 (321). Danach ist die Aussage, dass eine erwerbswirtschaftliche Tätigkeit mit dem Anwaltsberuf unvereinbar sei, verfassungsrechtlich nicht haltbar. Auch finde sich ein solcher Grundsatz weder in der BRAO noch in der Gesetzesbegründung.

43 Vgl. hierzu *K. Schmidt*, DB 1998, 61 (62).

44 *Hopt*, in: Baumbach/Hopt, HGB, § 1 Rn. 20.

45 Vgl. hierzu auch *Hopt*, in: Baumbach/Hopt, HGB, § 1 Rn. 19; *Körber*, in: Oetker HGB, § 1 Rn. 36.

öffentlich bestellte Vermessungsingenieure. Damit ist immer noch nicht geklärt, welche Merkmale den „Freien Beruf" charakterisieren. Weder definiert das Gesetz selbst was darunter zu verstehen ist, noch existiert ein einheitliches Begriffsbild.[46] Als negatives Merkmal kann nicht einmal die gewerbliche Tätigkeit genannt werden, denn bereits hier kristallisieren sich Unstimmigkeiten heraus. Nach §§ 27 Abs. 1 WPO, 49 Abs. 1 StBerG können Wirtschaftsprüfungs- und Steuerberatungsgesellschaften auch in Form von gewerblichen Personenhandelsgesellschaften betrieben werden. Zunächst soll jedoch versucht werden, den Begriff „Freier Beruf" so eng wie möglich einzugrenzen.

II. Herkunft des Begriffs „Freier Beruf"

Der Begriff des Freien Berufes hat viele Epochen überlebt. Doch war das Begriffsverständnis nicht immer auf demselben Fundament gebaut. In der Antike gab es den einzelnen Gruppen vorbehaltenen Tätigkeiten. So wurde zwischen den Sklaven und Freigelassenen einerseits und den Freien andererseits unterschieden. Nur die Freien übten die sieben freien Künste (*septem artes liberales*) aus. Es wurde deshalb von freien Künsten gesprochen, weil ein freier, durch nichts behinderter Geist das Privileg der Freien war und allein ihnen eine Beschäftigung mit den *artes liberales* ermöglichte.[47] Im Mittelalter wandelte sich der Begriff der freien Künste hin zum Universitätsstudium der freien Fachrichtungen (Theologie, Medizin, Jurisprudenz). Aus den freien Künsten wurden die Freien Berufe.[48]

Der Freie Beruf, wie wir ihn heute kennen, erfuhr seine Prägung Mitte des 19. Jahrhunderts. Damals wurde der Begriff „Freier Beruf" für Ärzte, Apotheker und Rechtsanwälte vornehmlich dazu verwendet, die geforderte Herauslösung aus der bestehenden Verbeamtung, aus hoheitlicher Inpflichtnahme und staatlicher Einbindung zu kennzeichnen.[49] Die Loslösung aus der staatlichen Bindung sollte jedoch nicht als Loslösung jeglicher Art verstanden werden. Vielmehr sollten staatliche Eingriffe durch Hebung des Standesbewusstseins und

---

46 Hierzu *Bearbeiter,* in: BRAO Kommentar, Teil 1 PartGG, § 1 Rn. 11; *Kleine-Cosack*, BRAO Kommentar, § 2 Rn. 3; *Römermann/Hartung*, Anwaltliches Berufsrecht, S. 42 f; *Peitscher*, Anwaltsrecht, S. 44 Rn. 57; *von Lewinski*, Grundriss des Anwaltlichen Berufsrechts, S. 31; *Mann*, AnwBl 2010, 551 (551); *Kluth*, JZ 2010, 844 (844 f.); *Henssler*, JZ 1992, 697 (704).

47 *Michalski*, Der Begriff des freien Berufs im Standes- und im Steuerrecht, S. 18.

48 *Michalski*, Der Begriff des freien Berufs im Standes- und im Steuerrecht, S. 18.

49 *Taupitz*, Die Standesordnungen der freien Berufe, S. 121; *Mann*, AnwBl 2010, 551 (551).

strenge Selbstdisziplin überflüssig gemacht werden.[50] So entstanden letztendlich staatlich organisierte Berufskammern, deren primäres Ziel weniger die gemeinsame Interessenwahrnehmung, sondern vielmehr die Ablösung staatlicher Kontrolle durch eine Selbstdisziplinierung des Berufsstandes im Wege der Standesaufsicht gewesen ist.[51] Daraus resultierte das Bestreben der Freiberufler die Ehre und Würde des Standes sowie dessen Höherwertigkeit gegenüber den „egoistischen" Gewerbetreibenden herauszustellen.[52] Der heutige Begriff des Freien Berufes erfuhr somit seine Prägung.

III. Begriffsbestimmung

Heute wird der Freie Beruf nicht als klar konturierter, sondern als soziologischer Begriff angesehen.[53] Rechtsmethodisch handelt es sich daher bei dieser Bezeichnung um einen Typusbegriff.[54] Das bedeutet, dass nicht alle Begriffsmerkmale vorliegen müssen, um von einem Freien Beruf sprechen zu können. Ausschlaggebend ist nur, dass in einer Gesamtbewertung eine deutlich überwiegende Vielzahl der ausschlaggebenden Aspekte im Einzelfall erfüllt ist.[55] Das liegt bereits daran, dass unter den Begriff des Freien Berufes eine Vielzahl an wesensunterschiedlichen Berufen gefasst wird.[56] Leitgedanke für die Einordnung im Einzelfall ist deshalb die vom Gesetzgeber bezweckte Privilegierung der Freien Berufe und die besondere Stellung und Bedeutung im Sozialgefüge.[57]

Der heutige Typus „Freier Beruf" wird durch folgende Charakteristika[58] gekennzeichnet: Die Tätigkeit des Freiberuflers ist gemeinwohlorientiert, er bezieht sich auf existenzielle Bedürfnisse des Bürgers, ist altruistisch und deshalb nicht

---

50 *Mann*, AnwBl 2010, 551 (551).

51 *Mann*, AnwBl 2010, 551 (551 f.).

52 *Mann*, AnwBl 2010, 551 (552).

53 BT-Drucks. 12/6152, S. 9; BVerfGE 10, 354 = *BVerfG*, NJW 1960, 619 (620); ausführlich dazu *Vossebürger*, in: BRAO Kommentar, Teil 1 BRAO, § 2 Rn. 1a; *Peitscher*, Anwaltsrecht, S. 44 Rn. 57; *Mann*, AnwBl 2010, 551 (552); *Redeker*, NJW 2004, 2799 (2799 ff.).

54 Vgl. hierzu *Sodan*, Freie Berufe als Leistungserbringer im Recht der gesetzlichen Krankenversicherung, S. 13 f.

55 *Taupitz*, Die Standesordnungen der freien Berufe, S. 23 ff.; *Mann*, AnwBl 2010, 551 (552).

56 Ausführlich hierzu *Sodan*, Freie Berufe als Leistungserbringer im Recht der gesetzlichen Krankenversicherung, S. 12.

57 *Henssler*, PartGG Kommentar, § 1 Rn. 55.

58 Ausführlich dazu *Taupitz*, Die Standesordnungen der freien Berufe, S. 23 ff.; *Michalski*, Der Begriff des freien Berufs im Standes- und im Steuerrecht, S. 71 ff.

gewinnorientiert; im Vordergrund steht die persönliche, fachlich unabhängige und wirtschaftlich selbstständige Erbringung von geistigen Leistungen, denen eine besondere qualifizierte Ausbildung bzw. schöpferische Befähigung zugrunde liegt; damit einhergehend besteht ein persönliches Vertrauensverhältnis zwischen den Parteien auf Grundlage einer beruflichen Verschwiegenheitspflicht; die Freiberufler sind in einem Berufsverband organisiert.[59] Im Ergebnis lässt sich der Begriff des Freien Berufes nicht eindeutig bestimmen sondern nur anhand der genannten Charakteristika ausmachen.

Allerdings wird der Begriff des Freien Berufes in drei Normen aufgegriffen. So scheint § 1 Abs. 2 S. 1 PartGG eine Legaldefinition zu enthalten, womit der Versuch zur eindeutigen Begriffsbestimmung endgültig geklärt zu sein scheint. Aufgrund des Einschubs „im allgemeinen" kommt der Definition indes nur ein begrenzter normativer Gehalt zu. Dadurch wird klargestellt, dass es sich gerade nicht um eine allgemeingültige Definition handelt, sondern lediglich ein gesetzliches Leitbild darstellt, das auch Ausnahmen erlaubt.[60] Nach *Römermann* ist es für die Anwendung des Gesetzes daher unerheblich, ob der im konkreten Fall relevante Beruf die in § 1 Abs. 2 S. 1 PartGG aufgezählten Merkmale aufweist oder nicht. Und aufgrund dieser Unerheblichkeit sollte ein derartiger Programmsatz allenfalls in die rechtspolitische Diskussion, nicht aber in ein Gesetz Eingang finden.[61] Dennoch beinhaltet § 1 Abs. 2 S. 1 PartGG sehr anschaulich die oben genannten Wesensmerkmale zur Eingrenzung und Bestimmung des Begriffs „Freier Beruf". Für den konkreten persönlichen Anwendungsbereich kommt § 1 Abs. 2 PartGG jedoch nicht ohne eine katalogartige Aufzählung in Satz 2 umhin. Einen derartigen Katalog findet man auch in § 18 Abs. 1 Nr. 1 S. 2 EStG hinsichtlich des Einkommensteuerrechts und in § 6 Abs. 1 S. 1 GewO. Zu beachten ist dabei, dass dieser nur für den Anwendungsbereich des betreffenden Gesetzes gilt. Die Kataloge sind weder deckungsgleich, noch lassen sie ein einheitliches Begriffsbild erkennen.[62]

Überzeugende allgemeine Maßstäbe für die Abgrenzung des Freien Berufes von den Gewerbetreibenden sind schwer zu finden, zumal die Unterscheidung

---

59 Vgl. *Vossebürger*, in: BRAO Kommentar, Teil 1 BRAO, § 2 Rn. 5; *Taupitz*, Die Standesordnungen der freien Berufe, S. 148 f.; *Peitscher*, Anwaltsrecht, S. 44 Rn. 57; *Knauer/Wolf*, BRAK-Mitt. 2007, 142 (145); *Kluth*, JZ 2010, 844 (845).

60 *Vossebürger*, in: BRAO Kommentar, Teil 1 PartGG, § 1 Rn. 11; *Henssler*, PartGG Kommentar, S. § 1 Rn. 52; *Römermann/Hartung*, Anwaltliches Berufsrecht, S. 43.

61 *Römermann*, NZG 1998, 675 (677).

62 *Mann*, AnwBl 2010, 551 (551).

eher historische als sachliche Gründe hat.[63] Hinzu kommt, dass auch Freiberufler eine Handelsgesellschaft führen können, so lange berufsrechtliche Vorschriften nicht entgegenstehen.[64] Die Bezeichnung „Freiberufler" schließt die gewerbliche Betätigung nicht von vornherein aus. Das gilt gerade in den Fällen der gemischten Betriebe, in denen sowohl freiberufliche, als auch kommerzielle Zwecke verfolgt werden. Bei solchen Betrieben kommt es auf das Gesamtbild an.[65] Um es mit den Worten des BGH zu auszudrücken: „Je stärker etwa der Arzt von der rein ärztlichen Tätigkeit zum Betriebe eines Senatoriums, der Architekt von der entwerfenden Tätigkeit zum Betriebe eines technischen Büros, der Künstler vom Schaffen eines Einzelwerks zur Herstellung von Marktware übergeht, um so eher wird das Vorliegen eines Gewerbebetriebes bejaht".[66]

IV. Der Freiberufler am Beispiel des Rechtsanwalts

Im Folgenden soll der Beruf des Rechtsanwalts unter die oben dargestellten Charakteristika subsumiert werden. Die Tätigkeit des Freiberuflers ist gemeinwohlorientiert, er bezieht sich auf existenzielle Bedürfnisse des Bürgers, ist altruistisch und deshalb nicht gewinnorientiert. Existenzielle Bedürfnisse des Bürgers liegen immer zugleich auch im Interesse des Gemeinwohls. Der Rechtsanwalt arbeitet frei von Entgeltmotiven. Die Arbeit wird um ihrer selbst willen durchgeführt.[67] Altruistisch ist seine Tätigkeit dadurch, dass es ihm alleine um das Wohl seiner Mandantschaft geht, losgelöst von allen persönlichen Bedürfnissen.[68] Hinsichtlich der persönlichen, fachlich unabhängigen und wirtschaftlich selbstständigen Erbringung von geistigen Leistungen, denen eine besondere qualifizierte Ausbildung bzw. schöpferische Befähigung zugrunde liegt, muss zwischen den einzelnen Merkmalen differenziert werden. Persönlich ist eine Leistung des Rechtsanwalts erbracht, wenn die Tätigkeit den Stempel der Eigenpersönlichkeit dessen trägt.[69] Das Endergebnis seiner Arbeit muss also seine persönliche Leistung widerspiegeln. Er selbst muss sich als Urheber seiner geistigen Leistung bezeichnen dürfen. Diese geistige Leistung erfolgt auch eigenbestimmt in sachlich-persönlicher Weisungsfreiheit und wirtschaftlich selbständig. Der

---

63 *Körber,* in: Oetker HGB, § 1 Rn. 42.
64 Vgl. *K. Schmidt,* DB 1998, 61 (62).
65 *Hopt,* in: Baumbach/Hopt, HGB, § 1 Rn. 20.
66 BGHZ 33, 321 = *BGH,* NJW 1961, 725 (728).
67 *Taupitz,* Die Standesordnungen der freien Berufe, S. 59.
68 Kritisch hierzu siehe unten: Vierter Teil, C., IV., 3., b), bb).
69 *Taupitz,* Die Standesordnungen der freien Berufe, S. 41.

Mandant kann zwar das „was“ aber nicht das „wie“ der Leistung bestimmen. Der Rechtsanwalt entscheidet selbst, wie er seine Leistung erbringt. Wirtschaftlich selbständig bedeutet, dass die Berufstätigkeit üblicherweise, überwiegend oder zumindest in erheblichem Umfang in wirtschaftlich selbständiger Stellung ausgeübt werden muss.[70] Wirtschaftlich betrachtet agiert der Rechtsanwalt also unabhängig. Die qualifizierte Ausbildung bzw. schöpferische Befähigung resultiert aus dem Erfordernis zweier bestandener Staatsexamina. Der Mandant ist von der Kenntnis und Erfahrung des Anwalts abhängig. Er kann die Qualität und Richtigkeit seiner Arbeit nicht kontrollieren.[71] Eng damit verbunden ist das persönliche Vertrauensverhältnis zwischen Mandant und Rechtsanwalt. Der Mandant gewährt oft Einblick in seinen innersten persönlichen Bereich. Die Informationen, die der Mandant preisgibt, unterliegen der Schweigepflicht des Rechtsanwalts. Der Mandant soll sich dadurch sicher fühlen, um bestmögliche und vertrauensvolle Rechtsvertretung zu erhalten. Letztendlich unterliegt der Rechtsanwalt der Zwangsmitgliedschaft in der Bundesrechtsanwaltskammer. Diese dient unter anderem der Kontrolle einer ordentlichen Leistungserbringung „höherer Art“. Auch wenn diese Merkmale nicht bei allen Rechtsanwälten vollständig vorliegen, so mindert dies nicht die Charakterisierung als Freiberufler. Wie bereits dargestellt[72], kommt es auf das gesamte Erscheinungsbild an.

V. Die moderne Begriffsbestimmung „Freier Beruf“

1. Ziel der modernen Begriffsbestimmung

Nun gilt zu untersuchen, ob die zuvor herausgearbeiteten Grundsätze noch ohne weiteres auf den heutigen Freiberufler übertragbar sind, oder ob die Begriffsbestimmung grundlegend überdacht werden muss. Die hiesige Untersuchung bezieht sich indes nicht auf die Frage, ob die Grenzen zur gewerblichen Tätigkeit für Freiberufler geöffnet werden sollen. Dies ist Gegenstand der späteren Untersuchung. Zunächst geht es in erster Linie darum, ob dem Begriff „Freier Beruf“ überhaupt noch eine übergeordnete Bedeutung zukommen soll und ob sich diese „Berufsbezeichnung“ heute noch rechtfertigen lässt. Aufgrund der rapiden Entwicklung der freiberuflichen Berufsrechte und der sozialen und gesellschaftlichen Wandlung stellt sich die Frage, ob sich der Freie Beruf, wie er Mitte des 19. Jahrhunderts charakterisiert wurde, heute noch in der Gesellschaft

---

70 *Taupitz*, Die Standesordnungen der freien Berufe, S. 47.

71 Vgl. *Redeker*, NJW 2004, 2799 (2800).

72 Siehe Erster Teil B. III.

widerspiegelt. Um den Besonderheiten der einzelnen Freien Berufe gerecht zu werden, ist eine getrennte Betrachtung vonnöten. Damit die Untersuchung nicht ins Uferlose ausartet, liegt das Hauptaugenmerk auf den Berufen des Rechtsanwalts und Arztes, da jene den Grundtyp des Freien Berufes verkörpern.

2. Versuch einer modernen Begriffsbestimmung

a) Rechtsanwälte

Ist von einem Rechtsanwalt die Rede, so hat sich der Gedanke im Laufe der Jahrzehnte verändert. Der klassische Anwalt war zumeist in einer Einzelkanzlei und vornehmlich forensisch tätig. In seiner Gemeinde galt er als eine Art moralische Instanz, die hohes Ansehen genoss. Seine Dienstleistung galt aus Sicht des Publikums als etwas unnahbar Erhabenes.[73] Seine wirtschaftliche Unabhängigkeit ermöglichte es ihm, stets nach gutem Gewissen und moralischem Wert zu handeln, ohne dabei finanzielle Interessen in den Vordergrund zu stellen.[74] Ehren- und respektvoll wurden die Worte gewählt, wenn man von einem Rechtsanwalt sprach. Ob das heute immer noch der Fall ist, wird hier bezweifelt. Als „Rechtsverdreher" oder „Kapitalist" wird ein Rechtsanwalt heute nicht selten beschimpft. Fraglich ist, ob dieser Wandel auf einer schleichenden Veränderung des anwaltlichen Berufs beruht. Wenn ja, stellt sich tiefergehend die Frage, welche Faktoren und Umstände für diese Veränderung verantwortlich sind und ob ein Rechtsanwalt die Bezeichnung „Freiberufler" heute noch verdient. Zunächst sollen jedoch die Charakteristika der Freien Berufe mit dem Rechtsanwalt von heute verglichen werden.

aa) gemeinwohlorientiert, altruistisch, nicht gewinnorientiert

Ob jeder Rechtsanwalt selbstlos und ohne Gewinnstreben tätig wird, ist leider nur schwer zu beweisen. Jeder Rechtsanwalt verdient mit seiner Tätigkeit seinen Lebensunterhalt. Von der bloßen Stellung als Organ der Rechtspflege wird man als Anwalt nicht „satt".[75] Ob der Rechtsanwalt ein finanzielles Interesse darüber hinaus hat oder nicht, lässt sich schwer nachweisen. Allerdings sprechen objektive Gegebenheiten bei vielen Freiberuflern für die Gewinnorientierung. Große Rechtsanwalts-, Steuer- und Wirtschaftsprüfungsgesellschaften sind nicht zweifelsfrei altruistisch ausgerichtet, auch wenn sogenannte „pro bono-Fälle" mittlerweile auch bei Großkanzleien auf der Liste stehen. Darüber hinaus können

---

73 Vgl. *Peitscher*, Anwaltsrecht, S. 47 Rn. 64.

74 *Hinne*, in: FS für RAK Hamm, S. 435 (435).

75 *Hellwig*, BRAK-Mitt. 2008, 92 (93).

auch Freiberufler gewerblich tätig werden.[76] Denn nur die klassischen Freien Berufe sind durch das Berufsrecht *ex lege* vom Gewerbebegriff ausgenommen.[77] Andere in § 1 Abs. 2 PartGG genannte Freiberufler können sich daher im Handelsregister eintragen lassen und somit ein Handelsgewerbe betreiben. Bereits hier zeigt sich also, dass der Typus „Freier Beruf" heute einem anderen Begriffsverständnis unterliegt. Des Weiteren ist es nicht mehr von der Hand zu weisen, dass es heute wohl mehr angestellte als frei praktizierende Rechtsanwälte und Ärzte gibt.[78] Stimmt das Verhältnis von Angestellten zu den Partnern in größeren Kanzleien nicht mehr, arbeiten beispielsweise drei bis vier *Associates* einem Partner zu, spricht viel dafür, dass der Partner seine freiberufliche Tätigkeit nicht mehr persönlich erbringt und die Leistung durch den *Associate* somit nur der Gewinnmaximierung dient und damit gewerblich ist.[79] Die fehlende Gewinnorientierung kann nicht mehr zu den Merkmalen des Freiberuflers gezählt werden. Und das ist auch gut so, denn dieses Ergebnis beruht auf der wirtschaftlichen und gesellschaftlichen Entwicklung und der „Fortschritt" ist bekanntlich nicht negativ behaftet. Dass ein Freiberufler nicht gewinnorientierend tätig wird, ist ein Relikt vergangener Zeit und passt nicht mehr zu dem modernen Freiberufler.

Aber selbst wenn an dem tradierten Begriff des Freien Berufes festgehalten werden soll, hindert die Gewinnorientierung nicht die Erfüllung aller Begriffsmerkmale des Freien Berufes. Der Freie Beruf ist ein Typusbegriff, weshalb nicht alle Begriffsmerkmale vorliegen müssen, um von einem Freien Beruf sprechen zu können. Letztendlich definiert sich der Begriff aus dem Gesamtbild des Subjekts. Altruistisch und nicht gewinnorientiert kann daher nur so verstanden werden, dass gegenteilige Motive nicht an vorderster Stelle stehen. Die entscheidende Frage ist deshalb nicht, ob der Anwalt Geld verdienen will, sondern ob er seine Leistungsbereitschaft von der Bezahlung abhängig macht oder sich

---

76 Vgl. oben: Erster Teil, B., III.

77 Hierzu zählen: Rechtsanwälte (§ 2 BRAO), Patentanwälte (§ 2 Abs. 2 PAO), Notare (§ 2 S. 3 BNotO), Wirtschaftsprüfer (§ 1 Abs. 2 WPO), Steuerberater (§ 32 Abs. 2 StBerG), Ärzte (§ 1 Abs. 2 BÄO), Zahnärzte (§ 1 Abs. 4 ZahnheilkundeO), Tierärzte (§ 1 Abs. 1 TierärzteO) und öffentlich bestellte Vermessungsingenieure; vgl. *Körber*, in: Oetker HGB, § 1 Rn. 36.

78 So auch *Redeker*, NJW 2004, 2799 (2799). Gleichzeitig sagt *Redeker* auch, dass die Kommerzialisierung erst dann negativ wird, wenn sie zur Gewinnmaximierung ausartet, vgl. auf Seite 2801. Auch das ist heute nicht mehr zu verhindern, wo es doch gerade um den Wettbewerb auf dem freiberuflichen Markt geht.

79 Ebenso *Vossebürger*, in: BRAO Kommentar, Teil 1 BRAO, § 2 Rn. 6.

sogar für unlautere Handlungen „kaufen" lässt.[80] Kurz gesagt soll der Anwalt nicht nur anständig Geld verdienen, sondern Geld auch anständig verdienen.[81] Da sich diese Eigenschaften nicht nachweisen lässt, muss sie als Idealbild eines jeden Freiberuflers angesehen werden. Dagegen lässt sich die Gemeinwohlorientierung leichter nachweisen. Laut *Mann* liegt darin sogar die Gemeinsamkeit zwischen den einzelnen freiberuflichen Professionen.[82] Danach ist allein der Bezug zum Gemeinwohl die signifikante Besonderheit des Freiberuflers, die eine rechtliche Sonderbehandlung dessen rechtfertigt und rechtfertigen kann.[83] Das besondere Gemeinwohlinteresse spiegelt sich in den Berufsrechten wider. Freiberufler unterliegen diesen weitaus stärker als anderen berufsrechtlichen Beschränkungen, die die Pflicht zum altruistischen Handeln ausdrücklich in den Vordergrund stellen und das Gewinnstreben zum Schutz anderer in gewisse Bahnen lenken und in Grenzen halten sollen.[84] Bereits § 1 BRAO eröffnet die Bundesrechtsanwaltsordnung mit der Klarstellung, dass der Rechtsanwalt ein unabhängiges Organ der Rechtspflege ist. Seine Aufgabe ist es der Rechtspflege – und damit der Allgemeinheit – zu dienen. Bürger und Unternehmen sind auf die Rechtsberatung und Prozessführung angewiesen.[85] Nach § 43 S. 2 BRAO hat er sich innerhalb und außerhalb des Berufs der Achtung und des Vertrauens, welche die Stellung des Rechtsanwalts erfordert, würdig zu erweisen. Im Ergebnis hat sich bezüglich der Gemeinwohlorientierung in den letzten 150 Jahren nichts geändert.

bb) persönliche und wirtschaftliche Unabhängigkeit geistiger Leistungen

Der Rechtsanwalt erbringt auch heute noch ausschließlich geistige Leistungen. Ob er diese persönlich und wirtschaftlich unabhängig leistet, könnte aufgrund der heutigen Sozietätsstrukturen bezweifelt werden. Ursprünglich war der Rechtsanwalt als Einzelanwalt tätig.[86] Heute liegt der Anteil der soziierten Anwälte bei rund 45 %.[87] Von diesen 45 % sind gewiss nicht alle Rechtsanwälte

80 *Busse*, Deutsche Anwälte, S. 644.

81 *Busse*, Deutsche Anwälte, S. 644 m.w.N.

82 *Mann*, AnwBl 2010, 551 (555).

83 Vgl. auch *Krenzler*, in: Verhandlungen des 68. Deutschen Juristentages - Referate und Beschlüsse Teil Q, S. Q 11 (Q 11 f.).

84 *Taupitz*, Die Standesordnungen der freien Berufe, S. 61 f.

85 *Redeker*, NJW 2004, 2799 (2800).

86 Vgl. Erster Teil, A., I.

87 Das hat sich aus einer Studie des Soldan Instituts für Anwaltsmanagement ergeben. Siehe hierzu *Hommerich/Kilian*, AnwBl 2009, 444 (444).

weisungsunabhängige Partner. Der Trend zum Angestelltenverhältnis ist in den letzten Jahren deutlich gestiegen. Der angestellte Rechtsanwalt unterliegt dabei den Weisungen des ihm zugewiesenen Partners. „Unabhängigkeit" bedeutet aber auch immer Unabhängigkeit vom Staat und Freiheit von staatlichen Weisungen sowie Gesellschafts- und Parteiunabhängigkeit.[88] Das Merkmal der Unabhängigkeit weist demnach verschiedene Facetten auf. § 1 BRAO rückt auch hier wieder die Unabhängigkeit des Organs der Rechtspflege ins rechte Licht. Der Rechtsanwalt ist frei von staatlichen Einflüssen und nur seinem Gewissen unterworfen.[89] Die staatliche Unabhängigkeit kann heutzutage nicht mehr bezweifelt werden. Alleine Art. 12 GG weist auch dem Rechtsanwalt die Freiheit seiner Berufsausübung zu. Er steht somit unter dem grundrechtlichen Schutz der beruflichen Unabhängigkeit.[90]

Gesellschafts- und Parteiunabhängigkeit bedeutet, dass sich der Rechtsanwalt seine freie Willens- und Meinungsbildung aufgrund seiner eigenen Ideologie bildet, ohne sich dabei nach parteipolitischen, religiösen oder gesellschaftlichen Vorgaben auszurichten.[91] Diese Merkmale können dem Rechtsanwalt ebenfalls aufgrund des stetigen Wandels des anwaltlichen Berufsbildes nur schwerlich abgesprochen werden. Der heutige Rechtsanwalt ist immer noch frei von äußeren Zwängen und nur seinem Gewissen unterworfen. Auch die Angestellteneigenschaft bewirkt nichts Gegenteiliges. Dem anwaltlichen Berufsrecht unterliegt sowohl der Rechtsanwalt als Arbeitgeber als auch sein Angestellter. Der zwischen Anwälten bestehende Arbeitsvertrag muss deshalb die Unabhängigkeit des Anwalts (§ 1 BRAO) gewährleisten.[92] § 26 BORA sieht deshalb vor, dass Rechtsanwälte nur zu angemessenen Bedingungen beschäftigt werden dürfen. Würde der Rechtsanwalt seine Unabhängigkeit aufgrund seiner Angestellteneigenschaft verlieren, verstieße das Anstellungsverhältnis bereits gegen § 43a Abs. 1 BRAO. Danach darf der Rechtsanwalt keine Bindungen eingehen, die seine berufliche Unabhängigkeit gefährden. Das Anstellungsverhältnis müsste im anwaltlichen Berufsrecht dann allgemein verboten werden. Im Ergebnis steht das Anstellungsverhältnis der Unabhängigkeitsformel des § 1 BRAO nicht entgegen. Die Weisungsgebundenheit betrifft nur das Arbeitsverhältnis und somit das Innenverhältnis zwischen Arbeitgeber und Rechtsanwalt. Die Stellung des

---

88 *Vossebürger*, in: BRAO Kommentar, Teil 1 BRAO, § 1 Rn. 15 ff.

89 *Vossebürger*, in: BRAO Kommentar, Teil 1 BRAO, § 1 Rn. 15.

90 Vgl. hierzu auch *Koch*, in: Henssler/Prütting BRAO Kommentar, § 1 Rn. 47.

91 Vgl. *Vossebürger*, in: BRAO Kommentar, Teil 1 BRAO, § 1 Rn. 17.

92 *Vossebürger*, in: BRAO Kommentar, Teil 1 BRAO, § 1 Rn. 22.

Rechtsanwalts im Außenverhältnis als unabhängiges Organ der Rechtspflege bleibt hiervon unberührt.[93]

Dasselbe gilt auch hinsichtlich der wirtschaftlichen Unabhängigkeit. Das Bild des angestellten Anwalts ist kein Dauerzustand. Anstellungsverhältnisse sollten und sind i.d.R. nur eine Durchlaufstation für eine eigene selbständige Tätigkeit beispielsweise in Form einer Partnerschaft.[94] Größeren Kanzleien kann nicht zugemutet werden, jeden Rechtsanwalt sofort als gleichberechtigten Partner einzustellen. Hier zeigt sich sehr deutlich, dass der Begriff des Freiberuflers der zeitlichen Entwicklung angepasst werden muss, denn vor 150 Jahren hat man sich über Großkanzleien noch keine Gedanken gemacht.

cc) persönliche Leistungserbringung aufgrund besonderer Begabung und Befähigung

Die persönliche Leistungserbringung grenzt die freiberufliche von der gewerblichen Tätigkeit ab.[95] Beauftragt ein Mandant einen Anwalt, erwartet dieser eine persönliche Rechtsberatung, zumal er ihm wichtige und zum Teil intime Informationen preisgibt, die nicht jedermann zugänglich gemacht werden sollen. Die persönliche Leistungserbringung steht also im Vordergrund. Das heißt aber nicht, dass der Anwalt alle Aufgaben selbst erledigen muss. „Persönlich" heißt überwiegend selbst,[96] da es der heutigen Struktur der Kanzleien nicht mehr gerecht wird, dass jeder Anwalt nur mit seinen Aufgaben selbst betraut ist. Es kommt also darauf an, dass der Rechtsanwalt die Leistung persönlich verantwortet und die Beziehung zum Mandanten insgesamt von persönlichen und persönlich spezifischen Merkmalen getragen ist.[97]

Fraglich ist jedoch, was unter „besonderer Begabung und Befähigung" fällt. Zwei bestandene Staatsexamina gehören nach hier vertretener Auffassung wohl nicht in diese Rubrik. Diese zwei Merkmale scheinen ein Relikt vergangener Zeit zu sein, als die ursprünglichen Freien Berufe „Rechtsanwalt" und „Arzt" nur privilegierten Personen offen standen. Im Ergebnis sind diese Merkmale als normativer Anknüpfungspunkt heute unbrauchbar.[98]

---

93 *Koch*, in: Henssler/Prütting BRAO Kommentar, § 2 Rn. 11, 12.

94 *Vossebürger*, in: BRAO Kommentar, Teil 1 BRAO, § 1 Rn. 26.

95 *Taupitz*, Die Standesordnungen der freien Berufe, S. 40.

96 *Taupitz*, Die Standesordnungen der freien Berufe, S. 41 m.w.N.

97 *Taupitz*, Die Standesordnungen der freien Berufe, S. 41.

98 Vgl. *Kämmerer*, in: Verhandlungen des 68. Deutschen Juristentages - Gutachten H, S. H 1 (H 18).

dd) besonderes Vertrauensverhältnis und Verschwiegenheitspflicht

Das besondere Vertrauensverhältnis besteht nach wie vor. Daran ändert auch der Wandel der Zeit nichts. Früher wie heute vertraut der Mandant dem Rechtsanwalt sehr private und intime Informationen an. Selbstverständlich geht der Mandant davon aus, dass diese Informationen vertraulich behandelt werden. Der Anwalt kann seine Aufgaben nur erfüllen, wenn sein Mandant sich ihm anvertraut. Dafür ist unerlässlich, dass sich der Mandant auf die Verschwiegenheit des Anwalts verlassen kann.[99] Dieses Vertrauen wird sogar von § 203 StGB geschützt.[100] Nach § 203 Abs. 1 Nr. 3 StGB ist der Rechtsanwalt zur Verschwiegenheit verpflichtet. Das gleiche gilt auch nach § 43a Abs. 2 BRAO und § 2 BORA. Gemäß §§ 43a Abs. 2 S. 2 BRAO, § 2 Abs. 2 BORA bezieht sich die Verschwiegenheitspflicht auf alles, was ihm in Ausübung seines Berufes bekanntgeworden ist.

ee) Zwischenergebnis

Die klassischen Charakteristika des Freien Berufes sind beim Rechtsanwalt zum größten Teil auch heute noch vorhanden. *Kämmerer* drückt es in seinem Gutachten zu den Verhandlungen des 68. Deutschen Juristentages mit den passenden Worten aus. Danach sind Freie Berufe ungeachtet aller Traditionsbezüge nicht statisch, sondern unterliegen sozialempirischen und rechtlich beeinflussten Wandlungsprozessen, auf welche ihre Regulierung Bezug nehmen muss.[101] Auch *Redeker* trifft es mit seinen Ausführungen zu diesem Thema passend. Demzufolge ist der Begriff des Freien Berufes gesellschaftlichen Wandlungen unterworfen. In den letzten 150 Jahren haben sich die normativen Grundlagen und die gesellschaftlichen Voraussetzungen wesentlich geändert.[102] Mit anderen Worten darf der Begriff des „Freien Berufes" nicht starr charakterisiert werden. Wie soeben gezeigt wurde, lassen sich die ursprünglich entwickelten Eigenschaften auch heute noch überwiegend auf den Rechtsanwalt übertragen. Voraussetzung ist aber, dass hierbei die zeitliche und gesellschaftliche Entwicklung berücksichtigt wird. Das betrifft beispielsweise auch die seit langem umstrittenen Deregulierungsprozesse der Freien Berufe. Deregulierung ist nur solange richtig, wie das Berufsrecht der Freien Berufe wettbewerbsfähig bleibt und gleichzeitig den Kern des Freiberuflers unangetastet lässt. All die jenen Prozesse

---

99 *Busse*, Deutsche Anwälte, S. 552.

100 Vgl. *Taupitz*, Die Standesordnungen der freien Berufe, S. 52 f.; *von Falkenhausen*, AnwBl 2012, 889 (890).

101 *Kämmerer*, in: Verhandlungen des 68. Deutschen Juristentages - Gutachten H, S. H 1 (H 36).

102 *Redeker*, NJW 2004, 2799 (2800).

sind notwendiger Ausdruck der modernen Entwicklung. Ein weiteres Beispiel ist die Schaffung der Partnerschaftsgesellschaft. Dadurch sollte den stetigen Änderungen im Wirtschaftsleben auch für die Freien Berufe Rechnung getragen werden, indem ihnen eine wettbewerbsfähige Organisationsform zur Verfügung gestellt wurde.[103] Ziel war es einerseits, dem hergebrachten Berufsbild des Freien Berufes zu entsprechen und andererseits eine moderne und flexible Organisationsform zu bieten.[104] Der Vollständigkeit halber können die Änderungen im anwaltlichen Werberecht, die Entwicklung hin zur Fachanwaltschaft, anwaltliche Mediation und außergerichtliche Streitbeilegungen zur zeitlichen Entwicklung genannt werden. Im Ergebnis lässt sich somit festhalten, dass der Rechtsanwalt den Status des „Freiberuflers" auch heute noch verdient. Es muss nur der historische Gedanke des Freien Berufes abgelegt und dem Wandel der Zeit gefolgt werden.

b) Ärzte

„Ich schwöre bei Apollon dem Arzt und Asklepios und Hygieia und Panakeia und allen Göttern und Göttinnen, indem ich sie zu Zeugen rufe, dass ich nach meinem Vermögen und Urteil diesen Eid und diese Vereinbarung erfüllen werde: (…)".[105] Das sind die einleitenden Worte, mit dem der Hippokratische Eid gesprochen wird. Der Eid und die Vereinbarung, die erfüllt werden sollen, sind nichts anderes als die Wiedergabe der charakteristischen Merkmale des Freien Berufes. § 1 Abs. 2 BÄO sieht ausdrücklich vor, dass der ärztliche Beruf kein Gewerbe ist und seiner Natur nach ein Freier Beruf. Die Ausführungen bezüglich der Stellung des Rechtsanwalts lassen sich überwiegend auf den Arzt übertragen. Auch er hatte schon immer ein gehobenes Ansehen in der Gesellschaft. Fraglich ist jedoch, ob sich am Berufsbild des Arztes in den letzten Jahrzehnten etwas geändert hat, so dass sich die Merkmale des Freien Berufes nicht mehr unter den Arztberuf subsumieren lassen.

aa) gemeinwohlorientiert, altruistisch, nicht gewinnorientiert

Die Gemeinwohlorientierung ist in § 1 Abs. 1 BÄO gesetzlich normiert. Hiernach dient der Arzt der Gesundheit des einzelnen Menschen und des gesamten Volkes. In erster Linie steht immer die Heilung des Individuums im Vordergrund. Daraus resultiert jedoch das Bewusstsein, welche Folgen sich für die

---

103 BT-Drucks. 12/6152, S. 7; *Lenz*, in: M/GvW/H/L/W, § 1 Rn. 3.

104 BT-Drucks. 12/6152, S. 7.

105 *Laufs/Katzenmeier/Lipp*, Arztrecht, S. XXV.

Vielzahl der anderen daraus ergeben.[106] Die ärztliche Heilung steht im öffentlichen Interesse und dient jedem Individuum und somit folgerichtig auch dem Gemeinwohl. Hinsichtlich des Altruismus und der Gemeinwohlorientierung gilt dasselbe wie für den Rechtsanwalt.[107] Es gehört zum Berufsethos, dass der Arzt seinen Beruf nicht des Geldes wegen ausübt sondern in erster Linie der Heilungsfindung wegen. Überprüfbar sind diese Merkmale dagegen nicht.

bb) persönliche und wirtschaftliche Unabhängigkeit geistiger Leistungen

Die persönliche Unabhängigkeit hatte bereits das Bundesverwaltungsgericht in einem Urteil[108] festgestellt. Danach stehe die Gewissensentscheidung des Arztes im Zentrum seiner Arbeit. In den entscheidenden Augenblicken seiner Tätigkeit befinde sich der Arzt in einer unvertretbaren Einsamkeit, in der er – gestützt auf sein fachliches Können – allein auf sein Gewissen gestellt sei. Das müssten auch die ärztlichen Berufsvorschriften beachten.[109] Dasselbe gilt auch für das Arbeitsverhältnis des angestellten Arztes. So hat das Bundesarbeitsgericht festgestellt, dass ein Arzt eine arbeitsvertraglich geschuldete Leistung verweigern darf, die nicht mit seinem subjektiven Gewissensbegriff übereinstimmt.[110] So ist beispielsweise kein Arzt verpflichtet, an einem Schwangerschaftsabbruch mitzuwirken.[111] Ansonsten gilt auch hier das zu den Rechtsanwälten bereits Gesagte.[112]

cc) persönliche Leistungserbringung aufgrund besonderer Begabung und Befähigung

Auch hier lassen sich wieder die Ausführen zum Rechtsanwalt auf das Berufsbild des Arztes übertragen.

dd) besonderes Vertrauensverhältnis und Verschwiegenheitspflicht

Zwischen Arzt und Patient besteht ein besonderes Vertrauensverhältnis, das von den gesundheitlichen – meist zutiefst intimen – Sorgen getragen wird. Das Verhältnis lebt von der vertrauensvollen und uneingeschränkten Zuwendung

---

106 *Laufs/Katzenmeier/Lipp*, Arztrecht, S. 11 f. Rn. 18.

107 Siehe Erster Teil B. V. 2. a) aa).

108 BVerwGE 27, 303 = *BVerwG*, NJW 1968, 218.

109 BVerwGE 27, 303 = *BVerwG*, NJW 1968, 218 (219).

110 *BAG*, NJW 1990, 203 (203 ff.); tiefergehend dazu *Laufs*, in: Laufs/Kern Handbuch des Arztrechts, S. 23 f. Rn. 13.

111 *Laufs*, in: Laufs/Kern Handbuch des Arztrechts, S. 23 Rn. 12.

112 Siehe Erster Teil B. V. 2. a) bb).

beider Parteien.[113] Um dieses Verhältnis abzusichern, unterliegt auch der Arzt einer umfassenden Schweigepflicht. Abgesichert wird diese Pflicht wiederum von § 203 Abs. 1 Nr. 1 StGB. Abweichungen gegenüber dem anwaltlichen Berufsbild bestehen nicht.

ee) Zwischenergebnis

Mit Ausnahme der berufsspezifischen Besonderheiten verkörpert der Arzt dieselben charakteristischen Merkmale eines Freiberuflers wie auch der Rechtsanwalt. Das Gleiche gilt auch hinsichtlich der zeitlichen und gesellschaftlichen Wandlung des Berufsbildes.[114] Der Begriff des Freien Berufes unterliegt zeitlichen Wandlungsprozessen. Seine Bedeutung hat hingegen nicht an Gewicht verloren, sondern bedarf lediglich eines modernen Verständnisses. Im Ergebnis verdient der Arzt also auch heute noch die Bezeichnung „Freiberufler".

VI. Zusammenfassung

Der Begriff des Freien Berufes ist nicht eingrenzend klassifizierbar. Es handelt sich um einen Typusbegriff, bei dem nur eine Beschreibung möglich ist, die an Hand typischer Merkmale erfolgt, welche aber nicht vollständig vorliegen müssen. Von der Zeit der Antike bis zum 21. Jahrhundert haben der Begriff und die Bedeutung des „Freien Berufes" grundlegende Änderungen durchlebt. Musste in der Antike noch zwischen den Freien und Sklaven unterschieden werden, unterliegt das heutige Begriffsverständnis ganz anderen Problemen. Die klassischen Freien Berufe des Arztes und Rechtsanwalts erfuhren seine erste Prägung Mitte des 19. Jahrhunderts.[115] Damals galt es, den Freien Beruf vom Staatsdienst einerseits und vom Gewerbe andererseits abzugrenzen. Die Herauslösung aus der bestehenden Verbeamtung, hoheitlicher Inpflichtnahme und staatlicher Einbindung sollte gekennzeichnet werden.[116] Der Begriff des Freien Berufes wurde durch folgende Charakteristika gekennzeichnet: Gemeinwohlorientierung; Altruismus (d.h. nicht gewinnorientiert); persönliche, wirtschaftlich unabhängige geistige Leistungen; persönliche Leistungserbringung aufgrund besonderer Begabung und Befähigung; besonderes Vertrauensverhältnis und

---

113 *Laufs/Katzenmeier/Lipp*, Arztrecht, S. 11 Rn. 16.

114 Näher hierzu *Laufs*, in: Laufs/Kern Handbuch des Arztrechts, S. 2 Rn. 1 ff.

115 *Taupitz*, Die Standesordnungen der freien Berufe, S. 121; *Kluth*, JZ 2010, 844 (845); *Mann*, AnwBl 2010, 551 (551).

116 *Taupitz*, Die Standesordnungen der freien Berufe, S. 121; *Mann*, AnwBl 2010, 551 (551).

Verschwiegenheitspflicht; Organisation in Berufskammern. Der zeitliche Wandel nimmt im Laufe der Jahrzehnte immer rapider zu. Verhielt sich der Wandel seit Mitte des 19. Jahrhunderts bis Ende der 80er-Jahre des 20. Jahrhunderts eher bescheiden, legte er seit dem umso mehr an Tempo zu. Nichtsdestotrotz bleiben die Charakteristika, die den Status des Freiberuflers entscheidend prägen, auch mit dem Gang der Zeit erhalten. Das wurde am Beispiel des Rechtsanwalts und Arztes verdeutlicht. Selbstverständlich muss hierzu jeder einzelne Freie Beruf getrennt voneinander betrachtet werden. Grundvoraussetzung dieser These ist indes, dass man den starren und konservativen Blick auf die Institution „Freiberufler" ablegt und sich für moderne – den heutigen Bedürfnissen gerecht werdende – Blickwinkel öffnet. Denn das Bild des Freiberuflers hat sich gewandelt. Einige Stimmen tendieren dazu, ihn als Unternehmer zu bezeichnen.[117] Die hier vertretene Auffassung schließt sich dieser Aussage an. Auch Freiberufler bieten eine Dienstleistung am Markt an, die wie jede andere durch Angebot und Nachfrage reguliert wird.[118] Um auf dem Markt konkurrenzfähig zu bleiben, müssen sie sich immer tiefergehender spezialisieren.[119] Konsequenz hieraus sind immer größere, hoch spezialisierte Kanzleien. Im Ergebnis kommt dem Freiberufler auch heute noch eine besondere Stellung zu, wobei dieser Aussage nicht allzu große Bedeutung zukommen soll. Die Institution „Freier Beruf" ist für sich genommen kein Argument, um kommerzialisierenden und deregulierenden Prozessen den Wind aus den Segeln zu nehmen.[120]

---

117 *Lenz,* in: M/GvW/H/L/W, § 1 Rn. 3; *Seibert*, Die Partnerschaft, S. 40; wohl auch *Kämmerer*, NJW-Beil. 2010, 105 (106). Eingehend hierauf vgl. unten: Vierter Teil, C., IV., 3., c).

118 So auch *Kämmerer*, in: Verhandlungen des 68. Deutschen Juristentages - Gutachten H, S. H 1 (H 40).

119 Vgl. auch *Lenz,* in: M/GvW/H/L/W, § 1 Rn. 3.

120 Näher hierzu siehe vierter Teil, C., IV., 3. und 4.

Zweiter Teil: Die Partnerschaftsgesellschaft

A. Einleitung

Mit der Partnerschaftsgesellschaft (PartG) sollte den Angehörigen Freier Berufe eine besondere, auf ihre Bedürfnisse zugeschnittene Gesellschaftsform zur gemeinsamen Berufsausübung zur Verfügung gestellt werden.[121] Die bisher bestehenden Gesellschaftsformen galten als nicht ausreichend, um den Interessen des Freien Berufes gerecht zu werden. Insbesondere sollte mit der Partnerschaft die Lücke zwischen der Gesellschaft bürgerlichen Rechts und den Kapitalgesellschaften geschlossen werden.[122] Um die Partnerschaftsgesellschaft mit beschränkter Berufshaftung hinreichend zu untersuchen, soll daher zunächst die Partnerschaftsgesellschaft – insbesondere die Haftungsverfassung – in ihrer ursprünglichen Form dargestellt werden. Nur so lassen sich die Neuerungen des Gesetzes auf ihren Fortschritt hin überprüfen. Die Darstellung der Merkmale der Partnerschaftsgesellschaft gilt im Grunde ebenso auch für die PartG mbB, da diese lediglich ein „haftungsrechtliches upgrade" bietet. Im Grunde ist die PartG mbB aber eine Partnerschaftsgesellschaft. Die Darstellung konzentriert sich im besonderen Maße auf die Haftung der Partnerschaft. Im Fokus stehen dabei die Rechtsanwälte, da die Darstellung sonst ins Uferlose verlaufen würde.

Bereits im Voraus der Hauptuntersuchung sollte zugleich auch die Frage aufgeworfen werden, ob die Schaffung einer an die Bedürfnisse der Freien Berufen angelehnte Rechtsform überhaupt notwendig war, zumal sich Freiberufler vor 1994 in der Gesellschaftsform des bürgerlichen Rechts (GbR) zusammenschließen konnten. Gerade den Steuerberatern und Wirtschaftsprüfern stehen seit den 60er-Jahren auch die Rechtsformen der Offenen Handelsgesellschaft (OHG) und Kommanditgesellschaft (KG) zur Verfügung, wenn sie wegen ihrer Treuhandtätigkeit als Handelsgesellschaften in das Handelsregister eingetragen worden sind (§ 49 Abs. 2 StBerG, § 27 Abs. 2 WPO).

B. Die Entstehungsgeschichte der Partnerschaftsgesellschaft

I. Vorbemerkung

Das Partnerschaftsgesellschaftsgesetz kann auf einen langen Entstehungsprozess zurück blicken. Bereits 1957 regte das Institut der Wirtschaftsprüfer in

121 BT-Drucks. 12/6152, S. 1.
122 BT-Drucks. 12/6152, S. 1.

Deutschland e.V. beim Bundesjustizministerium (BMJ) an, eine neue Gesellschaftsform für die Freien Berufe zu schaffen.[123] Das BMJ schrieb darauf hin mehrere Berufsverbände der Freiberufler an, um das Bedürfnis zu erforschen. Aufgrund geringer Resonanz lehnte das BMJ sodann einen Gesetzesentwurf ab.[124] Erst Ende der sechziger Jahre lebte die Diskussion über die Schaffung einer eigenen Rechtsform für die Freien Berufe wieder auf, indem der Anwaltstag 1967 diese Frage zu einem seiner Hauptthemen gemacht hatte und *Volmer*[125] einen Gesetzesvorschlag formulierte.[126] Anstoß hierfür war wohl die Verabschiedung des Gesetzes über Gesellschaften zur freien Berufsausübung 1966 in Frankreich.[127] Man befürchtete Wettbewerbsnachteile gegenüber französischen Freiberuflern.[128] Auch in der Literatur wurde der Ruf nach einer freiberuflichen Rechtsform immer lauter.[129]

II. Die fehlgeschlagenen Gesetzesentwürfe der 70er-Jahre

Im Jahr 1971 brachte die CDU/CSU-Fraktion den ersten Gesetzesentwurf[130] für ein Partnerschaftsgesetz in den Bundestag ein. Der Entwurf basierte zu Teilen auf den Vorarbeiten von *Volmer* von 1967.[131] Die Partnerschaft sollte dem Gesetzesentwurf zufolge als juristische Person konzipiert werden, steuerrechtlich aber als Personengesellschaft behandelt werden.[132] Aus heutiger Sicht ist das ein interessanter Ansatz, zumal die Partnerschaftsgesellschaft letztlich als

123 *Ulmer/Schäfer*, GbR und PartG Kommentar, PartGG Vor § 1 Rn. 1; *Ganster*, Freier Beruf und Kapitalgesellschaft, S. 82; *Wehrheim*, Die Partnerschaftsgesellschaft, S. 11; *Bank*, Die britische LLP: Eine attraktive Organisationsform für Freiberufler?, S. 277.

124 *Ganster*, Freier Beruf und Kapitalgesellschaft, S. 82.

125 *Volmer*, StB 1967, 25 (25 ff.). Der Gesetzesvorschlag umfasste damals 58 Paragraphen.

126 *Ulmer/Schäfer*, GbR und PartG Kommentar, PartGG Vor § 1 Rn. 1.

127 *Ganster*, Freier Beruf und Kapitalgesellschaft, S. 82 f.

128 BT-Drucks. 7/4089, S. 8; *Wehrheim*, Die Partnerschaftsgesellschaft, S. 11.

129 Vgl. *Rittner*, StB 1967, 2 (2 ff.).

130 BT-Drucks. 6/2047, S. 1 ff. Bis zum Referentenentwurf 1993 wurde durchgängig von Partnerschaftsgesetz statt von Partnerschaftsgesellschaftsgesetz gesprochen. Durch die Änderung der Bezeichnung sollte die Trennung von sonstigen Verbindungen als Partnerschaft deutlich gemacht werden. Vgl. *Bösert*, ZAP 1994, 137 (142).

131 *Ulmer/Schäfer*, GbR und PartG Kommentar, PartGG Vor § 1 Rn. 2; *Bank*, Die britische LLP: Eine attraktive Organisationsform für Freiberufler?, S. 278. Im Gegensatz zu *Volmer's* Vorschlag hatte der Entwurf nur noch 29 Paragraphen inbegriffen.

132 *Ulmer/Schäfer*, GbR und PartG Kommentar, PartGG Vor § 1 Rn. 2; *Wehrheim*, Die Partnerschaftsgesellschaft, S. 12; *Bank*, Die britische LLP: Eine attraktive Organisationsform für Freiberufler?, S. 278.

Personengesellschaft konzipiert wurde. Die Regeln über den Namen der Partnerschaft, den Partnerschaftsvertrag und die Einführung eines Partnerschaftsregisters sind dagegen Vorreiter für das heutige Partnerschaftsgesellschaftsgesetz (PartGG).[133] Mit dem Ende der 6. Legislaturperiode und der Auflösung des Bundestags verfiel der Gesetzentwurf jedoch der Diskontinuität.[134] Das Vorhaben war damit vorerst vom Tisch.

In der darauffolgenden Legislaturperiode wurde ein erneuter Versuch unternommen. 1975 wurde von Abgeordneten der Fraktionen der CDU/CSU, SPD und FDP ein zweiter Entwurf[135] zur Partnerschaft in den Bundestag eingebracht. Nach der Entwurfsbegründung sollte eine Lücke zwischen der Personengesellschaft des bürgerlichen Rechts und den Kapitalgesellschaften durch Schaffung einer nur Angehörigen Freier Berufe zugänglichen rechtsfähigen Berufsgesellschaft geschlossen werden.[136] Auch dieser Entwurf sah die Ausgestaltung der Partnerschaft als juristische Person vor.[137] Zum ersten Mal sah § 1 HS. 2 E-PartGG eine Begriffsbestimmung des „Freien Berufes" vor. Danach waren Freie Berufe i.S.d. Gesetzes solche, deren Angehörige in Körperschaften des öffentlichen Rechts (Berufskammern) auf Bundesebene direkt oder indirekt zusammengeschlossen sind. Diese Definition wich von dem bisher allgemein anerkannten Typusbegriff[138] des Freien Berufes ab. Obwohl der Entwurf in zwei weiteren Beratungen[139] modifiziert und in dritter Lesung vom Bundestag angenommen wurde, verweigerte der Bundesrat 1976 seine Zustimmung, da sich zahlreiche Verbände der Freien Berufe ablehnend geäußert hatten.[140] Ein Bedürfnis einer Partnerschaftsgesellschaft sah man aufgrund der Gesellschaft

---

133 *Ulmer/Schäfer*, GbR und PartG Kommentar, PartGG Vor § 1 Rn. 2.

134 *Busse*, Deutsche Anwälte, S. 593; *Wehrheim*, Die Partnerschaftsgesellschaft, S. 13.

135 BT-Drucks. 7/4089, S. 1 ff.

136 BT-Drucks. 7/4089, S. 1.

137 BT-Drucks. 7/4089, S. 8. Hierin heißt es, „dass bei der Frage der Organisationsform die Entscheidung für die Juristische Person und gegen eine Personengesellschaft fiel". Vgl. auch *Ganster*, Freier Beruf und Kapitalgesellschaft, S. 83 Fn. 93; *Wehrheim*, Die Partnerschaftsgesellschaft, S. 13. Warum einige trotzdem behaupten, der Entwurf konzipierte die Partnerschaft nicht mehr als juristische Person, ist aufgrund der klaren Entwurfsbegründung nicht nachvollziehbar. Vgl. *Ulmer/Schäfer*, GbR und PartG Kommentar, PartGG Vor 1 Rn. 3; *Bank*, Die britische LLP: Eine attraktive Organisationsform für Freiberufler?, S. 278.

138 Siehe Erster Teil, B., III.

139 BT-Drucks. 7/5402; BT-Drucks. 7/5413.

140 *Ganster*, Freier Beruf und Kapitalgesellschaft, S. 86; *Wehrheim*, Die Partnerschaftsgesellschaft, S. 15.

bürgerlichen Rechts nicht.[141] Somit war die Entstehung einer Partnerschaftsgesellschaft wiedermal vorübergehend stillgelegt.

III. Der Gesetzesentwurf von 1993

Obwohl bisherige Bemühungen gescheitert waren, war das Thema der freiberuflichen Organisationsform noch nicht vom Tisch. Bereits die Koalitionsvereinbarung der Regierungsparteien CDU/CSU und FDP vom 16.01.1991[142] enthielt die Absicht zur Vorbereitung eines Partnerschaftsgesetzes. Parallel dazu regte der Bundesverband der Freien Berufe beim Bundeswirtschaftsminister die Wiederaufnahme des Gesetzgebungsverfahrens an, was zu einer Anhörung der verschiedenen freiberuflichen Verbände führte. Da diese nunmehr Zustimmung zu diesem Vorhaben signalisierten, ersuchte der Bundestag mit Beschluss vom 03.06.1992 die Bundesregierung einen Gesetzentwurf vorzulegen.[143] Das BMJ reagierte Anfang 1993 darauf und legte einen Referentenentwurf vor.[144] Am 20.07.1993 wurde dieser Entwurf nach gründlicher Überarbeitung[145] als Regierungsentwurf vom Kabinett verabschiedet.[146] Letztendlich hat der Bundesrat dem Gesetz am 10.06.1994 zugestimmt,[147] woraufhin es am 25.07.1994 verkündet wurde.[148] Die endgültige Fassung wurde auf 11 Paragraphen verkürzt. Am 01.07.1995 trat das Partnerschaftsgesellschaftsgesetz endlich in Kraft.[149]

IV. Wesentliche Änderungen des PartGG

Seit Inkrafttreten des PartGG hat es einige Änderungen erfahren. Die meisten Änderungen waren indes nur marginal und hatten lediglich redaktionelle Änderungen zur Folge, insbesondere die Übernahme von entsprechenden Änderungen des OHG-Rechts.[150] Die bedeutendste Änderung des PartGG erfolgte durch das Gesetz zur Änderung des Umwandlungsgesetzes, des

---

141 *Lenz*, in: M/GvW/H/L/W, § 1 Rn. 1; *Ulmer/Schäfer*, GbR und PartG Kommentar, PartGG Vor § 1 Rn. 3.

142 *Wehrheim*, Die Partnerschaftsgesellschaft, S. 16; *Seibert*, Die Partnerschaft, S. 37.

143 *Ulmer/Schäfer*, GbR und PartG Kommentar, PartGG Vor § 1 Rn. 4; *Bösert*, ZAP 1994, 137 (142).

144 Abgedruckt in ZIP 1993, 153 ff.

145 *Bösert*, ZAP 1994, 137 (142).

146 BT-Drucks. 12/6152, S. 1 ff.

147 *Bösert*, ZAP 1994, 137 (142).

148 *Busse*, Deutsche Anwälte, S. 594.

149 BGBl. 1994 I, S. 1744.

150 *Ulmer/Schäfer*, GbR und PartG Kommentar, PartGG Vor § 1 Rn. 9.

Partnerschaftsgesellschaftsgesetzes und anderer Gesetze vom 22.07.1998.[151] Es wurde eine Legaldefinition der Freien Berufe in § 1 Abs. 2 S. 1 PartGG normiert.[152] Die wichtigste Änderung des PartGG erfolgte jedoch in § 8 Abs. 2 PartGG. § 8 Abs. 2 PartGG a.F. sah keine automatische Haftungsbegrenzung des Partners vor. Die Partnerschaft sollte nur das Recht haben, mittels einer gesonderten Vereinbarung die persönliche Haftung neben der Gesellschaft auf denjenigen Partner zu beschränken, der das Mandat eigenverantwortlich bearbeitete.[153] Dasselbe sah aber bereits § 51a Abs. 2 BRAO a.F. vor.[154] Es stellte sich somit die Frage, welchen Vorteil die Partnerschaftsgesellschaft gegenüber der BGB-Gesellschaft mit sich brachte.[155] Deshalb wurde aus der rein fakultativ vertraglichen, eine kraft Gesetz eingreifende Haftungskonzentration für Beratungsfehler bei den persönlich beteiligten Partnern.[156] Daraufhin fand die Partnerschaftsgesellschaft Anklang bei den Rechtsanwälten und wurde mit zunehmender Zeit immer mehr akzeptiert.[157]

C. Das Wesen der Partnerschaftsgesellschaft

I. Vorbemerkung

In folgendem Abschnitt wird die Charakteristik der Partnerschaftsgesellschaft dargestellt. Um Verwechslungen oder Missverständnissen vorzubeugen, muss zunächst eine Abgrenzung zu dem Begriff „Sozietät“ vorgenommen werden. Im weiteren Verlauf wird sodann die Partnerschaft in ihren wesentlichen Zügen dargestellt, da diese die Grundlage der eigentlichen Untersuchung dieser Arbeit bildet.

II. Abgrenzung zur Sozietät

Um begriffliche Missverständnisse zu vermeiden, soll hier zunächst der Sozietätsbegriff bestimmt werden. Da die vergesellschaftete Berufsausübung von Anwälten Anfang des 20. Jahrhunderts ungeläufig war, wurden Verträge, die

151 BGBl. 1998 I, S. 1878.

152 *Henssler*, PartGG Kommentar, Einführung Rn. 7.

153 *Römermann/Hartung*, Anwaltliches Berufsrecht, S. 84.

154 *Busse*, Deutsche Anwälte, S. 595.

155 *Busse*, Deutsche Anwälte, S. 595; von *Falkenhausen*, AnwBl 1993, 479 (480).

156 *Ulmer/Schäfer*, GbR und PartG Kommentar, PartGG Vor § 1 Rn. 10.

157 *Ulmer/Schäfer*, GbR und PartG Kommentar, PartGG § 8 Rn. 4; *Busse*, Deutsche Anwälte, S. 595; *Römermann/Hartung*, Anwaltliches Berufsrecht, S. 84 f.; *Koch/Kilian*, Anwaltliches Berufsrecht, S. 213 Rn. 790.

eine gemeinsame Berufsausübung von Rechtsanwälten vorsahen, als Vertrag *sui generis* qualifiziert. Die auf dem Vertrag beruhenden rechtlichen Konstrukte wurden als „Sozietät" bezeichnet.[158] An einer gesetzlichen Definition des Begriffs „Sozietät" fehlt es allerdings heute noch.[159] Bis 2007 enthielt § 59a Abs. 1 S. 1 BRAO a.F. einen konkreten Bezug zu dem Begriff „Sozietät".[160] Eine Definition enthielt diese Vorschrift indes nicht. Die einzige Legaldefinition der Sozietät fand sich in § 39 Abs. 3 des mit Wirkung vom 09.09.1994 aufgehobenen Rechtsanwaltsgesetzes vom 13.09.1990 der ehemaligen DDR. Danach lag eine Sozietät dann vor, wenn sich Rechtsanwälte auf vertraglicher Basis zur gemeinsamen Berufsausübung und gemeinsamen Kostentragung und Haftung zusammenschlossen.[161] Noch heute divergieren die Meinungen über den Sozietätsbegriff von der synonymen Verwendung für die BGB-Gesellschaft bis hin zum Stellvertreterbegriff für alle Rechtsformen der gemeinsamen anwaltlichen Zusammenarbeit.[162] Dem BGH[163] zufolge ist eine Anwaltssozietät eine Gesellschaft bürgerlichen Rechts, falls nicht ausdrücklich eine andere Gesellschaftsform gewählt wurde. Eine ausführliche Auseinandersetzung mit dieser begrifflichen Streitigkeit kann hier nicht erfolgen, zumal die Sozietät nicht Untersuchungsgegenstand ist. Für die Zwecke dieser Untersuchung reicht es aus, dass nach der hier vertretenen Ansicht jedenfalls anwaltliche Kapitalgesellschaften nicht unter den Sozietätsbegriff fallen. Für diese gelten nach §§ 59c ff. BRAO eigene Vorschriften und sind deshalb nicht von § 59a Abs. 1 BRAO umfasst.

Der Einfachheit halber wird in der folgenden Untersuchung die Sozietät als Synonym zur BGB-Gesellschaft verstanden. Dadurch wird deutlich, dass, wenn von „Sozietät" die Rede ist, nur die BGB-Gesellschaft gemeint ist. Somit kann keine Verwechslung mit der Partnerschaft auftreten. Sozietät und Partnerschaft sind begrifflich voneinander getrennt.

---

158 *Koch/Kilian*, Anwaltliches Berufsrecht, S. 211 Rn. 786.

159 *Römermann/Hartung*, Anwaltliches Berufsrecht, S. 87. Lediglich § 44b Abs. 1 S. 1 WPO benennt die Sozietät als Gesellschaft bürgerlichen Rechts. Eine gesetzliche Legaldefinition geht damit indes nicht einher.

160 *Michalski/Römermann*, in: Henssler/Streck, Handbuch Sozietätsrecht, S. 37 Rn. 3.

161 *Michalski/Römermann*, in: Henssler/Streck, Handbuch Sozietätsrecht, S. 38 Rn. 6.

162 Ausführlich hierzu *Pelzer*, Die Sozietät im Sinne der BRAO, S. 38 ff. m.w.N.

163 BGHZ 172, 169 = *BGH*, NJW 2007, 2490 (2436); BHGZ 193, 193 = *BGH*, NJW 2012, 2435 (2436).

III. Notwendigkeit der Partnerschaftsgesellschaft

Die Partnerschaftsgesellschaft sollte die Lücke zwischen der Gesellschaft bürgerlichen Rechts und den Kapitalgesellschaften durch Schaffung einer nur Angehörigen Freier Berufe zugänglichen rechtsfähigen Personengesellschaft schließen.[164] Vor der Schaffung der Partnerschaftsgesellschaft stand den Angehörigen Freier Berufe nur die Gesellschaft bürgerlichen Rechts zur Verfügung. Aufgrund der immer stetig wachsenden Rechtsanwaltskanzleien sah man die Sozietät nicht mehr als sachgerechte Gesellschaftsform größerer Kanzleien an.[165] Ein Hauptgrund hierfür war damals freilich noch die fehlende Rechtsfähigkeit der GbR, welcher seit dem Urteil des BGH 2001[166] nicht mehr herangezogen werden kann. Entscheidender war die Haftungskonzeption der Sozietät. Umso größer die Kanzlei, desto unüberschaubarer werden die einzelnen haftungsbegründenden Handlungen einzelner Partner. Die für die Sozietäten geltende gesamtschuldnerische Haftung[167] sämtlicher Gesellschafter für alle tätigen Anwälte war aufgrund der wachsenden Kanzleien nicht mehr zeitgemäß.[168] Trotz der grundsätzlichen Anerkennung einer Haftungsbegrenzungsmöglichkeit waren dessen Voraussetzungen unklar, sodass zu hohe Unsicherheiten für die Praxis bestanden.[169] Dieser Unsicherheit sollte die Partnerschaftsgesellschaft entgegen treten und damit die sogenannte Lücke schließen. Mitunter musste auch ein modernes Berufsrecht geschaffen werden, damit die Anwaltschaft im Wettbewerb mit anderen rechtsberatenden Berufen – aber auch im internationalen Wettbewerb – bestehen konnte.[170]

IV. Rechtsnatur und Besonderheit der Partnerschaftsgesellschaft

Die hier zu stellende Frage lautet nun, ob der Notwendigkeit einer besonderen Gesellschaftsform für Angehörige Freier Berufe mit der Partnerschaftsgesellschaft

---

164 BT-Drucks. 12/6152, S. 1.

165 BT-Drucks. 12/6152, S. 1; *Römermann*, Entwicklungen und Tendenzen bei Anwaltsgesellschaften, S. 98 f.; *Leutheusser-Schnarrenberger*, AnwBl 1994, 334 (335).

166 BGHZ 146, 341 = *BGH*, NJW 2001, 1056 (1056 ff.).

167 Neben der Anwaltssozietät haften gem. § 51a Abs. 2 S. 1 BRAO a.F. auch alle Sozien aus dem zwischen ihr und dem Mandanten bestehenden Vertragsverhältnis persönlich und gesamtschuldnerisch in voller Höhe mit ihrem Privatvermögen. Vgl. *Böhnlein,* in: BRAO Kommentar, Teil 1 BRAO, § 51a Rn. 14; *Peitscher*, Anwaltsrecht, S. 245 Rn. 661.

168 *Römermann*, Entwicklungen und Tendenzen bei Anwaltsgesellschaften, S. 102.

169 *Bösert*, ZAP 1994, 137 (139) m.w.N.

170 *Leutheusser-Schnarrenberger*, AnwBl 1994, 334 (334).

abgeholfen wurde. Nur so wäre das Ziel „die Lücke zwischen der Gesellschaft bürgerlichen Rechts und den Kapitalgesellschaften durch Schaffung einer nur Angehörigen Freier Berufe zugänglichen rechtsfähigen Personengesellschaft zu schließen" erreicht worden. Um dies zu beurteilen, muss zunächst die Rechtsnatur der Partnerschaft festgestellt werden, um sie sodann in den Kreis der bisher vorhandenen Gesellschaftsformen einzuordnen.

1. Rechtsnatur der Partnerschaftsgesellschaft

Die Partnerschaft ist eine Personengesellschaft und (als Schwesterfigur) wie die OHG eine Sonderform der Gesellschaft bürgerlichen Rechts.[171] Der § 1 Abs. 4 PartGG weist nochmal auf die subsidiäre Anwendbarkeit des Gesellschaftsrechts des BGB (§§ 705 ff. BGB) hin. Sie ist damit – ebenso wie die unternehmenstragende GbR und die Personenhandelsgesellschaften – der juristischen Person angenähert, ohne selbst juristische Person zu sein.[172] Nur der Vollständigkeit halber wird auf die eigene Rechtsfähigkeit der Partnerschaft hingewiesen. Noch vor 2001 war dies ein wichtiges Abgrenzungsmerkmal gegenüber der Gesellschaft bürgerlichen Rechts. Des Weiteren ist sie eine neue Gesellschaftsform, die sich in das bestehende System der Personengesellschaften einfügt und damit keine Rechtsform *sui generis*.[173] Das Vermögen der Partnerschaft steht den Partnern zur gesamten Hand zu (Gesamthandsgesellschaft).[174] Ihrem Wesen nach stellt die Partnerschaft eine OHG für Freiberufler dar.[175] Deshalb verweist das PartGG an vielen Stellen auf die Vorschriften des Handelsgesetzbuchs. Wichtiges Unterscheidungsmerkmal ist aber, dass nicht der Betrieb eines Handelsgewerbes, sondern die gemeinsame Ausübung freiberuflicher Tätigkeit Zweck und Gegenstand dieser Gesellschaft sind.[176] Sie wird im Verhältnis zu Dritten mit ihrer Eintragung in das Partnerschaftsregister (§ 7 Abs. 1 i.V.m. §§ 4, 5 PartGG) wirksam. Obwohl eine Eintragungspflicht besteht, entsteht sie

---

171 *Kopp*, in: Henssler/Streck, Handbuch Sozietätsrecht, S. 340 Rn. 7; *Henssler*, PartGG Kommentar, Einf Rn. 10; *Lenz*, in: M/GvW/H/L/W, § 1 Rn. 19; *Seibert*, Die Partnerschaft, S. 39; *Koch/Kilian*, Anwaltliches Berufsrecht, S. 212 Rn. 790; *Bösert*, ZAP 1994, 137 (146).

172 *Henssler*, PartGG Kommentar, § 7 Rn. 22.

173 Ausführlich dazu *K. Schmidt*, ZIP 1993, 633 (635 f.).

174 *Kopp*, in: Henssler/Streck, Handbuch Sozietätsrecht, S. 340 Rn. 7; *Lenz*, in: M/GvW/H/L/W, § 1 Rn. 16; *Henssler*, PartGG Kommentar, Einf Rn. 10.

175 *Koch/Kilian*, Anwaltliches Berufsrecht, S. 212 Rn. 790.

176 *Bösert*, ZAP 1994, 137 (143).

bereits vor der Eintragung als Gesellschaft bürgerlichen Rechts.[177] Dennoch ist die Eintragung der Partnerschaft in das Partnerschaftsregister konstitutiv.[178] Beginnt die Gesellschaft ihre Geschäfte vor Eintragung der Partnerschaft, tritt die Wirksamkeit abweichend von § 123 Abs. 2 HGB nicht mit dem Zeitpunkt des Geschäftsbeginns ein.[179] Zweck der Anmeldung und Eintragung in das Partnerschaftsregister ist zum einen die Unterscheidungsmöglichkeit von einer freiberuflichen BGB-Gesellschaft und zum anderen das Informationsbedürfnis des Rechtsverkehrs.[180] Diese Folge ist insbesondere hinsichtlich der Handelndenhaftung nach § 8 Abs. 2 PartGG von Bedeutung. Denn dieses Privileg soll nur derjenigen Gesellschaft zustehen, die sich ordnungsgemäß in das Partnerschaftsregister eingetragen hat. Das ergibt sich bereits aus dem Prinzip der Rechtssicherheit. Ein letzter wichtiger Punkt ist der eingeschränkte Personenkreis möglicher Partner. § 1 Abs. 1 S. 3 PartGG stellt klar, dass Angehörige einer Partnerschaft nur natürliche Personen sein können. Diese Vorschrift beschränkt den Kreis der Mitglieder und schließt gleichzeitig die Anwalts-GmbH/AG als Gesellschafterin aus.[181]

2. Besonderheit der Partnerschaftsgesellschaft

a) Die Handelndenhaftung, § 8 Abs. 2 PartGG

Die wohl bedeutsamste Eigenschaft der Partnerschaft ist die Handelndenhaftung gem. § 8 Abs. 2 PartGG. Diese konstituiert eine nur auf den mandatsbearbeitenden Partner beschränkte Haftung für berufliche Fehler kraft Rechtsform. Diese – heute selbstverständliche – Handelndenhaftung existiert allerdings nicht bereits seit Inkrafttreten des PartGG. Sie erwies sich während der 12. Legislaturperiode als (noch) nicht konsensfähig, wurde zu jener Zeit bereits dennoch ins

---

177 *Meilicke*, in: M/GvW/H/L/W, § 7 Rn. 4; *Henssler*, PartGG Kommentar, § 7 Rn. 7. § 7 Abs. 1 PartGG ist ebenso missverständlich wie § 123 Abs. 1 HGB. Denn als unternehmenstragende Gesellschaft kann die Partnerschaftsgesellschaft auch vor der Eintragung schon bestehen. Aber sie unterliegt im Außenverhältnis noch dem Recht der GbR. Hierzu *K. Schmidt*, ZIP 1993, 633 (642); *K. Schmidt*, Gesellschaftsrecht, § 64 III 3b, S. 1882. A.A. *Michalski/Römermann*, die eine Vor-Partnerschaft in diesem Fall annehmen. Vgl. *Michalski/Römermann*, PartGG, § 7 Rn. 5.

178 BT-Drucks. 12/6152, S. 13, 15.

179 *Henssler*, PartGG Kommentar, § 7 Rn. 2.

180 BT-Drucks. 12/6152, S. 16.

181 Laut *Karsten Schmidt* hat diese Regelung nichts im PartGG zu suchen sondern ist ausschließlich Aufgabe des Berufsrechts. Vgl. *K. Schmidt*, ZIP 1993, 633 (639).

Auge gefasst.[182] Erst am 01.08.1998 trat der § 8 Abs. 2 PartGG in seiner jetzigen Fassung in Kraft.[183] Aus der lediglich schuldrechtlichen Haftungsbeschränkungsmöglichkeit wurde somit eine gesellschaftsrechtliche.[184] Dadurch wurde zugleich der Druck der Anwaltschaft, jeden Mandanten zunächst auf eine Haftungskonzentration hinzuweisen, obsolet.[185] Besonderes Interesse hatten daran insbesondere große Anwaltskanzleien, da die unbeschränkte gesamtschuldnerische Haftung für das Fehlverhalten der anderen – teilweise sogar persönlich unbekannten – Partner weder praxisnah noch aus Gründen des Verbraucherschutzes erforderlich war.[186] Seither kommt der Partnerschaft eine durchaus praktische Bedeutung als interessante Variante zur Gesellschaft bürgerlichen Rechts zu;[187] denn zuvor bestand kein nennenswerter Unterschied gegenüber der Sozietät.[188] Dies muss erst recht seit der anerkannten Rechtsfähigkeit der GbR 2001 gelten.

b) Weitere Besonderheiten

Die Partnerschaft ist eine neue Gesellschaftsform, die speziell für Angehörige Freier Berufe geschaffen wurde und – dem Wortlaut des § 1 Abs. 1 S. 1 PartGG getreu – auch nur diesen zur Wahl steht. Sie ist gleichsam die erste positivrechtliche Neuschöpfung einer Organisationsform im inländischen Gesellschaftsrecht in diesem Jahrhundert.[189] Um diesen eingegrenzten Zugang und der damit einhergehenden speziellen Charakteristik der Partnerschaft zu verdeutlichen, wurde zugleich ein „eigenes" Namensrecht für die Partnerschaft geschaffen. Obwohl von einem „Namen" gesprochen wird, gilt das „Firmen"-recht des HGB, dessen Vorschriften gem. § 2 PartGG weitgehend anzuwenden sind.[190] Daher gelten auch die handelsrechtlichen Grundsätze des Firmenrechts – Firmenwahrheit, Firmenbeständigkeit und Firmenausschließlichkeit – für die Partnerschaft.[191]

---

182 Es sollte zunächst abgewartet werden, ob die ursprünglich vorgesehene Haftungskonzentrationsmöglichkeit ausreicht. Vgl. *Ganster*, Freier Beruf und Kapitalgesellschaft, S. 405 m.w.N. in Fn. 85.

183 BGBl. 1998 I, S. 1878.

184 Vgl. *Römermann*, NZG 1998, 675 (675).

185 *Würfele*, Haftungs- und Haftungsbeschränkungsprobleme bei der gemeinschaftlichen Berufsausübung von Rechtsanwälten, S. 242.

186 *Henssler*, PartGG Kommentar, § 8 Rn. 51.

187 *Römermann/Hartung*, Anwaltliches Berufsrecht, S. 95.

188 So auch *Römermann*, NZG 1998, 675 (675).

189 *Seibert*, Die Partnerschaft, S. 39.

190 *Kopp*, in: Henssler/Streck, Handbuch Sozietätsrecht, S. 348 Rn. 42.

191 *Henssler*, PartGG Kommentar, § 2 Rn. 1; *Kopp*, in: Henssler/Streck, Handbuch Sozietätsrecht, S. 348 Rn. 42.

Der Name der Partnerschaft muss nach § 2 Abs. 1 S. 1 PartGG mindestens den Namen eines Partners, entweder den Zusatz „und Partner“ oder „Partnerschaft“ sowie die Berufsbezeichnung aller in der Gesellschaft vertretenen Berufe beinhalten. Eine Ausnahme hiervon gilt indes für Steuerberatungs- und Wirtschaftsprüfungsgesellschaften. Diese müssen nicht die Berufsbezeichnung aller in der Partnerschaft vertretenen Berufe in den Namen aufnehmen. Ziel war damit die Vermeidung von „Lang-Firmierungen“. Geregelt wird diese Ausnahme von dem Grundsatz des § 2 Abs. 1 S. 1 Var. 3 PartGG durch die jeweiligen Berufsordnungen in §§ 53 S. 2 StBerG, 31 S. 2 WPO.[192] Bis zum 01.07.1997 konnten noch Angehörige Freier Berufe der von ihnen gebildeten Gesellschaft eine Kurzbezeichnung „und Partner“ oder „Partnerschaft“ geben. Seit dem 01.07.1997 dürfen solche Bezeichnungen nur noch in das Partnerschaftsregister eingetragene Partnerschaftsgesellschaften führen.[193] Für die freiberufliche BGB-Gesellschaft, die bis zu diesem Zeitpunkt den Namenszusatz „und Partner“ führte, gilt nun eine eindeutige Hinweispflicht auf die Rechtsform der GbR in ausgeschriebener oder abgekürzter Form. Nach dem 30.06.1997 gegründete Gesellschaften ist der Namenszusatz „Partnerschaft“ oder „und Partner“ nicht gestattet.[194] Mit § 11 PartGG wurde hierzu eigens eine Übergangsvorschrift geschaffen.

Eine weitere Besonderheit ist die – konstitutive – Eintragungspflicht in das Partnerschaftsregister nach § 7 Abs. 1 PartGG. Es wurde also für die Partnerschaft ein besonderes Register eingerichtet. Aufgrund ihrer rechtlich verselbständigten Einheit muss ein Minimum an Registerpublizität vorhanden sein, da sie im Rechtsverkehr auftritt sowie handelt und dadurch identifizierbar und lokalisierbar sein muss.[195] Jede Partnerschaft muss sich in ein Partnerschaftsregister bei dem Gericht, in dessen Bezirk sie ihren Sitz hat, anmelden (§ 4 PartGG i.V.m. §§ 106 Abs. 1, 108 HGB).[196] Wie bereits oben[197] dargestellt, soll die Registereintragung von der freiberuflichen BGB-Gesellschaft unterscheiden. Hierzu wurde eigens eine Partnerschaftsregisterverordnung (PRV) ins Leben gerufen, welche die Registrierung in ihren Einzelheiten regelt. Gemäß § 1 Abs. 1 PRV richtet sich die Einrichtung und die Führung des Partnerschaftsregisters nach den Vorschriften der Handelsregisterverfügung, soweit nicht in der

192 *Wehrheim*, Die Partnerschaftsgesellschaft, S. 37 f.; *Bösert*, ZAP 1994, 137 (144 f.).
193 *Wehrheim*, Die Partnerschaftsgesellschaft, S. 35 f.; *Peitscher*, Anwaltsrecht, S. 109 Rn. 245.
194 *Kopp*, in: Henssler/Streck, Handbuch Sozietätsrecht, S. 348 Rn. 43.
195 *Seibert*, Die Partnerschaft, S. 60 f.
196 BT-Drucks. 12/6152, S. 13.
197 Zweiter Teil, C., IV., 1.

Partnerschaftsregisterverordnung abweichende Regelungen getroffen worden sind. Abweichungen sind indessen kaum vorhanden.[198]

V. Berufsrecht vs. Gesellschaftsrecht

Der § 1 Abs. 3 PartGG enthält einen Berufsrechtsvorbehalt. Dieser bestimmt, dass die Berufsausübung in der Partnerschaft in Vorschriften über einzelne Berufe ausgeschlossen oder von weiteren Voraussetzungen abhängig gemacht werden kann. Das PartGG stellt somit nur den gesellschaftsrechtlichen Rahmen für eine Partnerschaft,[199] enthält selbst aber keine berufsrechtlichen Regelungen.[200] Das war ursprünglich jedoch anders geplant. Der Referentenentwurf von 1993[201] sah in § 1 Abs. 3 S. 2 PartGG-E vor, dass durch Berufsrecht nur dann vom PartGG abgewichen werden könne, wenn das PartGG dies ausdrücklich zuließe. *Karsten Schmidt* entgegnete diesem Vorhaben mit Skepsis. Das Gesellschaftsrecht sei Organisationsrecht und habe Rechtsformen zur Verfügung zu stellen. Das Berufsrecht handele überwiegend von Erlaubnissen sowie Verboten und sei damit auch für die Rahmenbedingungen zulässiger Kooperationen zuständig.[202] Letztendlich folgte der Gesetzgeber diesem Einwand und sah einen generellen Berufsrechtsvorbehalt vor.[203] Allerdings kann nicht von einer strikten Spezialität des Berufsrechts gegenüber dem Gesellschaftsrecht gesprochen werden. So geht beispielsweise das Haftungsprivileg des § 8 Abs. 2 PartGG als rechtsformspezifisches Sonderrecht den entsprechenden berufsrechtlichen Normen – z.B. § 51 a Abs. 2 S. 2 BRAO a.F.[204] – vor.[205]

Wichtig ist der Berufsrechtsvorbehalt insbesondere für interprofessionelle Zusammenarbeit, Zweigneiderlassungen von Partnerschaften und die Frage, ob

198 *Kopp*, in: Henssler/Streck, Handbuch Sozietätsrecht, S. 355 Rn. 30.

199 Vgl. auch *Seibert*, Die Partnerschaft, S. 52.

200 Berufsrechtliche Regelungen sind Rechtsvorschriften, die Regelungen über den Berufszugang und die Berufsausübung enthalten. Vgl. *Wehrheim*, Die Partnerschaftsgesellschaft, S. 22.

201 Abgedruckt in ZIP 1993, 153 ff.

202 *K. Schmidt*, ZIP 1993, 633 (634).

203 BT-Drucks. 12/6152, S. 10 f.

204 Aus § 51a BRAO wurde mit Einführung der PartG mbB § 52 BRAO. Im Folgenden wird der Übersichtlichkeit halber von § 51a BRAO a.F. gesprochen. Gemeint ist damit der jetzige § 52 BRAO.

205 *Henssler*, PartGG Kommentar, § 1 Rn. 209; *Lenz*, in: M/GvW/H/L/W, § 1 Rn. 110.

die Partner selbst Berufsträger sind oder sein können.[206] Diese Fragen werden alleine durch das Berufsrecht der jeweiligen Freien Berufe geregelt. Dieser Vorbehalt ist auch aus dem Grund sinnvoll, dass die Freien Berufe nicht einheitlich, sondern nur innerhalb ihrer individuellen Strukturmerkmale betrachtet werden können und müssen. Daraus folgen individualisierte Vorschriften hinsichtlich der einzelnen Freien Berufe, mithin ein eigenes Berufsrecht für jeden Freien Beruf. Zu beachten gilt aber, dass nicht jeder Freie Beruf ein eigenes Berufsrecht aufweisen kann. § 1 Abs. 3 PartGG sieht ausdrücklich eine fakultative Normierungsanordnung vor („kann"). Das „ob" und „wie" des Berufsrechts bleibt also den einzelnen Berufsordnungen vorbehalten.[207]

D. Die Haftungsverfassung der Partnerschaftsgesellschaft

I. Die Haftung der Partnerschaft

Grundsätzlich primäres Haftungssubjekt ist sowohl bei Personen- als auch Kapitalgesellschaften die Gesellschaft per se.[208] Die Haftung der Partnerschaftsgesellschaft ergibt sich nicht aus § 8 PartGG, sondern aus § 7 Abs. 2 PartGG i.V.m. § 124 HGB. Gleich der OHG haften die Partner für Verbindlichkeiten der Partnerschaft neben dem Vermögen der Partnerschaft nicht gesamtschuldnerisch, da dies dem Grundsatz der Akzessorietät widerspricht.[209] Zwar ergibt sich diese Schlussfolgerung nicht aus dem Wortlaut des § 8 Abs. 1 PartGG; ausschlaggebend ist aber, dass sich der Gesetzgeber für die Übernahme des Akzessorietätsgedankens aus § 128 HGB entschieden hat.[210] Das ist mit der echten Gesamtschuldnerschaft nicht vereinbar.[211] Hierauf wird im späteren Verlauf – bei der Frage der Haftung der Partner – noch näher eingegangen. Im Laufe der Untersuchung

---

206 *Kopp*, in: Henssler/Streck, Handbuch Sozietätsrecht, S. 389 Rn. 237. So können bspw. Wirtschaftsprüfungs- und Steuerberatungsgesellschaften selbst Berufsträger sein (§§ 27 Abs. 1 WPO, 49 Abs. 1 StBerG).

207 *Henssler*, PartGG Kommentar, § 1 Rn. 208. Berufsrechtliche Regelungen gibt es nicht für Handelschemiker, Lotsen, landwirtschaftliche Sachverständige und Unternehmensberater, Journalisten, Bildberichterstatter, Dolmetscher, Übersetzer, Wissenschaftler, Künstler und Schriftsteller.

208 *Koch/Kilian*, Anwaltliches Berufsrecht, S. 246 Rn. 910.

209 *K. Schmidt*, Gesellschaftsrecht, § 49 II 4., S. 1422. Es fehlt an der Gleichstufigkeit zwischen Gesellschaftshaftung und akzessorischer Gesellschafterhaftung.

210 Ausführlich dazu *Jawansky*, Haftung und Haftungskonzentration bei der PartG, S. 20 f.

211 *Henssler*, PartGG Kommentar, § 8 Rn. 29, 30; a.A. *v. Westphalen*, in: M/GvW/H/L/W, § 8 Rn. 9, 13.

wird zwischen der Haftungsbeschränkung kraft Gesellschaftsform und der vertraglichen Haftungsbeschränkung unterschieden. Dabei werden die wichtigen Merkmale der Partnerschaftsgesellschaft herauskristallisiert.

1. Vertragliche Haftung

§ 7 Abs. 2 PartGG verweist ausdrücklich auf die Haftungsnorm der Personenhandelsgesellschaften. Demgemäß haftet die Partnerschaft als rechtlich verselbständigte Organisation mit ihrem gesamthänderisch gebundenen Vermögen für alle schuldhaften vertraglichen Pflichtverletzungen der Partner oder angestellter Personen. Hierzu zählen nicht nur die Pflichtverletzungen, die aus der Berufsausübung der Partner folgen, sondern auch jene der Vornahme sonstiger Rechtsgeschäfte durch die Partnerschaft, wie beispielsweise aus Arbeits-, Miet- und Leasingverträgen.[212] Pflichtverletzungen von Angestellten der Partnerschaft werden dieser nach § 278 BGB zugerechnet.[213] Der Partnerschaft kann entgegen § 278 S. 2 BGB nicht im Voraus die Haftung für ein vorsätzliches Fehlverhalten der für sie Handelnden erlassen werden, selbst wenn man mit der amtlichen Begründung § 278 BGB auch für die Zurechnung des Fehlverhaltens hinzugezogener Partner bei der Erbringung von Dienstleistungen der Partnerschaft anwenden will.[214]

Auch das Fehlverhalten der Gesellschafter wird über § 31 BGB analog zugerechnet.[215] Eine Zurechnung über § 278 BGB wäre verfehlt, da die Gesellschafter gerade nicht in Erfüllung einer Verbindlichkeit handeln. Ausschlaggebend ist die Differenzierung einer Haftung nach § 31 BGB analog und § 278 BGB, wenn es um den Ausschluss der Haftung für vorsätzliches Handeln eines Partners geht. Nach § 278 S. 2 BGB findet § 276 Abs. 3 BGB keine Anwendung. Über § 278 BGB lässt sich somit sogar ein Haftungsausschluss für vorsätzliches Handeln konstruieren. § 31 BGB kennt eine solche Regelung nicht.[216] Das Handeln der geschäftsführenden Gesellschafter gilt als eigenes Handeln der Partnerschaft. Zur Geschäftsführung berechtigt sind alleine die Partner. Es gilt somit das Prinzip der Selbstorganschaft.[217]

---

212 *Henssler*, PartGG Kommentar, § 8 Rn. 14.
213 BT-Drucks. 12/6152, S. 17.
214 *Vossebürger*, in: BRAO Kommentar, Teil 1 PartGG, § 8 Rn. 3.
215 *Henssler*, PartGG Kommentar, § 8 Rn. 15.
216 *Henssler*, in: FS für Vieregge, S. 361 (363).
217 *Henssler*, PartGG Kommentar, § 8 Rn. 15.

2. *Deliktische Haftung*

Für deliktische Handlungen der Gesellschafter haftet die Partnerschaft analog § 31 BGB, wenn der jeweils handelnde Gesellschafter eine deliktische Handlung in Ausführung einer ihm zustehenden Verrichtung begangen hat.[218] Die deliktische Haftung nach § 823 Abs. 1 BGB spielt bei Rechtsanwälten, sowie Wirtschafts- und Steuerberatungsgesellschaften eine untergeordnete Rolle, da es hier meist um Vermögensschäden geht, die nicht von § 823 Abs. 1 BGB umfasst sind.[219] Demgegenüber kommt eine deliktische Haftung nach § 823 Abs. 2 BGB oder § 826 BGB in Betracht. Beispielsweise führt eine Veruntreuung von Mandantengeldern durch den Gesellschafter zu einer Haftung der Gesellschaft aus § 823 Abs. 2 BGB i.V.m. § 266 Abs. 1 StGB.[220] Im Falle einer vorsätzlichen sittenwidrigen Schädigung greift § 826 BGB ein. Die deliktische Handlung eines Gesellschafters wird somit der Partnerschaft als eigene zugerechnet.

3. *Die Beschränkung der Haftung der Partnerschaft*

a) Vorbemerkung

Die Existenz von Haftungsbeschränkungsvereinbarungen innerhalb Freier Berufe war nicht immer selbstverständlich.[221] Ursprünglich wurde eine Haftungsbeschränkung als Widerspruch zum berufsrechtlichen Ethos angesehen.[222] Auch nach § 49 der anwaltlichen Standesrichtlinien (RiLiRA) von 1981 sollte ein Haftungsausschluss oder eine die Mindestversicherungssumme des § 48 RiLiRA unterschreitende Haftungsbegrenzung grundsätzlich unzulässig sein, wenn das Risiko im Rahmen üblicher Versicherungsbedingungen durch den Anwalt selbst gedeckt werden konnte.[223] Das BVerfG sprach den Standesrichtlinien in seinen zwei Bastille-Entscheidungen vom 14.07.1987 die normative Geltung ab.[224] Seitdem hat sich die Erkenntnis durchgesetzt, dass sich die Grenzen für Haftungsbeschränkungsklauseln allein nach allgemeinem Zivilrecht – §§ 138, 242,

218 *Henssler*, PartGG Kommentar, § 8 Rn 17; *Koch/Kilian*, Anwaltliches Berufsrecht, S. 246 Rn. 912; *Kopp*, in: Henssler/Streck, Handbuch Sozietätsrecht, S. 383 Rn. 210.

219 *Bank*, Die britische LLP: Eine attraktive Organisationsform für Freiberufler?, S. 298.

220 *Henssler*, PartGG Kommentar, § 8 Rn. 17.

221 *Henssler*, in: FS für Vieregge, S. 361 (368).

222 *Henssler*, JZ 1994, 178 (186); *Wölk*, AnwBl 2003, 328 (328).

223 *Henssler*, in: FS für Vieregge, S. 361 (368).

224 BVerfGE 76, 171 = *BVerfG*, NJW 1988, 191; BVerfGE 76, 196 = *BVerfG*, NJW 1988, 194.

276 Abs. 3, 305 ff. BGB – richten.[225] In der Praxis bestehen bezüglich der vertraglichen Haftungsbeschränkung dahingehend Probleme, dass sich die Rechtsprechung mit diesem sensiblen Thema bisher höchst selten auseinandergesetzt hat.[226] Auf erster Ebene gilt es die Haftungsbeschränkung kraft Individualvertrag oder vorformulierter Vertragsbedingungen und kraft Gesellschaftsform zu unterscheiden. Die vertragliche Haftungsbegrenzung richtet sich alleine nach dem Berufsrecht gem. § 51a Abs. 1 BRAO a.F., wohingegen sich die gesellschaftsrechtliche nach § 8 Abs. 2 PartGG bemisst. Auf der zweiten Ebene ist danach zu fragen, ob die Haftung der Gesamthand oder die der Partner begrenzt werden soll. Im Folgenden werden die bestehenden Beschränkungsmöglichkeiten hinsichtlich der Gesamthand aufgezeigt und diskutiert.

b) Individualvertragliche Haftungsbegrenzung

aa) Wirksamkeit einer Haftungsbegrenzung

Fraglich ist, ob und wie die äußerst weitläufige Haftungsvorschrift des § 8 Abs. 1 PartGG durch Individualvereinbarung eingeschränkt werden kann. Für die Partner besteht bereits eine Haftungserleichterung durch § 8 Abs. 2 PartGG kraft Gesetz, die eine Haftung auf den handelnden Partner beschränkt. Auf Seiten der Rechtsprechung gibt es hier nur Andeutungen bezüglich der beschränkten Haftung der Gesellschafter einer GbR. So entschied der BGH am 27.09.1999[227], dass eine GbR die persönliche Haftung der Gesellschafter nicht durch einen Namenszusatz oder einen anderen, den Willen, nur beschränkt für Verpflichtungen einzustehen, verdeutlichenden Hinweis beschränken kann, sondern dies nur durch eine individualvertragliche Vereinbarung ausgeschlossen werden kann. In diesem Urteil ging es um eine gewerbetreibende GbR. Wie sich aber noch zeigen wird, gibt es bei den Freien Berufen einige Besonderheiten zu beachten. Das Urteil des BGH kann daher nicht eins zu eins auf eine Rechtsanwalts-GbR/ -oder -Partnerschaft übertragen werden. Hinsichtlich der speziellen Haftungsbeschränkung in der Rechtsanwaltsbranche generell ist in der Rechtsprechung kaum etwas zu finden.[228]

Im Gesetz widmen sich nur wenige Regelungen diesem Thema. Für Partnerschaftsgesellschaften regelt § 8 PartGG die Haftung derselben. Dabei muss zwischen zwei Haftungssubjekten unterschieden werden. Zum einen bieten sich die Partner als Haftungssubjekt und zum anderen die Partnerschaft selbst an. Ob die

---

225 *Henssler*, in: FS für Vieregge, S. 361 (368); *Henssler*, JZ 1994, 178 (186).

226 *Tophoven*, in: Henssler/Streck, Handbuch Sozietätsrecht, S. 190 Rn. 482b.

227 *BGH*, NZG 1999, 1095 (1095).

228 *Chab*, AnwBl 2006, 205 (205).

Partnerschaft ihre Haftung als Rechtssubjekt überhaupt wirksam beschränken kann, ist nicht unproblematisch. Es wird vertreten, dass die Absätze 2 und 3 des § 8 PartGG nicht die Haftung der Partnerschaftsgesellschaft betreffen, denn sie regeln Haftungsbeschränkungen für Schadensersatzansprüche aus fehlerhafter Berufsausübung nur für die Partner.[229] *Maurer* stellt fest, dass § 8 Abs. 3 PartGG für die Frage der inhaltlichen Ausgestaltung von Haftungsvereinbarungen für die Partnerschaft doppelt irrelevant sei. Er betreffe zum einen nicht die Haftung der Partnerschaft, zum anderen lassen sich ihm keine Anhaltspunkte in Bezug auf die inhaltlichen Anforderungen entnehmen. Dies bleibe dem Berufsrecht vorbehalten.[230] Die Frage lautet dann aber, welche Auswirkung diese Aussage auf das eigentliche Problem der Haftungsbeschränkung der Partnerschaft hat.

Laut *Henssler* vermag § 8 Abs. 2 PartGG ihrem Normzweck nach ersichtlich nicht jede vertragliche Begrenzung der Haftung der Partnerschaft zu unterbinden. Durch eine Haftungsbeschränkung der Partnerschaft profitieren freilich auch die Partner. Die Wertung des § 8 Abs. 2 PartGG dürfe demzufolge nicht unterlaufen werden.[231] Folglich seien individualvertragliche Haftungsbegrenzungsklauseln, sofern sie die Schranken der §§ 134, 138, 242, 276 Abs. 3 BGB beachten, unbedenklich.[232] Auch die summenmäßige Haftungsbegrenzung gem. § 8 Abs. 3 PartGG betreffe nicht nur die Haftung der Partner, sondern auch die der Partnerschaft.[233] Diese Ansicht wird von *Ulmer* bestärkt. § 8 Abs. 3 PartGG beziehe sich auch auf § 8 Abs. 1 PartGG. Dort werde auf die Haftung der Partnerschaft hingewiesen, die sich auch aus § 7 Abs. 2 PartGG i.V.m. § 124 HGB ergebe. Die Beschränkung komme mittelbar auch der Handelndenhaftung der an der Auftragsbearbeitung beteiligten Partner nach Absatz 2 zugute, da deren Höhe sich entsprechend Abs. 1 nach derjenigen der PartG bestimme.[234]

229 *Vossebürger*, in: BRAO Kommentar, Teil 1 PartGG, § 8 Rn. 9.

230 *Maurer*, Haftung assoziierter Rechtsanwälte, S. 93.

231 *Henssler*, PartGG Kommentar, § 8 Rn. 21; Dagegen will *Vossebürger* die Wertung des § 8 Abs. 2 PartGG und generell § 8 Abs. 3 PartGG nicht auf die Partnerschaft anwenden. Er gesteht aber zugleich ein, dass die Partner von der Beschränkung der Haftung der Partnerschaft profitieren, siehe *Vossebürger*, in: BRAO Kommentar, Teil 1 PartGG, § 8 Rn. 9. § 8 Abs. 3 PartGG benennt aber ausdrücklich auch die Partnerschaft.

232 *Henssler*, in: FS für Vieregge, S. 361 (376).

233 *Henssler*, PartGG Kommentar, § 8 Rn. 21.

234 *Ulmer/Schäfer*, GbR und PartG Kommentar, PartGG § 8 Rn. 35; *v. Westphalen*, in: M/GvW/H/L/W, § 8 Rn. 72.

bb) Stellungnahme

Zunächst ist festzustellen, dass ein Anwaltsvertrag grundsätzlich zwischen dem Mandanten und der Partnerschaft geschlossen wird (sog. Sozietätsmandat[235]).[236] Unmittelbarer Vertragspartner des Mandanten wird die Partnerschaft. Diese wird auch einer Gesellschaft i.S.d. Art. 1 § 3 Ziff. 2 RBerG gleichgestellt und erhält so eine gewisse rechtliche Selbständigkeit, um als Vertrags- und Haftungspartner angesehen zu werden. Sie wird damit rechtsberatend tätig durch Personen, die im Rahmen ihrer Befugnisse handeln.[237] Rein theoretisch müsste sich dadurch auch die Möglichkeit für die Partnerschaft ergeben, ihre Haftung der Höhe nach zu beschränken.[238] Nun verbirgt sich in diesem Gedanken der skurrile Beigeschmack, dass eine Personengesellschaft plötzlich zur „haftungsbeschränkten Körperschaft" erwächst. Dabei könnte die Frage aufgeworfen werden, warum die Gesellschafter nicht einfach die Rechtsform der Rechtsanwaltsgesellschaft mbH wählen. Eine summenmäßige Beschränkung einer Gesamthandsgemeinschaft ist dem Gesellschaftsrecht fremd. Gerade im Hinblick auf die Schaffung der Partnerschaftsgesellschaft mit beschränkter Berufshaftung (PartG mbB) stellt sich die Frage, ob diese dann überhaupt noch Sinn macht. Über eine Individualvereinbarung ließe sich die gleiche Haftungssituation in der ursprünglichen Partnerschaft erzielen.

Indessen gilt auch bei Anwaltsverträgen die Privatautonomie. Wer individuell eine Haftung auf eine bestimmte Höchstgrenze beschränken will, soll daran nicht gehindert werden. Die Parteien sind in diesem Fall durch §§ 134, 138, 242, 276 Abs. 3 BGB geschützt. So muss es für die Parteien möglich sein, eine Haftung der Partnerschaft in gewissen Grenzen beschränken zu können. Hinzukommend gelten hier auch weitere Anforderungen außerhalb der §§ 134, 138, 242, 276 Abs. 3 BGB. Außerdem konstituiert § 1 Abs. 3 PartGG für die Freien Berufe einen Berufsrechtsvorbehalt.[239] Am Beispiel der Rechtsanwalts-Partnerschaft gelten strenge Voraussetzungen an eine Haftungsbeschränkung. Diese ergeben sich für Rechtsanwälte aus der BRAO. Auch der Wortlaut des § 8 Abs. 3 PartGG spricht eindeutig für eine Haftungsbegrenzung der Partnerschaft. Dieser regelt, dass durch Gesetz für einzelne Berufe eine summenmäßige Haftungsbegrenzung

---

235 *Peitscher*, Anwaltsrecht, S. 165 Rn. 415.

236 *BGH*, NJW 1999, 3040 (3041 f.); *Martinek,* in: Staudinger BGB, § 675 Rn. B 167; *Tophoven,* in: Henssler/Streck, Handbuch Sozietätsrecht, S. 146 Rn. 395.

237 *Sassenbach*, AnwBl 2006, 304 (305).

238 Vgl. *Böhnlein,* in: BRAO Kommentar, Teil 1 BRAO, § 51a Rn. 15.

239 BT-Drucks. 12/6152, S. 10; *Seibert*, Die Partnerschaft, S. 103.

für Ansprüche aus Schäden wegen fehlerhafter Berufsausübung zugelassen werden kann, wenn zugleich eine Pflicht zum Abschluss einer Berufshaftpflichtversicherung der Partner oder der Partnerschaft begründet wird. Zudem sind an das Merkmal „schriftliche Vereinbarung im Einzelfall" strenge Maßstäbe zu knüpfen. Gegen eine individualvertragliche Haftungsbeschränkung ist somit grundsätzlich nichts einzuwenden. Für die Freien Berufe müssen indes die speziellen Vorschriften des Berufsrechts eingehalten werden. Ob § 8 Abs. 3 PartGG nun auch für die Partnerschaft selbst gilt, kann dahinstehen. Der Wortlaut spricht jedoch eindeutig dafür. Nicht von der Hand zu weisen ist allerdings, dass § 8 Abs. 3 PartGG keine eigenständige Bedeutung zukommt. Vielmehr beinhaltet diese Vorschrift lediglich die Ermächtigung an die Legislative, in den entsprechenden berufsrechtlichen Vorschriften der Freien Berufe eine summenmäßige Begrenzung vorzusehen.[240] Außerdem gilt nach § 1 Abs. 3 PartGG der Berufsrechtsvorbehalt. Davon wurde in § 51a BRAO a.F., § 45a PAO a.F.[241], § 67a Abs. 1 StBerG und § 54a Abs. 1 WPO auch Gebrauch gemacht. Für die übrigen Freien Berufe bleibt es bei den allgemeinen Regeln.[242] Zu demselben Ergebnis kommt auch *Maurer*, der zwar § 8 Abs. 3 PartGG nicht auf die Partnerschaft anwenden will, dann aber über § 51a BRAO a.F. zu einer Möglichkeit der Haftungsbeschränkung gelangt.[243] Letztendlich gelangt er also zum gleichen Ergebnis.

cc) Berufsrechtsvorbehalt

(1) Diskussionsstand

Die in § 8 Abs. 3 PartGG genannten Anforderungen werden gegenwärtig durch Gesetzesbestimmungen für vier Arten von Freien Berufen erfüllt. Eine summenmäßige Haftungsbegrenzung ist damit für die Berufsstände der Rechtsanwälte, Patentanwälte, Steuerberater und Wirtschaftsprüfer möglich. Dies ergibt sich aus § 51a Abs. 1 BRAO a.F., § 45a Abs. 1 PAO a.F., § 67a Abs. 1 StBerG und § 54a Abs. 1 WPO.[244] Kennt das Berufsrecht des jeweiligen Freien Berufes keine Regelung der Haftungsbegrenzungsmöglichkeiten oder existieren überhaupt keine

240 *Bank*, Die britische LLP: Eine attraktive Organisationsform für Freiberufler?, S. 308.

241 Aus § 45a PAO wurde mit Einführung der PartG mbB § 45b BRAO. Im Folgenden wird der Übersichtlichkeit halber von § 45a PAO a.F. gesprochen. Gemeint ist damit der jetzige § 45b PAO.

242 *Henssler*, PartGG Kommentar, § 8 Rn. 105.

243 *Maurer*, Haftung assoziierter Rechtsanwälte, S. 94.

244 *Ulmer/Schäfer*, GbR und PartG Kommentar, PartGG § 8 Rn. 37.

beruflichen Bestimmungen, so ist auch ein vollständiger Haftungsausschluss der Gesellschaft durch Individualabrede denkbar.[245]

Für eine wirksame Haftungsbeschränkung müssen die Vertragspartner eines Anwaltsvertrages die Vorschrift des § 51a BRAO a.F. einhalten. Bezüglich Individualvereinbarungen gilt § 51a Abs. 1 Nr. 1 BRAO a.F. Demzufolge kann der Anspruch des Auftraggebers aus dem zwischen ihm und dem Rechtsanwalt bestehenden Vertragsverhältnis auf Ersatz eines fahrlässig verursachten Schadens durch schriftliche Vereinbarung im Einzelfall bis zur Höhe der Mindestversicherungssumme – 250.000 Euro gem. § 51 Abs. 4 S. 1 BRAO a.F. – beschränkt werden. Fahrlässigkeit meint damit einfache und grobe Fahrlässigkeit gem. § 276 Abs. 2 BGB.[246] Die Haftungsbegrenzung ist also nur wirksam, wenn eine Berufshaftpflichtversicherung besteht. Da nur Vertragsverhältnisse umfasst sind, gilt die Haftungsbeschränkung nicht für deliktische Ansprüche.[247] Nun drängt sich die Frage auf, ob eine Partnerschaft eine solche Versicherung überhaupt für sich abschließen kann. *Karsten Schmidt* hält eine solche Berufshaftpflichtversicherung (Sozietätspolice) für möglich. Vermögensschadenshaftpflichtversicherungen für Rechtsanwälte können nicht nur als Einzelversicherungen für die einzelnen Sozien, sondern auch für die Sozietät abgeschlossen werden.[248] Da die Sozietät und die Partnerschaft denselben berufsrechtlichen Regelungen unterliegen, muss dieser Grundsatz auf die Partnerschaft übertragbar sein. Auch *Henssler* geht unproblematisch davon aus.[249]

Nach wohl bisher überwiegender Ansicht könne eine Sozietät als solche keinen Versicherungsschutz genießen.[250] Zwar sei die Sozietät nach außen der Versicherungsnehmer; von ihrer Wirkung her sei die Sozietätspolice aber nichts anderes als die Summe der Einzelpolicen derjenigen Berufsträger, welche ihren Beruf nach außen gemeinsam ausüben. Sie diene nur der Erleichterung des

---

245 *Henssler*, PartGG Kommentar, § 8 Rn. 22, 105. So z.B. Ärzte, Heilpraktiker, Hebammen, Ingenieure, Architekten, Lotsen, Sachverständige, Dolmetscher, Übersetzer; ebenso *Ulmer/Schäfer*, GbR und PartG Kommentar, PartGG § 8 Rn. 39.

246 *Peitscher*, Anwaltsrecht, S. 264 Rn. 725.

247 *Blattner*, AnwBl 2013, 300 (302).

248 *K. Schmidt*, NJW 2005, 2801 (2808); das scheint mittlerweile unproblematisch und übliche Methode zu sein, vgl. *Gräfe/Brügge*, Vermögensschaden-Haftpflichtversicherung, S. 475 Rn. 613.

249 *Henssler*, PartGG Kommentar, § 8 Rn. 102.

250 *Burger u. a.*, BRAK-Mitt. 2003, 262 (263 f.); *Sassenbach*, AnwBl 2006, 304 (305); *Kopp*, in: Henssler/Streck, Handbuch Sozietätsrecht, S. 389 Rn. 236.

Verwaltungsaufwandes bei größeren Sozietäten.[251] Die Sozietät selbst habe keinen Versicherungsschutz, da Versicherungsnehmer die Rechtsanwälte und nicht die Sozietät seien. Die Sozietätspolice bündele lediglich die Versicherung jedes einzelnen Rechtsanwalts unter einer einheitlichen Police.[252]

(2) Stellungnahme

Die §§ 67 StBerG, 54 WPO sehen eine Berufshaftpflichtversicherung für die Steuerberatungs- und Wirtschaftsprüfungsgesellschaft selbst vor. Eine derartige Regelung scheint es für die Rechtsanwaltssozietät/-partnerschaft gerade nicht zu geben. *Karsten Schmidt* begegnet diesem Argument damit, dass die fehlende Benennung der Sozietät und damit die Formulierung des § 51 BRAO aus der personengesellschaftsrechtlichen Steinzeit herrührt.[253] Mit dieser Aussage lag *Karsten Schmidt* im Jahre 2005 richtig. Seit April 2011 sehen die allgemeinen Versicherungsbedingungen für Rechtsanwälte, Steuerberater und Wirtschaftsprüfer (AVB-RSW) einen Versicherungsschutz für Sozietäten (Partnerschaften und GbR) vor.[254] Aber auch hier ist die Sachlage nicht eindeutig. Einerseits wird vertreten, dass die Sozietät selbst nicht Versicherungsnehmerin sei, denn sie sei über ihre Sozien mitversichert.[255] Es solle aber bedacht werden, dass mit der Sozietät nun eine weitere Person mit in den Versicherungsvertrag einbezogen ist. Einen eigenen Versicherungsschutz bringe sie aber nicht mit. Im Schadensfall der Sozietät braucht diese deshalb sozusagen die Versicherungsleistungen ihrer Mitglieder mit auf. Die Sozien sollten deshalb ihre Versicherungssumme erhöhen.[256] Andererseits wird die Sozietät/Partnerschaft unproblematisch als Versicherungsnehmerin angesehen.[257] Eine derartige Sozietätspolice sei zwischenzeitlich zum Standard geworden, wenn sämtliche Sozien und Scheinsozien ihre Berufshaftpflichtversicherung nach § 51 Abs. 1 BRAO bei einem Versicherer unterhalten oder ihre Tätigkeit in der Sozietät über einen Versicherungsvertrag für die Sozietät versichern. Bei der Sozietätspolice sind die in ihr tätigen

---

251 *Burger u. a.*, BRAK-Mitt. 2003, 262 (263 f.).

252 Vgl. *Riechert*, AnwBl 2011, 489 (490).

253 *K. Schmidt*, NJW 2005, 2801 (2808).

254 Vgl. Teil 1.2 „Versicherungsschutz für gesellschaftsrechtliche Haftung“ A. 1. Abrufbar bspw. unter: www.allianz.de/avb (abgerufen am 29.12.2012). Dies wurde bereits zuvor mehrfach gefordert, vgl. *Stobbe*, AnwBl 2010, 449 (451).

255 *Riechert*, AnwBl 2011, 489 (490); *Bick/Esskandari*, NJW 2011, 3191 (3194).

256 *Bick/Esskandari*, NJW 2011, 3191 (3194).

257 *Gräfe/Brügge*, Vermögensschaden-Haftpflichtversicherung, S. 79 Rn. 274. Zur Ausführung über die Partnerschaftsgesellschaft siehe Rn. 276 ff.

Berufsträger in diese als mitversicherte Personen einbezogen. Den Anforderungen des § 51 BRAO wird aber nur dann genüge getan, wenn für jeden Sozius die gesetzlich vorgeschriebene Mindestversicherungssumme von 250.000 Euro je Versicherungsfall vierfach im Versicherungsjahr zur Verfügung steht und auch die anwaltliche Tätigkeit im eigenen Namen außerhalb der Sozietät mitversichert ist.[258]

Des Weiteren ist kein überzeugender Grund ersichtlich, warum Rechtsanwälte in dieser Hinsicht ungleich den Steuerberatern und Wirtschaftsprüfern behandelt werden sollten. Freilich sieht die BRAO noch keine Regelung ähnlich des § 67 StBerG und § 54 WPO vor. Nur für die Rechtsanwaltsgesellschaften sieht § 59j Abs. 1 BRAO eine eigene Versicherungspflicht der Gesellschaft vor. Ein erster Schritt wurde auf Seiten der Versicherer mit Änderung der AVB-RSW getan. Spannend bleibt dieses Thema auch hinsichtlich des Gesetzesentwurfs zur Partnerschaftsgesellschaft mit beschränkter Berufshaftung nach § 8 Abs. 4 PartGG-E. Um das Ergebnis vorwegzunehmen, sieht der neue Gesetzesentwurf nun in § 8 Abs. 4 PartGG-E die Versicherungspflicht der Partnerschaftsgesellschaft mbB vor.[259] Aus diesem Grund kann für die Partnerschaftsgesellschaft in der Urform nichts anderes gelten.

Es kann zu Recht behauptet werden, dass eine derartige Novelle des Versicherungsrechts längst überfällig war. Auch der Gesetzesentwurf zum PartGG sprach die Pflicht zum Abschluss einer Berufshaftpflichtversicherung ausdrücklich entweder den Partnern oder der Partnerschaft zu.[260] Für den Gesetzgeber war es deshalb bereits 1993 nicht ausgeschlossen, dass die Partnerschaft selbst in eine Berufshaftpflichtversicherung mit einbezogen werden kann. Abschließend ist darauf hinzuweisen, dass eine Rechtsanwaltsgesellschaft (Rechtsanwalts-GmbH/AG) eine Berufshaftpflichtversicherung abschließen kann. Gemäß § 59j Abs. 1 BRAO ist sie dazu sogar verpflichtet. Fraglich ist, ob ein solcher Unterschied überhaupt noch zu begründen wäre, zumal auch eine Sozietät – erst Recht die Partnerschaft – mittlerweile quasi eine eigene Rechtspersönlichkeit besitzt.[261]

---

258 *Gräfe/Brügge*, Vermögensschaden-Haftpflichtversicherung, S. 80 Rn. 274.

259 BT-Drucks. 17/13944, S. 5.

260 BT-Drucks. 12/6152, S. 18.

261 *BGH*, NJW 2001, 1056 (1056 ff.). Der Begriff „Rechtspersönlichkeit" darf allerdings nicht mit dem der Rechtsfähigkeit verwechselt werden. Nach wohl herrschender Meinung besitzt die Gesamthandsgemeinschaft keine eigene Rechtspersönlichkeit. Siehe mehr hierzu unten: Dritter Teil, D., IV., 2., b).

dd) Anforderungen an eine wirksame individuelle Haftungsbegrenzung

Der § 51a Abs. 1 Nr. 1 BRAO a.F. stellt die Anforderungen an eine wirksame Haftungsbegrenzung durch Individualvereinbarung. Eine Individualvereinbarung liegt vor, wenn die Haftungsbeschränkung im Einzelnen zwischen den Parteien ausgehandelt worden ist, also die Gegenseite des Verwenders den Inhalt mit beeinflusst hat bzw. beeinflussen konnte.[262] Dem Wortlaut nach muss die Beschränkung „im Einzelfall" ausgehandelt sein. Um eine klare Abgrenzung zur vorformulierten Haftungsbeschränkung zu schaffen, sind daran strenge Voraussetzungen geknüpft.[263] Der Vertragspartner muss die Haftungsbeschränkung inhaltlich ernsthaft zur Disposition gestellt bekommen, also die reale Möglichkeit erhalten, den Inhalt der Vertragsbedingung zu beeinflussen.[264] Zum „Aushandeln" gehört ferner, dass der Mandant auf mögliche Schadensrisiken und einen eventuell ergänzenden Versicherungsschutz verständlich hingewiesen wird.[265] Dabei muss er über Bedeutung und Tragweite der Vereinbarung durch den Rechtsanwalt persönlich oder durch einen juristisch fachkundigen Vertreter dessen aufgeklärt werden.[266] Der Sinn dahinter liegt in der Auswirkung einer derartigen Vereinbarung. Für eine umfassende und ausreichende Aufklärung bedarf es dem Wissen eines ausgebildeten Juristen. Die Beweislast für die Ordnungsmäßigkeit einer Haftungsbeschränkungsvereinbarung trägt der Rechtsanwalt.[267] Des Weiteren bedarf es zur Wirksamkeit der Individualvereinbarung der Schriftform (§ 126 BGB).[268]

Der Umfang der Beschränkung kann nur in Höhe der Mindestversicherungssumme erfolgen. Gemäß § 51 Abs. 4 BRAO sind das 250.000 Euro. Zu guter Letzt differenziert § 51a Abs. 1 Nr. 1 BRAO a.F. nicht zwischen einfacher und grober Fahrlässigkeit, wodurch auch eine Beschränkung bei grober Fahrlässigkeit wirksam ist.[269]

---

262 *Koch/Kilian*, Anwaltliches Berufsrecht, S. 122 Rn. 453.

263 *Peitscher*, Anwaltsrecht, S. 264 Rn. 726.

264 Vgl. *Tophoven*, in: Henssler/Streck, Handbuch Sozietätsrecht, S. 191 Rn. 485 m.w.N.

265 *Blattner*, AnwBl 2013, 300 (303); *Wölk*, AnwBl 2003, 328 (329).

266 *Stobbe*, in: Henssler/Prütting BRAO Kommentar, BRAO, § 51a Rn. 35; *Böhnlein*, in: BRAO Kommentar, Teil 1 BRAO, § 51a Rn. 7.

267 *Blattner*, AnwBl 2013, 300 (303); *Chab*, AnwBl 2006, 205 (205).

268 *Stobbe*, in: BRAO Kommentar, BRAO, § 51a Rn. 42; *Böhnlein*, in: BRAO Kommentar, Teil 1 BRAO, § 51a Rn. 7.

269 *Tophoven*, in: Henssler/Streck, Handbuch Sozietätsrecht, S. 191 Rn. 483a; *Böhnlein*, in: BRAO Kommentar, Teil 1 BRAO, § 51a Rn. 7; *Peitscher*, Anwaltsrecht, S. 264 Rn. 725.

c) Vorformulierte Haftungsbegrenzungsklauseln

Die weitere Frage lautet, ob und wie die Partnerschaftsgesellschaft ihre Haftung durch vorformulierte Vertragsbedingungen beschränken kann. Dabei ist wiederum von den viel diskutierten Fällen der vorformulierten Haftungsbeschränkung der Partner zu unterscheiden. Partner und Partnerschaft sind zwei verschiedene Haftungssubjekte. Die hiesige Untersuchung bezieht sich folglich nur auf die vorformulierte Haftungsbegrenzung der Partnerschaftsgesellschaft. Bereits der Regierungsentwurf[270] des § 51b BRAO von 1993 sah lediglich eine Haftungsbeschränkung des Rechtsanwalts und nicht der Sozietät per se vor. Das beweist, dass bei dem Entwurf der Norm zur individuellen und vorformulierten Haftungsbegrenzung eine Beschränkung der Sozietät nicht bedacht wurde. Dies liegt offensichtlich daran, dass eine Haftung der Rechtsanwalts-GbR als Rechtssubjekt erst 2001 durch den BGH[271] endgültig anerkannt wurde.

Dabei drängt sich wieder die Frage auf, ob eine Haftungsbeschränkung durch vorformulierte Klauseln nicht zu einer Art Partnerschaftsgesellschaft mbH führt. Im Gegensatz zur Individualvereinbarung zielen vorformulierte Haftungsbeschränkungsvereinbarungen auf eine Verwendung in gewissem Umfang und auf gewisse Dauer ab. Dem ersten Anschein nach könnte der Grundsatz des *numerus clausus* der Rechtsformen verletzt sein. Auf den zweiten Blick wird aber deutlich, dass die Vertragsfreiheit auch im Gesellschaftsrecht gilt – solange die rein schuldrechtliche Ebene nicht verlassen wird.[272] Der Unterschied liegt hier darin, dass die Haftungsbegrenzung auf schuldrechtlicher Ebene erfolgt. Das Urteil des BGH[273], welches der GbR mbH die Anerkennung versagte, bezog sich auf die einseitige Erklärung einer Haftungsbeschränkung durch die Gesellschafter der GbR. In dem hier vorliegenden Fall einigen sich die Parteien auf eine Haftungsbeschränkung. Grundsätzlich bestehen also keine Bedenken dagegen. § 51a Abs. 1 Nr. 2 BRAO a.F. sieht eindeutig eine Haftungsbegrenzung für Fälle einfacher Fahrlässigkeit vor, wenn insoweit Versicherungsschutz besteht. Auch hierfür kann nichts anderes gelten als für die schriftliche Vereinbarung nach § 51a Abs. 1 Nr. 1 BRAO a.F. Bedürfnis zur Differenzierung besteht lediglich in den Abweichungen beider Vorschriften.

---

270 BT-Drucks. 12/4993, S. 32.

271 BGHZ 146, 341 = *BGH*, NJW 2001, 1056 (1056 ff.).

272 *K. Schmidt*, Gesellschaftsrecht, § 5 II 1a, S. 96.

273 BGHZ 142, 315 = *BGH*, NZG 1999, 1095 (1095 ff.).

aa) Voraussetzungen

(1) Einfache Fahrlässigkeit

Zunächst ist hier die einfache Fahrlässigkeit zu nennen. Dem Wortlaut nach kann eine Haftung nur für Fälle einfacher Fahrlässigkeit beschränkt werden. Das ist in die Vereinbarung explizit mit aufzunehmen, ansonsten ist die Haftungsbeschränkung unwirksam.[274] Allerdings gilt das nur für Rechtsanwälte und Patentanwälte. Bezüglich der Steuerberater und Wirtschaftsprüfer ist eine Haftungsbegrenzung sogar für Fälle grober Fahrlässigkeit möglich. Die §§ 67a Abs. 1 Nr. 2 StBerG, 54a Abs. 1 Nr. 2 WPO enthalten keine Einschränkung wie sie §§ 51a Abs. 1 Nr. 2 BRAO a.F., 45a Abs. 1 Nr. 1 PAO a.F. für die einfache Fahrlässigkeit vorsehen. Es kann zu Recht behauptet werden, dass eine derart eingeschränkte Möglichkeit der Haftungsbeschränkung nur wenig hilfreich ist, denn über der anwaltlichen Beratung schwebt stets das Damoklesschwert.[275] Der Übergang von einfacher zu grober Fahrlässigkeit ist meist fliesend und nur schwer abgrenzbar, so dass sich die Wirksamkeit des Haftungsausschlusses oftmals erst am Ende eines langwierigen Gerichtsprozesses herausstellen wird.[276]

(2) Vorformuliert

In der Literatur wird der Begriff der vorformulierten Vertragsbedingung überwiegend dem der AGB gleichgestellt.[277] Dies könnte bereits dahingehend bedenklich sein, dass § 310 Abs. 3 Nr. 1 BGB bei Verbraucherverträgen festhält, eine vorformulierte Klausel unterliege bereits dann der Inhaltskontrolle nach §§ 305 ff. BGB, wenn sie nur zur einmaligen Verwendung vorgesehen ist. Wie sich gleich zeigen wird, verbirgt sich darin ein möglicher Widerspruch zum Verhältnis der Nummern 1 und 2 des § 51a Abs. 1 BRAO a.F. Auch stellt man sich unter allgemeinen Geschäftsbedingungen beispielsweise einen Vordruck vor, der an der Eingangstür eines Ladengeschäftes hängt. Das ist bei einer Rechtsanwaltskanzlei nur schwerlich vorstellbar. Es ist also fraglich, ob die Einbeziehung nach § 51a Abs. 1 Nr. 2 BRAO a.F. in Kongruenz zu § 305 Abs. 2 BGB steht.

Zunächst besteht Uneinigkeit darüber, ob eine vorformulierte Vertragsbedingung über § 305 Abs. 2 BGB oder über §§ 145 ff. BGB in den Anwaltsvertrag einbezogen wird.[278] Wie bereits erwähnt, sind die Begriffe „Rechtsanwalt"

---

274 *Chab*, AnwBl 2006, 205 (206).

275 *Leuering*, ZIP 2012, 1112 (1114).

276 *Leuering*, ZIP 2012, 1112 (1114).

277 *Böhnlein*, in: BRAO Kommentar, Teil 1 BRAO, § 51a Rn. 8a; *Wölk*, AnwBl 2003, 328 (331); *Reiff*, AnwBl 1997, 3 (6).

278 *Wölk*, AnwBl 2003, 328 (331); *Stobbe*, AnwBl 1997, 16 (16).

und „AGB“ nur schwer unter einem Hut vorstellbar. Das den Anwaltsvertrag charakterisierende persönliche Vertrauensverhältnis erfordert eine offene, vom Rechtsanwalt *bona fide* geführte Verhandlung bei Vertragsschluss. Das schließt aus, dass dem Auftraggeber bei Mandatserteilung vorformulierte Haftungsbeschränkungsklauseln untergeschoben werden.[279] Ein Aushang in einer Rechtsanwaltskanzlei würde demnach nicht ausreichen, da die vorformulierten Vertragsbedingungen nur Vertragsbestandteil werden, wenn der Rechtsanwalt dem Mandanten diese offen und unmissverständlich zur Kenntnis gebracht und übergeben hat mit dem ausdrücklichen Hinweis, dass das Mandat zu diesen Bedingungen übernommen wird.[280] Eine vollständige Kongruenz zwischen vorformulierten Vertragsbedingungen i.S.d. § 51a Abs. 1 Nr. 2 BRAO a.F. und AGB nach §§ 305 ff. BGB liegt folglich nicht vor.

Darüber hinaus lehnen *Römermann* und *Hartung* eine systematische Unterscheidung zwischen dem Einzelfall (§ 51a Abs. 1 Nr. 1 BRAO a.F.) und den vorformulierten Vertragsbedingungen nach Nr. 2 ab. Dementsprechend gäbe es im Zusammenhang mit Nr. 2 die Möglichkeit einer im Einzelfall vereinbarten vorformulierten Vertragsklausel, so dass nicht von einem systematischen Gegensatz zwischen den Nummern 1 und 2 des § 51a Abs. 1 BRAO a.F. in dem Sinne eines Unterschiedes zwischen Einzelfällen und allgemeinen Fällen ausgegangen werden könne.[281] Die überwiegende Ansicht, die eine Vereinbarung im Einzelfall nach § 51a Abs. 1 Nr. 1 BRAO a.F. in einer Parallele zu § 305 BGB sieht, stelle demgegenüber sehr wohl Anforderungen an das Aushandeln im Sinne der §§ 305 bis 310 BGB.[282] Eine vorformulierte Klausel könne dann zu einer Einzelvereinbarung werden, wenn die vorgesehene Klausel erörtert und ernsthaft zur Verhandlung gestellt worden sei. Genau darin läge aber das Problem. „Aushandeln“ können Vertragsparteien eine Klausel nur dann, wenn beide Parteien eine gleichwertige Verhandlungsposition innehaben. Verhandelt ein Rechtsanwalt mit seinem Mandanten, könne nur schwerlich von einer gleichwertigen Verhandlungsposition ausgegangen werden, es sein denn, der Mandant ist selbst Jurist oder Rechtsanwalt. Der Anwendungsbereich des § 51a Abs. 1 Nr. 1 BRAO a.F. wäre bei dieser Auslegung nahezu auf Null reduziert.[283]

Der Ansicht von *Römermann* und *Hartung* ist zuzustimmen, wenn ein Fall des „Aushandelns“ tatsächlich nur zwischen gleichwertigen Verhandlungspartnern

---

279 *Stobbe*, AnwBl 1997, 16 (16).

280 *Böhnlein*, in: BRAO Kommentar, Teil 1 BRAO, § 51a Rn. 8a.

281 *Römermann/Hartung*, Anwaltliches Berufsrecht, S. 145 f.

282 *Römermann/Hartung*, Anwaltliches Berufsrecht, S. 146.

283 *Römermann/Hartung*, Anwaltliches Berufsrecht, S. 146.

vorliegt. In diesem Fall käme § 51a Abs. 1 Nr. 1 BRAO a.F. nur zur Anwendung, wenn der Mandant ein erfahrener Unternehmer – bestenfalls sogar Jurist – ist. Die Rechtsprechung[284] und Teile der Literatur[285] haben sich mit diesem Thema bereits auseinandergesetzt und – dem ersten Anschein nach – alles auf einen gemeinsamen Nenner gebracht. Demnach bedeute „aushandeln" mehr als „verhandeln". Davon könne aber nur dann gesprochen werden, wenn der Verwender der AGB den wesentlichen Inhalt der gesetzlichen Regelung ändernden oder ergänzenden Bestimmungen inhaltlich ernsthaft zur Disposition stellt und dem Verhandlungspartner die reale Möglichkeit eingeräumt habe, die inhaltliche Ausgestaltung der Vertragsbedingungen zu beeinflussen.[286] Diese Aussage vermag indes noch nicht das von *Römermann* und *Hartung* genannte Problem zu lösen. Dazu muss noch etwas tiefer gegraben und explizit erläutert werden, wann der Vertragspartner überhaupt eine reale Einflussmöglichkeit hat. Das hängt wiederum von weiteren Kriterien wie der Abänderungsfähigkeit des Käufers und der Zumutbarkeit einer Aushandlung ab.[287] Diese unbestimmten Rechtsbegriffe sind wiederum äußerst umstritten, sodass kein einheitliches Ergebnis erlangt wird. Im Ergebnis kommen *Römermann*, *Hartung* und *Michalski* zu der Aussage, dass nur geschulte Juristen und Rechtsanwälte eine Vertragsklausel auch wirklich aushandeln können. Damit würde die schriftliche Vereinbarung im Einzelfall nach § 51a Abs. 1 Nr. 1 BRAO a.F. praktisch in den Fällen leer laufen, in denen keine der Parteien eine juristische Ausbildung genossen hat.[288]

Die unterschiedlichen Ansichten über die rechtliche Einordnung der vorformulierten Vertragsbedingungen sind lediglich dogmatischer Natur. Es fallen auch solche Bedingungen, die der Rechtsanwalt nur für einen einzigen Vertrag vorbereitet hat, unter den Anwendungsbereich des § 51a Abs. 1 Nr. 2 BRAO a.F.[289] Es ist also nicht erforderlich, dass die Vertragsbedingungen für mehrere Verwendungsfälle gedacht sind.[290] Der § 310 Abs. 3 BGB verwischt bei Verbraucherverträgen auch nicht die Grenzen der Nummern 1 und 2 des § 51a Abs. 1 BRAO a.F. Denn „aushandeln" und „Vereinbarung im Einzelfall" erfordern keine

284 *BGH*, NJW 2000, 1110 (1111 f.); *BGH*, NJW 1992, 1107 (1107 f.); *BGH*, NJW 1991, 1678 (1679).

285 *Schlosser*, in: Staudinger BGB, § 305 Rn. 36; *Basedow*, in: MüKo BGB, § 305 Rn. 35 ff.

286 *Schlösser*, in: Staudinger BGB, § 305 Rn. 36.

287 *Michalski/Römermann*, ZIP 1993, 1434 (1439).

288 *Römermann/Hartung*, Anwaltliches Berufsrecht, S. 146; *Michalski/Römermann*, ZIP 1993, 1434 (1439).

289 *Böhnlein*, in: BRAO Kommentar, Teil 1 BRAO, § 51a Rn. 8.

290 *Wölk*, AnwBl 2003, 328 (331).

juristische Schulung auf Seiten des Mandanten. Der Mandant muss zwar die Folgen und die rechtlichen Konsequenzen seiner Vereinbarung im Einzelfall erkennen. Aufgrund der folgenden zwei Erwägungen stellt dies aber hier kein großes Problem dar. Einerseits regelt § 51a Abs. 1 Nr. 1 BRAO a.F. nur die Möglichkeit einer Haftungsbeschränkung von Rechtsanwaltskanzleien. Der juristisch ungeschulte Mandant muss also verstehen, dass eine Haftung für Fälle einfacher Fahrlässigkeit auf 250.000 Euro begrenzt ist. Im Rahmen der Aushandlung im Einzelfall kann der Mandant sehr wohl verstehen, welche Konsequenzen eine derartige Haftungsbeschränkung mit sich bringt. Selbst wenn man also die Anforderungen des § 305 Abs. 1 BGB überträgt, kommt man zu einem angemessenen Ergebnis. Andererseits tauchen diese Probleme nur in solchen Fällen auf, in denen die Haftungssumme die Grenze der 250.000 Euro überschreitet. Ob bei solchen Mandaten gleichzeitig ein „unwissender" Mandant gegenübersteht ist zu bezweifeln. Bei derart hohen Haftungssummen stehen dem Rechtsanwalt in der Regel erfahrene Geschäftsleute gegenüber. Diese wissen sehr wohl welche Konsequenz eine solche Haftungsbegrenzung im Einzelfall mit sich führt.

Im Ergebnis kongruieren vorformulierte Vertragsbedingungen gem. § 51a Abs. 1 Nr. 2 BRAO a.F. nicht mit den AGB gem. §§ 305 ff. BGB. Die feinen Besonderheiten des anwaltlichen Berufsrechts dürfen nicht außer Acht gelassen werden. So stimmt die Einbeziehungsvoraussetzung nicht mit § 305 Abs. 2 BGB überein. Der Rechtsanwalt muss dem Mandanten die vorformulierte Vertragsbedingung offen und unmissverständlich zur Kenntnis bringen. Das heißt, dass der Mandant bei der Abgabe des Einbeziehungsangebots offen und unmissverständlich darauf hingewiesen werden muss, dass das Mandat zu den vorformulierten Vertragsbedingungen übernommen wird.[291] Solange keine Kollision mit dem des Anwaltsvertrages charakteristischen persönlichen Vertrauensverhältnisses bestünde, könnten die Regeln der §§ 305 bis 310 BGB entsprechend auf § 51a Abs. 1 Nr. 2 BRAO a.F. anwendbar sein. Wie eben dargestellt, liegt genau darin der entscheidende Punkt, warum die Regeln der §§ 305 ff. BGB nicht auf vorformulierte Vertragsbedingungen gem. § 51a Abs. 1 Nr. 2 BRAO a.F. anwendbar sein dürfen.

Darüber hinaus lässt sich dem Anwaltsvertrag keine detaillierte Haftungsbeschränkung kraft Gesetzes zusprechen und ihm im gleichen Zug wieder das Recht durch die Inhaltskontrolle der §§ 307 bis 309 BGB beschneiden.[292] Der § 51a Abs. 1 Nr. 2 BRAO a.F. gibt selbst vor, welche Voraussetzungen für eine wirksame Begrenzung eingehalten werden müssen. So wäre es nicht nachvollziehbar eine Haftungsbeschränkung bis zur Höhe von 1 Mio. Euro zu erlauben,

291 *Wölk*, AnwBl 2003, 328 (331).
292 Ebenso *Blattner*, AnwBl 2013, 300 (305 f.).

um anschließend festzustellen, dass dies gegen § 307 Abs. 1 oder 2 BGB verstößt. Zum anderen würde es gegen die *ratio legis* von § 51a Abs. 1 Nr. 2 BRAO a.F. sprechen. Der Gesetzgeber hat durch die Formulierung der Norm selbst festgesetzt, welche Voraussetzungen an eine wirksame Haftungsbeschränkung durch vorformulierte Vertragsbedingungen zu stellen sind. Durch die gerichtliche Überprüfbarkeit der Norm anhand § 307 BGB tritt eine nicht hinnehmbare Rechtsunsicherheit auf. Eine wirksame Haftungsbeschränkung würde nicht an der klar formulierten Norm des § 51a Abs. 1 Nr. 2 BRAO a.F. gemessen, sondern an nicht vorhersehbaren Gerichtsentscheidungen. Das führt zu einer Rechtsunsicherheit. Der Mandant ist bereits durch die strengen Voraussetzungen der Einbeziehung vorformulierter Vertragsbedingungen geschützt. Die besonderen Hinweis- und Aufklärungspflichten des Rechtsanwalts geben dem Mandanten genügend Schutz vor einer übereilten Entscheidung. Erkennt der Rechtsanwalt beispielsweise, dass das potentielle Haftungsrisiko des Mandates die durch die Versicherung abgedeckte Haftungshöchstsumme übersteigt, so muss der Anwalt die verbleibenden Restrisiken angemessen absichern bzw. hierfür Sorge tragen.[293] Eine „Übersicherung" mithilfe der AGB-Vorschriften ist nicht notwendig.

Einige Stimmen in der Literatur lehnen ebenfalls eine Inhaltskontrolle von Erlaubnisnormen wie die des § 51a Abs. 1 Nr. 2 BRAO a.F. ab.[294] *Canaris* lehnt eine Überprüfbarkeit derartiger Erlaubnisnormen mit der Begründung ab, der Richter würde die Prärogative des Gesetzgebers missachten und seine eigene Entscheidung über die Angemessenheit der Regelung an die Stelle derjenigen des Gesetzgebers setzen. Das sei weder mit Art. 20 III GG noch mit der *ratio legis* von § 307 Abs. 3 Satz 1 BGB vereinbar, da es sich dabei um eine Modifizierung der Erlaubnisnorm handeln würde und Vorschriften anderer Gesetze nach der amtlichen Begründung eben gerade nicht modifiziert werden sollen.[295] Der BGH[296] und weite Teile der Literatur[297] gehen demgegenüber von einer Überprüfbarkeit vorformulierter Haftungsbeschränkungsklauseln anhand §§ 307 bis 309 BGB aus.

---

293 *BGH*, NJW 1980, 1953 (1955); *Furmans*, in: Vertragsrecht und AGB-Klauselwerke, Teil „Klauselwerke", Rechtsanwälte, Rn. 78.

294 *Tophoven*, in: Henssler/Streck, Handbuch Sozietätsrecht, S. 193 Rn. 491; *Reiff*, AnwBl 1997, 3 (7) m.w.N.

295 *Canaris*, NJW 1987, 609 (611).

296 BGHZ 106, 42 = *BGH*, NJW 1989, 222 (223); BGHZ 100, 158 = *BGH*, NJW 1987, 1931 (1935).

297 *V. Westphalen*, in: M/GvW/H/L/W, § 8 Rn. 81; *Wölk*, AnwBl 2003, 328 (332 f.) m.w.N.

(3) Weitere Voraussetzungen

Wie die Nummer 1 des § 51a Abs. 1 BRAO a.F. ausdrücklich vorsieht, wird man auch für die Nummer 2 ein Schriftformerfordernis (§ 126 BGB) annehmen müssen. Davon dürfte im Wege des Erst-Recht-Schlusses auszugehen sein.[298] Die Haftungsbegrenzung kann nur auf den vierfachen Betrag der Mindestversicherungssumme (§ 51 Abs. 4 BRAO) in Höhe von 1 Mio. Euro lauten. Maßgeblicher Zeitpunkt für das Vorliegen der Mindestversicherungssumme ist der Verstoßzeitpunkt.[299] Anders als bei der individualvertraglichen Haftungsbeschränkung unterliegt der Rechtsanwalt nur dann einer Aufklärungspflicht, wenn er erkennt, dass das potentielle Haftungsrisiko des Mandats die durch die Versicherung abgedeckte Haftungshöchstsumme übersteigt. In diesem Fall muss er den Mandanten über die Möglichkeit und Kosten einer Einzelfallversicherung aufklären.[300]

(4) Kein Ausschluss deliktischer Ansprüche

Da § 51a BRAO a.F. ein Vertragsverhältnis voraussetzt, bezieht sich die Norm nur auf Schadensersatzansprüche aus einem echten Anwaltsvertrag. Eine Haftungsbeschränkung für deliktische Ansprüche (oder bei berufsfremder Tätigkeit) ist somit weder durch Individualvereinbarung noch durch vorformulierte Vertragsbedingungen möglich.[301]

(bb) Zusammenfassung

Letztendlich ist die hier behandelte Problematik in Bezug auf § 51a Abs. 1 Nr. 2 BRAO a.F. noch nicht von der Rechtsprechung geklärt. Eine Inhaltskontrolle nach §§ 305 ff. BGB sollte immerhin in diesem Fall nicht stattfinden. Das dem Anwaltsvertrag anhaftende persönliche Vertrauensverhältnis erfordert in jedem Fall strenge Voraussetzungen an die Wirksamkeit der Einbeziehung vorformulierter Vertragsbedingungen. Bereits dadurch bekommt der Mandant vor Augen gehalten auf was er sich einlässt. Auch bestehen keine Bedenken gegen den *numerus clausus* der Rechtsformen, denn die Haftungsbeschränkung erfolgt auf schuldrechtlicher Basis.

---

298 *Tophoven*, in: Henssler/Streck, Handbuch Sozietätsrecht, S. 192 Rn. 487; a.A. *Römermann/Hartung*, Anwaltliches Berufsrecht, S. 146.

299 *Zimmermann*, NJW 2005, 177 (178).

300 *Blattner*, AnwBl 2013, 300 (305).

301 *Böhnlein*, in: BRAO Kommentar, Teil 1 BRAO, § 51a Rn. 6; *Furmans*, in: Vertragsrecht und AGB-Klauselwerke, Teil „Klauselwerke", Rechtsanwälte, Rn. 67; *Peitscher*, Anwaltsrecht, S. 264 Rn. 724; *Würfele*, Haftungs- und Haftungsbeschränkungsprobleme bei der gemeinschaftlichen Berufsausübung von Rechtsanwälten, S. 253 f.

d) Ergebnis

Eine Haftungsbegrenzung ist sowohl durch Individualvereinbarung als auch anhand vorformulierter Vertragsbedingungen möglich. Das gilt auch für die Verpflichtung der Partnerschaft als Rechtssubjekt. Auch diese kann eine Berufshaftpflichtversicherung gem. § 51 BRAO abschließen, wodurch sie selbst von § 51a BRAO a.F. erfasst wird. Im Rahmen einer Individualvereinbarung kann die Haftung der Rechtsanwalts-Partnerschaftsgesellschaft auf 250.000 Euro beschränkt werden. Für Steuerberater ergibt sich dasselbe Ergebnis über § 67a Abs. 1 Nr. 1 StBerG i.V.m. § 67 Satz 1 StBerG. Der § 67 Satz 1 StBerG sieht lediglich eine angemessene Versicherung für Steuerberater vor. Nach § 52 Abs. 1 DVStB (Steuerberater-Durchführungsverordnung) ist der Betrag indes auf 250.000 Euro festgesetzt. Wirtschaftsprüfungsgesellschaften können Ihre Haftung dagegen nur auf 1 Mio. Euro durch Individualvereinbarung beschränken. Das ergibt sich aus §§ 54a Abs. 1 Nr. 1, 54 Abs. 1 Satz 2 WPO i.V.m. § 323 Abs. 2 Satz 1 HGB. Für Patentanwaltsgesellschaften ergibt sich aufgrund §§ 45a Abs. 1 Nr. 1 a.F., 45 Abs. 4 PAO dasselbe wie für Rechtsanwaltsgesellschaften. Hinsichtlich vorformulierter Vertragsbedingungen gilt der jeweils vierfache Betrag.

II. Haftung der Partner

1. Vorbemerkung

Nachdem die Haftungsverfassung der Partnerschaft als Gesamthandvermögen dargestellt wurde, soll nun auf die Haftungsverfassung der einzelnen Partner als Haftungssubjekt eingegangen werden. Aufgrund der Akzessorietät der Haftung gelten die bereits dargestellten Haftungsgrundsätze der Partnerschaft auch für die Partner.[302] Daher soll im weiteren Verlauf nur auf die Besonderheiten und Abweichungen der persönlichen Haftung der Partner eingegangen werden. Dasselbe gilt hinsichtlich der Haftungsbeschränkungsmöglichkeit. Ein wichtiger Punkt der hiesigen Untersuchung stellt dabei die Handelndenhaftung nach § 8 Abs. 2 PartGG dar, da diese nicht für die Gesamthand, sondern lediglich für die persönliche Haftung der Partner gilt.

2. Haftungsgrundsätze

a) Akzessorische Haftung

§ 8 Abs. 1 S. 1 PartGG i.V.m. § 128 S. 1 HGB bestimmen die Haftung der Partner für Verbindlichkeiten der Partnerschaft. Die Akzessorietät der Gesellschafterhaftung

302 Siehe zweiter Teil, D., I., 1. bis 3.

ergibt sich aus dem Verweis auf § 129 HGB.[303] Die Haftung der Partner soll sich also nach der Haftung der Partnerschaft akzessorisch orientieren. Einer weiteren Zurechnungsnorm bedarf es dafür nicht.[304] Den Partnern stehen dadurch dieselben Einwendungen wie der Partnerschaft selbst zu. Wie auch die Gesellschafter einer OHG/GbR haften die Partner neben der Partnerschaft persönlich, akzessorisch, unbeschränkt, unmittelbar, primär und gesamtschuldnerisch.[305] Dazu gehören auch Verbindlichkeiten aus Verzug, Unmöglichkeit, Gewährleistung, Schlechterfüllung, aus GoA, Delikt, §§ 812 ff. BGB usw.[306] Da lediglich eine „unechte" und keine „echte" Gesamtschuldnerschaft zwischen Gesellschaft und Gesellschafter vorliegt, kann der Partner – nach Inanspruchnahme durch einen Gesellschaftsgläubiger – gegenüber der Gesellschaft nach § 110 HGB[307] Ersatz verlangen.[308] Wichtig ist, dass es sich um eine Verbindlichkeit der Gesellschaft handeln muss. Steht hingegen eine Schadensersatzhaftung für berufliche Fehler im Raum, ist die Handelndenhaftung aus § 8 Abs. 2 PartGG die speziellere Vorschrift.[309] Der Ausgleich zwischen den Partnern richtet sich indessen nach § 426 Abs. 1 BGB, da diese eine echte Gesamtschuldnerschaft bilden. Das setzt allerdings voraus, dass der in Anspruch genommene Partner von der Partnerschaft mangels verfügbarer Mittel keinen Ersatz erlangen konnte.[310]

b) Inhalt der Haftung

Innerhalb des § 8 Abs. 1 PartGG stellt sich des Weiteren die Frage, wie weit die akzessorische Haftung reicht, das heißt, welchen Inhalt die persönliche Haftung des Partners umfasst. Innerhalb des § 128 HGB werden hierzu bereits jeher zwei

---

303 *K. Schmidt*, Gesellschaftsrecht, § 64 IV 3a, S. 1888.

304 *Henssler*, in: FS für Vieregge, S. 361 (365).

305 *Henssler*, PartGG Kommentar, § 8 Rn. 26.

306 *Henssler*, PartGG Kommentar, § 8 Rn. 26; *v. Westphalen*, in: M/GvW/H/L/W, § 8 Rn. 7.

307 § 6 Abs. 3 S. 2 PartGG verweist auf § 110 HGB soweit der Partnerschaftsvertrag keine abweichende Bestimmung enthält.

308 Die für die echte Gesamtschuldnerschaft geltende Norm des Innenausgleichs (§ 426 BGB) findet somit keine Anwendung. Vgl. *Henssler*, PartGG Kommentar, § 8 Rn. 31. Im Verhältnis der Gesellschafter untereinander gilt § 426 BGB dagegen uneingeschränkt, vgl. *Würfele*, Haftungs- und Haftungsbeschränkungsprobleme bei der gemeinschaftlichen Berufsausübung von Rechtsanwälten, S. 183.

309 *V. Westphalen*, in: M/GvW/H/L/W, § 8 Rn. 8.

310 *Ulmer/Schäfer*, GbR und PartG Kommentar, PartGG § 8 Rn. 13.

verschiedene Ansichten vertreten.[311] Einerseits ist denkbar, dass der Partner zur Erfüllung der geschuldeten Leistung verpflichtet wird (Erfüllungstheorie). Andererseits könnte er lediglich zu einer Geldleistung wegen Nichterfüllung in Anspruch genommen werden (Haftungstheorie). Gerade im freiberuflichen Haftungsrecht dürfte diese Differenzierung von Bedeutung sein, zumal in aller Regel eine Dienstleistung – und damit die Vornahme einer Handlung – geschuldet wird. Eine Befriedigung in Geld stünde mit dem Interesse des Mandanten im Widerspruch.

Doch gerade aufgrund dieser speziellen freiberuflichen Situation muss der Anspruch auf Erfüllung der geschuldeten beruflichen Leistung von dem ausgeübten Beruf des Schuldners abhängig gemacht werden. In einer interprofessionellen Partnerschaft ist es einem Steuerberater nicht zuzumuten, auf Erbringung der Leistung seines anwaltlichen Partners verurteilt zu werden.[312] Bei bestehender Berufsgruppenzugehörigkeit hingegen sprechen die besseren Argumente für die Erfüllungstheorie. Das Interesse des Gläubigers beläuft sich auf die persönliche Leistungserbringung des freiberuflich Tätigen. Der Anspruch aus § 8 Abs. 1 PartGG lässt sich problemlos auf den Partner „abwälzen“, solange keine persönliche Leistungserbringung durch eine individuell bestimmte Person vereinbart wurde. Nur wenn sich die Partner auf eine Unmöglichkeit berufen können, muss die persönliche Leistungserbringung aufgrund § 275 BGB untergehen. Erst dann kann auf eine Haftung in Form einer Geldleistung nach § 283 BGB übergegangen werden. Zum gleichen Ergebnis muss auch derjenige gelangen, der – wie die Rechtsprechung[313] – auf eine Interessenabwägung abstellt.[314]

c) Haftung neu eintretender und ausgeschiedener Partner

Der in eine bereits existierende Partnerschaft eintretende Partner haftet gem. § 8 Abs. 1 S. 2 PartGG i.V.m. § 130 HGB für die vor seinem Eintritt begründeten Verbindlichkeiten. Der Akzessorietätsgedanke wird unbeschränkt auf den neu eintretenden Partner ausgedehnt.[315] Da die Verweisung in § 8 Abs. 1 S. 2 PartGG auch auf den zweiten Absatz des § 130 HGB bezogen ist, kann der neu

---

311 *K. Schmidt*, Gesellschaftsrecht, § 49 III 1., S. 1423 ff.; *Ulmer/Schäfer*, GbR und PartG Kommentar, PartGG § 8 Rn. 5 m.w.N.

312 Vgl. auch *Jawansky*, Haftung und Haftungskonzentration bei der PartG, S. 17 f.

313 BGHZ 23, 302 = *BGH*, NJW 1957, 871 (871 f.); BGHZ 73, 217 = *BGH*, NJW 1979, 1361 (1362).

314 *Ulmer/Schäfer*, GbR und PartG Kommentar, PartGG § 8 Rn. 5; näher dazu *Jawansky*, Haftung und Haftungskonzentration bei der PartG, S. 18 ff.

315 *Henssler*, PartGG Kommentar, § 8 Rn. 38.

eintretende Partner seine Haftung für die schon bestehenden Verbindlichkeiten im Außenverhältnis nicht wirksam ausschließen.[316] Eine Ausnahme der Haftung für Altverbindlichkeiten gilt nach Ansichten in der Literatur hinsichtlich Bearbeitungsfehlern i.S.v. § 8 Abs. 2 PartGG. Für schon vor Eintritt begangene Bearbeitungsfehler, die eine Haftung nach § 8 Abs. 2 PartGG auslösen, hafte der neu eintretende Partner unter keinen Umständen.[317] Darin liege ein wesentlicher Vorteil der Partnerschaftsgesellschaft gegenüber der Rechtsanwaltssozietät. § 8 Abs. 2 PartGG solle eben gerade die Haftung für berufliche Fehler auf die mit dem Mandat befassten Partner begrenzen. Eine Haftung des neu eintretenden Partners komme nur dann in Betracht, wenn er in die Bearbeitung oder Überwachung des bereits bestehenden Auftrags eingeschaltet wird und der zum Schadensersatz führende Fehler erst während seiner Mitwirkung begangen wird.[318] Dem entgegnete der BGH mit einem jüngeren Urteil aus dem Jahre 2009.[319] Die Haftung neu eintretender Gesellschafter gem. § 8 Abs. 1 S. 2 PartGG i.V.m. § 130 HGB gelte auch für Verbindlichkeiten, die sich aus fehlerhafter Berufsausübung ergeben. Die Literatur verkenne, dass die Haftungskonzentration des § 8 Abs. 2 PartGG lediglich den weit gefassten Haftungstatbestand des § 8 Abs. 1 S. 2 PartGG modifiziere, nicht aber generell ausschließe. Der neu eintretende Partner könne zwar nicht vor seinem Eintritt mit der „Bearbeitung eines Auftrags befasst" gewesen sein, danach aber schon und das genüge eben, um ihn in den Kreis der Haftenden nach § 8 Abs. 2 PartGG miteinzubeziehen.[320] Damit ist die Haftung nur an das Merkmal der Befassung gebunden und nicht an die Verletzungshandlung angeknüpft. daraus folgt eine verschuldensunabhängige Handelndenhaftung.[321] Wie sich später noch zeigen wird, ist darin auch ein Grund für die Notwendigkeit der Schaffung einer Partnerschaft mit beschränkter Berufshaftung zu sehen.

Für die im Zeitpunkt des Ausscheidens bestehenden Verbindlichkeiten der Partnerschaft bleibt die Haftung der Partner bestehen. § 10 Abs. 2 PartGG verweist hierzu auf § 160 HGB. Somit verbleibt für ausscheidende Partner das Haftungsprivileg des § 160 HGB.

---

316 *Henssler*, in: FS für Vieregge, S. 361 (367).

317 *Ulmer/Schäfer*, GbR und PartG Kommentar, PartGG, § 8 Rn. 32; *v. Westphalen*, in: M/GvW/H/L/W, § 8 Rn. 33; *Henssler*, PartGG Kommentar, § 8 Rn. 38; *Jungk*, AnwBl 2005, 283 (284).

318 *Ulmer/Schäfer*, GbR und PartG Kommentar, PartGG, § 8 Rn. 32.

319 *BGH*, NJW 2010, 1360 (1360 ff.).

320 *BGH*, NJW 2010, 1360 (1361 f.).

321 *Borgmann*, NJW 2010, 1924 (1926).

d) Haftung des Scheinpartners

Im Recht der Partnerschaftsgesellschaft existiert ebenfalls eine Haftung des Partners kraft Rechtsschein. Eine Rechtsscheinhaftung kommt derart zustande, dass ein Nichtpartner gleich einem Partner haftet, da ein zurechenbarer Rechtsschein gesetzt wurde, aufgrund dessen sich der Nichtpartner als Partner behandeln lassen muss, weil sich Dritte auf diesen Rechtsschein redlicherweise verlassen haben. Als Beispiel kann hier das Auftreten freier Mitarbeiter oder angestellter Rechtsanwälte genannt werden. Die Rechtsscheinhaftung ist in zwei Konstellationen denkbar. Zum einen kann ein Rechtsanwalt einer Partnerschaft nicht wirksam beigetreten aber dennoch im Partnerschaftsregister als Partner eingetragen sein. Eine Haftung Dritten gegenüber ergibt sich sodann aus §§ 8 Abs. 1, 5 Abs. 2 PartGG i.V.m. 15 Abs. 3 HGB. Allerdings ergibt sich eine Haftung des Nichtpartners nur dann, wenn der Dritte die Unrichtigkeit des Partnerschaftsregisters nicht kannte (§ 15 Abs. 3 HGB). Zum anderen tritt eine Haftung eines Nichtpartners auch dann ein, wenn er auf dem Briefkopf oder dem Namensschild der Partnerschaft als Partner aufgeführt wird oder wenn er sich auf sonstige Weise im Rechtsverkehr als Partner ausgibt.[322] Hier ist wiederum die Gutgläubigkeit des Dritten Wirksamkeitsvoraussetzung.[323] Auf die fehlende Registereintragung kann sich ein Scheinpartner gutgläubigen Dritten gegenüber nicht berufen. § 15 Abs. 2 HGB greift in diesem Fall nicht ein, da dieser nur für eingetragene Tatsachen anwendbar ist und die Aussage, dass eine Person nicht Partner ist, fällt gerade nicht darunter.[324] Im Ergebnis haftet ebenfalls der Scheinpartner über § 8 Abs. 1 PartGG. Zu beachten gilt indes, dass auch dem Scheinpartner das Haftungsprivileg des § 8 Abs. 2 PartGG zugutekommt, wenn er nicht persönlich mit der Auftragsbearbeitung befasst war. Seine Haftung geht also nicht weiter als diejenige des echten Partners.[325]

---

322 Vgl. hierzu *Ulmer/Schäfer*, GbR und PartG Kommentar, § 8 Rn. 11; *Henssler*, PartGG Kommentar, § 8 Rn. 44 ff.; *v. Westphalen*, in: M/GvW/H/L/W, § 8 Rn. 37, 38; *Bank*, Die britische LLP: Eine attraktive Organisationsform für Freiberufler?, S. 300 ff. Die Grundsätze der Haftung der Scheinsozien in der BGB-Gesellschaft sind entsprechend auf die Partnerschaft anwendbar. Vgl. hierzu BGHZ 70, 247 = *BGH*, NJW 1978, 996 (996 f.); *BGH*, NJW 1991, 1225 (1225 ff.); BGHZ 124, 47 = *BGH*, NJW 1994, 257 (257 ff.); *BGH*, NJW 1999, 3040 (3041 ff.); BGHZ 146, 341 = *BGH*, NJW 2001, 1056 (1061); *Grunewald*, in: FS für Ulmer, S. 141 (142 ff.); *Henssler*, in: FS für Vieregge, S. 361 (367).

323 *Henssler*, PartGG Kommentar, § 8 Rn. 48.

324 *Ulmer/Schäfer*, GbR und PartG Kommentar, § 8 Rn. 11; *Grunewald*, in: FS für Ulmer, S. 141 (145).

325 *Henssler*, PartGG Kommentar, § 8 Rn. 49; *Jungk*, AnwBl 2005, 283 (284).

3. *Haftungsbeschränkungen*

Aufgrund der akzessorischen Haftung haben die Partner ein Interesse daran, ihre persönliche Einstandspflicht sachgerecht zu begrenzen. Hierzu stellt das PartGG zwei Möglichkeiten zur Verfügung. § 8 Abs. 3 PartGG sieht eine vertragliche und § 8 Abs. 2 PartGG eine gesetzliche Haftungsbegrenzungsmöglichkeit vor.

a) Vertragliche Haftungsbeschränkung

Eine vertragliche Haftungsbegrenzung kann sowohl durch Individualvertrag als auch durch vorformulierte Vertragsbedingungen vereinbart werden. Die Regelung des § 8 Abs. 2 PartGG schließt eine weiter gehende vertragliche Haftungsbeschränkung nicht generell aus.[326] Die Haftungsbegrenzung hinsichtlich der Partner richtet sich – wie die der Partnerschaft – nach § 51a Abs. 1 BRAO a.F. Deshalb kann hier auf die obigen Ausführungen verwiesen werden.[327] Der Unterschied besteht lediglich darin, dass sich die vertragliche Haftungsbeschränkung des Partners auf die akzessorische Haftung nach § 8 Abs. 1 PartGG – also auf ein anderes Haftungssubjekt – bezieht.

b) Die Handelndenhaftung nach § 8 Abs. 2 PartGG

§ 8 Abs. 2 PartGG stellt die Besonderheit der Partnerschaftsgesellschaft dar. Die Haftung der Partner ergibt sich hier nicht aus der Einstandspflicht für Verbindlichkeiten der Gesellschaft, sondern aus einer direkten Verantwortlichkeit für eigenes Fehlverhalten im Geschäftsbetrieb der Partnerschaft.[328] Die gesetzliche Konzentration der Haftung auf den handelnden Partner stellt zugleich eine Haftungsbegrenzung der nicht handelnden Partner dar. Gemäß § 8 Abs. 2 PartGG haften nur diejenigen Partner nach Absatz 1 für berufliche Fehler neben der Partnerschaft, die mit der Bearbeitung eines Auftrags befasst waren; ausgenommen sind Bearbeitungsbeiträge von untergeordneter Bedeutung.

aa) Eröffnung des Anwendungsbereichs des § 8 Abs. 2 PartGG

Die Haftungskonzentration des § 8 Abs. 2 PartGG gilt dem Wortlaut nach für „berufliche Fehler" eines Partners. Der Anwendungsbereich ist demnach nur eröffnet, sobald es sich um Schadensersatzleistungen wegen beruflichen Fehlern handelt. Diese Voraussetzung deckt sich mit der des § 8 Abs. 4 S. 1 PartGG. Darunter fallen insbesondere sämtliche vertragliche Ansprüche der Auftraggeber

---

326 *Henssler*, PartGG Kommentar, § 8 Rn. 91.

327 Zweiter Teil, D., I., 3..

328 *Bank*, Die britische LLP: Eine attraktive Organisationsform für Freiberufler?, S. 298.

und solche, die auf Unmöglichkeit, Verzug, positiver Vertragsverletzung oder Gewährleistungsrecht beruhen, wobei auch Ansprüche von Dritten, soweit sie in den Schutzbereich des Vertrages einbezogen sind, ebenso erfasst sind wie Pflichtverletzungen bei den Vertragsverhandlungen (c.i.c.). Einbezogen sind auch deliktische Ansprüche gegen die Partnerschaft infolge von Handlungen, die ein Partner in Ausführung der ihm zustehenden Verrichtungen begeht (§ 31 BGB analog).[329] Der gesamte akzessorische Bereich des § 8 Abs. 1 S. 1 PartGG wird dadurch nicht von der Haftungserleichterung abgedeckt. Von § 8 Abs. 2 PartGG nicht erfasst sind alle vertragliche Verbindlichkeiten, die ihren Rechtsgrund nicht in der freiberuflichen Aufgabenwahrnehmung haben. Das sind insbesondere Erfüllungs- und Schadensersatzansprüche aus Darlehens-, Miet-, Leasings-, oder Versicherungsverträgen sowie aus den Arbeitsverträgen mit den Angestellten der Gesellschaft und Dienstverträgen mit Freien Mitarbeitern.[330] Ausgenommen sind ebenso Fehlverhalten von angestellten Rechtsanwälten oder freien Mitarbeitern. Für derartige Ansprüche bleibt es bei dem Haftungsgrundsatz des § 8 Abs. 1 S. 1 PartGG.[331] Der Anwendung des § 8 Abs. 2 PartGG bedarf es im Übrigen keiner gesonderten Vereinbarung zwischen dem Mandanten und seinem Rechtsberater.[332] Zuletzt sei darauf hinzuweisen, dass es auf die Form des Verschuldens nicht ankommt. Die Haftungskonzentration ist somit auch bei grober Fahrlässigkeit und bei Vorsatz wirksam.[333]

bb) Befassung mit der Bearbeitung eines Auftrags

Die Haftungskonzentration beschränkt sich auf diejenigen Partner, die mit der Bearbeitung des Auftrags befasst waren. Hierin spiegelt sich das Bedürfnis des Gesetzgebers wider, das insbesondere großen Kanzleien zugutekommen sollte. Gerade bei einer Vielzahl von tätigen Partnern liegt es im besonderen Interesse jedes Einzelnen, dass die Haftung auf den mit dem Auftrag befassten Partner in persönlicher Hinsicht begrenzt wird. Als „Auftrag" i.S.v. § 8 Abs. 2 PartGG ist das jeweilige Vertragsverhältnis zwischen dem Auftraggeber und der Partnerschaft zu sehen. Je nach Berufsangehörigkeit fallen darunter die verschiedenen Vertragsbeziehungen, wie beispielsweise der Behandlungsvertrag beim Arzt oder der Dienst- und Werkvertrag bei Rechtsanwälten, Steuerberatern und

329 BT-Drucks. 12/6152, S. 18.

330 *Henssler*, PartGG Kommentar, § 8 Rn. 62.

331 *Bank*, Die britische LLP: Eine attraktive Organisationsform für Freiberufler?, S. 303.

332 *Hahn/Naumann*, WM 2012, 1756 (1757).

333 *Henssler*, PartGG Kommentar, § 8 Rn. 63; *Wehrheim*, Die Partnerschaftsgesellschaft, S. 65.

Wirtschaftsprüfern.[334] Der Begriff des Auftrags ist dabei nicht eng i.S.d. § 662 BGB zu sehen, umfasst also jedes Vertragsverhältnis, das die Grundlage für die freiberufliche Tätigkeit bildet.[335]

Ein Partner ist mit einem Auftrag befasst, wenn er ihn selbst bearbeitet, seine Bearbeitung überwacht hat oder dies nach der internen Zuständigkeitsverteilung hätte tun müssen.[336] Zur Befassung zählt jede Mitwirkungshandlung im weitesten Sinne und stellt ein tatsächliches Kriterium dar.[337] Da jedoch bereits die Überwachung des Auftrags für eine Befassung i.S.d. § 8 Abs. 2 PartGG ausreicht, muss der befasste Partner nicht zwingend tatsächliche Bearbeitungsbeiträge geleistet haben.[338] Es reicht aus, dass dieser für das betreffende Mandat zugeteilt wurde oder für die Überwachung zuständig ist. Im Umkehrschluss lässt sich somit keine tatsächliche Mitwirkungshandlung fordern, sonst dürfte die bloße Überwachung eines Auftrags nicht als „Befassen" ausreichen (*argumentum e contrario*). Das muss erst recht dann gelten, wenn man mit der hier vertretenen Auffassung eine Zuständigkeit kraft interner Zuständigkeitsverteilung als „Befassen" ausreichen lässt (*argumentum a fortiori*). Wird dennoch ein tatsächliches Kriterium verlangt, muss sich dieses Kriterium logischerweise auf die tatsächliche Übernahme des Auftrags beziehen. Der Partner muss den Auftrag also tatsächlich bearbeiten, für den Auftrag tatsächlich zugeteilt sein oder tatsächlich überwachen.[339]

Römermann verlangt eine konkrete Mitwirkung an der Mandatsbearbeitung und will eine Zuständigkeit kraft interner Zuständigkeitsverteilung nicht ausreichen lassen. Seiner Ansicht nach hinge die Haftung des Partners an einer bloß internen Zuständigkeitsverteilung und das genüge nicht für eine Haftung kraft Gesetz wie es § 8 Abs. 2 PartGG vorsieht. Zusätzlich wäre der Mandant mit erheblichen Darlegungs- und Beweislastschwierigkeiten konfrontiert, da er keinen

---

334 *V. Westphalen,* in: M/GvW/H/L/W, § 8 Rn. 51; *Ulmer/Schäfer*, GbR und PartG Kommentar, § 8 Rn. 17.

335 *Henssler*, PartGG Kommentar, § 8 Rn. 55.

336 BT-Drucks. 13/9820, S. 21.

337 *V. Westphalen,* in: M/GvW/H/L/W, § 8 Rn. 55; *Henssler*, PartGG Kommentar, § 8 Rn. 64.

338 A.A. *v. Westphalen,* in: M/GvW/H/L/W, § 8 Rn. 55; *Henssler*, PartGG Kommentar, § 8 Rn. 64. Nach dieser Ansicht müssen Mitwirkungshandlungen in irgendeiner Form stattfinden.

339 Zum gleichen Ergebnis – jedoch mit anderer Begründung - gelangen auch *Hahn/ Naumann*, die ihre Ansicht mit historischer, systematischer und teleologischer Auslegungsmethodik begründen. Vgl. *Hahn/Naumann*, WM 2012, 1756 (1758 f.).

Zugriff auf den internen Verteilungsplan hat.[340] Dem lässt sich aber einerseits mit dem klaren Wortlaut der Gesetzesbegründung[341] begegnen und andererseits mit der Nähe zur Praxis.[342] Sobald ein Auftrag von der Partnerschaft angenommen wurde und eine interne Zuweisung erfolgt, ist die Befassung zumindest theoretisch einem oder mehreren Partner persönlich zuzuordnen. Warum dies nicht für eine Haftungskonzentration kraft Gesetz ausreichen sollte ist nicht ersichtlich, zumal die Gesetzesbegründung diesen Fall ausdrücklich vorsieht. Auch die Darlegungs- und Beweislast lassen keinen anderen Schluss zu. Darlegungs- und beweispflichtig sind nämlich diejenigen Partner, die sich auf die Haftungsprivilegierung berufen, da ihnen die Haftungskonzentration zugutekommt.[343] Zudem steht dem Auftraggeber ein Auskunftsanspruch zu, der sich aus dem zugrunde liegenden Vertragsverhältnis ableiten lässt. Er hat demnach einen Anspruch gegen die Partnerschaft von dieser zu erfahren, wer im konkreten Fall mit der Bearbeitung des Auftrags befasst gewesen ist. Diese Information dient auch dem Interesse der Partner, da diese letztendlich von der Haftungskonzentration profitieren, sodass der Auftraggeber keine Probleme haben wird von der Zuständigkeitsverteilung Kenntnis zu erlangen.[344] Besteht keine Zuständigkeitsverteilung innerhalb der Partnerschaft, greift die Haftungskonzentration des § 8 Abs. 2 PartGG nicht ein, da es an der „Befassung" eines Partners fehlt. Es bleibt sodann bei der gesamtschuldnerischen Haftung nach § 8 Abs. 1 S. 1 PartGG.[345]

Das gleiche gilt für den Fall, dass kein Partner mit dem Auftrag befasst war. Die Haftungskonzentration stellt gerade eine Ausnahme für die Fälle dar, in denen sich ein Partner einer Sache angenommen hat und von nun an persönlich dafür einzustehen hat. Ist kein Partner mit dem Auftrag befasst, gilt die allgemeine Haftungsregelung des § 8 Abs. 1 PartGG.[346]

340 *Römermann*, NZG 1998, 675 (676).

341 BT-Drucks. 13/9820, S. 21.

342 Vgl. *Ulmer/Schäfer*, GbR und PartG Kommentar, § 8 Rn. 22; *Henssler*, PartGG Kommentar, § 8 Rn. 66 f.; *v. Westphalen,* in: M/GvW/H/L/W, § 8 Rn. 56 f.; *Henssler*, in: FS für Wiedemann, S. 907 (929); *Wehrheim*, Die Partnerschaftsgesellschaft, S. 67; *Jawansky*, DB 2001, 2281 (2282).

343 *Henssler*, PartGG Kommentar, § 8 Rn. 83; *Bank*, Die britische LLP: Eine attraktive Organisationsform für Freiberufler?, S. 306; *Jawansky*, DB 2001, 2281 (2282).

344 BT-Drucks. 13/9820, S. 22.

345 *Ulmer/Schäfer*, GbR und PartG Kommentar, § 8 Rn. 22; *Henssler*, in: FS für Wiedemann, S. 907 (930).

346 *Jawansky*, DB 2001, 2281 (2283).

cc) Bearbeitungsbeiträge von untergeordneter Bedeutung

Nach dem zweiten Halbsatz des § 8 Abs. 2 PartGG greift die Haftungskonzentration nicht bei Bearbeitungsbeiträgen von untergeordneter Bedeutung. Bereits auf den ersten Blick lässt dieser Halbsatz eine begriffliche Komplikation erkennen. Zu klären gilt nämlich, welche Bearbeitungsbeiträge noch als untergeordnet anzusehen sind und welche bereits nicht mehr unter dieses Tatbestandsmerkmal subsumiert werden können. Die Gesetzesbegründung liefert hierzu nur wenige Informationen. Von untergeordneter Bedeutung sollen jedenfalls Urlaubsvertretungen ohne eigene gebotene inhaltliche Bearbeitung oder geringfügige Beiträge aus nur am Rande betroffenen Berufsfeldern (z.B. konsularische Beiziehung) sein. Dagegen sollen Bearbeitungsbeiträge, die den Berufsfehler selbst mitgesetzt haben, niemals von untergeordneter Bedeutung sein.[347] Daraus lässt sich ableiten, dass zumindest kausale Beiträge, die sich in dem Erfolg des Schadens realisiert haben, immer beachtlich sind. Das können logischerweise aber auch solche Bearbeitungsbeiträge sein, die nur im Rahmen einer Urlaubsvertretung erfolgt sind.[348] Die Gesetzesbegründung ist hier jedoch dahingehend eindeutig formuliert, dass sie auf eine „gebotene inhaltliche Bearbeitung" abstellt. Es muss also eine Handlung vorgenommen werden, die sich kausal auf den Schaden ausgewirkt hat. Nur dann ist ein Bearbeitungsbeitrag nicht mehr von untergeordneter Bedeutung.

Ebenso das Merkmal der „geringfügigen Beiträge aus nur am Rande betroffenen Berufsfeldern" lässt sich – nach der hier vertretenen Ansicht – klar und eindeutig bestimmten. Es stellt sich die Frage, ob der in Rede stehende Beitrag die Hauptsache an sich betrifft, oder lediglich eine andere, damit in Verbindung stehende Materie. Die bloße Einholung einer zweiten Meinung muss ebenfalls davon betroffen sein. Die konsiliarische Beiziehung eines anderen Partners liegt im Interesse des Auftraggebers. Dadurch soll gerade eine kanzleiinterne Kontrolle stattfinden, die eine bestmögliche Bearbeitung des Auftrags gewährleistet.[349] Weitergehend muss die konsiliarische Beiziehung sogar bereits als nicht mit dem Auftrag befasst angesehen werden. Denn der zur Beratung beigezogene Partner bearbeitet den Auftrag weder selbst, noch überwacht er seine Bearbeitung und hätte dies erst recht nicht nach der internen Zuständigkeitsverteilung tun müssen, sonst wäre er ja gerade nicht als lediglich hinzugezogen anzusehen.

---

347 BT-Drucks. 13/9820, S. 21.

348 So auch *Römermann*, NZG 1998, 675 (676).

349 *Henssler*, PartGG Kommentar, § 8 Rn. 73; *Bank*, Die britische LLP: Eine attraktive Organisationsform für Freiberufler?, S. 307; *Maurer*, Haftung assoziierter Rechtsanwälte, S. 88; *Römermann*, NZG 1998, 675 (676).

4. *Zusammenfassung*

Die Haftung der Partner orientiert sich gem. § 8 Abs. 1 S. 1 PartGG i.V.m. § 128 S. 1 HGB an den Haftungsgrundsätzen der OHG. Sie haften damit persönlich, akzessorisch, unbeschränkt, unmittelbar, primär und gesamtschuldnerisch für die Verbindlichkeiten der Partnerschaft. Für Schäden wegen fehlerhafter Berufsausübung greift indes die speziellere Norm des § 8 Abs. 2 PartGG ein. Für derartige Schäden haften nur diejenigen Partner, die mit dem Auftrag befasst waren. Die übrigen Partner sind dann von der Haftung nach § 8 Abs. 1 PartGG befreit. Aufgrund des Akzessorietätsgrundsatzes bilden die Partner zusammen mit der Partnerschaft lediglich eine unechte Gesamtschuldnerschaft. Innerhalb der Haftung der Partner besteht dagegen eine echte Gesamtschuldnerschaft. Der Inhalt der Haftung der Partner richtet sich nach der Erfüllungstheorie. Jeder Partner ist damit grundsätzlich zur Erfüllung der geschuldeten Leistung verpflichtet. Aufgrund der freiberuflichen Besonderheit gilt dies indes nur dann, wenn der betroffene Partner die gleiche freiberufliche Tätigkeit ausübt. Ein Steuerberater kann somit nicht zur rechtsberatenden Leistungserbringung verpflichtet werden. Für neu eintretende und ausgeschiedene Partner gelten die §§ 130, 160 HGB entsprechend. Probleme hinsichtlich neu eintretender Partner können sich insbesondere im Hinblick auf die Haftungskonzentration des § 8 Abs. 2 PartGG ergeben. Hierzu hat der BGH[350] kürzlich Stellung genommen. Der Scheinpartner haftet ebenso nach § 8 Abs. 1 PartGG. Seine Haftung geht allerdings nicht weiter als diejenige des echten Partners, womit § 8 Abs. 2 PartGG auch auf ihn anwendbar ist.

Die berufsrechtlichen Haftungsbeschränkungsmöglichkeiten nach § 51a Abs. 1 BRAO a.F. gelten ebenfalls für die Haftungsbegrenzung der Partner. Hierbei muss jedoch die speziellere Norm des § 8 Abs. 2 PartGG beachtet werden. Diese stellt eine gesetzliche – nicht bloß schuldrechtliche – Haftungskonzentration in persönlicher Hinsicht dar. Der Anwendungsbereich des § 8 Abs. 2 PartGG ist auf berufliche Fehler begrenzt. Für Schäden wegen fehlerhafter Berufsausübung haftet nur derjenige Partner akzessorisch neben der Partnerschaft, der mit dem Auftrag befasst war. Ein Partner ist mit einem Auftrag befasst, wenn er ihn selbst bearbeitet, seine Bearbeitung überwacht hat oder dies nach der internen Zuständigkeitsverteilung hätte tun müssen. Dies gilt dann nicht, wenn es sich um einen Bearbeitungsbeitrag von untergeordneter Bedeutung handelt. Das sind beispielsweise solche Beiträge eines Partners, die im Rahmen einer Urlaubsvertretung ohne inhaltliche Bearbeitung oder lediglich in beratender Funktion

---

350 *BGH*, NJW 2010, 1360 (1360 ff.).

ausgeübt werden. Diese gesetzliche Haftungskonzentration stellt die wesentliche Besonderheit der freiberuflichen Partnerschaft im Vergleich zur Sozietät dar.

E. Haftungsrechtlicher Vergleich zur Rechtsanwalts-GbR

I. Vorbemerkung

Im Folgenden wird ein Vergleich zwischen der Partnerschaft und der Sozietät in haftungsrechtlicher Hinsicht gezogen. Ziel dieser Gegenüberstellung ist der Beweis, dass die Intentionen des Gesetzgebers – den Angehörigen freier Berufe eine besondere, auf ihre Bedürfnisse zugeschnittene Gesellschaftsform zur gemeinsamen Berufsausübung zur Verfügung zu stellen[351] – mit der Partnerschaftsgesellschaft gelungen ist. Wie bereits oben ausgeführt[352], wird der Begriff „Sozietät" hier der Einfachheit halber nur für die Rechtsanwalt-GbR verwendet. Die Gegenüberstellung bezieht sich nur auf die Haftung beider Gesellschaftsformen, da dies der Schwerpunkt der hiesigen Untersuchung darstellt.

II. Die Haftung und Haftungsbeschränkung der Gesellschaft

Die Sozietät als Gesellschaft bürgerlichen Rechts ist seit der Grundsatzentscheidung des BGH vom 29.01.2001[353] ein selbständiges Rechtssubjekt. Grundsätzlich gilt, dass die Haftung der GbR nur durch Individualvertrag ausgeschlossen werden kann.[354] Eine formularmäßige Haftungsbeschränkung ist unzulässig, da diese gegen § 307 Abs. 2 Nr. 1 BGB verstößt.[355] Für die Rechtsanwalts-GbR gelten allerdings die besonderen berufsrechtlichen Vorschriften der Bundesrechtsanwaltsordnung. Der Berufsrechtsvorbehalt ist in § 59a BRAO und § 30 BORA enthalten.[356] Mit § 51a Abs. 1 Nr. 2 BRAO a.F. besteht beispielsweise auch für die GbR eine gesetzliche Ausnahme des Verbots der Haftungsbeschränkung einer GbR durch vorformulierte Vertragsbedingungen.[357] Sowohl hinsichtlich der Haftung[358] als auch der Haftungsbeschränkung gelten dieselben Voraussetzungen wie bei der Partnerschaftsgesellschaft. Der Anwaltsvertrag wird ebenso zwischen

351 BT-Drucks. 12/6152, S. 1.
352 Zweiter Teil, C., II.
353 BGHZ 146, 341 = *BGH*, NJW 2001, 1056 (1056 ff.).
354 BGHZ 142, 315 = *BGH*, NZG 1999, 1095 (1095 ff.).
355 *Hasenkamp*, BB 2004, 230 (233).
356 *Böhnlein*, in: BRAO Kommentar, Teil 1 BRAO, § 59a Rn. 9.
357 So auch *Bergmann*, in: JurisPK-BGB, § 714 Rn. 26.
358 So auch *Henssler*, PartGG Kommentar, § 8 Rn. 19.

dem Auftraggeber und der Sozietät geschlossen. Eine vereinbarte Haftungsbeschränkung gem. § 51a Abs. 1 BRAO a.F. erstreckt sich zunächst einmal auf die Haftungsverpflichtung der Sozietät, das heißt die Haftung der Sozietät mit ihrem Gesellschaftsvermögen ist entsprechend beschränkt. Diese Beschränkung erfasst auch die gesamtschuldnerische persönliche Haftung des einzelnen Sozietätsmitglieds, da sich dies akzessorisch nach dem Bestand der Gesellschaftsschuld richtet.[359] Etwas anderes gilt nur dann, wenn der Anwaltsvertrag nicht mit der Sozietät, sondern explizit mit einem einzelnen Sozietätsanwalt abgeschlossen wird. Es kann somit auf die obigen Ausführungen zur Partnerschaft verwiesen werden.

III. Die Haftungssituation der Sozietätsmitglieder nach § 51a Abs. 2 BRAO a.F.

Die Gesellschafter einer Sozietät haften für Pflichtverletzungen in der Sozietät nach § 128 HGB analog. § 51a Abs. 2 S. 1 BRAO a.F. zufolge haften alle Sozien als Gesamtschuldner. Auch hier ergeben sich die gleichen Haftungsgrundsätze wie bei der Partnerschaftsgesellschaft.[360] Dies ergibt sich spätestens seit einem Urteil des IX. Zivilsenats des BGH vom 03.05.2007, indem er § 128 HGB auch bei berufshaftungsrechtlichen Verbindlichkeiten für analog anwendbar erklärte.[361] Die vom II. Zivilsenat[362] aufgeworfene Frage, ob § 8 Abs. 2 PartGG in diesem Fall analog anzuwenden sei, dürfte damit obsolet sein.[363] Für eine analoge Anwendung des § 8 Abs. 2 PartGG auf berufshaftungsrechtliche Verbindlichkeiten der Sozietät dürften wohl kaum überzeugende Argumente sprechen. Es fehlt bereits an einer Regelungslücke, da § 128 HGB analog für die Haftung der Sozietätsmitglieder eingreift. Würde man § 8 Abs. 2 PartGG analog auf die Sozietät anwenden, stünde dies dem Sinn und Zweck der Schaffung der Partnerschaftsgesellschaft entgegen. Die gesetzliche Haftungskonzentration stellt gerade eine Ausnahme dar und sollte nur der Partnerschaft vorbehalten sein. Im Ergebnis haften Sozietätsmitglieder für alle Verbindlichkeiten der Sozietät gem. § 128 HGB analog. Auch hinsichtlich deliktischer Ansprüche kann auf die obigen Ausführungen zur Partnerschaft verwiesen werden.[364]

---

359 *Böhnlein,* in: BRAO Kommentar, Teil 1 BRAO, § 51a Rn. 15; *Wölk*, AnwBl 2003, 328 (333 f.).

360 *Böhnlein,* in: BRAO Kommentar, Teil 1 BRAO, § 59a Rn. 29; *Tophoven,* in: Henssler/Streck, Handbuch Sozietätsrecht, S. 151 Rn. 401a.

361 BGHZ 172, 169 = *BGH*, NJW 2007, 2490 (2492).

362 BGHZ 154, 370 = *BGH*, NJW 2003, 1803 (1805).

363 *Tophoven,* in: Henssler/Streck, Handbuch Sozietätsrecht, S. 152 Rn. 401c.

364 Näher dazu *Böhnlein,* in: BRAO Kommentar, Teil 1 BRAO, § 59a Rn. 30.

Ein Unterschied zur Partnerschaft besteht jedoch bei der Handelndenhaftung. Für die Partner einer Partnerschaftsgesellschaft gilt die speziellere Haftungskonzentration des § 8 Abs. 2 PartGG. Die Sozietät ist dagegen auf die vertragliche Haftungsbeschränkung gem. § 51a Abs. 2 BRAO a.F. angewiesen.[365] Hiernach kann die grundsätzlich bestehende gesamtschuldnerische Haftung der einzelnen Sozien mit ihrem Privatvermögen auf den das Mandat bearbeitenden und namentlich bezeichneten Sozius beschränkt werden.[366] Praktische Relevanz hat diese Vorschrift folglich allein für die Sozietät.[367] Auf schuldrechtlicher Basis wird mithilfe des § 51a Abs. 2 S. 2 BRAO a.F. das gleiche Ergebnis erzielt, wie es § 8 Abs. 2 PartGG auf gesetzlicher Ebene vorsieht. Diese Haftungsbeschränkungsvariante setzt anders als § 51a Abs. 1 BRAO a.F. nicht bei der Haftungssumme an, sondern nimmt einzelne Sozietätsmitglieder von der persönlichen Haftung aus. Beide Begrenzungsmöglichkeiten sind nebeneinander anwendbar.[368] Eine Haftungskonzentration auf nur einzelne Sozietätsmitglieder ist wie nach Absatz 1 sowohl durch Individualvereinbarung als auch durch vorformulierte Vertragsbedingungen möglich.[369] Nach der hier vertretenen Ansicht ist § 51a Abs. 2 BRAO a.F. – wie auch Absatz 1 – eine Sonderregelung, die die §§ 307 ff. BGB in ihrem Anwendungsbereich verdrängt.[370] Zu beachten gilt, dass die Haftungskonzentration in persönlicher Hinsicht – im Gegensatz zu Absatz 1 – keinen erhöhten Versicherungsschutz vorsieht.[371] Der § 51a Abs. 2 S. 3 BRAO a.F. verlangt, dass die Zustimmungserklärung zu einer solchen Beschränkung keine anderen Erklärungen enthalten darf. Sie muss vom Auftraggeber unterschrieben sein.

Auf den ersten Blick mag sich die Frage stellen, worin nun der wesentliche Unterschied zwischen der Partnerschaft und der Sozietät liegt, zumal in beiden Gesellschaftsformen eine Haftungskonzentration auf den bearbeitenden Rechtsanwalt möglich ist. Der Unterschied besteht darin, dass für viele Sozietäten eine schuldrechtliche Haftungskonzentration nach § 51a Abs. 2 BRAO a.F. kaum in Frage kommt. Die persönliche Haftungsbeschränkung ist nur schwer mit dem

---

365 *Stobbe*, in: Henssler/Prütting BRAO Kommentar, BRAO, § 51a Rn. 63; *Koch/Kilian*, Anwaltliches Berufsrecht, S. 123 Rn. 458.

366 *Tophoven*, in: Henssler/Streck, Handbuch Sozietätsrecht, S. 194 Rn. 492.

367 *Koch/Kilian*, Anwaltliches Berufsrecht, S. 249 Rn. 923.

368 *Wölk*, AnwBl 2003, 328 (334).

369 *Stobbe*, in: Henssler/Prütting BRAO Kommentar, BRAO, § 51a Rn. 68; *Wölk*, AnwBl 2003, 328 (334).

370 So auch *Stobbe*, in: Henssler/Prütting BRAO Kommentar, BRAO, § 51a Rn. 67. Vgl. hierzu auch die Ausführungen in Zweiter Teil, D., 3., c).

371 *Wölk*, AnwBl 2003, 328 (334).

Vertrauen des Mandanten in die sorgfältige Mandatsbearbeitung in Vereinbarung zu bringen. Wirtschaftlicher Erfolg und Ansehen einer Sozietät könnten darunter leiden.[372] Hier gelten dieselben Erwägungen, die auch bei der summenmäßigen Haftungsbeschränkung nach § 51a Abs. 1 BRAO a.F. greifen. Überdies sollten die Sozietätsmitglieder, die ein gesteigertes Interesse an einer persönlichen Haftungskonzentration an den Tag legen, eine grundsätzliche Änderung der Rechtsform in Erwägung ziehen.[373]

IV. Fazit

Die Partnerschaftsgesellschaft bietet den Rechtsanwälten eine vorteilhafte gesetzliche Haftungsbeschränkung auf den mandatsbearbeitenden Partner. Eine vergleichbare Haftungskonzentration bietet § 51a Abs. 2 BRAO a.F. für die Sozietät. Der Nachteil hieran ist, dass § 51a Abs. 2 BRAO a.F. eine lediglich schuldrechtliche Alternative darstellt. Die Haftungskonzentration muss somit im Einzelnen mit dem Mandanten vereinbart werden. Diese Vorgehensweise könnte ein schlechtes Licht auf die Reputation der Sozietät werfen. Demgegenüber bietet die Partnerschaft mit § 8 Abs. 2 PartGG eine attraktive Haftungskonzentration kraft Gesetz.

V. Zahlen und Fakten

Trotz signifikanter Attraktivität der Partnerschaftsgesellschaft ist die Sozietät (GbR) noch die bei weitem häufigste Organisationsform für die Zusammenarbeit von Rechtsanwälten.[374] *Kilian* hat mit einem Beitrag aus dem Jahre 2012 die Gründe für die Nicht-Organisation in der Partnerschaft zusammengestellt.[375] Bemerkenswerterweise gaben 54 % der Gesellschafter von Sozietäten an, dass es keinen besonderen Grund für die Wahl beziehungsweise Beibehaltung der GbR als Träger des Unternehmens gäbe. Man habe sich schlicht nie mit einem Rechtsformwechsel beschäftigt.[376] Für immerhin 31 % der Befragten war die besondere Haftungskonzentration der Partnerschaft kein besonderer Anreiz diese Rechtsform zu wählen. 21 % der Befragten war der Gründungs- und Verwaltungsaufwand zu hoch.[377]

---

372 *Wölk*, AnwBl 2003, 328 (334).

373 So auch *Chab*, AnwBl 2006, 205 (207).

374 *Henssler*, in: Henssler/Streck, Handbuch Sozietätsrecht, S. 14 Rn. 28.

375 *Kilian*, AnwBl 2012, 895 (895 ff.).

376 *Kilian*, AnwBl 2012, 895 (895).

377 *Kilian*, AnwBl 2012, 895 (896).

Am meisten überrascht aber das Verhältnis der Anzahl der Sozietäten zu der Anzahl der gewerblichen Mandate und der Anzahl der Berufsträger. Je höher der Anteil gewerblicher Mandanten einer Sozietät ist, desto geringer ist der Anreiz, unter Haftungsgesichtspunkten die Rechtsform der Partnerschaftsgesellschaft zu wählen.[378] In Anbetracht höherer Streitwerte bei gewerblichen Mandaten und damit steigender Haftungsgefahren, ist dieses Ergebnis überraschend. Das Gegenteil sollte doch gerade angenommen werden. Gewerbliche Mandate mit hohen Streitwerten bedürfen einer adäquaten Haftungsverfassung und Haftungsbeschränkung. Die Rechtsformwahl der Partnerschaft kommt hierbei als erstes in den Sinn. Auch würde dies die Intention des Gesetzgebers widerspiegeln, der die Partnerschaftsgesellschaft gerade für größere Anwaltskanzleien mit höheren Haftungsrisiken schuf. Indessen hat die Anzahl der Berufsträger keine signifikante Auswirkung auf die Rechtsformwahl der Partnerschaft. 49 % der Anwälte in Kanzleien mit mehr als 10 Berufsträgern geben an, dass die Haftungsbeschränkung für ihre Sozietät kein hinreichender Anreiz für einen Wechsel in die Partnerschaftsgesellschaft war.[379]

Im Ergebnis fasst *Kilian* zusammen, dass die Partnerschaftsgesellschaft die Anwaltschaft bislang nur in unbefriedigendem Umfang erreicht habe. Die Treue zur GbR beruhe überwiegend auf schlichter Nichtbefassung mit der Frage des Risikomanagements durch Rechtsformwahl. Fast ein Drittel der in GbRs organisierten Anwälte halte die Haftungsverfassung der Partnerschaft nicht für hinreichend reizvoll, um einen Rechtsformwechsel vorzunehmen.[380] Das Ergebnis zeigt, dass die Thematik der Gesellschaftsform für die freiberufliche Tätigkeit längst nicht erschlossen ist. Gerade in diesem Bereich bestehen erhebliche Reformbedürfnisse, zumal es im angelsächsischen Rechtskreis bereits seit längerem eine haftungsbegrenzte Rechtsform für Rechtsanwälte (LLP) gibt. Ob die neue Partnerschaftsgesellschaft mbB diesem Problem abhelfen kann, wird sich in der folgenden Untersuchung herausstellen.

378 *Kilian*, AnwBl 2012, 895 (896).
379 *Kilian*, AnwBl 2012, 895 (896).
380 *Kilian*, AnwBl 2012, 895 (897).

Dritter Teil: Die Partnerschaftsgesellschaft mbB (§ 8 Abs. 4 PartGG)

A. Einleitung

Neue Gesetzesentwürfe gehen mit dem Umstand einher, dass nicht jeder Einzelfall in der Zukunft bedacht werden kann. Das Ziel dieses Kapitels ist die Suche nach möglichen Problemen, die sich mit der neuen Rechtsform auftun; infolgedessen soll eine Lösung angeboten werden. Darüber hinaus gilt es die Partnerschaftsgesellschaft mbB im Folgenden aus haftungsrechtlicher Sicht zu untersuchen und die Eigenarten der hybriden Rechtsform mit versicherungsrechtlicher Lösung herauszuarbeiten. Im Vordergrund steht auch hier wieder die Haftung von Rechtsanwälten. Das Ziel ist die Bewertung der neuen Gesellschaftsform für Freie Berufe, um im anschließenden Kapitel auf Lücken und Versbesserungsvorschläge aufmerksam zu machen.

I. Das Anliegen des deutschen Gesetzgebers

1. Die Lücke im deutschen Gesellschaftsrecht für Freie Berufe

Am 3. Februar 2012 hatte das Bundesjustizministerium die Partnerschaftsgesellschaft mit beschränkter Berufshaftung (PartG mbB) als neues Organisationsmodell für Angehörige Freier Berufe vorgeschlagen.[381] Hierzu sollen unter anderem einschlägige Vorschriften des Partnerschaftsgesellschaftsgesetzes und der Bundesrechtsanwaltsordnung entsprechend geändert bzw. ergänzt werden. Ziel der Reform ist die Modernisierung des Berufsrechts Angehöriger Freier Berufe. Im Vordergrund steht das Haftungskonzept der Partnerschaftsgesellschaft. Den Freiberuflern soll eine deutsche Alternative zur britischen *Limited Liability Partnership* (LLP) geboten werden. Die bisherige Haftungsstruktur der Partnerschaft wurde zum Teil als nicht befriedigend empfunden.[382] Zwar wird mit der Partnerschaftsgesellschaft eine Rechtsform angeboten, die unter anderem den Vorteil einer transparenten Besteuerung mit einer Handelndenhaftung nach § 8 Abs. 2 PartGG verbindet.[383] Bei großen Partnerschaftsgesellschaften stößt diese Haftungskonzentration indessen auf ihre Grenzen. Schwierigkeiten entstehen dort, wo Aufgaben von Teams innerhalb der Partnerschaftsgesellschaft bearbeitet

381 RefE vom 03.02.2012, S. 1.
382 Vgl. Zweiter Teil, E., V.
383 BT-Drucks. 17/10487, S. 1.

werden. Die aufgrund unterschiedlicher Spezialisierung miteinander arbeitenden Partnerinnen und Partner können die Arbeitsbeiträge der anderen weder inhaltlich noch dem Umfang nach vollständig überblicken und verantworten. Aus diesem Grund tendieren Großkanzleien zum Rechtsformwechsel zur LLP nach englischem Recht.[384] Insbesondere die vorteilhafte Haftungssituation der britischen LLP treibt immer mehr Freiberuflergesellschaften in diese Rechtsform.[385]

Aber auch bei kleineren Partnerschaften führt die Handelndenhaftung teilweise zu unbilligen Ergebnissen. So hat der BGH 2009 entschieden, dass der mit der Bearbeitung eines Auftrags befasste Partner auch für vor seinem Eintritt in die Partnerschaft begangene berufliche Fehler eines anderen mit dem Auftrag befassten Partners haften könne, selbst wenn er die Fehler nicht mehr korrigieren kann.[386] Bei näherem Hinsehen schwindet das Merkmal der „Haftungsverbesserung" der einst als revolutionär gepriesenen Partnerschaft. Die vom Gesetzgeber intendierte Handelndenhaftung der nur mit dem Mandat betrauten Partner ist durch die Rechtsprechung zu einer verschuldens- und kausalitätsunabhängigen Haftung ausgeweitet worden.[387] Eine echte Haftungsbeschränkung bietet im deutschen Recht derzeit lediglich die Rechtsanwaltsgesellschaft. Ferner hat der BGH jüngst entschieden, dass bei interprofessionellen Sozietäten auch diejenigen Sozien persönlich haften, die selbst nicht Rechtsanwälte sind.[388] Die haftungsrechtliche Unsicherheit fordert somit eine adäquate Gesellschaftsform für Freie Berufe.

2. *Vergleich mit der Rechtsanwaltsgesellschaft (GmbH, AG)*

Die Partnerschaftsgesellschaft mit beschränkter Berufshaftung ist nicht die erste Gesellschaftsform für Freiberufler, die eine Haftungsbeschränkung auf das Gesellschaftsvermögen vorsieht. Seit den Beschlüssen des Bayerischen Obersten Landesgerichts von 1994[389] und 2000[390] können sich Rechtsanwälte auch in der Rechtsform der GmbH und AG zusammenschließen. Fraglich ist, welche wesentlichen Unterschiede zwischen beiden Rechtsformen bestehen. Zunächst kann hier der versicherungsrechtliche Aspekt genannt werden. Die

384 BT-Drucks. 17/10487, S. 1.
385 Anschaulich hierzu *Leuering*, ZIP 2012, 1112 (1113).
386 *BGH*, NJW 2010, 1360 (1362).
387 *Ring*, WM 2014, 237 (238); *Römermann*, AnwBl 2012, 288 (289).
388 BGHZ 139, 193 = *BGH*, NJW 2012, 2435 (2435 ff.).
389 *BayObLG*, NJW 1995, 199 (199 ff.).
390 *BayObLG*, NZG 2000, 649 (649 ff.).

Rechtsanwaltsgesellschaft ist gem. § 59j Abs. 1 HS 1 BRAO zum Abschluss einer Berufshaftpflichtversicherung verpflichtet. Die Mindestversicherungssumme beläuft sich immerhin auf das zehnfache einer Partnerschaft oder GbR und zwar auf 2,5 Mio. Euro (§ 59j Abs. 2 BRAO). Die Zulassung der Rechtsanwaltsgesellschaft ist an eine bestehende Berufshaftpflichtversicherung – eine vorläufige Deckungszusage reicht aus – geknüpft (§ 59d Nr. 3 BRAO). Verstöße gegen die Versicherungspflicht werden zum Schutz der Mandanten mit der Nichtzulassung oder dem Widerruf der berufsrechtlichen Zulassung sanktioniert. Die Berufshaftpflichtversicherung ist damit eine Pflichtversicherung i.S.d. § 113 VVG.[391] Dagegen entscheidet die bestehende Berufshaftpflichtversicherung der Partnerschaft mbB in Höhe von 2,5 Mio. Euro nur über die Haftungsbeschränkung auf das Gesellschaftsvermögen. Sie ist keine Pflichtversicherung i.S.v. § 113 VVG. Unterhält die Partnerschaft keine derartige Haftpflichtversicherung, handelt es sich um eine gewöhnliche Partnerschaftsgesellschaft, bei der die unbeschränkte Haftung nach § 8 Abs. 1, 2 PartGG gilt. § 8 Abs. 4 PartGG sieht nämlich vor, dass für Verbindlichkeiten der Partnerschaft aus Schäden wegen fehlerhafter Berufsausübung den Gläubigern nur das Gesellschaftsvermögen haftet, wenn – und nur wenn – sie eine zu diesem Zweck begründete Berufshaftpflichtversicherung unterhält. Einer § 59j Abs. 4 BRAO entsprechenden Regelung, wonach ein Versicherungsmangel zur persönlichen Ausfallhaftung der Gesellschafter und Geschäftsführer führt, bedarf es daher für die PartG mbB nicht.[392]

Sieht man in der Haftungsbeschränkung kraft Rechtsform den entscheidenden Punkt für die Attraktivität der neuen Partnerschaftsgesellschaft mit beschränkter Berufshaftung, so stellt sich die Frage, warum nicht auf die bereits anerkannte Rechtsanwalts-GmbH/AG zurückgegriffen wird. Diese bietet eine noch weitgehendere Haftungsbeschränkung, nämlich für alle Arten von Verbindlichkeiten gem. §§ 13 Abs. 2 GmbHG, 1 Abs. 1 Satz 2 AktG, und nicht nur für Schäden aus fehlerhafter Berufsausübung. Diesen Erwägungen kann jedoch in zweierlei Hinsicht widersprochen werden. Zum einen soll laut Referentenentwurf eine deutsche Alternative zur britischen LLP geschaffen werden,[393] und zum anderen entsteht diese Alternative auf personengesellschaftsrechtlicher Basis, wodurch Nachteile der Kapitalgesellschaft erspart bleiben sollen.

Zu den Nachteilen gehören die Gewerbesteuer- und Buchführungspflicht (§§ 2 GewStG, 238 Abs. 1 Satz 1 HGB), erhöhte Gebühren für die Zulassung,

391 *Brüggemann*, in: BRAO Kommentar, Teil 1 BRAO, § 59j Rn. 2.

392 *Lerch/Lerch/Junkov*, GmbHR 2012, R329 (R330).

393 RefE vom 03.02.2012, S. 1.

die Beitragspflicht in der Industrie- und Handelskammer, die Kosten bei der Übertragung der Geschäftsanteile und Kosten für die Eintragung im Handelsregister.[394] Hinzu kommt, dass Änderungen im Gesellschaftsvertrag der Rechtsanwaltsgesellschaft nicht formlos wie bei der Partnerschaft oder GbR vorgenommen werden können. Eine derartige Änderung bedarf immer der notariellen Beurkundung (§ 2 Abs. 1 S. 1 GmbHG, § 23 Abs. 1 S. 1 AktG), womit weitere Kosten verbunden sind. *Leuering* fügt zusätzlich den Nachteil hinzu, dass eine Falschberatung eines Mandanten im Außenverhältnis zugleich einen Verstoß gegen die Sorgfaltspflicht im Innenverhältnis und einhergehend eine Haftung im Innenverhältnis nach §§ 43 Abs. 2 GmbHG, 93 Abs. 2 Satz 1 AktG auslösen könnte.[395] Dies spräche gegen eine Haftung nur des Gesellschaftsvermögens. *Grunewald* sieht darin keine Schlechterstellung der GmbH, zumal auch ein BGB-Gesellschafter oder Partner einer Partnerschaft im Falle fehlerhafter Berufsberatung gegenüber seiner Gesellschaft haftet.[396] Ob das wirklich der Fall ist, wird später ausführlich untersucht. *Ulmer* und *Schäfer* lassen einen Vergleich zwischen der Partnerschaft und GmbH zugunsten der Partnerschaft ausfallen.[397] Die genannten Gründe hierfür sind das strenge Publizitätserfordernis nach §§ 8 Abs. 1, 10 GmbHG, wonach die darin genannten Daten im Handelsregister offengelegt werden müssen; die besonderen gesetzlichen Voraussetzungen der §§ 59c bis 59g BRAO, 27, 28 WPO, 49, 50 StBerG für die Handelsregistereintragung, sowie die erschwerenden Hindernisse bei der Gründung interprofessioneller Zusammenschlüsse. Dagegen lässt sich nach Ansicht von *Ulmer* und *Schäfer* keine Besserstellung der Partnerschaft gegenüber der GmbH in steuerrechtlicher Hinsicht feststellen. Daran ändert auch die Gewerbesteuerpflicht der GmbH nichts.[398]

Im Ergebnis lässt sich feststellen, dass die Rechtsanwaltsgesellschaft keine eindeutig zufriedenstellende Lösung für alle Bedürfnisse der Freien Berufe darstellt. Das zeigt auch die Statistik, denn in Deutschland sind bisher nur 610 Rechtsanwaltsgesellschaften angemeldet.[399] Allerdings muss dazu gesagt werden, dass es keine „optimale" oder „die Rechtsform" für berufliche Zusammenarbeit von Rechtsanwälten gibt. Jeder der bestehenden Rechtsformen hat ihre Stärken

394 *Grunewald*, ZIP 2012, 1115 (1116).
395 *Leuering*, ZIP 2012, 1112 (1114).
396 *Grunewald*, ZIP 2012, 1115 (1116).
397 *Ulmer/Schäfer*, GbR und PartG Kommentar, PartGG Vor § 1 Rn. 22 ff.
398 *Ulmer/Schäfer*, GbR und PartG Kommentar, PartGG Vor § 1 Rn. 24.
399 http://www.brak.de/fuer-journalisten/zahlen-zur-anwaltschaft (abgerufen am 22.03.2013).

und Schwächen. Daher lässt sich nur im konkreten Einzelfall ermitteln, welche Gesellschafts- bzw. Kooperationsform für einen Zusammenschluss am besten geeignet ist.[400]

II. Bedarf es überhaupt einer neuen Gesellschaftsform für Freie Berufe?

Wie soeben dargestellt weisen auch die Rechtsanwaltsgesellschaften einige Schwachstellen auf und nehmen deshalb nicht den Platz der optimalen Gesellschaftsform für Freiberufler ein. Die hier zu stellende Frage lautet aber, ob die Partnerschaft mbB die bessere Alternative darstellt und ob mit der Schaffung der neuen Haftungsform ein neuer Impuls gesetzt wird. Die Fraktionen der FDP und CDU/CSU äußerten sich jedenfalls positiv gegenüber der neuen Alternative; sie sehen die GmbH als die schlechtere Rechtsformwahl für Freiberufler.[401] Dagegen äußerten die Fraktionen der BÜNDNIS 90/DIE GRÜNEN, SPD und DIE LINKE ihre Bedenken gegenüber der neuen Partnerschaft mbB. So stelle das Gesellschaftsrecht mit der GmbH bereits eine ausreichende Rechtsform zur Verfügung, um die Haftung von Freiberuflern zu beschränken.[402] Ein weiteres Argument gegen die Einführung der PartG mbB liegt in der Ökonomisierung des Anwaltsberufs. Der Rechtsanwalt sei Organ der Rechtspflege und kein Gewerbetreibender.[403] Dass dieses Argument hinkt, liegt indessen auf der Hand. Schließlich sind die GmbH und AG als Formkaufmann der Innbegriff eines Gewerbetreibenden.[404] Ob die Partnerschaft mbB letztendlich die organisatorisch und haftungsrechtlich bessere Alternative zur Rechtsanwaltsgesellschaft darstellt, lässt sich erst nach einer tiefgehenden Untersuchung feststellen. Die Antwort darauf wird sich also erst im Laufe dieses Kapitels hervortun und am Ende dieses Kapitels explizit dargestellt werden.

B. Die Änderungen durch die Reform

Im Zuge des Gesetzes zur Einführung einer Partnerschaftsgesellschaft mit beschränkter Berufshaftung und zur Änderung des Berufsrechts der Rechtsanwälte, Patentanwälte, Steuerberater und Wirtschaftsprüfer wurden das Partnerschaftsgesellschaftsgesetz, die Bundesrechtsanwaltsordnung, die Patentanwaltsordnung, das Steuerberatungsgesetz, die Verordnung zur Durchführung

---

400 *Henssler*, in: Henssler/Streck, Handbuch Sozietätsrecht, S. 20 Rn. 41.
401 BT-Drucks. 17/13944, S. 19 f.
402 BT-Drucks. 17/13944, S. 19 f.
403 BT-Drucks. 17/13944, S. 19 f.
404 So auch die Fraktion der FDP, vgl. BT-Drucks. 17/13944, S. 19.

der Vorschriften über Steuerberater, Steuerbevollmächtigte und Steuerberatungsgesellschaften und zu guter Letzt die Wirtschaftsprüferordnung geändert. Bevor die wichtigen Änderungen aufgezeigt werden, soll zunächst der Weg zu diesem Gesetz dargestellt werden.

I. Der Weg zur neuen Rechtsform

Am 19. Juli 2013 trat das Gesetz zur Einführung einer Partnerschaftsgesellschaft mit beschränkter Berufshaftung und zur Änderung des Berufsrechts der Rechtsanwälte, Patentanwälte, Steuerberater und Wirtschaftsprüfer in Kraft.[405] Die Änderungen betreffen die Haftungsstruktur der Partnerschaftsgesellschaft. Hinsichtlich der Rechtsanwaltschaft werden dazu die einschlägigen Normen des Partnerschaftsgesellschaftsgesetzes und der Bundesrechtsanwaltsordnung geändert und ergänzt. Der Weg bis hin zu diesem Gesetz wurde mit einem Referentenentwurf des Bundesjustizministeriums eröffnet.[406] Dieser Entwurf basierte auf einem Vorschlag von *Hellwig*, der vom Präsidium des Deutschen Anwaltvereins (DAV) beim Deutschen Juristentag 2010 erstmals zur Diskussion gestellt wurde.[407] Der Entwurf enthielt die erste Fassung zur Änderung des Berufsrechts der Rechtsanwälte, Patentanwälte und Steuerberater. Am 03. Februar 2012 wurde der Referentenentwurf erstmals veröffentlicht. Darin wurde zugleich auf die Probleme und Ziele aufmerksam gemacht, aufgrund derer die Partnerschaft mit beschränkter Berufshaftung ins Leben gerufen wurde. Erwähnenswert ist dabei, dass der erste Referentenentwurf in § 67 StBerG keine Mindestversicherungssumme für Steuerberater vorsah. Es sollte bei der bisherigen Angemessenheitsklausel bleiben. Erst der Rechtsausschuss brachte am 12. Juni 2013[408] eine Änderung des § 67 StBerG herbei. § 67 StBerG ist von nun an in 4 Absätze unterteilt. Absatz 2 enthält eine Berufshaftpflichtversicherungsklausel in Höhe von 1 Mio. Euro. Auch die Wirtschaftsprüfer wurden in diesem ersten Referentenentwurf noch nicht erwähnt. Erst das Bundeskabinett hat die Wirtschaftsprüfer mit ihrem ersten Gesetzesentwurf am 02. Mai 2012[409] mit aufgenommen.

Am 06. Juli 2012 gab der Bundesrat seine Stellungnahme[410] zu diesem Gesetzesentwurf ab. Wie bereits vom Ausschuss des Bundesrates empfohlen,[411]

---

405 BGBl. 2013 I, S. 2386.
406 RefE vom 03.02.2012, S. 1 ff.
407 *Hellwig*, AnwBl 2012, 345 (345); *Hellwig*, NJW 2011, 1557 (1559).
408 BT-Drucks. 17/13944, S. 22.
409 RegE vom 02.05.2012, S. 1 ff.
410 BR-Drucks. 309/12(B), S. 1 f.
411 BR-Drucks. 309/1/12, S. 1 f.

bat der Bundesrat um eine Korrektur des Gesetzesentwurfs hinsichtlich der Mindestversicherungssumme für Steuerberater. Er schlug eine Berufshaftpflichtversicherungsklausel in Höhe von 1 Mio. Euro vor. Am 27. September 2012 brachte die Bundesregierung den Gesetzesentwurf im Bundestag zur ersten Lesung ein.[412] Der Vorschlag des Bundesrates wurde jedoch nicht beherzigt. § 67 StBerG war wie bisher in 3 Sätzen gefasst, an der Angemessenheitsklausel hinsichtlich der Berufshaftpflichtversicherung sollte sich nichts ändern.

Nach längerer Pause aufgrund Unstimmigkeiten und Bedenken innerhalb der Koalitionsfraktionen landete der Gesetzesentwurf beim Rechtsausschuss des Deutschen Bundestages. In seinem Bericht[413] gab er einige Beschlussempfehlungen mit auf den Weg. Diese betrafen die Regelung der Haftpflichtversicherung, die Änderung des § 67 StBerG bezüglich der Mindestversicherungssumme und die Verpflichtung zum Abschluss einer Berufshaftpflichtversicherung auch für Partnerschaftsgesellschaften.[414] Auch § 8 Abs. 4 PartGG nahm hierin eine neue Form an.[415] Der Bundestag nahm den Gesetzesentwurf einschließlich der Beschlussempfehlungen des Rechtsausschusses am 13. Juni 2013 an und so erfuhren die geänderten Gesetze ihre heutige Fassung. Nach erneuter Vorlage beim Bundesrat beschloss dieser den Vermittlungsausschuss nicht anzurufen.[416] Schließlich wurde das Gesetz zur Einführung einer Partnerschaftsgesellschaft mit beschränkter Berufshaftung und zur Änderung des Berufsrechts der Rechtsanwälte, Patentanwälte, Steuerberater und Wirtschaftsprüfer am 18. Juli 2013 im Bundesgesetzblatt[417] verkündet. Gemäß Artikel 8 trat das Gesetz am Folgetag, also am 19. Juli 2013 in Kraft.

II. Wichtigste Änderungen durch das Gesetz

1. Änderung des Partnerschaftsgesellschaftsgesetzes

Das Partnerschaftsgesellschaftsgesetz vom 25. Juli 1994, das zuletzt durch Artikel 22 des Gesetzes vom 23. Oktober 2008 (BGBl. 2008 I, S. 2026) geändert worden ist, wurde (unter anderem) wie folgt geändert:

412 BT-Drucks. 17/10487, S. 1 ff.
413 BT-Drucks. 17/13944, S. 1 ff.
414 BT-Drucks. 17/13944, S. 1 f.
415 BT-Drucks. 17/13944, S. 5.
416 BR-Drucks. 497/13, S. 1 ff.
417 BGBl. 2013 I, S. 2386.

1. Dem § 4 wird folgender Absatz 3 angefügt:

„(3) Der Anmeldung einer Partnerschaft mit beschränkter Berufshaftung nach § 8 Absatz 4 muss eine Versicherungsbescheinigung gemäß § 113 Absatz 2 des Gesetzes über den Versicherungsvertrag beigefügt sein."

2. § 7 Absatz 5 wird wie folgt gefasst:

„(5) Für die Angabe auf Geschäftsbriefen der Partnerschaft ist § 125a Absatz 1 Satz 1, Absatz 2 des Handelsgesetzbuches mit der Maßgabe entsprechend anzuwenden, dass bei einer Partnerschaft mit beschränkter Berufshaftung auch der von dieser gewählte Namenszusatz im Sinne des § 8 Absatz 4 Satz 3 anzugeben ist."

3. Dem § 8 wird folgender Absatz 4 angefügt:

„(4) Für Verbindlichkeiten der Partnerschaft aus Schäden wegen fehlerhafter Berufsausübung haftet den Gläubigern nur das Gesellschaftsvermögen, wenn die Partnerschaft eine zu diesem Zweck durch Gesetz vorgegebene Berufshaftpflichtversicherung unterhält. Für die Berufshaftpflichtversicherung gelten § 113 Absatz 3 und die §§ 114 bis 124 des Versicherungsvertragsgesetzes entsprechend. Der Name der Partnerschaft muss den Zusatz „mit beschränkter Berufshaftung" oder die Abkürzung „mbB" oder eine andere allgemein verständliche Abkürzung dieser Bezeichnung enthalten; anstelle der Namenszusätze nach § 2 Absatz 1 Satz 1 kann der Name der Partnerschaft mit beschränkter Berufshaftung den Zusatz „Part" oder „PartG" enthalten."

Der Vollständigkeit halber wird darauf hingewiesen, dass der ursprüngliche Referentenentwurf des Bundesministeriums der Justiz und der Gesetzesentwurf der Bundesregierung § 8 Abs. 4 PartGG-E in folgender Fassung vorsah:

„Für Verbindlichkeiten der Partnerschaft aus Schäden wegen fehlerhafter Berufsausübung haftet den Gläubigern nur das Gesellschaftsvermögen, wenn
1. die Partnerschaft eine zu diesem Zweck durch Gesetz vorgegebene Berufshaftpflichtversicherung unterhält und
2. ihr Name den Zusatz „mit beschränkter Berufshaftung" oder die Abkürzung „mbB" oder eine andere allgemein verständliche Abkürzung dieser Bezeichnung erhält; anstelle der Namenszusätze nach § 2 Absatz 1 Satz 1 kann der Name der Partnerschaft mit beschränkter Berufshaftung den Zusatz „Part" oder „PartG" enthalten."

Der zweite Halbsatz des § 8 Abs. 4 Nr. 2 PartGG-E wurde erst durch den Gesetzesentwurf der Bundesregierung[418] hinzugefügt.

2. *Änderung der Bundesrechtsanwaltsordnung*

Die Bundesrechtsanwaltsordnung, die zuletzt durch Artikel 7 Absatz 1 des Gesetzes vom 26. Juni 2013 (BGBl. 2013 I, S. 1805) und durch Artikel 8 des Gesetzes

418 BT-Drucks. 17/10487, S. 7.

vom 6. Dezember 2011 (BGBl. 2011 I, S. 2515) geändert worden ist, wurde (unter anderem) wie folgt geändert:

1. Nach § 51 wird folgender § 51a eingefügt:

„§ 51a Berufshaftpflichtversicherung einer Partnerschaftsgesellschaft mit beschränkter Berufshaftung

(1) Die Berufshaftpflichtversicherung einer Partnerschaftsgesellschaft mit beschränkter Berufshaftung (§ 8 Absatz 4 des Partnerschaftsgesellschaftsgesetzes) muss die Haftpflichtgefahren für Vermögensschäden decken, die sich aus der Beratung und Vertretung in Rechtsangelegenheiten ergeben. § 51 Absatz 1 Satz 2, Absatz 2, 3 Nummer 2 bis 5 und Absatz 5 bis 7 ist entsprechend anzuwenden. Zuständig ist die Rechtsanwaltskammer am Sitz der Gesellschaft.

(2) Die Mindestversicherungssumme beträgt 2 500 000 Euro für jeden Versicherungsfall. Die Leistungen des Versicherers für alle innerhalb eines Versicherungsjahres verursachten Schäden können auf den Betrag der Mindestversicherungssumme, vervielfacht mit der Zahl der Partner begrenzt werden. Die Jahreshöchstleistung für alle in einem Versicherungsjahr verursachten Schäden muss sich jedoch mindestens auf den vierfachen Betrag der Mindestversicherungssumme belaufen.

(3) Das Bundesministerium der Justiz wird ermächtigt, durch Rechtsverordnung mit Zustimmung des Bundesrates nach Anhörung der Bundesrechtsanwaltskammer die Mindestversicherungssumme anders festzusetzen, wenn dies erforderlich ist, um bei einer Änderung der wirtschaftlichen Verhältnisse einen hinreichenden Schutz der Geschädigten sicherzustellen."

2. Der bisherige § 51a wird § 52 und dem Absatz 1 wird folgender Satz angefügt:

„Für Berufsausübungsgemeinschaften gilt Satz 1 entsprechend."

3. *Änderung des Steuerberatungsgesetzes*

Das Steuerberatungsgesetz in der Fassung der Bekanntmachung vom 4. November 1975 (BGBl. 1975 I, S. 2735), das zuletzt durch Artikel 13 des Gesetzes vom 26. Juni 2013 (BGBl. I 2013, S. 1809) geändert worden ist, wurde (unter anderem) wie folgt geändert:

1. § 67 wird wie folgt gefasst:

„§ 67 Berufshaftpflichtversicherung

(1) Selbstständige Steuerberater, Steuerbevollmächtigte und Partnerschaftsgesellschaften, auch solche mit beschränkter Berufshaftung nach § 8 Absatz 4 des Partnerschaftsgesellschaftsgesetzes, müssen gegen die aus ihrer Berufstätigkeit sich ergebenden Haftpflichtgefahren angemessen versichert sein.

(2) Partnerschaftsgesellschaften mit beschränkter Berufshaftung erfüllen die Voraussetzungen nach § 8 Absatz 4 Satz 1 des Partnerschaftsgesellschaftsgesetzes, wenn sie eine Berufshaftpflichtversicherung unterhalten, deren Mindestversicherungssumme

eine Million Euro beträgt. Die Leistungen des Versicherers für alle innerhalb eines Versicherungsjahres verursachten Schäden können auf den Betrag der Mindestversicherungssumme, vervielfacht mit der Zahl der Partner, begrenzt werden. Die Jahreshöchstleistung für alle in einem Versicherungsjahr verursachten Schäden muss jedoch mindestens vier Millionen Euro betragen.

(3) Zuständige Stelle im Sinne des § 117 Absatz 2 des Versicherungsvertragsgesetzes ist die Steuerberaterkammer.

(4) Die Steuerberaterkammer erteilt Dritten zur Geltendmachung von Schadensersatzansprüchen auf Antrag Auskunft über den Namen, die Adresse und die Versicherungsnummer der Berufshaftpflichtversicherung des Steuerberaters, des Steuerbevollmächtigten, der Steuerberatungsgesellschaft oder der Partnerschaftsgesellschaft, soweit der Steuerberater, der Steuerbevollmächtigte, die Steuerberatungsgesellschaft oder die Partnerschaftsgesellschaft kein überwiegendes schutzwürdiges Interesse an der Nichterteilung der Auskunft hat."

C. Wirksamkeitsvoraussetzungen der PartG mbB

I. Anmeldung der Partnerschaft

Die Partnerschaftsgesellschaft mbB muss als solche in das Partnerschaftsregister eingetragen werden. Der neue Absatz 3 des § 4 PartGG sieht vor, dass der Anmeldung einer Partnerschaft mit beschränkter Berufshaftung nach § 8 Absatz 4 eine Versicherungsbescheinigung gemäß § 113 Absatz 2 des Gesetzes über den Versicherungsvertrag (VVG) beigefügt sein muss. Bei der Berufshaftpflichtversicherung handelt es sich um eine freiwillige Versicherung, weshalb ein ausdrücklicher Verweis auf § 113 Abs. 2 VVG erforderlich ist.[419] Die vorgesehene Haftpflichtversicherung muss also vor Eintragung abgeschlossen worden sein. Gemäß § 113 Abs. 2 VVG muss die Bescheinigung die Versicherungssumme und die der Versicherung zugrunde liegende Rechtsvorschrift enthalten.[420] Sieht die berufsrechtliche Regelung eine Mindestversicherungssumme vor, so prüft das Registergericht auch hier lediglich, ob diese erreicht ist. Eine Partnerschaftsgesellschaft mbB kann sowohl durch Neuanmeldung, als auch durch Wechsel einer bereits bestehenden Partnerschaft entstehen. Die genannten Voraussetzungen gelten dabei für beide Alternativen der Anmeldung einer PartG mbB.

1. Anmeldung durch „Umwandlung"

Will eine bereits bestehende Partnerschaft in den Genuss einer Haftungsbeschränkung kommen, muss sie den Haftungsbeschränkungszusatz beim

---

419 BT-Drucks. 17/10487, S. 13.

420 Vgl. auch *Ring*, WM 2014, 237 (240 f.).

Partnerschaftsregister anmelden[421] und den Abschluss einer Berufshaftpflichtversicherung nach § 51a BRAO durch Vorlage einer Versicherungsbescheinigung (§ 113 Abs. 2 VVG) belegen.[422] Einer Umwandlung i.S.d. UmwG einer bereits bestehenden Partnerschaft bedarf es zur Haftungsbeschränkung daher nicht.[423] Die Haftungsbeschränkung stellt somit eine wahlweise Alternative zur ursprünglichen Rechtsform dar. Aus diesem Grund ist die PartG mbB auch ein umwandlungsfähiger Rechtsträger und kann daher übernehmender oder neuer Rechtsträger einer Verschmelzung (§ 3 Abs. 1 Nr. 1 UmwG) oder Spaltung (§ 124 Abs. 1 UmwG) oder Rechtsträger neuer Rechtsform eines Formwechsels (§ 191 Abs. 2 Nr. 2 UmwG) sein. Nicht zu vergessen ist der notwendige Beschluss der Partnerversammlung gem. § 6 Abs. 2 PartGG i.V.m. § 116 Abs. 2 HGB, da die Entscheidung über den Abschluss einer spezifischen Berufshaftpflichtversicherung kein Grundlagengeschäft und damit Sache aller Gesellschafter ist.[424] Handelt es sich indessen um eine Rechtsanwaltsgesellschaft i.S.d. §§ 59c ff. BRAO, kann diese durch Formwechsel nach §§ 226 ff. UmwG in eine PartG mbB umgewandelt werden (§ 228 Abs. 2 UmwG).[425] Die Sozietät kann dagegen nicht in eine PartG mbB i.S.d. UmwG umgewandelt werden. Ihr steht nur die Neugründung zur Verfügung.[426]

2. Anmeldung durch Neugründung

Eine Partnerschaftsgesellschaft mbB kann dagegen auch völlig neu gegründet werden.[427] Hierzu gelten die allgemeinen Grundsätze der Neugründung einer Partnerschaft mit den besonderen Voraussetzungen zur Erreichung der Haftungsbeschränkung. Es muss zunächst ein Partnerschaftsvertrag mit dem Inhalt des § 3 Abs. 2 PartGG geschlossen werden: Dem Namen und Sitz der Partnerschaft; dem Namen und den Vornamen sowie dem in der Partnerschaft ausgeübten Beruf und den Wohnort jedes Partners; dem Gegenstand der Partnerschaft.

---

421 Die Namensänderung ist nach §§ 3 Abs. 2 Nr. 1, 5 Abs. 1 i.V.m. § 4 Abs. 1 S. 3 PartGG zur Eintragung in das Partnerschaftsregister anzumelden. Siehe *Uwer/Roeding*, AnwBl 2013, 309 (311).

422 Ausführlich *Wälzholz*, DStR 2013, 2637 (2640 f.).

423 *Seibert*, DB 2013, 1710 (1713); *Leuering*, NZG 2013, 1001 (1004); *Lieder*, NotBZ 2014, 128 (132).

424 Näher hierzu weiter unten: Dritter Teil, D., III., 1., b). Vgl. auch *Sommer/Treptow*, NJW 2013, 3269 (3270 f.).

425 *Uwer/Roeding*, AnwBl 2013, 309 (311 f.).

426 *Uwer/Roeding*, AnwBl 2013, 309 (311).

427 Ausführlich *Wälzholz*, DStR 2013, 2637 (2639 f.).

Hinzu kommen die besonderen – oben genannten – Voraussetzungen, die an die Wirksamkeit der PartG mbB geknüpft sind.[428]

Auch einer bereits bestehenden Sozietät steht mangels Umwandlungsfähigkeit nur der Weg der Neugründung offen.[429] Gemäß § 191 Abs. 1 UmwG kann eine Gesellschaft bürgerlichen Rechts nämlich nicht formwechselnder Rechtsträger sein. Eine „Umwandlung", die nicht streng i.S.d. UmwG verstanden wird, kann dennoch durch Änderung des Gesellschaftsvertrags unter Beachtung der Anforderungen des § 3 PartGG sowie der nach § 7 Abs. 1 PartGG konstitutiv wirkenden Eintragung in das Partnerschaftsregister vollzogen werden.[430] Es liegt dann streng genommen keine Umwandlung, sondern eine Neugründung vor. Im Ergebnis ist das ein rein sprachliches Problem, zumal § 2 Abs. 2 PartGG ausdrücklich die „Umwandlung" einer GbR in eine Partnerschaft vorsieht, § 191 Abs. 1 UmwG dagegen nicht.

II. Berufshaftpflichtversicherung

Zwar wird die Haftungsbeschränkung durch das PartGG selbst geschaffen. Regelungen zur Berufshaftpflichtversicherung und eventuellen Pflichten gegenüber Berufskammern sind dagegen den jeweiligen Berufsgesetzen vorbehalten.[431] So sieht der neue § 51a Abs. 1 Satz 2 BRAO i.V.m. § 51 Abs. 6 Satz 1 BRAO unverändert vor, dass Versicherungsunternehmen, bei denen rechtsanwaltliche Partnerschaftsgesellschaften mbB ihre Haftpflichtversicherung halten, verpflichtet werden sollen, der zuständigen Rechtsanwaltskammer den Beginn und die Beendigung des Versicherungsvertrages sowie dessen Änderungen mitzuteilen, soweit durch diese der Versicherungsschutz beeinträchtigt wird.[432] Die in § 8 Abs. 4 PartGG genannte Versicherung ist keine Pflichtversicherung.[433] Sie ist jedoch zwingende Voraussetzung für das Eingreifen der Haftungskonzentration nach Abs. 4. Sollte ein bestehender Versicherungsvertrag unwirksam sein, geht dies zu Lasten der Partnerschaft, wie der Gesetzgeber durch das Wort „unterhält"

---

428 Vgl. auch *Wälzholz*, DStR 2013, 2637 (2639 f.); *Leuering*, NZG 2013, 1001 (1004).

429 *Uwer/Roeding*, AnwBl 2013, 309 (311). Wälzholz sieht die Möglichkeit einer identitätswahrenden Umformung einer GbR in eine PartG mbB aufgrund § 2 Abs. 2 PartGG vor. Es bedürfe deshalb keiner Umwandlung nach §§ 190 ff. UmwG; vgl. *Wälzholz*, DStR 2013, 2637 (2640); ebenso *Lieder*, NotBZ 2014, 128 (133).

430 *Leuering*, NZG 2013, 1001 (1004).

431 BT-Drucks. 17/10487, S. 11.

432 BT-Drucks. 17/10487, S. 12.

433 BT-Drucks. 17/13944, S. 20.

klar zum Ausdruck bringt.[434] „Unterhalten" bedeutet auch, dass die Versicherung zum Zeitpunkt des Berufsfehlers existent sein muss. Das ist dann der Fall, wenn der Versicherer verpflichtet ist, das Risiko der Partnerschaft durch eine Leistung abzusichern.[435] Eine davor oder danach bestehende Berufshaftpflichtversicherung vermag nicht zu einer wirksamen Haftungsbegrenzung gem. § 8 Abs. 4 PartGG.[436] Denn der Versicherungsschutz richtet sich nach dem Zeitpunkt der Pflichtverletzung (Verstoßprinzip)[437] und orientiert sich nicht daran, zu welcher Zeit das Vertragsverhältnis begründet wurde. Eine weitere und wichtige Folge der freiwilligen Versicherung ist, dass die Betroffenen die Wahl haben, ob sie bei der traditionellen Partnerschaft mit unbeschränkter Haftung verbleiben, oder ob sie sich die Haftungsbeschränkung durch erhöhte Versicherungsprämien „erkaufen".[438] Im letzteren Fall tritt neben der Versicherungspflicht der Rechtsanwälte einer Partnerschaft auch die Versicherungspflicht der Partnerschaft per se hinzu. Bisher besteht für die Partnerschaftsgesellschaft keine Versicherungspflicht. Ihr Gesellschaftszweck ist die gemeinschaftliche Berufsausübung der in ihr zusammengeschlossenen Partner (§ 1 Abs. 1 S. 1 PartGG).[439] Das ändert sich nun angesichts des Wortlauts des neuen § 51a Abs. 1 BRAO, der ausdrücklich die Versicherungspflicht der PartG mbB vorsieht.

Grundsätzlich besteht daher für alle Angehörigen der Freien Berufe die Möglichkeit, eine Partnerschaftsgesellschaft mbB zu gründen. Aufgrund des Berufsrechtsvorbehalts in § 1 Abs. 3 PartGG und der Verweisung auf die „durch Gesetz vorgegebene Berufshaftpflichtversicherung" in § 8 Abs. 4 S. 1 PartGG hängt die Möglichkeit einer Haftungsbeschränkung auf das Vermögen der Gesamthand indes von der Ausgestaltung der Berufsrechte der einzelnen Freien Berufe ab.[440] Es liegt also im Ermessen der einzelnen Berufsrechtsgesetzgeber eine Partnerschaft mbB als Organisationsvariante zur Verfügung zu stellen.[441] Bisher wurde

---

434 *Ulmer/Schäfer*, GbR und PartG Kommentar, § 8 Rn. 43.; *Dallwig*, VersR 2014, 19 (19).

435 *Leuering*, NZG 2013, 1001 (1004).

436 Vgl. auch *Seibert*, DB 2013, 1710 (1712).

437 Vgl. § 3 I 1. AHB; *Littbarski*, in: MüKo VVG, § 100 Rn. 103–106; *Gräfe/Brügge*, Vermögensschaden-Haftpflichtversicherung, S. 289 Rn. 1; *Grams*, AnwBl 2003, 299 (300); *Sommer/Treptow*, NJW 2013, 3269 (3272 f.) m.w.N.

438 Vgl. auch *Posegga*, DStR 2012, 611 (613); *Lerch/Lerch/Junkov*, GmbHR 2012, R329 (R330); *Ruppert*, DStR 2013, 1623 (1624).

439 *Posegga*, DStR 2012, 611 (614).

440 Vgl. auch *Tröger/Pfaffinger*, JZ 2013, 812 (814).

441 *Tröger/Pfaffinger*, JZ 2013, 812 (814).

diese Möglichkeit nur für Rechtsanwälte, Patentanwälte, Steuerberater, Steuerbevollmächtigt, Wirtschaftsprüfer und vereidigte Buchprüfer wahrgenommen.[442] Der Grund hierfür liegt freilich nicht in der Diskriminierung anderer Freier Berufe, sondern ist Folge der bislang noch nicht erfolgten Entscheidung der Landesgesetzgeber, denen die Gesetzgebungskompetenz für die Ausgestaltung der Berufsausübung für die Mehrzahl der Freien Berufe zugewiesen ist.[443]

Problematisch war vor der Neuformulierung des § 8 Abs. 4 PartGG durch den Rechtsausschuss der Fall, dass bei bestehender Berufshaftpflichtversicherung die Haftungsbeschränkung unabhängig davon eintrat, ob den Versicherer im konkreten Fall eine Leistungspflicht trifft oder nicht. Angenommen der Versicherer wird nachträglich von seiner Leistungspflicht befreit, beispielsweise weil der Versicherte mit der Prämienzahlung in Verzug ist oder eine Obliegenheit verletzt hat, hatte dies keine negative Auswirkung auf die Haftungsbeschränkung, denn diese bleibt für die Partnerschaft nach wie vor bestehen. Dieses Problem wurde mit der Einfügung des Satzes 2 behoben. § 8 Abs. 4 S. 2 PartGG enthält nämlich eine Rechtsfolgenverweisung auf die für Pflichtversicherung geltenden §§ 113 Abs. 3, 114 bis 124 VVG. Das eben genannte Problem wird durch § 117 Abs. 1 VVG gelöst, indem die Verpflichtung des Versicherers auch im Falle des nachträglichen Freiwerdens gegenüber dem Versicherten in Ansehung des Dritten bestehen bleibt.[444]

Eine weitere nennenswerte Änderung des Gesetzesentwurfs durch den Rechtsausschuss ist die Neuformulierung des § 51a Abs. 1 S. 2 BRAO. Der ursprüngliche Gesetzesentwurf der Bundesregierung ordnete eine entsprechende Anwendbarkeit des § 51 Absatz 1 Satz 2, 3 und 5 bis 7 der Bundesrechtsanwaltsordnung an.[445] § 51 Abs. 3 Nr. 1 BRAO zufolge kann der Versicherungsschutz für Ersatzansprüche wegen wissentlicher Pflichtverletzung ausgeschlossen werden. Aufgrund der Haftungsbeschränkung der Partnerschaftsgesellschaft mbB wären geschädigte Personen in diesem Fall mit ihren vertraglichen Schadensersatzansprüchen auf das Gesellschaftsvermögen und im Übrigen auf deliktische Ansprüche gegen handelnde Personen angewiesen. Laut der Begründung des Rechtsausschusses würde dabei eine rechtliche Schutzlücke entstehen, wenn der Versicherungsschutz bereits bei einem wissentlichen Pflichtverstoß entfiele. Der Vorsatz einer deliktischen Schädigung müsse sich nämlich auch immer auf den

---

442 *Ruppert*, DStR 2013, 1623 (1624).

443 *Sommer/Treptow*, NJW 2013, 3269 (3269 f.).

444 BT-Drucks. 17/13944, S. 20.

445 BT-Drucks. 17/10487, S. 7.

Schaden beziehen.[446] Um diese Schutzlücke zu schließen, wurde die Verweisung auf § 51 Abs. 3 Nr. 1 BRAO in § 51a Abs. 1 S. 2 BRAO gestrichen. Es gilt somit die allgemeine Regelung des § 103 VVG, nach der der Haftpflichtversicherer erst dann von der Leistungspflicht befreit ist, wenn auch der Schaden vorsätzlich herbeigeführt worden ist. Die Schutzlücke besteht nun nicht mehr, weil im Falle eines Leistungsausschlusses des Versicherers die schädigende Person deliktisch haftet.[447] Aus demselben Grund wurde auch die Verweisung auf § 51 Abs. 3 Nr. 1 BRAO in § 59j Abs. 1 BRAO hinsichtlich den Rechtsanwaltschaften gestrichen.[448]

Die Mindestversicherungssumme muss bei Rechtsanwalts- und Patentanwalts-Partnerschaften mbB für jeden einzelnen Versicherungsfall 2,5 Mio. Euro betragen (§ 51a Abs. 2 S. 1 BRAO, § 45a Abs. 2 S. 1 PAO). Für Steuerberater und Wirtschaftsprüfer ist der Mindestversicherungsbetrag auf 1 Mio. Euro angesetzt worden (§ 67 Abs. 2 S. 1 StBerG, § 54 Abs. 1 S. 2 WPO i.V.m. § 323 Abs. 2 S. 1 HGB). Die Leistungen des Versicherers für alle innerhalb eines Versicherungsjahres verursachten Schäden können auf den Betrag der Mindestversicherungssumme, vervielfacht mit der Zahl der Partner begrenzt werden. Die Jahreshöchstleistung für alle in einem Versicherungsjahr verursachten Schäden muss sich jedoch mindestens auf das Vierfache der Mindestdeckungssumme belaufen. Die uneinheitliche Höhe der Mindestversicherungssumme ist vielfach kritisiert worden. Jedenfalls für Rechtsanwälte ist sie in Höhe von 2,5 Mio. Euro angemessen, zumal Streitwerte großer Sozietäten jenseits der 2,5 Mio. Euro liegen. Irgendwo muss eine Grenze gezogen werden. In Anbetracht der Zielgruppe – überörtliche, internationale Sozietäten – ist die Höhe der Mindestversicherungssumme als angemessen zu bewerten.

Abschließend ist zu betonen, dass die persönliche Versicherungspflicht der einzelnen Rechtsanwälte nicht entfällt.[449] Sobald eine Wirksamkeitsvoraussetzung

---

446 Diese Aussage gilt nur für einen Anspruch aus § 826 BGB und damit insbesondere für Vermögensschäden, die nicht von § 823 Abs. 1 BGB geschützt sind. Sobald § 823 Abs. 1 BGB anwendbar ist, besteht keine Schutzlücke, denn hier bezieht sich das Vertretenmüssen seinem Wortlaut nach nur auf die Rechtsgutsverletzung. Der Schaden steht lediglich auf der Rechtsfolgenseite der Norm. Vgl. hierzu *Wagner,* in: MüKo BGB, § 823 Rn. 42; *J. Lange/Schmidbauer,* in: JurisPK-BGB, § 823 Rn. 81; *Medicus/Petersen*, Bürgerliches Recht, S. 316 Rn. 623; *Schmidt*, Schuldrecht Besonderer Teil II, S. 254 Rn. 733.

447 BT-Drucks. 17/13944, S. 21.

448 BT-Drucks. 17/13944, S. 21.

449 *Dallwig*, VersR 2014, 19 (19); *Linardatos*, VersR 2013, 1488 (1489); *Uwer/Roeding*, AnwBl 2013, 309 (310); *Römermann/Praß*, NZG 2012, 601 (602 f.).

zur Entstehung der PartG mbB fehlt oder nachträglich entfällt, bleibt die Gesellschaft als Partnerschaft bestehen. Es greifen sodann die allgemeinen Haftungsregeln des § 8 Abs. 1 und 2 PartGG. Deshalb besteht für jeden Rechtsanwalt einer PartG mbB auch weiterhin die persönliche Versicherungspflicht nach § 51 BRAO.[450]

III. Namenszusatz „mbB"

Der erste Gesetzesentwurf der Bundesregierung stellte den Namenszusatz „mit beschränkter Berufshaftung" als echte Voraussetzung für eine wirksame Haftungsbeschränkung auf.[451] Damit die Haftungsbeschränkung greifen sollte, müsste der Name der Partnerschaft eine allgemein verständliche Abkürzung enthalten, die auf die beschränkte Haftung hinweist. Dazu sollte die Eintragung des Namenszusatzes in das Partnerschaftsregister ausreichen. Dieses Vorhaben wurde durch die Beschlussempfehlung des Rechtsausschusses gekippt. § 8 Abs. 4 PartGG wurde derart inhaltlich verändert, dass § 8 Abs. 4 Nr. 2 zu einem Satz 3 wurde, der als reine Firmenvorschrift ausgestaltet und nicht mit der Haftungsbeschränkung verknüpft ist. Es wurde als systematisch konsequenter angesehen, die Eintragung des Namens nur anzuordnen, nicht aber zur Bedingung der Haftungsbeschränkung zu machen.[452]

Die Abkürzung „mbH" ist nicht korrekt, da diese zu weitgehend ist. Sie würde den Irrtum hervorrufen, die Haftung sei für alle Arten von Verbindlichkeiten beschränkt. Tatsächlich gilt die Haftungsbeschränkung aber nur für berufliche Fehler. Als gesetzlich festgeschriebene, allgemein verständliche Abkürzung wird „mbB" vorgeschlagen, da dies Missverständnissen vorbeugt.[453] Wird der Namenszusatz der Partnerschaft mit beschränkter Berufshaftung nicht geführt oder wird die Haftungsbeschränkung nicht deutlich genug zum Ausdruck gebracht, so gelten die allgemeinen Regeln über die Täuschung einer haftungsbeschränkten Gesellschaft über ihre Haftungsbeschränkung.[454] Des Weiteren zieht die Verwendung eines fehlerhaften Rechtsformzusatzes eine Reihe unterschiedlicher Sanktionen nach sich. Sie reichen von der Amtslöschung eines fehlerhaften Rechtsformzusatzes, über Haftungssanktionen bei fehlender

---

450 Ausführlich hierzu *Gladys*, DStR 2012, 2249 (2250).

451 BT-Drucks. 17/10487, S. 14.

452 BT-Drucks. 17/13944, S. 20 f.

453 BT-Drucks. 17/10487, S. 14.

454 BT-Drucks. 17/10487, S. 14 f.

Registereintragung und fehlerhafter Führung bis hin zur Anfechtung des abgeschlossenen Rechtsgeschäfts.[455]

D. Die Haftungsverfassung der PartG mbB

I. Gesellschaftsrechtliche Charakteristika

Damit das neue Haftungskonzept der Partnerschaft mit beschränkter Berufshaftung besser zu verstehen ist, muss sie zuerst in das gesellschaftsrechtliche System eingeordnet werden. Für Kapitalgesellschaften gelten das Trennungsprinzip und das Haftungsprivileg.[456] Ersteres besagt, dass Gesellschafter und Gesellschaft getrennt voneinander zu behandeln sind, letzteres, dass die Gesellschafter nicht für Verbindlichkeiten der Gesellschaft haften.[457] Dasselbe gilt auch für Aktionäre einer Aktiengesellschaft. Grundsätzlich wird die gesellschaftsrechtliche Haftungsbeschränkung – also das Haftungsprivileg – mit einem Mindeststammkapital „erkauft".[458] Dieses Mindestkapital dient dem Schutz der Gläubiger. Obwohl die Haftung der PartG mbB für Schäden wegen fehlerhafter Berufsausübung beschränkt ist, entfällt hier das Erfordernis eines Mindeststammkapitals. Das Partnerschaftsgesellschaftsgesetz kennt keine Kapitalaufbringungs- oder Erhaltungsvorschrift und sieht diese nach Einführung der PartG mbB auch nicht vor. Stattdessen wird der Gläubigerschutz durch eine Haftpflichtversicherung kompensiert. Des Weiteren ist die PartG mbB trotz gesellschaftsrechtlicher Haftungsbeschränkung als Personengesellschaft mit teilweise verbandsrechtlichem Charakter einzuordnen.[459] Es entsteht dadurch ein für das Gesellschaftsrecht untypischer Hybrid, quasi eine Mischgesellschaft bestehend aus personen- und kapitalgesellschaftsrechtlichen Strukturen. Nichtsdestotrotz ist die Partnerschaftsgesellschaft mit beschränkter Berufshaftung eindeutig den Personengesellschaften zuzuordnen.[460] Sobald die Berufshaftpflichtversicherung nicht mehr in dem vorgegebenen Mindestumfang besteht, lebt die persönliche Haftung der Partner nämlich wieder auf. Auch geht es nur noch darum, ob eine Organisation nach dem System der Normativbestimmungen[461] als juristische Person vom

---

455 *Lieder*, NotBZ 2014, 128 (128 ff.).

456 *Michalski/Funke,* in: Michalski GmbHG, § 13 Rn. 305 f.

457 *Michalski/Funke,* in: Michalski GmbHG, § 13 Rn. 305 f.

458 *Römermann/Praß*, NZG 2012, 601 (606).

459 *Römermann/Praß*, NZG 2012, 601 (606).

460 So klassifiziert die Bundesregierung die PartG mbB in ihrem Gesetzesentwurf als Personengesellschaft. Vgl. BT-Drucks. 17/10487, S. 15.

461 *Weick,* in: Staudinger BGB, Einleitung §§ 21 ff., Rn. 60; *Michalski,* in: Michalski GmbHG, Systematische Darstellung 1 Überblick über das GmbH-Recht, Rn. 24.

positiven Recht anerkannt wird.[462] Die Anerkennung der Rechtspersönlichkeit müsste also an bestimmte Mindestanforderungen geknüpft sein.[463] Ob diese Aussagen hinsichtlich der Partnerschaftsgesellschaft so stehen gelassen werden können, ist höchst fraglich.[464] Bei näherer Betrachtung würde die Bearbeitung an dieser Stelle in eine uferlose Diskussion ausschweifen. Die Frage der Rechtspersönlichkeit einer Personen- bzw. Gesamthandsgesellschaft ist – bei genauerem Hinsehen – nicht ohne weiteres zu beantworten. Nicht selten wird nämlich der Begriff der Rechtspersönlichkeit als Synonym für die Rechtsfähigkeit verwendet.[465] Dass die Rechtspersönlichkeit eine eigene Begriffsbestimmung verdient, zeigen unter anderem die §§ 11 Abs. 2, 15a Abs. 1 InsO.[466] Für die Einordnung der PartG mbB in die vorhandene gesellschaftsrechtliche Struktur reicht die Feststellung, dass sie im Grundtypus als Schwesterfigur zur OHG gem. § 7 Abs. 2 PartGG i.V.m. § 124 Abs. 1 HGB jedenfalls rechtsfähig ist. Darüber hinaus ist die neue Gesellschaftsform in das vorhandene System der Personengesellschaften einzuordnen. Die Haftungsbeschränkung auf das Gesellschaftsvermögen vermag an dieser Sichtweise nichts zu ändern.[467]

II. Haftungsstruktur im Außenverhältnis

1. Vorfragen zur Außenhaftung

Fraglich ist nun, welche haftungsrechtlichen Innovationen der neue Absatz 4 des § 8 PartGG für die Haftung der Partnerschaft per se mit sich bringt. Sicher ist, dass die PartG mbB keine gänzlich neue Rechtsform darstellt, vielmehr soll sie als frei wählbare Alternative zur klassischen Partnerschaft treten.[468] Neu ist allerdings, dass nunmehr eine gesellschaftsrechtliche Haftungsbeschränkung zu der bisher nur schuldrechtlich möglichen Haftungsbeschränkung hinzutritt. Auch

---

462 *Römermann/Praß*, NZG 2012, 601 (606).

463 *Weick*, in: Staudinger BGB, Einleitung §§ 21 ff., Rn. 60.

464 Kritisch ebenfalls *Bergmann*, in: JurisPK-BGB, § 705 Rn. 46.

465 So bspw. *Kesseler*, der nicht zwischen der Rechtsfähigkeit und Rechtspersönlichkeit trennt; *Kesseler*, Das Insolvenzverfahren über das Vermögen einer Partnerschaftsgesellschaft, S. 16 f.

466 Näher hierzu weiter unten: Dritter Teil, D., IV., 2., b).

467 Das wurde kürzlich durch das OLG Nürnberg bestätigt. „Die Partnerschaftsgesellschaft mit beschränkter Berufshaftung stellt lediglich eine Rechtformvariante einer Partnerschaft ohne eine derartige Haftungsbeschränkung dar, keine andere Rechtsform"; vgl. OLG Nürnberg, Beschluss vom 05.02.2014 – 12 W 351/14 = BeckRS 2014, 03712.

468 *Posegga*, DStR 2012, 611 (612).

stellt das Partnerschaftsgesellschaftsgesetz selbst die Weichen an eine zulässige Haftungsbegrenzung. § 51a BRAO konkretisiert die Anforderung des § 8 Abs. 4 PartGG in versicherungsrechtlicher Hinsicht.

a) Beschränkung auf Berufsausübungsfehler

Allerdings ist zu beachten, dass die Haftungsbeschränkung nur für Verbindlichkeiten der Partnerschaft aus der Berufshaftung eingreift. Das erklärt sich aus der gesetzlichen Kompensation durch eine Haftpflichtversicherung in Höhe von 2,5 Mio. Euro.[469] Anstatt eines Mindeststammkapitals, wie es für Kapitalgesellschaften normalerweise vorgesehen ist, wird die Haftungsbeschränkung hier durch eine Berufshaftpflichtversicherung kompensiert. Weder eine Kapitalaufbringung noch die Kapitalerhaltung sind in der Partnerschaftsgesellschaft mbB vorgeschrieben.[470] Das erklärt auch, warum die Haftung nur für Verbindlichkeiten wegen fehlerhafter Berufsausübung beschränkt ist. Laut des Entwurfsverfassers lässt sich die Haftung für Verbindlichkeiten aus Arbeits-, Miets-, Leasing- und anderen schuldrechtlichen Verträgen nicht sinnvoll durch eine Haftpflichtversicherung abdecken.[471] Die überwiegende Mehrheit der Freiberufler ist ebenfalls der Auffassung, dass diese Regelung punktgenau am Problem ansetzt.[472] Zudem konstatiert der Gesetzgeber, dass mit Eröffnung des Insolvenzverfahrens der Insolvenzverwalter die Möglichkeit habe, die Vertragsverhältnisse zu beenden, sodass für die Gesellschaft ein verschwindend geringes Restrisiko bestünde.[473] Von der Haftungsbeschränkung erfasst sein sollen also alle Verbindlichkeiten, für die nach geltendem Recht die Haftungskonzentration nach § 8 Abs. 2 PartGG eingreift. Die unterschiedliche Formulierung – „fehlerhafte Berufsausübung" in § 8 Abs. 4 PartGG und „berufliche Fehler" in § 8 Abs. 2 PartGG – ändert nichts daran.[474] Schließlich muss es sich um eine Verbindlichkeit der Partnerschaft handeln. Wird ein Mandatsvertrag ausnahmsweise nicht mit der Partnerschaft, sondern mit einem einzelnen Partner abgeschlossen, greift die Haftungsbeschränkung nicht ein.[475] Aus diesem Grund kann auf die Erkenntnisse zurückgegriffen

469 BT-Drucks. 17/10487, S. 14.

470 Für die GmbH gelten hierzu die §§ 30, 31 GmbHG. Dazu *Römermann*, NJW 2013, 2305 (2309).

471 BT-Drucks. 17/10487, S. 14.

472 *Seibert*, DB 2013, 1710 (1711) m.w.N.; a.A. *Linardatos*, VersR 2013, 1488 (1493 f.).

473 BT-Drucks. 17/10487, S. 14.

474 *Römermann/Praß*, NZG 2012, 601 (603).

475 *Ruppert*, DStR 2013, 1623 (1625).

werden, die bereits aus dem Zusammenhang mit § 8 Abs. 2 PartGG bekannt sind.[476] Außerhalb des Bereichs der Schäden wegen fehlerhafter Berufsausübung gilt die gesamtschuldnerische Mithaftung der Partner nach § 8 Abs. 1 PartGG.

Erwähnenswert ist dabei der Unterschied zur britischen LLP. Deren Haftungsverfassung schließt eine persönliche Haftung der Partner generell aus.[477] Innerhalb „beruflicher Fehler" entfällt die persönliche Haftung der Partner voll und ganz. Dies gilt auch dann, wenn die vorgeschriebene Haftsumme der Versicherung im konkreten Einzelfall überschritten ist oder die Versicherung wegen grober Fahrlässigkeit oder Vorsatz nicht eintritt. Voraussetzung für eine wirksame Haftungsbeschränkung der PartG mbB ist nämlich das Bestehen der Versicherung, nicht die Deckung des Schadens.[478] Bei fehlender oder unzureichender Berufshaftpflichtversicherung entfällt automatisch die Haftungsbeschränkung auf das Gesellschaftsvermögen und die persönliche Haftung der Partner gem. § 8 Abs. 1, 2 PartGG tritt ein. Hier gilt der Berufsrechtsvorbehalt ebenso.[479]

Auf Seiten der Literatur besteht aber auch Kritik hinsichtlich der Beschränkung der persönlichen Haftung nur für Berufsausübungsfehler, womit die Zielsetzung des Angebots einer gleichwertigen Alternative zur LLP als verfehlt anzusehen sei.[480] Die Verbindlichkeiten der Partnerschaft aus Arbeits-, Miet-, Bank-, und sonstigen Verträgen können erheblich sein.[481] Das Argument des Gesetzgebers, die Haftung für sonstige Verbindlichkeiten könne nicht sinnvoll durch eine Haftpflichtversicherung abgedeckt werden, sei wenig überzeugend, weil schon nicht ersichtlich sei, weshalb ein Bedürfnis nach Kompensation durch eine Haftpflichtversicherung bestehen sollte: Denn auch die Gesellschafter einer Unternehmergesellschaft (haftungsbeschränkte) (UG) haften für Verbindlichkeiten der Gesellschaft nicht persönlich, ohne dass deshalb eine Kompensation durch eine Haftpflichtversicherung oder ein Mindestkapital für erforderlich gehalten würde.[482] Auch der Verweis des Gesetzgebers, mit Eröffnung des Insolvenzverfahrens habe der Insolvenzverwalter die Möglichkeit, die Vertragsverhältnisse zu beenden, sodass für die Gesellschaft ein verschwindend

---

476 *Römermann/Praß*, NZG 2012, 601 (603).

477 *Henssler/Mansel*, in: FS für Horn, S. 403 (405).

478 BT-Drucks. 17/10487, S. 14.

479 BT-Drucks. 17/10487, S. 14.

480 *Linardatos*, VersR 2013, 1488 (1493 f.); *Kreße*, NJ 2013, 45 (49); *Schüppen*, BB 2012, 783 (784).

481 *Linardatos*, VersR 2013, 1488 (1493); *Kreße*, NJ 2013, 45 (49); *Schüppen*, BB 2012, 783 (784).

482 *Kreße*, NJ 2013, 45 (50).

geringes Restrisiko bestünde, sei fehlgehend, da bis dahin signifikante Schulden angelaufen sein können.[483] Des Weiteren würden dadurch gerade große Kanzleien belastet, da diese mit einer persönlichen Einstandspflicht für hohe Kanzleikosten aufzukommen hätten. Dieser Nachteil könne sich ab einer gewissen Kanzleigröße als echtes Akzeptanzhemmnis darstellen.[484]

Sicherlich ist das Argument des Gesetzgebers, die Haftung wegen sonstiger schuldrechtlicher Verbindlichkeiten lasse sich nicht sinnvoll durch eine Haftpflichtversicherung abdecken, angreifbar. Den Beweis bietet die Rechtsanwalts-GmbH mit seiner Berufshaftpflichtversicherung nach § 59j BRAO, denn dort gilt die Haftungsbeschränkung für alle Verbindlichkeiten der Gesellschaft. Andererseits ist die GmbH für eben jene sonstigen Verbindlichkeiten mit einem Mindestkapital ausgestattet. Sonstige Verbindlichkeiten lassen sich nicht sinnvoll mit einer (Mindest-) Berufshaftpflichtversicherung absichern.[485] Es bleibt daher abzuwarten, wie die Freiberufler-UG in Zukunft zu behandeln ist, zumal sie keine Mindestkapitalausstattung zur Absicherung sonstiger Verbindlichkeiten aufzuweisen hat. Dagegen hinkt das Argument, dass auch die Gesellschafter einer UG für Verbindlichkeiten der Gesellschaft nicht persönlich haften, ohne dass deshalb eine Kompensation durch eine Haftpflichtversicherung oder ein Mindestkapital für erforderlich gehalten würde. Eine Freiberufler-UG trifft sehr wohl die Pflicht eine Berufshaftlichtversicherung abzuschließen; hierfür sorgt § 59j BRAO. Dass eine UG, die außerhalb freiberuflicher Tätigkeit agiert, weder ein Mindestkapital noch eine Haftpflichtversicherung unterhalten muss, hat für die freiberufliche Tätigkeit keine Auswirkung. Aufgrund der Sonderstellung Freier Berufe bedarf es hier einer Absicherung durch eine Haftpflichtversicherung. Tatsächlich verwundert es aber, warum der Gesetzgeber die Haftungsbeschränkung nur auf Berufsausübungsfehler beschränkt hat. Die Antwort darauf ist simpel: Unter den Freiberuflern besteht gar kein Bedürfnis für eine vollumfängliche Haftungsfreistellung.[486] Das fehlende Bedürfnis ist zwar ein guter Grund, hätte den Gesetzgeber jedoch nicht daran gehindert, eine vollumfängliche Haftungsbefreiung zu veranlassen. Damit wäre die PartG mbB noch attraktiver geworden.

Nichtsdestoweniger ist die Beschränkung nur auf Berufsausübungsfehler ausreichend. Sonstige Verbindlichkeiten sind leicht kalkulierbare Posten und können daher durch eine ordentlich wirtschaftliche Geschäftsführung im Griff

483 *Linardatos*, VersR 2013, 1488 (1493).

484 *Linardatos*, VersR 2013, 1488 (1494).

485 Vgl. *Hellwig*, AnwBl 2012, 345 (346).

486 Vgl. *Seibert*, DB 2013, 1710 (1711); *Hellwig*, AnwBl 2012, 345 (346).

behalten werden. Schließlich ist die Haftung für Personal und Mieten nicht das Problem, das Freiberufler plagt. Bei haftungsrechtlicher Freistellung für sonstige Verbindlichkeiten könnten freiberufliche Gesellschaften dazu verleitet werden, hohe Risiken einzugehen, die nicht mehr mit der Aufgabe des Freien Berufes zu vereinbaren wären. Bei ordentlicher Geschäftsleitung bestehen keine Risiken für die Gesellschafter, zumal laufende Verträge sogar im Falle der Insolvenz jederzeit gekündigt werden können. Hinzu kommt, dass bei langfristigen Mietverträgen eine Haftungsbeschränkung durch Einzelvereinbarung durchaus üblich ist.[487] Die versicherungsrechtliche Lösung hat das Problem damit am Schopfe gepackt – nämlich den persönlichen Haftungsausschluss für berufliche Fehler.

b) Deliktische Ansprüche

Deliktische Ansprüche fallen nicht unter die Haftungsbeschränkung des vierten Absatzes des § 8 PartGG.[488] Allerdings muss hier unterschieden werden, ob die deliktische Handlung eines Partners (in Ausführung der ihm zustehenden Verrichtungen) nach § 31 BGB analog der Gesellschaft zugerechnet wird oder nicht. Im ersten Fall haftet nur das Gesellschaftsvermögen nach § 8 Abs. 4 PartGG, und zwar gesamtschuldnerisch neben dem handelnden Partner, im letzteren nur der Partner unbeschränkt persönlich.[489] Die vorhandenen Grundsätze sind somit unproblematisch auf die PartG mbB übertragbar.

c) Haftungssumme

Im Zuge der Reform sieht der neue § 51a Abs. 2 BRAO eine Mindestversicherungssumme in Höhe von 2,5 Mio. Euro vor. Diese Regelung entspricht weitgehend der des § 59j BRAO hinsichtlich der Rechtsanwaltsgesellschaft.[490] Einziger Unterschied ist, dass § 51a Abs. 2 BRAO im Rahmen der Ermittlung der Jahreshöchstleistung keine Multiplikation mit der Anzahl der Geschäftsführer vorsieht, da bei Personengesellschaften das Prinzip der Selbstorganschaft gilt und jeder Partner zugleich Geschäftsführer ist. Im Falle eines Schadens durch einen Partner ist der Gläubiger somit durch die Berufshaftpflichtversicherung in Höhe von mindestens 2,5 Mio. abgesichert. Übersteigt der Schaden die Deckung durch die Berufshaftpflichtversicherung der Höhe nach, hat das keine negativen Auswirkungen auf die Wirksamkeit der Haftungsbeschränkung. Diese besteht

487 Vgl. *Seibert*, DB 2013, 1710 (1711); *Hellwig*, AnwBl 2012, 345 (346).
488 BT-Drucks. 17/10487, S. 14.
489 *Römermann/Praß*, NZG 2012, 601 (603) mit Bezugnahme auf BT-Drucks. 12/6152, S. 18; vgl. auch *Lieder*, NotBZ 2014, 81 (83).
490 *Posegga*, DStR 2012, 611 (613).

nämlich unabhängig davon, ob der Geschädigte aus dem Vermögen der Partnerschaft und einer Versicherung der Partnerschaft völlige Befriedigung erlangt. Deutlich wird dies durch den Ausdruck „wenn" in § 8 Abs. 4 S. 1 PartGG.[491] In Anbetracht der Mindestversicherungssumme für jeden Versicherungsfall stellt sich jedoch die Frage, ob diese Summe nicht zu hoch angesetzt ist. Wird die Anzahl der Partner mit der Mindestversicherungssumme vervielfacht, ergibt sich gerade bei größeren Partnerschaften eine beträchtliche Summe. Aus diesem Grund ist diese Regelung für die neue PartG mbB nicht unumstritten.

aa) Ansicht gegen die Versicherungsregelung

Bereits im Vorfeld des Gesetzesentwurfs hatte der Gesamtverband der Deutschen Versicherungswirtschaft (GDV) auf die mögliche Gefahr hingewiesen, dass eine dem Risiko entsprechend kalkulierte Prämie den Versicherungsschutz zu teuer und damit unattraktiv mache. Die beabsichtigte Schaffung eines gesellschaftsrechtlichen Pendants zur LLP wäre damit verfehlt. Vorgeschlagen wird daher eine Deckungsbegrenzung, das heißt eine Jahresmaximierung der Versicherungssumme auf den zehnfachen Betrag der Mindestversicherungssumme, sprich 25 Mio. Euro.[492] Auch die Bundesrechtsanwaltskammer steht der vorgesehenen Mindestversicherungssumme skeptisch gegenüber und schließt sich dem Vorschlag des GDV an.[493] Hintergrund hierfür ist eine einfache Rechnung. Gemäß § 51a Abs. 2 BRAO könne die Leistungen des Versicherers für alle innerhalb eines Versicherungsjahres verursachten Schäden auf den Betrag der Mindestversicherungssumme, vervielfacht mit der Zahl der Partner begrenzt werden. Bei 10 Partnern läge die Versicherungsleistung bei 25 Mio. Euro im Jahr, bei 100 Partnern bereits bei 250 Mio. Euro. Die Versicherungsbeiträge würden dadurch in die Höhe schießen. Für Anwaltskanzleien aller Größen könne dieser – zu hohe – Preis für die Haftungsbeschränkung dazu führen, dass sich die neue Gesellschaftsform „nicht rechnet".[494] Zudem bliebe es nur wenigen sehr großen Versicherungen vorbehalten, eine Versicherungssumme in dieser Höhe zu stemmen. Die Angebotsseite wäre schwindend gering. Des Weiteren würde das

---

491 *Seibert*, DB 2013, 1710 (1712).

492 GDV, Stellungnahme zum RefE vom 15.03.2012, S. 3 ff. Abrufbar unter: www.gdv.de/Stellungnahmen (abgerufen am 03.04.2013); Vgl. auch *Dahns*, NJW-Spezial 2012, 190 (190); *Filges*, BRAK-Mitt. 2012, 45 (45).

493 Bundesrechtsanwaltskammer, Stellungnahme Nr. 42/2012, S. 4. Abrufbar unter: www.brak.de/zur-rechtspolitik/stellungnahmen-pdf/stellungnahmen-deutschland/2012 (abgerufen am 03.04.2013).

494 *Filges*, BRAK-Mitt. 2012, 45 (45).

Spätschadenrisiko des Versicherers erhöht. Spätschäden liegen vor, wenn sich die versicherte Gefahr bereits verwirklicht hat, der Schaden aber erst später eintritt. Der Umfang, indem Rückstellungen für solche Spätschäden gebildet werden müssen, sei nur schwer einschätzbar. Infolgedessen sei die Kalkulation einer risikoadäquaten Prämie für den Versicherer extrem schwer. Darüber hinaus wäre eine 1:1-Übertragung der Vorschriften der Rechtsanwaltsgesellschaft (§ 59j BRAO) den grundsätzlichen Unterschieden in der Struktur der Partnerschaft gegenüber der Rechtsanwaltsgesellschaft nicht gerecht. Diese Unterschiedlichkeit müsse auch im Rahmen der Berufshaftpflichtversicherung berücksichtigt werden. Laut GDV haben die Rechtsanwalts-GmbHs eine Größenordnung von maximal 10 Gesellschaftern inklusive Geschäftsführern. Partnerschaften haben derzeit sogar eine Größe von weit über 100 Partnern. Die Multiplikation der Mindestversicherungssumme mit der Anzahl der Gesellschafter und Geschäftsführer passe zwar in das System der Rechtsanwaltsgesellschaften, nicht jedoch in das der Partnerschaft mit beschränkter Berufshaftung.[495] Im Ergebnis wäre es also ratsam, eine Deckelung auf den zehnfachen Betrag der Mindestversicherungssumme vorzusehen, damit die PartG mbB auch „bezahlbar" ist.

bb) Ansicht für die Versicherungsregelung

Die Ansicht des GDV ist indes nicht unumstritten. Laut *Römermann/Praß* unterscheiden sich die Belastung der Versicherung und die Kalkulierbarkeit des Schadenrisikos nicht von dem Fall, dass jeder einzelne Partner mit der für die PartG mbB festgelegten Mindestversicherungssumme versichert wäre. Auf Grund der Zusammenfassung der Risiken in einer Versicherung verändere sich nur ihr Gesamtvolumen.[496] Im Ergebnis bedürfe es eines gesetzlichen Höchstbetrags – wie vom GDV vorgeschlagen – nicht.

Zu demselben Ergebnis kommt auch der Deutsche Anwaltsverein (DAV) mit überzeugenden Argumenten in seiner Stellungnahme. Das Argument des GDV, zwischen der Rechtsanwaltsgesellschaft und der Partnerschaft gebe es zu berücksichtigende Unterschiede, überzeuge in der konkreten Form nicht. Der GDV stellt auf den Größenunterschied ab. Es gebe jedoch nicht nur große Partnerschaftsgesellschaften, sondern ebenso große und sehr große Rechtsanwaltsgesellschaften in der Rechtsform der GmbH oder AG, wie beispielsweise *Beiten Burkhardt*, *Luther* und *Schilling Zutt Anschütz*, mit erheblichen zweistelligen

495 GDV, Stellungnahme zum RefE vom 15.03.2012, S. 5 ff. Abrufbar unter: www.gdv.de/Stellungnahmen (abgerufen am 03.04.2013).

496 *Römermann/Praß*, NZG 2012, 601 (606).

Gesellschafterzahlen. Zudem hinge die Schwierigkeit bei der Berechnung der in den Bilanzen der Versicherer zu bildenden Rückstellung nicht von der Zahl der Partner ab. Diese Schwierigkeit bestünde sogar bei Einzelanwälten. Mit der Zahl der Partner steige nicht die Schwierigkeit der Berechnung, sondern die Höhe des Rückstellungsbetrages. Auch das Argument der Verteuerung des Versicherungsschutzes greife nicht. Die Berechnung, dass die Jahreshöchstleistung der Versicherung mit 100 Partnern bei 250 Mio. Euro liegt, verkenne die Tatsache, dass hierzu jeder der 100 Partner einen Schaden in voller Höhe verursachen müsste. Tatsächlich liege die Mindestversicherungssumme im einzelnen Schadensfall bei 2,5 Mio. Euro, egal wie viele Partner der Partnerschaft mbB angehören. Die Rechnung des GDV zeige nur die jährliche Mindestgesamtleistung des Versicherers. Die Wahrscheinlichkeit, dass alle 100 Partner innerhalb eines Jahres die Versicherung in voller Höhe in Anspruch nehmen müssen, ist kaum denkbar.[497] Des Weiteren zweifle der GDV an der Tragbarkeit derartiger Versicherungssummen, sodass nur ein sehr großer Versicherer diese PartG mbB versichern kann. Sinn und Zweck der versicherungsrechtlichen Regelung sei aber der Schutz der Mandanten und nicht der von kleinen und mittleren Versicherungen.[498] Folglich sei eine Deckelung der Versicherungshöchstsumme auf den zehnfachen Betrag abzulehnen.

cc) Stellungnahme

Die besseren Argumente sprechen gegen eine Deckelung der Versicherungshöchstsumme innerhalb eines Jahres. Um das Beispiel von oben aufzugreifen: Angenommen, eine Partnerschaft mit 100 Partnern teilt sich in 10 Partnerschaften mit je 10 Partnern auf. Begehen alle 10 Partner der 10 Partnerschaften einen Fehler, liegt die Versicherungsleistung insgesamt bei 250 Mio. Euro. Beiden Fällen ist gemein, dass alle 100 Partner einen Versicherungsschaden innerhalb eines Jahres in Höhe von 2,5 Mio. Euro auslösen. Dies ist jedoch reine Theorie und wird praktisch wohl nicht vorkommen. Bereits die schwindend geringe Anzahl an Urteilen hinsichtlich der Haftung von Rechtsanwälten zeigt, dass derartige Haftungsfälle die Ausnahme darstellen. Aus diesem Grund überzeugt das Argument des GDV bezüglich der horrenden Versicherungsleistungen nicht. Des Weiteren ist die Prämienhöhe der Versicherung keine ernstzunehmende

497 So auch *Dahns*, NJW-Spezial 2012, 190 (190). Obwohl er dieses Argument für eine Deckelung auf den zehnfachen Betrag der Mindestversicherungssumme verwendet.

498 Deutscher Anwaltverein, Ergänzung zur Stellungnahme Nr. 21/12 vom 15.03.2012 Nr. 36/12, S. 3 ff. Abrufbar unter: www.anwaltverein.de/interessenvertretung/stellungnahmen (abgerufen am 03.04.2013).

Abschreckung.[499] Das beweist jedenfalls eine Studie des *Soldan Instituts*. Demnach ist ein erhöhter Versicherungsschutz nicht nur ein Luxus, den sich nur wenige gut verdienende Rechtsanwälte leisten können, sondern fast schon eine Selbstverständlichkeit.[500] Immerhin liegt die durchschnittliche Versicherung bei Kanzleien mit mindestens 10 Rechtsanwälten bei rund 7,6 Mio. Euro.[501] Der Versicherungsschutz liegt also jetzt schon in dreifacher Höhe vor, verglichen mit den 2,5 Mio. Euro der PartG mbB. Die Untersuchung des *Soldan Instituts* belegt also, dass die neue Versicherungspflicht für die meisten „Rechtsformwechsler" nur geringe zusätzliche Belastungen mit sich bringen würden.[502] Nichtsdestotrotz wird die Versicherungshöhe einige Partnerschaften vor der „Umwandlung" abschrecken. Eine Musterlösung gibt es aber in den seltensten Fällen.

Letztendlich liegen keine überzeugenden Gründe vor, warum die PartG mbB in versicherungstechnischer Hinsicht anders als die Rechtsanwaltsgesellschaft behandelt werden soll. Beiden Rechtsformen ist gemein, dass die Partner/Gesellschafter nicht persönlich haften. Dieses Privileg wird gleichsam durch eine kongruente Versicherungslösung erkauft. Das Argument, dass mit steigender Anzahl der Gesellschafter einer Rechtsanwalts-GmbH auch die Jahreshöchstleistung der Versicherer steigt, wird im Rahmen des § 59j BRAO nicht gegen die Mindestversicherungssumme verwendet. Bezüglich des neuen § 51a BRAO stellt man sich jedoch gerade mit diesem Argument gegen die Mindestversicherungssumme. Das leuchtet nicht ein. Im Ergebnis stellt die geplante Versicherungslösung eine befriedigende Regelung dar. Die Kongruenz zu § 59j BRAO scheint angemessen zu sein.

dd) Ergebnis

An der neuen Versicherungslösung für die PartG mbB ist prinzipiell nichts auszusetzen. Freilich wird sich genaueres erst in der Zukunft herausstellen. Tendenziell liebäugeln größere Sozietäten aber mit der neuen Rechtsform, da dort bereits heute ein derartiger freiwilliger Versicherungsschutz weit über den gesetzlichen Mindestanforderungen besteht.[503] Hinsichtlich der Mindestversicherungssumme ist in der Anwaltschaft überwiegend Akzeptanz festzustellen, da

499 So auch die ergänzende Stellungnahme des Deutschen Anwaltvereins, Ergänzung zur Stellungnahme Nr. 21/12 vom 15.03.2012 Nr. 36/12, S. 4. Abrufbar unter: www.anwaltverein.de/interessenvertretung/stellungnahmen (abgerufen am 03.04.2013).

500 *Kilian*, AnwBl 2013, 110 (111).

501 *Kilian*, AnwBl 2013, 110 (111).

502 *Kilian*, AnwBl 2013, 110 (112).

503 Vgl. *Kilian*, AnwBl 2012, 957 (960).

es eine Haftungsbeschränkung einer Freiberuflergesellschaft anerkanntermaßen nicht „umsonst" geben kann. Auch bei kleineren Sozietäten führt die Mindestversicherungssumme in Höhe von 2,5 Mio. Euro faktisch zu keiner spürbaren Beeinträchtigung, da bereits heute nur wenige vergesellschaftet tätige Rechtsanwälte lediglich zu den gesetzlichen Mindestanforderungen nach § 51 BRAO oder zu einem Betrag im sechsstelligen Bereich versichert sind.[504]

d) Wirksamwerden der Haftungsbeschränkung

Nach § 8 Abs. 4 S. 1 PartGG haftet den Gläubigern für Verbindlichkeiten der Partnerschaft wegen Berufsausübungsfehlern nur das Gesellschaftsvermögen, wenn die Partnerschaft eine zu diesem Zweck durch Gesetz vorgegebene Berufshaftpflichtversicherung unterhält. Erste Voraussetzung für eine wirksame Haftungsbeschränkung ist damit das Unterhalten einer Berufshaftpflichtversicherung zum Zeitpunkt der Pflichtverletzung in entsprechender Höhe, welche von den jeweiligen Berufsrechten bestimmt wird. Des Weiteren muss die Partnerschaftsgesellschaft die Haftpflichtversicherung bereits bei Abschluss eines Mandantenvertrages wirksam unterhalten, was mit anderen Worten bedeutet, dass die Haftungsbeschränkung nur für Neumandate gilt.[505] Altmandate sind dem alten Haftungsregime unterworfen, zumal die Berufshaftpflichtversicherung zum Zeitpunkt des Abschlusses des Mandantenvertrages noch nicht von der Partnerschaft „unterhalten" wurde. Ein anderes Ergebnis fiele zu Lasten der Mandanten, da sich diese eine Partnerschaft oder Sozietät als Vertragspartner aussuchten. Altmandate fallen somit unter die Problematik der Nachhaftung. Ebenso gilt die Haftungsbeschränkung nur dann, wenn der Mandantenvertrag mit der Partnerschaft mbB abgeschlossen wurde. Nehmen einzelne Partner neben ihrer Tätigkeit in der Partnerschaft Mandate in eigenem Namen an, fällt der Mandantenvertrag nicht in den Bereich der Partnerschaft, sodass die Haftungsbeschränkung nicht eingreift.[506] Entgegen dem Referentenentwurf[507] ist der Namenszusatz „mit beschränkter Berufshaftung" nicht mehr als echte Bedingung für die Wirksamkeit der Haftungsbeschränkung formuliert.[508] Das Erfordernis des Namenszusatzes wurde systematisch in Satz 3 angeordnet und zählt damit nicht mehr als echte Wirksamkeitsvoraussetzung.

---

504 *Kilian*, AnwBl 2012, 957 (960).

505 Vgl. auch *Sommer/Treptow*, NJW 2013, 3269 (3271).

506 BT-Drucks. 17/10487, S. 14; *Ruppert*, DStR 2013, 1623 (1625).

507 RefE vom 03.02.2012, S. 4.

508 Ausführlicher hierzu Dritter Teil, C., III.

2. *Persönliche (Nach-) Haftung für Altverbindlichkeiten*

Da die Haftungsbeschränkung auf das Gesellschaftsvermögen nur für Mandate gilt, die zur Zeit des wirksamen Bestehens der Partnerschaft mbB begründet wurden, stellt sich die Frage, wie Altmandate rechtlich zu behandeln sind und ob diese ebenfalls in die umgewandelte PartG mbB transferiert werden können. Zunächst ist festzuhalten, dass die unbeschränkte Haftung gem. § 8 Abs. 1 PartGG für alle Vertragsverhältnisse gilt, die bereits vor der Umwandlung oder Gründung der PartG mbB geschlossen wurden. Die Haftungsbeschränkung kann erst zeitlich nach der wirksamen Gründung der haftungsbeschränkten Partnerschaft gelten. Das gilt übrigens auch für Dauerschuldverhältnisse, da hierbei sämtliche aus diesen Vertragsverhältnissen entstehenden Ansprüche bereits zum Zeitpunkt des Abschlusses des betreffenden Vertragsverhältnisses als begründet anzusehen sind.[509] Es kommt also nicht darauf an, zu welchem Zeitpunkt die Pflichtverletzung begangen wurde, sondern wann das betroffene Mandatsverhältnis begründet wurde.[510] Dabei spielt es keine Rolle, ob die PartG mbB zuvor eine Partnerschaftsgesellschaft in ihrer Grundform war, oder durch Umwandlung einer GbR entstanden ist. Die Gesellschaft an sich bleibt als Vertragspartner bestehen, denn die Umwandlung einer GbR in eine Partnerschaftsgesellschaft bewirkt lediglich eine Änderung des Rechtskleids durch einen identitätswahrenden Rechtsformwechsel (sog. formwechselnde Umwandlung).[511] Dasselbe gilt für die Umwandlung einer freiberuflichen Kapitalgesellschaft (GmbH, AG) in eine PartG mbB, da auch hier der Grundsatz der Identität des Rechtsträgers gilt (§ 202 Abs. 1 Nr. 1 UmwG).[512]

Allerdings ergibt sich nach der „Umwandlung" in eine PartG mbB eine seltsame Folge für den Altmandanten. Obwohl die Haftungsbeschränkung nicht für die Altmandate gilt, kommt ihnen der Versicherungsschutz nach § 8 Abs. 4 S. 2 PartGG, insbesondere auch der Direktanspruch gegen den Versicherer nach § 115 VVG, zugute, soweit der Berufsausübungsfehler nach der „Umwandlung" geschieht. Denn der Versicherungsschutz richtet sich nach dem Zeitpunkt der

509 *Sommer/Treptow*, NJW 2013, 3269 (3272).

510 *Tröger/Pfaffinger*, JZ 2013, 812 (814) m.w.N.; *Sommer/Treptow*, NJW 2013, 3269 (3272); a.A. *Henssler*, AnwBl 2014, 96 (99); *Kilian*, MDR 2013, 1137 (1142), die eine versicherungsrechtliche Lösung bevorzugen und auf den Zeitpunkt des Pflichtverstoßes abstellen.

511 *Ulmer/Schäfer*, GbR und PartG Kommentar, PartGG, § 7 Rn. 4; *Sommer/Treptow/Dietlmeier*, NJW 2011, 1551 (1553).

512 *Drinhausen/Keinath*, in: Henssler/Strohn Gesellschaftsrecht, UmwG, § 202 Rn. 3; *K. Schmidt*, Gesellschaftsrecht, § 12 IV 2, S. 354.

Pflichtverletzung (Verstoßprinzip)[513] und orientiert sich nicht daran, zu welcher Zeit das Vertragsverhältnis begründet wurde. Eine gesetzliche Überleitungsvorschrift zu diesem Szenario existiert nicht.[514] Es verbleibt damit nur die Möglichkeit, die Folgen so hinzunehmen wie sie sind. Letztendlich sind die Folgen für beide Parteien vorteilhaft. Der Gläubiger hat die Wahl zwischen zwei Haftungssubjekten, die Partnerschaft mbB kann den Schaden, bei der richtigen Wahl des Gläubigers, über die Versicherung abwickeln. Lediglich die Versicherung trägt ein vergrößertes Haftungsrisiko, da sie alle Altmandate in die Kalkulation mit einberechnen muss. Allerdings handelt es sich dabei um ein kalkulierbares und hinnehmbares Risiko für die Versicherung, das wiederum durch die Versicherungsprämie kompensiert werden kann. Folglich genießt der Altgläubiger doppelten Schutz, da er sich zwischen beiden Haftungssubjekten (kumulativ) entscheiden kann. Er kann sich entweder von der Haftpflichtversicherung der „neuen" PartG mbB befriedigen lassen, oder sich wie gehabt an den handelnden Partner wenden. Selbstverständlich hat er die Wahl, zwischen welchem Haftungsschuldner er sich entscheidet.

Das alte Haftungsmodell dauert nach der „Umwandlung" aber nicht bis in alle Ewigkeit fort. In zeitlicher Hinsicht ist die persönliche Haftung gem. § 8 Abs. 1, 2 PartGG auf 5 Jahre – nach Eintragung der Namensänderung im Partnerschaftsregister – beschränkt. Methodologisch stützt sich diese Erwägung auf der analogen Anwendung der §§ 160 HGB i.V.m. § 10 Abs. 2 PartGG, 225a, 225c, 224 Abs. 2 UmwG. Denn der Grundsatz der persönlichen Haftung der Partner nach § 8 Abs. 1, 2 PartGG endet ebenso wenig mit dem Eingreifen der Haftungsbeschränkung, wie mit dem Ausscheiden eines persönlich haftenden Partners.[515] Der Gedanke der zeitlichen Begrenzung der persönlichen Haftung nach der Umwandlung in § 224 UmwG stellt einen die persönliche Haftung beendenden Formwechsel einer PartG in eine Kapitalgesellschaft dem Ausscheiden eines Gesellschafters gleich. Aufgrund der teilweise kapitalgesellschaftlichen Struktur der PartG mbB kann dieser Grundsatz entsprechend auf sie übertragen werden.[516] Eine planwidrige Regelungslücke liegt bereits deshalb vor, weil die hybride Sonderform der Partnerschaft mbB für das deutsche Gesellschaftsrecht neu ist und die vorhandenen Gesetze keine diesbezügliche Regelung enthalten.

513 Vgl. § 3 I 1. AHB; *Littbarski,* in: MüKo VVG, § 100 Rn. 103–106; *Gräfe/Brügge*, Vermögensschaden-Haftpflichtversicherung, S. 289 Rn. 1; *Grams*, AnwBl 2003, 299 (300); *Sommer/Treptow*, NJW 2013, 3269 (3272 f.) m.w.N.

514 *Sommer/Treptow*, NJW 2013, 3269 (3272).

515 *Tröger/Pfaffinger*, JZ 2013, 812 (814).

516 *Tröger/Pfaffinger*, JZ 2013, 812 (814).

Mit dieser Rechtsform konnte also in vergangener Zeit niemand rechnen. Eine vergleichbare Interessenlage ist ebenfalls gegeben. § 224 Abs. 2 i.V.m. § 225c UmwG stellt die Umwandlung einer Partnerschaftsgesellschaft in eine Kapitalgesellschaft dem Ausscheiden eines Partners gleich. Die zeitliche Begrenzung von 5 Jahren entspricht der Nachhaftung eines ausgeschiedenen Gesellschafters einer Personenhandelsgesellschaft (§ 160 HGB). Durch § 10 Abs. 2 PartGG gilt diese Regelung auch für die Partnerschaftsgesellschaft. Zwar ist die PartG mbB keine Kapitalgesellschaft, hinsichtlich ihrer Haftung steht sie einer solchen Gesellschaft aber in nichts nach. Denn für Berufsausübungsfehler haftet den Gläubigern nur das Gesellschaftsvermögen, wodurch eine vergleichbare Interessenslage zur Kapitalgesellschaft hergestellt wird.[517] Im Ergebnis bleibt es also bei einer persönlichen Haftung der Partner für Altmandate bis zu 5 Jahren nach Eintragung der Namensänderung im Partnerschaftsregister. Für sonstige Verbindlichkeiten, die nicht aus einem Berufsausübungsfehler stammen, verbleibt es sowieso bei der persönlichen Haftung gem. § 8 Abs. 1, 2 PartGG.

Dieser Grundsatz gilt indessen nicht uneingeschränkt. Es muss für die Parteien nämlich die Möglichkeit bestehen, Altmandate durch vertragliche Gestaltung in das neue Haftungsregime der PartG mbB zu übernehmen, um auch für diese Mandate eine Haftungsbeschränkung auf das Gesellschaftsvermögen zu erreichen. Dies erfordert allerdings eine individuell vertragliche Regelung mit dem Mandanten.[518] Ansonsten müssten die Mandantenverträge gekündigt und nach der „Umwandlung" neu begründet werden, damit die Partner auch bei Altmandaten in den Genuss der Haftungsbeschränkung kommen können. Das wird praktisch kaum durchführbar sein.[519] Der einfachere Weg ist die vertragliche Regelung mit dem Mandanten. Eine derartige Vereinbarung kann für den Mandanten unter Umständen sogar vorteilhaft sein, und zwar, wenn die Deckungssumme der Berufshaftpflichtversicherung höher liegt als das private Vermögen des handelnden Partners inklusive des Partnerschaftsvermögens. Die Nachhaftung für Altmandate kann folglich dadurch abbedungen werden, indem die bestehenden Mandantenverträge auf den Zeitpunkt nach der „Umwandlung" in eine PartG mbB individualvertraglich transferiert werden. Auswirkungen hat dies freilich nur auf Berufsausübungsfehler, da nur diese von der Haftungsbeschränkung gem. § 8 Abs. 4 PartGG umfasst sind. Nach dem vertraglichen Transfer des Mandantenverhältnisses entfällt hinsichtlich diesen

517 So auch *Tröger/Pfaffinger*, JZ 2013, 812 (814).
518 *Sommer/Treptow*, NJW 2013, 3269 (3273).
519 So auch *Sommer/Treptow/Dietlmeier*, NJW 2011, 1551 (1553).

Schäden dann aber die persönliche Haftung der Partner nach §§ 8 Abs. 1, 2 PartGG.

3. *Haftung neu eintretender Partner*

Wie bereits im zweiten Kapitel dargestellt, haftet der in eine bereits existierende Partnerschaft eintretende Partner gem. § 8 Abs. 1 S. 2 PartGG i.V.m. § 130 HGB für die vor seinem Eintritt begründeten Verbindlichkeiten.[520] Nach wohl vorwiegender Ansicht in der Literatur gilt dieser Grundsatz unter keinen Umständen für die Handelndenhaftung gem. § 8 Abs. 2 PartGG. Der § 8 Abs. 2 PartGG soll eben gerade die Haftung für berufliche Fehler auf die mit dem Mandat befassten Partner begrenzen. Schließlich soll nur derjenige Partner einer Partnerschaft haften, der mit dem in Streit stehenden Auftrag „befasst" gewesen ist.[521] Das sah der BGH in einem Urteil im Jahre 2009 allerdings anders. Die Haftung neu eintretender Gesellschafter gem. § 8 Abs. 1 S. 2 PartGG i.V.m. § 130 HGB gelte auch für Verbindlichkeiten, die sich aus fehlerhafter Berufsausübung ergeben. Der neu eintretende Partner kann zwar nicht vor seinem Eintritt mit der „Bearbeitung eines Auftrags befasst" gewesen sein, danach aber schon und das genüge eben, um ihn in den Kreis der Haftenden nach § 8 Abs. 2 PartGG miteinzubeziehen.[522]

Dieses Risiko des neu eintretenden Partners hat sich nunmehr scheinbar erledigt. Der in eine Partnerschaft mbB eintretende Partner haftet unter keinen Umständen für solche Berufsausübungsfehler, die innerhalb eines Mandantenvertrages begangen wurden, die mit der Partnerschaft mbB begründet wurden. Der neu eintretende Partner hat somit die Gewissheit, dass er bei neu begründeten Mandantenverhältnissen nicht persönlich haftet. Fraglich ist allerdings, wie der neu eintretende Partner Altmandaten gegenüber steht. Wurde das Mandantenverhältnis bereits vor der „Umwandlung" in die PartG mbB begründet, könnte auch für den neuen Partner das alte Haftungsregime gelten. Angenommen, eine Rechtsanwaltspartnerschaft mbB war vor der Umwandlung eine Rechtsanwalt-GbR oder Rechtsanwalts-Partnerschaft in ursprünglicher Form. Der Mandant vertraut dann darauf, dass für ihn das alte Haftungsregime gilt. War die PartG mbB zuvor eine GbR, vertraut der Mandant darauf, dass stets alle

---

520 Zweiter Teil, D., II., 2., c).

521 *Ulmer/Schäfer*, GbR und PartG Kommentar, PartGG, § 8 Rn. 32; *v. Westphalen,* in: M/GvW/H/L/W, § 8 Rn. 33; *Henssler*, PartGG Kommentar, § 8 Rn. 38; *Jungk*, AnwBl 2005, 283 (284).

522 *BGH*, NJW 2010, 1360 (1361 f.).

Gesellschafter persönlich haften, gleich ob diese zum Zeitpunkt der Begründung des Mandantenverhältnisses bereits Gesellschafter waren oder erst zu einem späteren Zeitpunkt der Gesellschaft beitraten. War die PartG mbB zuvor eine Partnerschaftsgesellschaft in der ursprünglichen Form, vertraut der Mandant darauf, dass zumindest der mit dem Auftrag befassten Partner persönlich haftet. Würde dieses Vertrauen dadurch durchbrochen werden, dass der neu eintretende Partner einer PartG mbB unter keinen Umständen für bereits bestehende Mandate persönlich einstünde, fiele dies alleine zu Lasten der Mandanten. *Sommer/Treptow/Dietlmeier* stellen das Vertrauen der Gläubiger, das in diesem Fall aus § 130 HGB resultiert, hinter den Gesellschafterschutz des § 8 Abs. 2 PartGG. Denn die Haftungskonzentration für berufliche Fehler solle den betroffenen Angehörigen der freien Berufe Rechts- und Planungssicherheit vermitteln und ihre jeweiligen Haftungsrisiken kalkulierbarer machen.[523] Das wäre jedoch bei der Haftung eintretender Gesellschafter für Altverbindlichkeiten der Gesellschaft im Hinblick auf den Schutzzweck des § 130 HGB nicht der Fall, sodass der Schutz des § 8 Abs. 2 PartGG vorgehen müsse.[524] Zudem erschöpfe sich der Schutzzweck des § 130 HGB in dem konkreten Umfang der Gesellschafterhaftung. Der Gesetzgeber habe die Haftung von Partnern für Berufsfehler insgesamt nach § 8 Abs. 2 PartGG eingeschränkt und damit das Interesse der Gläubiger an einer unbeschränkten Gesellschafterhaftung insgesamt dem Interesse der Angehörigen freier Berufe hintangestellt.[525]

Dieser Ansicht kann allerdings nicht gefolgt werden. Wie bereits der BGH in seinem Urteil von 2009 konstatierte, lässt sich eine Haftung gem. § 8 Abs. 2 PartGG für Altmandate ebenso begründen, wenn der neu eintretende Partner mit diesem Auftrag befasst war.[526] So lautet jedenfalls der Wortlaut des § 8 Abs. 2 PartGG. Auch ein neu eintretender Partner kann mit einem laufenden Auftrag befasst sein, wenn er den Auftrag übernimmt und von nun an die Verantwortung übernimmt. Hier gelten dieselben Grundsätze wie bei der persönlichen (Nach-) Haftung für Altverbindlichkeiten.[527] Der Mandant vertraut auf das Haftungsregime, welches zur Zeit der Begründung seines Mandantenverhältnisses bestand. Übertragen auf die Partnerschaft mbB kann nichts anderes gelten. Das Interesse der Partner an der Haftungsbeschränkung des § 8 Abs. 4 PartGG steht

523 *Sommer/Treptow/Dietlmeier*, NJW 2011, 1551 (1554).

524 *Sommer/Treptow/Dietlmeier*, NJW 2011, 1551 (1554).

525 *Sommer/Treptow/Dietlmeier*, NJW 2011, 1551 (1554).

526 *BGH*, NJW 2010, 1360 (1361 f.).

527 Vgl. oben: Dritter Teil, D., II., 2.

eben nicht über dem Vertrauen der Gläubiger aus § 130 HGB.[528] Der neu eintretende Partner kann sich über das zu übernehmende Mandantenverhältnis informieren. Schließlich weiß er bei Eintritt in die Partnerschaft, ob es sich um ein neues oder bereits bestehendes Mandantenverhältnis handelt. Dagegen ist sich der Altgläubiger unter Umständen gar nicht bewusst, dass eine Umwandlung stattfand, beziehungsweise welche Folgen eine vorgenommene Umwandlung mit sich bringt. Hinzu kommt, dass das alte Mandantenverhältnis durch individualvertragliche Regelung auf die PartG mbB angepasst werden kann. Das Interesse der Partner an der Haftungsbeschränkung ist zwar groß, es überwiegt aber keinesfalls dem Interesse der Gläubiger auf die Zuverlässigkeit des freiberuflichen Vertrauensverhältnisses. Die Haftung neu eintretender Partner richtet sich demnach nach dem Haftungsregime des Mandantenverhältnisses.

Nur der Vollständigkeit halber ist darauf hinzuweisen, dass sich diese Frage nicht stellt, wenn das geltende Haftungsregime nach dem Verstoßzeitpunkt beurteilt wird, das heißt, wenn die Haftung nach der Zeit der Pflichtverletzung bestimmt wird.[529] Erfolgt der Pflichtverstoß zur Zeit des wirksamen Bestehens der Haftungsbeschränkung nach § 8 Abs. 4 PartGG, greift die Haftpflichtversicherung ein, was wiederum die Befreiung der persönlichen Haftung des eintretenden Partners bedeutet. Aus diesem Grund gelangt auch die hier vertretene Ansicht zu dem gleichen Ergebnis wie bereits bei der persönlichen (Nach-) Haftung für Altverbindlichkeiten, und zwar, dass die Berufshaftpflichtversicherung bei neu eintretenden Partner in jedem Fall eintritt[530] und der Mandant die Wahl hat, ob er sich an den Partner hält, oder die Befriedigung direkt von der Versicherung besorgt.

4. *Haftung kraft Rechtsschein*

a) Problemdarstellung

Der erste Gesetzesentwurf der Bundesregierung stellte den Namenszusatz „mit beschränkter Berufshaftung“ noch als echte Bedingung für eine wirksame Haftungsbeschränkung auf.[531] Damit die Haftungsbeschränkung greifen sollte,

528 Entgegen *Sommer/Treptow/Dietlmeier*, NJW 2011, 1551 (1554). Die Aussage war auf die Umwandlung einer GbR in eine Partnerschaft bezüglich der Haftungsbeschränkung des § 8 Abs. 2 PartGG bezogen.

529 So jedenfalls *Henssler*, AnwBl 2014, 96 (99); *Kilian*, MDR 2013, 1137 (1142).

530 Die Haftpflichtversicherung tritt ein, sobald der Versicherungsvertrag wirksam begonnen hat. Vgl. *Littbarski*, in: MüKo VVG, § 100 Rn. 103–106; *Gräfe/Brügge*, Vermögensschaden-Haftpflichtversicherung, S. 289 Rn. 1.

531 BT-Drucks. 17/10487, S. 14.

müsste der Name der Partnerschaft eine allgemein verständliche Abkürzung enthalten, die auf die beschränkte Haftung hinweist. Dazu sollte die Eintragung des Namenszusatzes in das Partnerschaftsregister ausreichen. Dieses Vorhaben wurde durch die Beschlussempfehlung des Rechtsausschusses gekippt. § 8 Abs. 4 PartGG wurde derart inhaltlich verändert, dass § 8 Abs. 4 Nr. 2 zu einem Satz 3 wurde, der als reine Firmenvorschrift ausgestaltet und nicht mit der Haftungsbeschränkung verknüpft ist. Es wurde als systematisch konsequenter angesehen, die Eintragung des Namens nur anzuordnen, nicht aber zur echten Bedingung der Haftungsbeschränkung zu machen.[532] Damit einhergehend ergeben sich altbekannte Probleme hinsichtlich des Schutzes des Rechts- und Geschäftsverkehrs. Man stelle sich dabei folgende zwei – voneinander zu trennende – Szenarien vor:

1. Der Partnerschaftsvertrag wird den Anforderungen des § 3 PartGG entsprechend geändert und die Haftpflichtversicherung wird den Anforderungen des § 51a BRAO genügend abgeschlossen; dabei wird versäumt, die Namensänderung mit der neuen Rechtsformalternative „mbB“ in das Partnerschaftsregister einzutragen und bekannt zu machen.[533]
2. Eine Partnerschaftsgesellschaft mbB wurde ordentlich gegründet, ins Partnerschaftsregister eingetragen und bekannt gemacht; allerdings verwendet die Freiberufler-PartG mbB weiterhin die alten Briefbögen, auf der die Gesellschaft als Partnerschaft oder GbR gekennzeichnet ist.

b) Die versäumte Eintragung ins Partnerschaftsregister

Mit der Erfüllung der Wirksamkeitsanforderungen einer PartG mbB ist diese wirksam entstanden. Allerdings haben Gesellschaftsgläubiger dadurch noch keine Kenntnis von der neuen Haftungsbeschränkung ihres Vertragspartners. Aus diesem Grund soll das Partnerschaftsregister wie das Handelsregister den öffentlichen Glauben schützen (§ 5 Abs. 2 PartGG i.V.m. § 15 HGB) und den Druck auf die Partner erhöhen, eintretende Veränderungen zur Eintragung anzumelden.[534] Aus dem Schweigen des Handelsregisters kann legitimerweise gefolgert werden, dass die Haftung des Mandatsbearbeiters für Berufsfehler nicht beschränkt ist.[535] Normativ bedeutet dies einen Vertrauensschutz für den Mandanten aus § 15 Abs. 1 HGB (negative Publizität)[536]. Da der Namenszusatz

532 BT-Drucks. 17/13944, S. 20 f.

533 Dasselbe gilt für eine Umwandlung einer Freiberufler-GbR in eine PartG mbB.

534 *Henssler*, PartGG Kommentar, § 5 Rn. 73.

535 *Henssler*, AnwBl 2014, 96 (101).

536 *Hopt*, in: Baumbach/Hopt, HGB, § 15 Rn. 4 ff.

„mbB“ eine eintragungspflichtige Tatsache ist (§§ 5 Abs. 1, 3 Abs. 2, 4 Abs. 1 S. 3, 8 Abs. 4 S. 3 PartGG), gilt die allgemein anerkannte Rechtsscheinhaftung des § 15 Abs. 1 HGB, mit der Folge, dass gegenüber dem Mandanten das per Rechtsschein gesetzte Haftungsregime gilt.[537] Hat beispielsweise eine Partnerschaft die „Umwandlung“ zur PartG mbB wirksam vollzogen, den Namenszusatz aber noch nicht im Partnerschaftsregister geändert, bleibt es bei der persönlichen Haftung des mit dem Auftrag befassten Partners gem. § 8 Abs. 2, 1 PartGG. Ein abweichendes Ergebnis würde den Mandanten ungerechtfertigt belasten, zumal ein Mandant in der Regel nicht das Partnerschaftsregister und deren Bekanntmachungen verfolgt. Selbstverständlich bleibt es bei der bisherigen Regelung der Rechtsscheinhaftung, sodass eben Gesagtes nicht gilt, soweit der Mandant Kenntnis von der „Umwandlung“ hatte. In der Praxis ist es deshalb ratsam, jeden Mandanten über die neue Rechtsformwahl zu informieren.[538] Im Ergebnis ist der Unterschied zur ursprünglichen Bedingungslösung gering. Die Haftungsbegrenzung ist zwar nicht vom Namenszusatz abhängig, tritt also auch ohne sie ein, wird sodann aber nach allgemeinen Vertrauensschutzregeln durchbrochen.[539]

Ob diese Rechtsfolge auch wirklich im Sinne des Mandanten liegt, ist fraglich. *Henssler* kritisiert die Rechtsfolge damit, dass die Partner, die von vornherein keine Namensänderung vornehmen, besser stehen als diejenigen, die lediglich deren Veröffentlichung unterlassen – und das überzeuge nicht.[540] Das Problem liegt aber noch tiefer vergraben. Es sei nämlich bereits dahingestellt, ob der Mandant besser gestellt ist, wenn er einer Partnerschaft in der ursprünglichen Form als Haftungssubjekt gegenüber steht. Bei der PartG mbB steht dem Mandanten eine solvente Haftpflichtversicherung als Schuldner zur Verfügung (§§ 113 ff. VVG). Im Gegensatz dazu beschränkt sich die Haftung der Partnerschaft auf die persönliche Haftung des mit dem Auftrag befassten Partners, also in der Regel auf eine persönlich haftende Person. Es ist allerdings zweifelhaft, ob der Mandant dadurch besser gestellt ist, zumal die durchschnittliche Haftpflichtversicherung eines Rechtsanwalts bereits vor der Einführung der PartG mbB weit über der

537 BGHZ 71, 354 = *BGH*, NJW 1978, 2030 (2030 ff.); *BGH*, NJW 1990, 2678 (2678 ff.); *BGH*, NJW 1996, 2645 (2645 ff.); *Hopt*, in: Baumbach/Hopt, HGB, § 15 Rn. 6; *Henssler*, AnwBl 2014, 96 (100 f.); *Tröger/Pfaffinger*, JZ 2013, 812 (814); *Sommer/Treptow*, NJW 2013, 3269 (3272); *Ruppert*, DStR 2013, 1623 (1628); *Seibert*, DB 2013, 1710 (1713).

538 So auch *Sommer/Treptow*, NJW 2013, 3269 (3272).

539 So auch *Seibert*, DB 2013, 1710 (1713).

540 *Henssler*, AnwBl 2014, 96 (101).

Mindestversicherungssumme von 250.000 Euro lag.[541] Größere Kanzleien, für welche die PartG mbB erst interessant wird, sind dementsprechend weit höher versichert, sodass dem Mandanten dann eine höhere Sicherheit zur Verfügung steht. Da der Versicherungsschutz der Partnerschaft mbB bereits mit wirksamen Versicherungsvertragsschluss beginnt[542] und die fehlende Eintragung der Wirksamkeit nicht entgegensteht (§ 8 Abs. 4 S. 3 PartGG), stünde dem Mandanten die Berufshaftpflichtversicherung als solventen Schuldner gegenüber. Hier kommt wieder § 15 Abs. 1 HGB ins Spiel. § 15 Abs. 1 HGB gewährt dem zu schützenden Gläubiger das Recht, die für ihn günstigere Rechtslage auszuwählen (sog. Rosinentheorie). Der Gläubiger hat also die Wahl, ob er sich an die Partnerschaft mbB und deren Haftpflichtversicherung wendet, oder ob er an der alten Haftungsstruktur der vorherigen Gesellschaft festhält.

c) Die Verwendung alter Briefbögen

Weit problematischer ist der Fall der Verwendung alter Briefbögen und Geschäftspapieren. Fraglich ist, ob eine Rechtsscheinhaftung auch dann zu bejahen ist, wenn eine vollumfänglich wirksame Partnerschaft mbB es unterlässt den Namenszusatz im Geschäftsverkehr zu verwenden und beispielsweise mit veralteten Angaben auf Geschäftsbriefen verkehrt. Die Antwort der Rechtsprechung[543] und wohl vorherrschenden Meinung in der Literatur[544] bezüglich der allgemeinen Rechtsscheinhaftung ist simpel: „Ja". Die Rechtsprechung geht sogar so weit, den Handelnden vollumfänglich persönlich in Anspruch zu nehmen.[545] Er soll gesamtschuldnerisch neben den Unternehmensträger treten.[546] Schließlich ziele die Rechtsscheinhaftung darauf ab, das Vertrauen des Geschäftspartners dahingehend zu schützen, dass ihm die Tatsache der beschränkten Haftung deutlich vor Augen geführt werde. Wird ihm aber die Gesellschaftsform verschwiegen

---

541 Für eine anschauliche Statistik siehe *Kilian*, AnwBl 2013, 110 (110 ff.).

542 *Littbarski*, in: MüKo VVG, § 100 Rn. 103–106.

543 Zuletzt *BGH*, NJW 2012, 2871 (2871 ff.) m.w.N.

544 Zur bisherigen Rechtsscheinhaftung vgl. hierzu die ausführlichen Nachweise in *BGH*, NJW 2012, 2871 (2872); speziell für die PartG mbB siehe *Ruppert*, DStR 2013, 1623 (1628); *Seibert*, DB 2013, 1710 (1713); kritisch hierzu *Henssler*, AnwBl 2014, 96 (101).

545 Allerdings hat der BGH die Frage bezüglich der in dem Schrifttum überwiegenden Ansicht, dass die Haftung auf die Differenz zwischen der Stammkapitalziffer des in Wirklichkeit bestehenden Unternehmens und dem Mindeststammkapital des durch Rechtsschein vorgegebenen Unternehmens zu begrenzen ist, offen gelassen. Vgl. *BGH*, NJW 2012, 2871 (2873).

546 *BGH*, NJW 2012, 2871 (2873).

oder verschleiert, entstehe dadurch die Gefahr, dass der Geschäftspartner Dispositionen trifft, die er bei Kenntnis des wahren Sachverhalts nicht oder nicht in dieser Form unternommen hätte. Dem entspreche als Ausgleich die Vertrauenshaftung dessen, der die erforderliche Aufklärung nicht vornehme.[547] Übertragen auf die Partnerschaft mit beschränkter Berufshaftung würde das nichts anderes bedeuten, als das Eintreten der ursprünglichen Haftungsfolge: Es haftet derjenige Partner neben der Partnerschaft persönlich, der entweder selbst den Rechtsschein gesetzt hat oder der mit dem Auftrag befasst war, wenn der Rechtsschein von einem angestellten Rechtsanwalt gesetzt wurde und dem Partner nach § 278 BGB zugerechnet wird. Mit anderen Worten tritt dann wieder die Handelndenhaftung der ursprünglichen Partnerschaftsgesellschaft nach § 8 Abs. 2 PartGG in Kraft. Dogmatisch wird dies mit einer Rechtsscheinhaftung und damit analogen Anwendung des § 179 BGB[548] begründet, weil dem Gesetz zuwider der Anschein erweckt werde, dem Geschäftspartner hafte zumindest eine natürliche Person unbeschränkt mit ihrem Privatvermögen.[549] Schließlich schreibt § 7 Abs. 5 PartGG i.V.m. § 125a HGB die Pflicht zur Angabe der Rechtsform auf allen Geschäftsbriefen auch für die Partnerschaftsgesellschaft vor. Da bei der PartG mbB für Berufsausübungsfehler keine natürliche Person persönlich haftet, könnte die Rechtsscheinhaftung auch hier von großer Bedeutung sein, wenn gegenüber dem Auftraggeber der Anschein erweckt wird, dass er sich einer Partnerschaft gegenüber sieht, bei der ihm zumindest ein Partner mit seinem Privatvermögen haftet.

Das ist bei der Partnerschaftsgesellschaft mbB allerdings zu bezweifeln. Es stellt sich nämlich auch hier wieder die Frage, ob der Mandant besser gestellt ist, wenn er einer Partnerschaft in der ursprünglichen Form als Haftungssubjekt gegenüber steht. Bei der PartG mbB steht dem Mandanten eine solvente Haftpflichtversicherung als Schuldner zur Verfügung (§§ 113 ff. VVG). Im Gegensatz dazu beschränkt sich die Haftung der Partnerschaft auf die persönliche Haftung des mit dem Auftrag befassten Partners, also in der Regel auf eine persönlich haftende Person. Es ist allerdings zweifelhaft, ob der Mandant dadurch besser gestellt ist, zumal die durchschnittliche Haftpflichtversicherung eines Rechtsanwalts bereits vor der Einführung der PartG mbB weit über der Mindestversicherungssumme von 250.000 Euro lag.[550] Größere Kanzleien, für welche die PartG mbB erst interessant wird, sind in der Regel weit höher versichert, sodass dem

547 *BGH*, NJW 2012, 2871 (2871).
548 *BGH*, NJW 2012, 2871 (2871 f.) m.w.N.
549 *Heidinger,* in: MüKo HGB, § 19 Rn. 35.
550 Für eine anschauliche Statistik siehe *Kilian*, AnwBl 2013, 110 (110 ff.).

Mandanten dann eine noch höhere Sicherheit zur Verfügung steht. Des Weiteren dient das Institut der Rechtsscheinhaftung dem Schutz des Geschäftspartners. Er soll vor Dispositionen geschützt werden, die er unter Kenntnis der wahren Sachlage nicht getätigt hätte. Die Rechtsprechung des BGH zur Rechtsscheinhaftung bezieht sich auf das Vertrauen des Geschäftspartners darin, dass ihm zumindest ein persönlich haftender Gesellschafter haftet. Im Grundsatz haftet also der Handelnde persönlich, weil er die Haftungsbeschränkung des Unternehmensträgers verschwiegen hat. Dieses verletzte Vertrauen soll durch die persönliche und gesamtschuldnerische Haftung des Handelnden ausgeglichen werden. Aber wovor soll der Geschäftspartner geschützt werden? Davor, dass er plötzlich einer Partnerschaft mbB gegenübersteht, die haftungsrechtlich bestens abgesichert ist?! Der Unterschied zwischen einer GmbH und einer PartG mbB muss sich klar vor Augen geführt werden, zumal die Rechtsprechung die Rechtsscheinhaftung hinsichtlich haftungsbeschränkter Gesellschaften entwickelte. Die GmbH besitzt einen Kapitalerhaltungsschutz in Höhe von mindestens 25.000 Euro. Das Mindestkapital versichert aber nur das Bestehen zum Zeitpunkt der Gründung. Es kann indes zu jeder Zeit aufgebraucht sein.[551] Die Partnerschaft mbB dagegen unterhält eine Versicherung mit einer Deckungssumme von mindestens 2,5 Mio. Euro. Es wird gerade nicht – wie das Mindestkapital einer Kapitalgesellschaft – zur Geschäftsführung „aufgebraucht".

Die entwickelten Grundsätze bezüglich haftungsbeschränkter Gesellschaften können also nicht ohne weiteres auf die Partnerschaft mit beschränkter Berufshaftung übertragen werden. Der Schutz des Geschäftspartners ist hier gerade nicht vonnöten, da er stets eine solvente Haftpflichtversicherung als Schuldner hat. Bezogen auf den vorliegenden Fall wäre es für den Geschäftspartner unter Umständen sogar vorteilhafter den Vertrag mit einer haftungsbeschränkten Partnerschaftsgesellschaft abgeschlossen zu haben, da ihm im Haftungsfall eine liquide Versicherung auf Zahlung haftet. Aus diesem Grund bedarf es einer Rechtsscheinhaftung eigentlich nicht, da dem Geschäftspartner in jedem Fall eine Versicherung für Berufsausübungsfehler haftet. Auch aus dogmatischer Sicht ist die Rechtsscheinhaftung abzulehnen. Vertraut der Geschäftspartner auf die Haftung zumindest einer Person, kann ihm daraus das negative, nicht aber das positive Interesse ersetzt werden. Zudem setzt die Haftung nach § 179 BGB voraus, dass der *falsus procurator* seinen angeblichen Geschäftsherrn nicht

551 *Rieder*, in: MüKo GmbHG, § 5a Rn. 16; *Schäfer*, in: Henssler/Strohn Gesellschaftsrecht, GmbHG, § 5a Rn. 15; *Miras*, NZG 2012, 486 (489 f.); *Veil*, GmbHR 2007, 1080 (1082).

verpflichtet hat.[552] In dem hiesigen Fall wurde aber der – durch eine Haftpflichtversicherung abgesicherte – Unternehmensträger gem. § 164 BGB verpflichtet. Es besteht also kein Raum für eine analoge Anwendung des § 179 BGB.[553]

Überdies ist fragwürdig, ob die entwickelte Rechtsscheinhaftung der Rechtsprechung und Literatur ohne weiteres auf die PartG mbB übertragen werden kann. Würde der handelnde Partner, der einen falschen Rechtsschein gesetzt hat, gesamtschuldnerisch neben der Gesellschaft haften, träte dadurch eine Folge ein, die nicht einmal vom Gesetz so gewollt ist. Denn gem. § 8 Abs. 1 PartGG haftet der Partner nicht gesamtschuldnerisch neben der Partnerschaft, sondern lediglich akzessorisch.[554] Gemäß dem BGH bedeutet die Rechtsscheinhaftung im Ergebnis, dass nach Maßgabe des zurechenbar verursachten Rechtsscheins gehaftet wird.[555] Eine Haftung kraft Rechtsschein darf aber nicht weiter gehen, als die Schutzwürdigkeit des Vertrauens des Geschäftspartners. Das wäre aber dann der Fall, wenn der Partner, der den Rechtsschein einer Partnerschaftsgesellschaft zurechenbar gesetzt hat, plötzlich gesamtschuldnerisch neben der Gesellschaft haftet. Würde der Partner aber nach Maßgabe des zurechenbar verursachten Rechtsscheins haften, müssen die Haftungsmaßstäbe der angegebenen Gesellschaft angewendet werden. Im Unterschied zur Rechtsprechung des BGH hat das eine akzessorische statt einer gesamtschuldnerischen Haftung zur Folge.

Die wohl vorherrschende Ansicht in der Literatur bejaht zwar eine persönliche Rechtsscheinhaftung des Handelnden, geht aber nicht so weit wie der BGH und beschränkt die Haftung stattdessen auf die Höhe der Differenz zwischen dem tatsächlichen Stammkapital der in Wirklichkeit vorhandenen Gesellschaft, und dem Mindestkapital, der durch Rechtsschein vorgespiegelten Gesellschaft.[556] Schließlich kann der Rechtsverkehr nur auf ein Vermögen der Gesellschaft in Höhe des Mindeststammkapitals zum Zeitpunkt der Gründung vertrauen. Davon, dass dieser Betrag noch vorhanden ist, kann er allerdings nicht ausgehen.[557] Wird diese Rechtsscheinhaftung bei der PartG mbB bejaht, ist dieser Ansicht

552 Zuzustimmen ist damit der Ansicht von *Altmeppen*. Ausführlich zur dogmatischen Einordnung siehe *Altmeppen*, NJW 2012, 2833 (2833 ff.).

553 Entgegen *Ruppert*, DStR 2013, 1623 (1628); *Seibert*, DB 2013, 1710 (1713).

554 Vgl. hierzu die Ausführung im Zweiten Teil, D., I., 1.

555 *BGH*, NJW 2012, 2871 (2873).

556 *Rieder*, in: MüKo GmbHG, § 5a Rn. 16; *Schäfer*, in: Henssler/Strohn Gesellschaftsrecht, GmbHG, § 5a Rn. 15; *Miras*, NZG 2012, 486 (489 f.).

557 *Rieder*, in: MüKo GmbHG, § 5a Rn. 16; *Schäfer*, in: Henssler/Strohn Gesellschaftsrecht, GmbHG, § 5a Rn. 15; *Miras*, NZG 2012, 486 (489 f.); *Veil*, GmbHR 2007, 1080 (1082).

mit Bezug auf die PartG mbB dahingehend zuzustimmen, dass der Handelnde in Höhe der Differenz zwischen der tatsächlichen Haftungsmasse und der Haftungsmasse, die bei der vorgespiegelten Gesellschaft bestünde, haftet. Wie sich bereits erkennen lässt, wird es regelmäßig keine Differenz geben, da das Haftungsstatut der PartG mbB nicht schlechter ausgestattet ist, als das der ursprünglichen Partnerschaft oder GbR. Die Rechtsscheinhaftung verbleibt also noch für diejenigen Fälle, in denen die Partnerschaft mbB versicherungstechnisch unterversorgt ist. Aus diesem Grund ist der Ansicht von *Altmeppen* zu folgen, dass eine persönliche Erfüllungshaftung des Handelnden bei Solvenz der Gesellschaft nicht in Frage kommt.[558] Eine Rechtsscheinhaftung analog § 179 BGB ist in diesem Fall überflüssig, da das Rechtsgeschäft gem. § 164 BGB mit dem Unternehmensträger geschlossen wird. Ist dieser Unternehmensträger darüber hinaus liquide, bedarf es keines besonderen Schutzes des Geschäftspartners. Es bleibt also abzuwarten wie sich die Rechtsprechung in einem solchen Falle verhält.

d) Ergebnis

Wird es versäumt die Namensänderung mit der neuen Rechtsformalternative „mbB" in das Partnerschaftsregister einzutragen und bekannt zu machen, obwohl die haftungsbeschränkte Partnerschaft wirksam entstanden ist, greift § 15 Abs. 1 HGB, soweit der Gläubiger keine Kenntnis davon hatte. Der Gläubiger hat sodann die Wahl, ob er sich an die tatsächliche oder an die eingetragene Haftungslage hält. Letztlich kommt dieser Fall nur in Betracht, wenn es sich um Berufsausübungsfehler handelt, da nur diesbezüglich die Haftungsbeschränkung greift. Im Falle eines Regressanspruchs gegen die Partnerschaft mbB gewinnt dieses Problem nur dann an Bedeutung, wenn der Schaden über der Deckungssumme der Berufshaftpflichtversicherung liegt. Denn für den Versicherungsschutz ist der Zeitpunkt der Pflichtverletzung maßgeblich. Bei einem Berufsausübungsfehler kann sich der Geschädigte unmittelbar an die Haftpflichtversicherung wenden (§ 115 VVG). Reicht der Versicherungsschutz und das Gesellschaftsvermögen der PartG mbB nicht aus, kann er sich an das alte Haftungsregime, und damit an den Handelnden Partner nach § 8 Abs. 2 PartGG wenden. Fragwürdig ist dann aber, ob die Deckungssumme der Berufshaftpflichtversicherung und das Vermögen des Handelnden Partners höher ausfallen.

Hinsichtlich des im Geschäftsverkehr fehlenden Hinweises auf die Haftungsbeschränkung und die damit von der Rechtsprechung und Literatur entwickelte

558 *Altmeppen*, in: Roth/Altmeppen, GmbHG, § 35 Rn. 36; *Altmeppen*, NJW 2012, 2833 (2835 ff.).

Rechtsscheinhaftung analog § 179 BGB macht bei der Partnerschaft mbB wenig Sinn. Es fehlt bereits an einem zu schützenden Vertrauen des Geschäftspartners, da dieser nach der „Umwandlung" einer solventen Partnerschaft – abgesichert durch eine Berufshaftpflichtversicherung – gegenüber steht. Die Rechtsscheinhaftung wurde zum Schutz des Geschäftsgegners entwickelt, damit er vor Dispositionen geschützt wird, die er unter Kenntnis der wahren Sachlage nicht getätigt hätte. Wenn er eine Geschäftsbeziehung mit einer Partnerschaft oder Rechtsanwalts-GbR eingeht, geht er davon aus, ihm stünde mindestens eine natürliche Person zur Haftung zur Verfügung. Dabei bezieht sich die entwickelte Rechtsprechung zum einen auf den Fall, in dem sich eine Unternehmergesellschaft (haftungsbeschränkt) mit dem Namenszusatz „GmbH" schmückt und so den Eindruck erweckt, es stand – zumindest zur Gründungszeit – ein Mindestkapital von 25.000 Euro bereit. Ferner wird auch der Grundfall erfasst, nämlich des Weglassens eines Rechtsformzusatzes, also dann, wenn der Geschäftspartner die unbeschränkte Haftung einer natürlichen Person auf Seiten des Unternehmensträgers noch erwarten darf. Im Unterscheid zu einer herkömmlichen Kapitalgesellschaft kann das Gesellschaftsvermögen und damit die Haftungsmasse einer PartG mbB nicht aufgebraucht werden – das Gegenteil ist sogar der Fall. Partnerschaftsgesellschaften mit beschränkter Berufshaftung sind prinzipiell für größere Kanzleien interessant. Aufgrund hoher Schadensrisiken werden sich diese ausreichend versichern. Das belegt bereits die Statistik von *Kilian*[559], denn hiernach sind Anwälte in überörtlichen Sozietäten bereits jetzt weit über der Mindestversicherungssumme abgesichert. Der Mandant steht damit nicht schutzlos da. Der Vollständigkeit halber ist auch die dogmatische Schwäche der analogen Anwendung des § 179 BGB zu erwähnen. Hierdurch kann zwar das negative Interesse des Mandanten geschützt werden; eine Erfüllungshaftung (positives Interesse) geht damit aber nicht einher. Schließlich wird der Unternehmensträger wirksam nach § 164 BGB vertreten, womit kein Platz für eine analoge Anwendung des § 179 BGB ist.[560]

5. *Vertragliche Haftungsbeschränkung*

Durch das Gesetz zur Einführung einer Partnerschaftsgesellschaft mit beschränkter Berufshaftung und zur Änderung des Berufsrechts der Rechtsanwälte, Patentanwälte, Steuerberater und Wirtschaftsprüfer vom 15. Juli 2013,[561] wurde § 51a

559 *Kilian*, AnwBl 2013, 110 (111).
560 Ausführlich hierzu *Altmeppen*, NJW 2012, 2833 (2833 ff.).
561 BGBl. 2013 I, S. 2386.

BRAO a.F. zu § 52 BRAO, wodurch die Möglichkeit der Haftungsbeschränkung durch Individualvertrag oder mithilfe vorformulierten Vertragsbedingungen auch für die PartG mbB bestehen bleibt.[562] So sind Vereinbarungen über die Haftungshöchstgrenze bei Rechtsanwälten und Patentanwälten nach §§ 52 Abs. 1 BRAO, 45b Abs. 1 PAO im Rahmen einer Einzelfallvereinbarung bis zur Höhe der Mindesthaftpflichtversicherung (2,5 Mio. Euro) zulässig. Für vorformulierte Haftungsbeschränkungsklauseln ist die Haftung für fahrlässige Berufsfehler bis auf 10 Mio. Euro beschränkbar, soweit Versicherungsschutz in dieser Höhe besteht. Für Steuerberater und Wirtschaftsprüfer gestatten §§ 67a Abs. 1 StBerG, 54a WPO die Möglichkeit der Haftungsbeschränkung in Höhe von 1 Mio. Euro für Individualvereinbarungen und 4 Mio. Euro für vorformulierte Klauseln. Bei interprofessionellen Partnerschaften gilt die jeweils strengste berufsrechtliche Regelung.[563] Wird die Haftungsbeschränkung nach der „Umwandlung" oder Neugründung der Partnerschaft mbB vereinbart, bestehen dank der ausdrücklichen gesetzlichen Regelung keine Rechtsunsicherheiten.

Anders sieht es bei Altmandaten und deren bereits bestehenden Haftungsbeschränkungsvereinbarungen aus.[564] Sobald eine Haftungsbeschränkung zwischen der Partnerschaft oder GbR und dem Mandanten vereinbart wurde, ist deren weiteres Bestehen mit der „Umwandlung" in eine PartG mbB fraglich. Schließlich unterscheiden sich die Anforderungen an die Höhe der Haftungsbegrenzung, zumal sich diese an der Mindestversicherungssumme orientieren. Diese fallen bei der Partnerschaft/GbR und der Partnerschaft mbB weit auseinander. Wurde beispielsweise 2012 eine individualvertragliche Haftungsbeschränkung in Höhe von 2 Mio. vereinbart, kann diese nicht mehr nach der „Umwandlung" fortgelten, denn gem. § 52 Abs. 1 Nr. 1 i.V.m. § 51a Abs. 2 BRAO kann eine solche Vereinbarung nur auf mindestens 2,5 Mio. Euro lauten. Da sich die Wirksamkeit der Haftungsbeschränkungsvereinbarung gem. § 52 Abs. 1 BRAO an das Bestehen der Mindestversicherungssumme richtet, ist die Vereinbarung von 2012 nach der Umwandlung unwirksam.[565] Es besteht damit eine Akzessorietät zwischen Berufshaftpflichtversicherung und Haftungsbeschränkungsvereinbarung.

Obgleich sich der Eintritt der neuen Haftpflichtversicherung an dem Zeitpunkt der Pflichtverletzung orientiert,[566] hat der Mandant dann keinen Vorteil,

562 BT-Drucks. 17/10487, S. 15.

563 Vgl. *Ruppert*, DStR 2013, 1623 (1628).

564 Hierzu auch *Zimmermann*, NJW 2014, 1142 (1146).

565 So auch *Sommer/Treptow*, NJW 2013, 3269 (3273) m.w.N.

566 *Littbarski*, in: MüKo VVG, § 100 Rn. 103–106.

wenn die Haftungsbeschränkungsvereinbarung summenmäßig unter 2,5 Mio. Euro liegt. Die Wahlmöglichkeit, die der Mandant bei der persönlichen (Nach-) Haftung für Altverbindlichkeiten hat, hilft in diesem Fall nicht weiter. Es verbleiben somit zwei Lösungsmöglichkeiten. Entweder die Haftungsbeschränkungsvereinbarungen, die summenmäßig unter 2,5 Mio. Euro liegen, sind mit der „Umwandlung" in die PartG mbB unwirksam, oder es besteht weiterhin das alte Haftungsregime der vorherigen Gesellschaftsform. Wie bereits oben gezeigt, haben die Parteien bei Altmandaten die Wahl, ob sie das alte Haftungsregime beibehalten, oder den Mandantenvertrag in die neue Partnerschaft mbB „transferieren".[567] Wird der Mandantenvertrag auf die Partnerschaft mbB übertragen, hat das die Unwirksamkeit der Haftungsbeschränkung zur Folge, soweit diese unter 2,5 Mio. liegt. Für die Praxis ist es deshalb empfehlenswert, Altmandate umfassend an das neue Haftungsregime der PartG mbB anzupassen. Zur Rechtssicherheit empfiehlt es sich, eine vertragliche Überführung des Mandats in das neue Haftungsregime anzustreben.[568]

III. Haftung im Innenverhältnis / Haftung durch die Hintertür

Im Innenverhältnis hat sich durch die neue Haftungsbeschränkung der PartG mbB nichts geändert. Es bestehen weiterhin dieselben Rechte und Pflichten sowohl der Partnerschaft gegenüber den Partnern als auch umgekehrt. Bezüglich der Haftung im Innenverhältnis sind in der hiesigen Untersuchung vor allem die Ausgleichsansprüche der Partnerschaft gegenüber den pflichtverletzenden Partnern relevant. Es stellt sich bei der PartG mbB nämlich die Frage, ob die Haftungsbeschränkung auf das Gesellschaftsvermögen nach § 8 Abs. 4 PartGG dadurch umgangen werden kann, indem sich Gläubiger mögliche Ansprüche der Partnerschaft gegen ihre Partner pfänden und überweisen lassen. Das ist insbesondere dann relevant, wenn die Partnerschaft zahlungsunfähig wird,[569] das heißt, wenn der Schaden über der Deckungssumme der Berufshaftpflichtversicherung liegt und das Gesellschaftsvermögen nicht zur Befriedigung ausreicht. Sinn und Zweck der neuen Haftungsbeschränkung ist die Angleichung des deutschen freiberuflichen Gesellschaftsrechts an den internationalen Standard und die damit entfallende persönliche Haftung eines Partners. Dieses Ziel würde durch eine Haftung durch die Hintertür unterlaufen werden.

---

567 Dritter Teil, D., II., 2.

568 Ebenso *Sommer/Treptow*, NJW 2013, 3269 (3274); *Zimmermann*, NJW 2014, 1142 (1146).

569 Vgl. *Schaub*, DStR 1992, 1766 (1770).

1. *Der Regress der PartG mbB im Innenverhältnis*

Der Regress im Innenverhältnis scheint aufgrund mangelnder Literatur und Rechtsprechung hierzu wohl eher eine Seltenheit zu sein. Finden sich hin und wieder knappe Ausführungen zum Thema „Ersatzanspruch der Partner gegenüber der Partnerschaft betreffend der vom Partner für erforderlich gehaltenen Aufwendungen im Innenverhältnis nach § 6 Abs. 3 S. 2 PartGG i.V.m. § 110 HGB", ist die Ausbeute in der Literatur und Rechtsprechung hinsichtlich des Regressanspruchs der Partnerschaft gegenüber ihren Partnern nur sehr mager. Soll mit der neuen PartG mbB die beabsichtigte Haftungsbeschränkung auf das Gesellschaftsvermögen stringent durchgezogen werden, muss das Innenverhältnis und die sich daraus ergebenden Konsequenzen indes genauer betrachtet werden. Zur Umgehung der Haftungsbeschränkung könnten Gläubiger einer PartG mbB versuchen, eine persönliche Haftung des Partners zu erreichen, indem sie Schadensersatzansprüche der Partnerschaft gegenüber ihren Partnern im Innenverhältnis pfänden und an sich überweisen lassen. Ein Schadensersatz der Körperschaft gegenüber ihren Geschäftsführern ergibt sich beispielsweise aus §§ 43 GmbHG, 93 AktG. Das Personengesellschaftsrecht kennt keine vergleichbare Vorschrift. Nichtsdestoweniger können sich bei Gesamthandsgesellschaften Schadensersatzansprüche aus der Verletzung von Loyalitätspflichten ergeben. Bei der Partnerschaftsgesellschaft mbB kommt erschwerend hinzu, dass hierunter auch der Abschluss einer angemessen Berufshaftpflichtversicherung fallen könnte. Ferner muss überprüft werden, ob die körperschaftsähnliche Struktur nicht auch weitere Haftungsgefahren für die Gesellschafter mit sich bringt.

a) Treue- und Sorgfaltspflichten

In Betracht kommen zunächst Ansprüche aus der Verletzung von Treue- und Sorgfaltspflichten. Auch wenn beide Pflichten in dieselbe Richtung zielen und im Endeffekt zum gleichen Ergebnis führen, so werden sie hier dennoch begrifflich voneinander getrennt.[570] Allerdings gilt es zuerst die Unbestimmtheit dieser Rechtsbegriffe zu typisieren.

---

570 *Bergmann* unterscheidet streng zwischen Treuepflichten (duty of loyality) und Sorgfaltspflichten (duty of care); vgl. *Bergmann*, Die fremdorganschaftlich verfasste OHG, KG und GbR, S. 171. Dagegen sieht *Lutter* kein Bedürfnis nach einer begrifflichen Trennung, da Loyalitätspflichten von einem einheitlichen Gedanken mitgliedschaftlicher Förderpflichten geprägt sind. Inhaltlich ist die allgemeine Förderpflicht der Treuepflicht gleichzusetzen. Vgl. *Lutter*, AcP 180 (1980), 84 (110).

aa) Die Treuepflicht als gesellschaftsvertragliche Ausprägung

Die Treuepflicht besteht in jedem Rechtsverhältnis und erst recht, wenn sich Personen zur Erreichung eines gemeinsamen Zwecks zusammen tun.[571] Aus diesem Grund gibt es in jeder Gesellschaft und in jedem Verband Treuepflichten.[572] Begriffstechnisch ist die spezielle Form der Loyalitätspflicht schwer zu fassen und wohl nur anhand von Einzelfällen greifbar. Verdichten sich Loyalitätspflichten zu konkreten Förderungs- und Interessenwahrungspflichten, so kann jedenfalls von Treuepflichten gesprochen werden.[573] Genauer gesagt hat jeder Gesellschafter die Pflicht, stets im Interesse der Gesellschaft zu handeln und alles zu unterlassen, was dieses Interesse beeinträchtigt.[574] Diese Verhaltenspflicht lässt sich aus dem Gesellschaftsvertrag ableiten und kann auch als eine gesellschaftsspezifische Ausprägung der Grundsätze des § 242 BGB gesehen werden.[575] Sie bestehen sowohl im Verhältnis der Gesellschafter untereinander als auch der Gesellschafter gegenüber der Gesellschaft.[576] Geht es dabei um Ansprüche der Gesellschafter gegen die Gesellschaft, so wird von Sozialansprüchen gesprochen. Begrifflich sind diese von den Sozialverbindlichkeiten zu trennen. Sozialverbindlichkeiten meinen die Ansprüche der Gesellschaft gegen ihre Gesellschafter.[577]

Inhaltlich kann die Treuepflicht Handlungs-, Duldungs-, und Unterlassungspflichten hervorrufen.[578] Bereits bei dem Versuch der Konkretisierung der Pflichten wird offensichtlich, dass sich Treuepflichten nicht abschließend definieren lassen. Es gilt daher die zu beurteilende Handlung, Duldung oder

571 *Lutter*, AcP 180 (1980), 84 (106).

572 *K. Schmidt*, Gesellschaftsrecht, § 20 IV 1a, S. 587 f. Nach *Karsten Schmidt* hängen Treuepflichten nicht von der Rechtsform des Verbandes ab, sondern von seiner Realstruktur.

573 *K. Schmidt*, Gesellschaftsrecht, § 20 IV 1a, S. 588.

574 *Servatius*, in: Henssler/Strohn Gesellschaftsrecht, BGB, § 705 Rn. 41. *Bergmann* unterscheidet nochmal die Treuepflichten (duty of loyality) von den Sorgfaltspflichten (duty of care); vgl. *Bergmann*, Die fremdorganschaftlich verfasste OHG, KG und GbR, S. 171. in der vorliegenden Unersuchung ist diese Differenzierung nicht von Bedeutung. Es wird daher allgemein von Treuepflichten gesprochen.

575 *Westermann*, in: Ermann/Westermann BGB, § 705 Rn. 49; *Ulmer/Schäfer*, in: MüKo BGB, § 705 Rn. 222.

576 *Bergmann*, in: JurisPK-BGB, § 705 Rn. 50.

577 *Ulmer/Schäfer*, in: MüKo BGB, § 705 Rn. 201; *Bergmann*, in: JurisPK-BGB, § 705 Rn. 53.

578 *Ulmer/Schäfer*, in: MüKo BGB, § 705 Rn. 223; *Servatius*, in: Henssler/Strohn Gesellschaftsrecht, BGB, § 705 Rn. 41.

Unterlassung im Wege der Einzelentscheidung – unter Berücksichtigung der konkreten Situation – unter die vorhandene und allgemein anerkannte Begriffsdefinition zu subsumieren. Aus diesem Grund muss auch die Schadensabwendungspflicht zu einer der wesentlichen Pflichten im Sinne des Loyalitätsgebots gehören. Jeder Gesellschafter muss die Gesellschaft bestmöglich vor Schäden bewahren. Ein Partner einer PartG mbB verstößt also immer dann gegen dieses Gebot, wenn sein Fehlverhalten zu einer Verletzung vertraglicher Pflichten der Partnerschaft gegenüber Dritten führt.[579] Am Beispiel der Rechtsanwalts-PartG mbB kommt es zu einer Haftung stets dann, wenn der Partner eine Pflichtverletzung im Rahmen eines Anwaltsvertrages begeht. Die Pflichtverletzung kann in Form einer Verletzung der vier anwaltlichen Grundpflichten – Sachverhaltsaufklärung, Rechtsprüfung, Beratung und Belehrung, Wahl des sichersten Weges – oder in der Verletzung einer Überwachungspflicht gegenüber weiteren in die Mandatsbearbeitung eingeschalteten Personen liegen.[580]

bb) Die kodifizierte Sorgfaltspflicht

Die Sorgfaltspflichten sind in §§ 93 AktG, 43 GmbHG gesetzlich normiert. Die Vorstandsmitglieder und Geschäftsführer haben in den Angelegenheiten der Gesellschaft die Sorgfalt eines ordentlichen Geschäftsmannes anzuwenden. Obwohl eine vergleichbare Vorschrift bei den Personengesellschaften fehlt, gilt der Sache nach nichts anderes. Eine gesetzliche Ausprägung der Sorgfaltspflicht findet sich in §§ 161 Abs. 2, 105 Abs. 3 HGB, 713, 664 ff. BGB.[581] Bezüglich der haftungsbegründenden Umstände kann hier nichts anderes als bei der Verletzung von Treuepflichten gelten. Trifft den Partner der Vorwurf einer Pflichtverletzung, die eine Schadensersatzpflicht der Partnerschaft zur Folge hat, könnte er mangels ausdrücklicher Vorschrift entsprechend §§ 93 AktG, 43 GmbHG haften[582], wenn er die Pflichtverletzung schuldhaft begangen hat.[583] Das ergibt sich aus dem Grundsatz der Sorgfaltspflicht, die jedem Partner einer Partnerschaft zukommt.[584] Im Ergebnis ist der Aussage von *Lutter* zuzustimmen, dass

579 So auch *Römermann/Praß*, NZG 2012, 601 (604).

580 Vgl. *Henssler*, in: Henssler/Prütting BRAO Kommentar, BRAO, § 59j Rn. 10.

581 *Bergmann*, Die fremdorganschaftlich verfasste OHG, KG und GbR, S. 171.

582 *Bergmann*, Die fremdorganschaftlich verfasste OHG, KG und GbR, S. 171.

583 BGHZ 69, 207 = *BGH*, NJW 1977, 2311 (2311 ff.). Die Entscheidung betraf die Haftung eines Gesellschafters in einer Personengesellschaft, die in Form einer Publikumsgesellschaft betrieben wurde. Hierin hat der BGH die Haftung einer personengesellschaftlichen Organperson entsprechend § 93 AktG bejaht.

584 Zur Sorgfaltspflicht vgl. auch *Wertenbruch*, NZG 2013, 1006 (1007).

von einem einheitlichen Gedanken mitgliedschaftlicher Förderpflichten auszugehen ist, wozu sowohl die Treue- als auch die Sorgfaltspflichten gehören.[585] Beiden Pflichten geht der Gedanke einher, dass die Gesellschaft vor Schadensersatzansprüchen Dritter bewahrt werden soll. Verletzt ein Partner schuldhaft eine Pflicht aus dem Anwaltsvertrag, verletzt er damit gleichzeitig seine gesellschaftsvertraglichen Loyalitätspflichten die Partnerschaft vor Schadensersatzansprüchen zu bewahren.[586] Mit anderen Worten formuliert es auch *Bergmann*, wonach jeder geschäftsführende Gesellschafter einer BGB-Gesellschaft, Offenen Handelsgesellschaft oder Kommanditgesellschaft der Gesellschaft für schuldhafte Schlechterfüllung seiner Geschäftsführungspflicht auf Schadensersatz haftet. Das folgt bereits aus der organschaftlichen Stellung des geschäftsführenden Gesellschafters.[587]

cc) Übertragung auf die Partnerschaft mbB

Die soeben dargelegten Grundsätze lassen sich ohne weiteres auf die Partnerschaft mit beschränkter Berufshaftung übertragen. Die Treue- und Sorgfaltspflichten gelten sowohl für Gesellschafter einer Personengesellschaft als auch für Geschäftsführer und Vorstandsmitglieder einer Kapitalgesellschaft. Obwohl die PartG mbB eine Hybridstellung einnimmt, sowohl personengesellschaftliche als auch kapitalgesellschaftliche Charakteristika aufweist, ist sie im Grundsatz immer noch eine Partnerschaftsgesellschaft und damit eine Personengesellschaft, deren Gesamthand von einem personalisierten Verbund verwaltet wird. Zwar zielen die Treuepflichten bei der Ausübung der Geschäftsführung nicht auf die Ausübung einer gewerblichen Tätigkeit ab. Jedoch ist die Ausübung der freien beruflichen Tätigkeit der Geschäftsführung in einer Personenhandelsgesellschaft gleichzusetzen. Über § 1 Abs. 4 PartGG finden die Vorschriften der §§ 705 ff. BGB Anwendung. Eine Sorgfaltspflicht ergibt sich deshalb aus § 1 Abs. 4 PartGG i.V.m. §§ 713, 664 ff. BGB. Die Treuepflicht ist auch bei der Partnerschaft eine gesellschaftsvertragliche Grundpflicht.

Die Intensität dieser Pflichten ist von der individuellen gesellschaftsvertraglichen Ausgestaltung abhängig und variiert je nach Gegenstand der gemeinsamen Zweckerreichung und der Art des Gemeinschaftsverhältnisses.[588] Je enger die

585 *Lutter*, AcP 180 (1980), 84 (110).

586 *Wertenbruch*, NZG 2013, 1006 (1007).

587 *Bergmann*, in: JurisPK-BGB, § 708 Rn. 1; *Bergmann*, Die fremdorganschaftlich verfasste OHG, KG und GbR, S. 182.

588 *Ulmer/Schäfer*, in: MüKo BGB, § 705 Rn. 224; *Schöne*, in: Beck´scher Online-Kommentar BGB, § 705 Rn. 102.

Partner in einem persönlichen Verhältnis zueinander stehen und über je weitergehende Mitspracherechte der einzelne Partner verfügt, desto mehr erlangt der Treuepflichtgrundsatz an Bedeutung.[589] Maßgebend ist ferner, wie weit sich die Partner bereit erklärt haben, gewissen vertraglichen Interessen zu dienen.[590] Die von jedem Partner zu erwartende Loyalität gegenüber der Gesellschaft wächst also mit der Verbundenheit ihr gegenüber. Da es sich bei einer Partnerschaft um eine spezielle Gesellschaftsform für Freiberufler handelt, ist die Verbundenheit in der Regel als sehr eng anzusehen. Selbstverständlich hängt die Intensität wiederum von der Tätigkeit bzw. von der jeweiligen Berufsgruppe ab. Da Freiberufler aber immer noch einen gesonderten Statuts genießen und eben die persönliche Nähe und das persönliche Vertrauensverhältnis ein besonderes Merkmal einer jeden freiberuflichen Tätigkeit ist, muss allen Freiberuflern grundsätzlich eine besondere Verbundenheit gegenüber ihrer Partnerschaft zugesprochen werden. Obgleich sich die besonderen Merkmale nur auf das direkte Vertragsverhältnis zwischen Freiberufler und Auftraggeber auswirken, müssen sie auch auf die Partnerschaft ausgedehnt werden, zumal der Vertrag in der Regel zwischen Auftraggeber und Partnerschaft abgeschlossen wird. Am Beispiel einer Rechtsanwalts-Partnerschaft lässt sich im Ergebnis somit sagen, dass eine enge Verbundenheit und damit gesteigerte Loyalitätspflicht herrscht. Die Partnerschaft und die Partner haben ein hohes Interesse daran, dass jeder Partner seine Anwaltstätigkeit sorgfältig ausübt und damit die Reputation der Kanzlei bewahrt. Das gilt insbesondere für die Abwendung von Schadensersatzansprüchen gegen die Partnerschaft.

b) Pflicht zum Abschluss einer angemessenen Berufshaftpflichtversicherung[591]

Fraglich ist, ob den Partnern eine Pflicht zum Abschluss einer objektiv angemessenen Berufshaftpflichtversicherung zukommt und sie damit gleichzeitig einen

589 *Ulmer/Schäfer*, in: MüKo BGB, § 705 Rn. 225; *K. Schmidt*, Gesellschaftsrecht, § 19 III 1 a, S. 553.

590 *Müller-Erzbach*, Das private Recht der Mitgliedschaft als Prüfstein eines kausalen Rechtsgedankens, S. 313.

591 Ähnlich behandeln auch *Tröger* und *Pfaffinger* das Problem der Verpflichtung zur risikoangemessenen Versicherung. In dieser Behandlung geht es aber um die Frage, ob die angemessene Versicherung Voraussetzung für den Ausschluss der persönlichen Haftung ist. In der vorliegenden Untersuchung geht es hingegen um die Frage, ob die objektiv unangemessene Versicherung als Loyalitätspflichtverletzung im Innenverhältnis gilt. Siehe *Tröger/Pfaffinger*, JZ 2013, 812 (816).

Verstoß gegen die Loyalitätspflichten begehen, sofern sie die Berufshaftpflichtversicherung objektiv zu niedrig abgeschlossen haben. Gemeint ist damit nicht der Fall, dass die Mindestversicherung von 2,5 Mio. Euro unterschritten wird, sondern dass die Berufshaftpflichtversicherung – unabhängig von der Mindestversicherung – objektiv zu niedrig abgeschlossen wurde. Dies ist immer dann der Fall, wenn die tatsächliche Schadenshöhe über der Deckungssumme liegt. Wenn hingegen die Berufshaftpflichtversicherung nicht in der angegebenen Mindesthöhe von 2,5 Mio. Euro besteht, entfällt automatisch die Haftungsbeschränkung und es gelten die üblichen Grundsätze hinsichtlich der Haftung der Partnerschaftsgesellschaft. Eine § 59j Abs. 4 BRAO vergleichbare Regelung, wonach die Gesellschafter und die Geschäftsführer persönlich haften, wenn die Berufshaftpflichtversicherung nicht oder nicht in dem vorgeschriebenen Umfang unterhalten wird, ist daher für die PartG mbB überflüssig. Die hier aufzuwerfende Frage lautet, ob die Partner die Pflicht trifft, die Partnerschaft mbB auch über die Mindestversicherungssumme hinaus zu versichern, weil das Risiko für Schäden objektiv höher anzusetzen ist und ob damit eine Verletzung von Loyalitätspflichten einhergeht.

Hinsichtlich der Partnerschaftsgesellschaft in der ursprünglichen Form wird die Ansicht vertreten, dass die Partner eine berufsrechtliche Verpflichtung zum Abschluss einer angemessenen Berufshaftpflichtversicherung haben.[592] Angemessen ist die Versicherungshöhe dann nicht mehr, wenn die eintretenden Schäden regelmäßig über der versicherten Höchstsumme liegen. Die gesetzliche Wertung des § 51 BRAO zielt auf den Schutz des Mandanten ab. Wenn das Risiko für Schäden höher als die Mindestversicherungssumme des § 51 Abs. 4 BRAO liegt, ist der Anwalt berufsrechtlich dazu verpflichtet, eine gesonderte Versicherung mit höherer Deckungssumme zu unterhalten (sog. Excedentenversicherung/Anschlussversicherung)[593]. Beim Verstoß kann dies berufsrechtlich nach §§ 113, 43 BRAO geahndet werden.[594]

Stobbe sieht dagegen keine berufsrechtliche Verpflichtung, eine über der Mindestversicherungssumme liegende Deckungssumme zu unterhalten, deren Verletzung nach den §§ 113, 43 BRAO anwaltsgerichtlich geahndet werden könnte.[595] Angenommen es bestünde eine solche Pflicht, müssten die Partner

---

592 *Gräfe/Brügge*, Vermögensschaden-Haftpflichtversicherung, S. 389 Rn. 254; *Braun*, BRAK-Mitt. 2002, 150 (151).

593 *Gräfe/Brügge*, Vermögensschaden-Haftpflichtversicherung, S. 400 Rn. 302 ff.

594 *Braun*, BRAK-Mitt. 2002, 150 (151).

595 *Stobbe*, in: Henssler/Prütting BRAO Kommentar, BRAO, § 51 Rn. 40; *Stobbe*, in: Henssler/Streck, Handbuch Sozietätsrecht, 215 Rn. 548.

jeden einzelnen Versicherungsfall im Voraus bedenken. Die Schadenshöhe variiere aber stets von Fall zu Fall. Aus § 51 BRAO ließe sich dem Wortlaut nach eine derartige Pflicht nicht entnehmen. Auch aus dem Schutzzweck der Norm ließe sich eine solche Verpflichtung nicht ableiten, denn das wäre mit Art. 103 Abs. 2 GG nicht zu vereinbaren, der sicherstellen soll, dass allein der Gesetzgeber und nicht erst die Gerichte durch Gesetzesauslegung über die Ahndbarkeit eines Verhaltens entscheiden.[596] Bestünde also eine Pflicht zur höheren Versicherung, müsste der Gesetzgeber tätig werden und eine derartige Formulierung in § 51 BRAO mit aufnehmen.

Nun gelten die eben dargestellten Ansichten für die Partnerschaftsgesellschaft ohne gesetzliche Haftungsbeschränkung. Fraglich ist, ob die Partner einer Rechtsanwalts-PartG mbB die Pflicht trifft, eine höhere Versicherung als die vorgegebene Mindestversicherung von 2,5 Mio. Euro abzuschließen und ob ein Verstoß gegen diese Pflicht einen haftungsauslösenden Tatbestand darstellt. Der Unterschied zu den eben dargestellten Ansichten besteht darin, dass es sich hier um die Versicherungssumme der Partnerschaft mit beschränkter Berufshaftung handelt, wobei jeden Partner weiterhin die Pflicht trifft, eine eigene Berufshaftpflichtversicherung zu unterhalten. Überschreitet der Schaden die Höhe der Deckungssumme, steht dem Gläubiger immer noch das Gesellschaftsvermögen zur Befriedigung zur Verfügung. Allerdings unterscheidet sich die Masse des Gesellschaftsvermögens stark nach der jeweiligen Berufstätigkeit. So fällt das Gesellschaftsvermögen von Rechtsanwalts-Partnerschaften in der Regel sehr gering aus, wohingegen es bei Ärzte-Partnerschaften aufgrund der teuren Gerätschaften anders aussehen kann. Wird die Verpflichtung zum Abschluss einer objektiv angemessenen Versicherung bejaht, könnte unter Umständen eine persönliche Haftung der Partner durch die Hintertür erreicht werden. Da die Partner gegenüber der Partnerschaft zur Schadensabwendung, also zum Schutz des Gesellschaftsvermögens vor unnötigen Zugriffen verpflichtet sind, würde eine objektiv zu niedrig abgeschlossene Berufshaftpflichtversicherung eine Verletzung von Loyalitätspflichten bedeuten. Ein verletzter Vertragspartner könnte sodann die Ansprüche der PartG mbB gegen den pflichtverletzenden Partner pfänden und an sich überweisen lassen.

Römermann sieht in einer zu niedrigen Deckungssumme eine Pflichtverletzung des Partners gegenüber der Partnerschaft, denn die bestmögliche Absicherung des Gesellschaftsvermögens würde nicht erreicht.[597] Sollte der Schaden

596 *Stobbe*, in: Henssler/Prütting BRAO Kommentar, BRAO, § 51 Rn. 40.

597 *Römermann/Praß*, NZG 2012, 601 (604). Der Schutz des Gesellschaftsvermögens und die Schadensabwendungspflicht ist Teil der vertikalen Treuepflicht.

höher als die Versicherungssumme sein, liegt nach dieser Ansicht nach also immer eine Pflichtverletzung vor, wenn die Partner mit dem Risiko eines höheren Schadens hätten rechnen können und müssen. Liegt der Schaden über der Mindestversicherungssumme, wird das Gesellschaftsvermögen zur weiteren Befriedigung der Gläubiger herangezogen, wenn es sich um Verbindlichkeiten aus Schäden wegen fehlerhafter Berufsausübung handelt (§ 8 Abs. 4 PartGG). Dadurch wird sowohl das Interesse der Partnerschaft als auch das der Partner gestört. Ebendies verstieße gegen die gesellschaftsvertragliche Treue- und Sorgfaltspflicht. Dieser Ansicht ist nur bedingt zuzustimmen, denn die Schadensabwendung gehört zwar zu den Treue- und Sorgfaltspflichten eines jeden Gesellschafters und Geschäftsführers;[598] es muss aber auch danach gefragt werden, wem die Pflichtverletzung persönlich zuzuschreiben ist. Wie sich in der weiteren Darstellung zeigen wird, kann in einer Unterversicherung nicht immer zugleich eine Pflichtverletzung gesehen werden, da hierfür auch immer die persönliche Zuständigkeit ausschlaggebend ist.

Des Weiteren gilt es also zu klären, wem die Pflichtverletzung zuzuschreiben ist. Eine vertragliche Pflichtverletzung kann nur begehen, wer überhaupt das Recht und die Pflicht zur Handlung, Duldung oder Unterlassung innehat. Die richtige Frage lautet somit, welcher Partner für den Abschluss der Berufshaftpflichtversicherung verantwortlich ist. Weder das Partnerschaftsgesellschaftsgesetz noch die Bundesrechtsanwaltsordnung enthalten Regelungen diesbezüglich. Die Verantwortlichkeit ist vielmehr nach den allgemeinen Regeln der Geschäftsführung zu bestimmen, denn § 8 Abs. 4 PartGG konstatiert lediglich, dass die Partnerschaft mit beschränkter Berufshaftung eine Berufshaftpflichtversicherung unterhalten muss. Gemäß § 6 Abs. 3 S. 1 PartGG richtet sich das Rechtsverhältnis der Partner untereinander nach dem Partnerschaftsvertrag. Die Geschäftsführung und damit die Aufgabenzuweisung erfolgt in erster Linie also durch vertragliche Regelung. Enthält der Partnerschaftsvertrag keine Bestimmung über die Geschäftsführungsbefugnis, greift nach § 6 Abs. 3 S. 2 PartGG das gesetzliche Regelungskonzept der §§ 110 bis 116 Abs. 2, §§ 117 bis 119 HGB. Danach sind alle Partner jeweils allein zur Geschäftsführung berechtigt und verpflichtet (§ 6 Abs. 3 S. 2 PartGG i.V.m. §§ 114 Abs. 1, 115 Abs. 1 HGB).[599] Im vorliegenden Fall bestimmt sich die Pflicht zum Abschluss einer objektiv angemessenen Berufshaftpflichtversicherung folglich nach § 6 PartGG. Unter „Geschäftsführung“ ist die auf die Verwirklichung des Gesellschaftszwecks im

598 Vgl. Dritter Teil, D., III., 1., a).

599 Vgl. *Henssler*, PartGG Kommentar, § 6 Rn. 48.

Innenverhältnis gerichtete Tätigkeit zu verstehen,[600] das heißt alle Handlungen, die der gewöhnliche Betrieb der freiberuflichen Partnerschaftsgesellschaft mit sich bringt.[601] Gewöhnlich sind dabei alle Geschäfte, die in der Partnerschaft normalerweise vorkommen. Dazu zählen sämtliche Geschäfte, welche die Ausübung der freiberuflichen Leistungen darstellen und alle hierzu erforderlichen Hilfsgeschäfte. Davon abzugrenzen sind die außergewöhnlichen Geschäftsführungsmaßnahmen i.S.v. § 116 Abs. 2 HGB, die nach Art und Umfang Ausnahmecharakter haben.[602] Zur Vornahme solcher außergewöhnlichen Handlungen ist ein Beschluss sämtlicher Gesellschafter erforderlich (§ 116 Abs. 2 HGB). Der Abschluss einer Berufshaftpflichtversicherung ist von besonderer Bedeutung für jeden Partner und hat Ausnahmecharakter.[603] Er liegt nicht im Bereich der freiberuflichen Berufsausübung und ist nicht Gegenstand des täglichen Geschäfts einer Partnerschaft. Nach § 6 Abs. 3 S. 2 PartGG i.V.m. § 116 Abs. 2 HGB bedarf es zum Abschluss einer Berufshaftpflichtversicherung somit einer Entscheidung aller Partner.

Zur Beantwortung der hiesigen Frage ist also wie folgt vorzugehen. Zunächst ist der Partnerschaftsvertrag der erste Anlaufpunkt zur Bestimmung der Versicherungspflicht. Die Geschäftsführungsbefugnis richtet sich in erster Linie nach den gesellschaftsvertraglichen Regelungen. Hierin kann eine Einzel- oder Gesamtgeschäftsführungsbefugnis vereinbart werden. Werden darin ein oder mehrere Partner der Zuständigkeit über den Abschluss der Berufshaftpflichtversicherung zugeteilt, obliegt diesen Partnern die Pflicht, eine objektiv angemessene Versicherung abzuschließen.[604] Besteht keine diesbezügliche Zuteilung im Partnerschaftsvertrag, obliegt die Versicherungspflicht allen Partner gemeinsam, unabhängig von einer Einzel- oder Gesamtgeschäftsführungsbefugnis. Enthält der Partnerschaftsvertrag indes keine Regelungen über die Geschäftsführung, gilt nach § 6 Abs. 3 S. 2 PartGG i.V.m. § 116 Abs. 2 HGB die Gesamtgeschäftsführungsbefugnis. Es ist daher die gemeinsame Pflicht aller Partner für eine objektiv angemessene Berufshaftpflichtversicherung zu sorgen. Im Ergebnis trifft

---

600 *K. Schmidt*, Gesellschaftsrecht, § 47 V 1, S. 1389; *Wehrheim*, Die Partnerschaftsgesellschaft, S. 54.

601 *Meilicke,* in: M/GvW/H/L/W, § 6 Rn. 38; *Wehrheim*, Die Partnerschaftsgesellschaft, S. 54.

602 *Meilicke,* in: M/GvW/H/L/W, § 6 Rn. 38.

603 *Sommer/Treptow*, NJW 2013, 3269 (3270).

604 Für die Rechtsanwalts-GmbH wird vorgeschlagen, dass die Versicherungspflicht allen Geschäftsführern gemeinsam auferlegt wird. Vgl. *Vieth/Schulz-Jander*, NZG 1999, 1126 (1127).

somit immer alle Partner gemeinsam die Pflicht zur angemessenen Versicherung, es sei denn, der Partnerschaftsvertrag sieht eine ausdrückliche Aufgabenzuweisung vor.

Sollte die Partnerschaft mbB einmal unterversichert sein, führt dies im Falle eines Schadensersatzanspruches zu einer merkwürdigen Rechtsfolge. Sind nämlich alle Partner gemeinsam verantwortlich, stehen der Partnerschaft alle Partner als Gesamtschuldner i.S.d. § 421 BGB im Innenregress zur Verfügung. Die Eigenartigkeit liegt in der Verbindung von Sinn und Zweck der Treue- und Sorgfaltspflicht mit der gegenteiligen Zuweisung dieser Plichten. Die Partner sind sowohl der Partnerschaft als auch den Partnern gegenüber zur Schadensabwendung verpflichtet. Der Schutz der Partnerschaft bezweckt gleichzeitig den Schutz der Partner, da diese als persönlicher Verbund hinter der Partnerschaft als Rechtssubjekt stehen. Verletzen nun alle Partner gemeinsam die Schadensabwendungspflicht, indem sie eine objektiv zu niedrige Berufshaftpflichtversicherung abschließen, wird der Sinn und Zweck der Sorgfaltspflicht konterkariert. Anstatt die Partner vor Schäden zu bewahren, werden sie als Gesamtschuldner in Anspruch genommen. Der gesellschaftsinterne Schutz durch Treue- und Sorgfaltspflichten wird von externen Dritten ausgenutzt, um die Partner als zusätzlichen Schuldner zu gewinnen. Der Sinn und Zweck der Treue- und Sorgfaltspflichten – die Schadensbewahrung der Partnerschaft und der Partner – wäre damit verfehlt. Der Partnerschaft wird durch Pfändung und Überweisung von Innenansprüchen nicht geholfen. Im Ergebnis träte dann die merkwürdige Folge auf, dass der Dritte von den (internen!) Treue- und Sorgfaltspflichten der Partner profitiert und die Partner hingegen Nachteile daraus erleiden. Deshalb kann in diesem Fall nicht von einer Verletzung der Schadensabwendungspflicht gesprochen werden, wenn sich die Partner durch eine Unterversicherung im Ergebnis nur selbst schaden würden.

Anders sieht es jedoch in den Fällen aus, in denen die Zuständigkeit des Abschlusses einer Berufshaftpflichtversicherung partnerschaftsvertraglich geregelt wurde. Trifft die Versicherungspflicht beispielsweise nur einen Managing-Partner, so hat dieser für eine objektiv angemessene Versicherung Sorge zu tragen. Verletzt der zuständige Partner nun diese Pflicht, kann er im Innenverhältnis in Anspruch genommen werden. Die anderen Partner vertrauen dem betroffenen Partner diese Aufgabe an. Er hat gerade dafür zu sorgen, dass die Partnerschaft nicht mit ihrem Gesellschaftsvermögen haften muss, sondern ausreichend durch die Berufshaftpflichtversicherung abgesichert ist. Diese Pflicht kann der zuständige Partner verletzen. Aber auch hier ist die Lage wieder nicht eindeutig. Angenommen nur ein Partner ist für den Abschluss der Versicherung zuständig, ein anderer Partner dagegen begeht eine Pflichtverletzung innerhalb eines

Mandantenvertrages. Liegt der Schaden nun über der tatsächlichen Versicherungssumme stellt sich die Frage, ob der für die Versicherung zuständige Partner eine Pflicht verletzt hat, zumal die schadensauslösende Pflichtverletzung ein anderer Partner begangen hat. Das kann nur anhand des jeweiligen Einzelfalls bestimmt werden. Der für die Versicherung zuständige Partner müsste jeden Mandantenvertrag im Auge behalten und stets über jeden Fall informiert sein. Nur so kann er einschätzen, ob und in welcher Höhe die Versicherung angepasst werden muss. Hier wird offensichtlich, dass es nur sehr schwer möglich ist, einem Partner die Pflicht zur angemessenen Versicherung aufzubürden. Andererseits kann im Partnerschaftsvertrag beispielsweise geregelt werden, dass jeder Partner für eine ausreichende Versicherung bezüglich aller Mandantenverträge in seinem Zuständigkeitsbereich verantwortlich ist. Das hat die praktische Folge, dass sich jeder Partner um die Versicherung in eigenen Angelegenheiten kümmern kann. Sollte das Schadensrisiko über der bestehenden Versicherungsdeckung liegen, kann jeder Partner, ohne Zustimmung aller anderen Partner, eine Anschlussversicherung im Einzelfall abschließen. Diese partnerschaftsvertragliche Regelung eignet sich gerade für große, internationale Partnerschaften, da hier eine gemeinsame Beschlussfassung nur schwer durchsetzbar ist. In diesem Fall könnte eine Pflichtverletzung festgestellt werden.

Das Problem der Zurechnung der Pflichtverletzung könnte dann entfallen, wenn die Höhe der Mindestversicherung durch eine Angemessenheitsklausel gesetzlich festgeschrieben wäre. In diesem Fall würde kraft Gesetz bestimmt werden, ab welcher Höhe eine Berufshaftpflichtversicherung objektiv angemessen ist. Auch hier zeigt sich wieder die Inkonsequenz des Gesetzgebers bzw. der Unterschied zwischen den einzelnen Berufsgruppen, die durch jeweils eigene Berufsrechte geprägt sind. Für Rechts- und Patentanwälte gilt eine Mindestversicherungssumme von 2,5 Mio. Euro (§§ 51a BRAO, 45a PAO). Steuerberater und Wirtschaftsprüfer müssen sich dagegen mit lediglich 1 Mio. Euro absichern. Die Prägnanz liegt aber nicht in der unterschiedlichen Versicherungshöhe, sondern in der konkreten Ausgestaltung der einzelnen Berufsrechtsregelungen. So schreibt § 67 Abs. 2 S. 1 StBerG eine Mindestversicherungssumme von 1 Mio. Euro vor. Absatz 1 enthält eine Angemessenheitsklausel, die in Verbindung mit Absatz 2 zu einer Lösung des Problems „objektiv angemessene Berufshaftpflichtversicherung“ führen könnte. Der Wortlaut des § 67 Abs. 2 S. 1 StBerG gibt an, dass die Voraussetzungen des § 8 Abs. 4 S. 1 PartGG erfüllt werden, wenn eine Versicherung in Höhe von 1 Mio. Euro unterhalten wird. Die in Absatz 1 geforderte Angemessenheit wird somit durch Absatz 2 erfüllt. Das eben dargestellte Problem der Rechtsanwalts-PartG mbB scheint daher für die Steuerberater-PartG mbB nicht zu gelten. § 67 Abs. 2 S. 1 StBerG könnte nämlich dahingehend verstanden werden, dass die Steuerberater-Partnerschaft immer dann objektiv angemessen versichert ist, wenn die Voraussetzung – Deckungssumme in Höhe von 1 Mio. Euro – erfüllt ist. Durch eine sehr weite Auslegung dieser Vorschrift ließe sich diese Ansicht vertreten. Sowohl der Wortlaut der Norm als auch der Sinn und Zweck des Berufsrechts sprechen jedoch gegen eine solche Auslegung. Dem Wortlaut nach werden durch die Einhaltung der Deckungssumme nur die Voraussetzungen des § 8 Abs. 4 S. 1 PartGG erfüllt. Hier geht es hingegen um die Einhaltung von Loyalitätspflichten gegenüber der Partnerschaft. Sollte dass Schadensrisiko offensichtlich weit über 1 Mio. Euro liegen, und hätte der zuständige Partner dies erkannt, verletzt er unabhängig des Wortlauts von § 67 Abs. 2 S. 1 PartGG seine Schadensabwendungspflicht, wenn er das Wissen hinsichtlich des Risikos zu vertreten hat. Auch der Sinn und Zweck spricht gegen eine derartige Auslegung. Loyalitätspflichten sind tatsächlicher Natur und immer von den Einzelumständen abhängig. Berufsrechtliche Normen regeln die Ausübung der freiberuflichen Tätigkeit. Rechte und Pflichten in gesellschaftlichen Innenverhältnissen werden hiervon nicht tangiert. Diesbezüglich bedarf es also keiner Nachbesserung durch den Gesetzgeber, damit auch bei der Rechtsanwalts-PartG mbB Rechtssicherheit entsteht. Durch eine Angemessenheitsklausel in § 51a BRAO würde die Pflicht der Partner gegenüber der Partnerschaft nicht automatisch gewahrt bleiben. Gegenteiliges ließe sich nur dann vertreten, würde eine Angemessenheitsklausel als Auslegungshilfe des Partnerschaftsvertrages herangezogen werden. Die Angemessenheitsklausel gelte dann als gesetzliche Bestimmung, ab welcher Versicherungshöhe die Loyalitätspflicht auf jeden Fall eingehalten sei. Zwar bestünde immer noch die Gefahr der Unterversicherung und des Zugriffs auf das Gesellschaftsvermögen. Der Partnerschaftsvertrag müsste dann aber so ausgelegt werden, dass eine Berufshaftpflichtversicherung mit der Deckungssumme von 2,5 Mio. Euro den Treue- und Sorgfaltspflichten Rechnung trägt. Eine Angemessenheitsklausel in § 51a BRAO diene dann als Vermutung bzw. Auslegungshilfe, die sich jeder Partner billigerweise zurechnen lassen muss. Selbstverständlich bliebe es den Partnern weiterhin überlassen, abweichende Vereinbarungen im Partnerschaftsvertrag aufzunehmen.

c) Zusammenfassung der Loyalitätspflichten

Ob Treue- oder Sorgfaltspflichten, ob Pflicht zum Abschluss einer objektiv angemessenen Berufshaftpflichtversicherung – kollektiv dienen die Pflichten jedenfalls der Schadensabwendung, also das Gesellschaftsvermögen vor unnötigen Zugriffen zu schützen. Als Oberbegriff können die genannten Pflichten einem einheitlichen Gedanken partnerschaftlicher Loyalitätspflichten zugeordnet werden, die der Schadensabwendung dienen.[605] Allesamt zielen auf den Schutz der Partnerschaft und damit auf die rechtlich organisierte Verfolgung eines gemeinsamen Ziels durch mehrere Personen ab. Bei der Partnerschaft mit beschränkter Berufshaftung wird die Schadensabwendungspflicht hingegen erst dann verletzt, wenn der eingetretene Schaden über der Deckungssumme der Berufshaftpflichtversicherung liegt. Erst dann kann der Gläubiger auf das Gesellschaftsvermögen zugreifen. Sowohl die Treue- und Sorgfaltspflicht als auch die Pflicht zum Abschluss einer objektiv angemessenen Versicherung können mit ein und derselben schadensauslösenden Handlung verletzt werden. Hat ein für die Versicherung zuständiger Partner einen Schaden verursacht, der über der Deckungssumme der Versicherung liegt, hat er beide Loyalitätspflichten zugleich verletzt. Der Partnerschaft könnten dann zwei Schadensersatzansprüche aus § 280 BGB zustehen. Nur wenn die Zuständigkeit zum Abschluss der Versicherung lediglich einem Partner partnerschaftsvertraglich zugesprochen wird, vermögen zwei verschiedene Personen die Schadensabwendungspflicht im Rahmen nur einer Vertragspflichtverletzung zu verletzten. Dieses Szenario wird dagegen nur bei sehr kleinen Partnerschaften umsetzbar sein. Sobald eine Partnerschaft an nicht nur einem Ort ansässig ist, wird es einem Partner alleine unmöglich sein, alle Mandantenverträge auf ihr Schadensrisiko hin zu überprüfen. Der Anwendungsbereich der Loyalitätspflichtverletzung sollte somit nicht zu weit ausgedehnt werden. Nicht jedem Zugriff auf das Gesellschaftsvermögen geht eine Pflichtverletzung eines Partners einher. Hinzu kommt, dass die Treue- und Sorgfaltspflicht schuldhaft verletzt werden muss. Ebenso reicht die bloße Tatsache, dass die Schadenshöhe über der Deckungssumme liegt, alleine nicht aus, um eine Pflichtverletzung der Partner anzunehmen. Das Risiko, dass eben jener Fall eintreten kann, mithin das Wissen um das Verhältnis zwischen Schadenswahrscheinlichkeit und Versicherungshöhe, muss den Partnern zurechenbar bewusst gewesen sein.

d) Schadensersatzanspruch der Partnerschaftsgesellschaft mbB

aa) Schadensersatz bei Verletzung von Loyalitätspflichten

Bei Verletzung von Loyalitätspflichten könnte der Partnerschaft ein Schadensersatzanspruch gegen den pflichtverletzenden Partner zustehen. Um das Problem zu verdeutlichen:

Angenommen ein Partner verletzt eine Pflicht aus dem Anwaltsvertrag; die Folge wäre ein Schadensersatzanspruch des Mandanten gegen die Partnerschaft,

605 Vgl. *Lutter*, AcP 180 (1980), 84 (110).

da der Anwaltsvertrag mit der Gesellschaft abgeschlossen wird. Die Haftungsbeschränkung des § 8 Abs. 4 PartGG sieht nunmehr vor, dass der Partner nicht persönlich in Anspruch genommen werden kann – deliktische Ansprüche sind hiervon ausgenommen. Daraus folgend stehen dem Mandanten nur die Berufshaftpflichtversicherung und das Gesellschaftsvermögen zur Befriedigung zur Verfügung. In erster Linie ist das eine beträchtliche Deckungssumme. Probleme entstehen aber dort, wo der Schaden höher als die zu befriedigende Masse ist. Der Mandant würde dann auf der Differenz sitzen bleiben. Die Lösung könnte in der Pfändung und Überweisung des Innenregresses der Partnerschaft mbB gegenüber ihrem pflichtverletzenden Partner liegen. Der Innenregress charakterisiert sich durch die Verletzung der Schadensabwendungspflicht als Ausprägung der Loyalitätspflicht.[606] Nebst Partnerschaft stünde dem Mandanten dann ein weiterer Schuldner zur Verfügung. Dieser Gedanke beißt sich nun aber mit dem gesetzlichen Haftungsmodell einer beschränkt haftenden Gesellschaft. Sinn und Zweck des § 8 Abs. 4 PartGG besteht gerade in dem Ausschluss der persönlichen Haftung des Partners. Auch der Gesetzgeber wollte die PartG mbB gerade als Alternative zur LLP ins Leben rufen.

Ein pfändbarer Anspruch besteht indessen nur dann, wenn der Partnerschaft überhaupt ein Schadensersatzanspruch gegen einen oder mehrerer ihrer Partner zusteht. Ob und woraus sich ein solcher Anspruch ergeben kann, soll im Folgenden untersucht werden.

(1) Mögliche Anspruchsgrundlagen

Eine Verletzung der Loyalitätspflichten – genauer gesagt der Schadensabwendungspflicht – könnte einen Schadensersatzanspruch der Partnerschaft gegen den pflichtverletzenden Partner auslösen. Zunächst bedarf es hierzu einer anspruchsbegründenden Norm. Dabei ist wiederum die spezielle Ausgestaltung der PartG mbB als Hybrid zu berücksichtigen. Da die PartG mbB sowohl kapitalgesellschaftsrechtliche als auch personengesellschaftsrechtliche Charakteristika aufweist, können sich Anspruchsgrundlagen aus verschiedenen Vorschriften ergeben. Zum einen kommen die gesetzlich normierten Anspruchsgrundlagen bei Verletzung der Sorgfaltspflicht durch Vorstandsmitglieder und Geschäftsführer (§§ 43 GmbHG, 93 AktG) entsprechend in Betracht. Zum anderen können sich Ansprüche auch aus der allgemeinen Anspruchsnorm gem. §§ 280, 708 BGB, 1 Abs. 4 PartGG i.V.m. dem Partnerschaftsvertrag ergeben. Die Haftungsverfassung sowie die versicherungsrechtliche Lösung der PartG mbB gleicht den

606 Ähnlich *Lieder*, NotBZ 2014, 81 (83).

Regeln der Rechtsanwalts-GmbH, wodurch eine entsprechende Anwendung der §§ 43 GmbHG, 93 AktG nahe liegt. Außerdem handelt es sich bei der PartG mbB trotz allem um eine Personengesellschaft deren haftungsrechtliche Ausgestaltung über § 1 Abs. 4 PartGG in §§ 280, 708 BGB gesetzlich normiert ist. Eine entsprechende Anwendung kapitalgesellschaftsrechtlicher Haftungsregelungen könnte daher ausgeschlossen sein.

Das Partnerschaftsgesellschaftsgesetz kennt keine spezifischen Regelungen über den Regress im Innenverhältnis.[607] Eine Anwendung der Regelungen über den internen Haftungsausgleich der GbR wird jedoch über § 1 Abs. 4 PartGG hergestellt, der auf die Vorschriften der §§ 705 ff. BGB verweist. Aber auch im Personengesellschaftsrecht sucht man verzweifelt eine den §§ 43 GmbHG, 93 AktG vergleichbare Regelung, die einen Schadensersatzanspruch der Gesellschaft – bei Verletzung von Loyalitätspflichten durch einen Geschäftsführer – begründet. Die Loyalitätspflicht ist eine partnerschaftsvertragliche Ausprägung der gemeinsamen Zweckerreichung, die jeden Partner unausweichlich trifft. Eine Verletzung dieser Pflichten könnte über §§ 280, 708 BGB i.V.m. dem Partnerschaftsvertrag geahndet werden.[608] Der Partnerschaft mbB stünde sodann ein Schadensersatzanspruch gegen den pflichtverletzenden Partner zu. Als Schuldverhältnis i.S.d. § 280 Abs. 1 S. 1 BGB gilt der Partnerschaftsvertrag[609] (§§ 3, 1 Abs. 4 PartGG i.V.m. § 705 BGB), der wiederum eine zivilrechtliche Sonderverbindung[610] zwischen Partnerschaft und Partner aber auch zwischen den Partner selbst hervorruft. Aus dem Partnerschaftsvertrag entsteht eine mehrseitige Rücksichtnahmepflicht. Nicht nur die Partner untereinander sind sich gegenseitig zur Schadensabwendung verpflichtet. Die Schadensabwendungspflicht

---

607 *Wehrheim*, Die Partnerschaftsgesellschaft, S. 71.

608 *Servatius*, in: Henssler/Strohn Gesellschaftsrecht, BGB, § 705 Rn. 41; *Römermann/Praß*, NZG 2012, 601 (604); Vgl. auch *Wertenbruch*, NZG 2013, 1006 (1008); für eine Anwendung des § 280 BGB auch bei der Rechtsanwalts-GmbH, siehe *Henssler*, in: Henssler/Prütting BRAO Kommentar, BRAO, § 59j Rn. 10.

609 *Ernst*, in: MüKo BGB, § 280 Rn. 6; *Ulmer/Schäfer*, in: MüKo BGB, § 705 Rn. 156; *Servatius*, in: Henssler/Strohn Gesellschaftsrecht, BGB, § 705 Rn. 17; *Henssler*, PartGG Kommentar, § 3 Rn. 2; *K. Schmidt*, Gesellschaftsrecht, § 43 II 1, S. 1287. Bei der Rechtsanwalts-GmbH wird im Rahmen von § 280 BGB auf den Anstellungsvertrag des Geschäftsführers abgestellt; vgl. *Henssler*, in: Henssler/Prütting BRAO Kommentar, BRAO, § 59j Rn. 10.

610 *K. Schmidt*, Gesellschaftsrecht, § 19 III 1 a, S. 552; *Lutter*, AcP 180 (1980), 84 (122). Die mehrfache Richtung des Sonderrechtsverhältnisses ermöglicht es erst, der Partnerschaft eigene Ansprüche gegen ihre Partner zuzugestehen, vgl. *K. Schmidt*, Gesellschaftsrecht, § 19 III 1 a, S. 553.

besteht auch zwischen den Partnern und der Partnerschaft. Es kann festgehalten werden, dass sich die Loyalitätspflichten in einer Gesellschaft in alle nur denkbaren Richtungen ausstrahlen. Als mögliche Anspruchsgrundlage kommt folglich § 280 BGB i.V.m. dem Partnerschaftsvertrag in Frage.

Darüber hinaus könnten sich auch Anspruchsgrundlagen aus dem Kapitalgesellschaftsrecht auf die PartG mbB übertragen lassen. Gerade aufgrund der kapitalgesellschaftstypischen Haftungsbegrenzung auf das Gesellschaftsvermögen ist die entsprechende Anwendung der §§ 43 GmbHG, 93 AktG alles andere als abwegig. Auch wenn die PartG mbB eine Personengesellschaft ist, so ist der Ausschluss der persönlichen Haftung ein Merkmal der Kapitalgesellschaft. Hier zeigt sich wieder die Sonderstellung der PartG mbB aufgrund ihrer hybriden Ausgestaltung. Dennoch darf nicht zu leichtfertig auf das Recht der Kapitalgesellschaften verwiesen werden. Im vorliegenden Fall ist ein wesentlicher Unterschied von Bedeutung, und zwar derjenige, dass die Geschäftsführer einer Personengesellschaft nicht bestellt werden sondern jeder Partner automatisch Geschäftsführer ist (sog. Prinzip der Selbstorganschaft).[611] Bei der entsprechenden Anwendung der Geschäftsführerhaftung einer GmbH muss auf diesen feinen Unterschied Rücksicht genommen werden. Die Rechtsanwalts-GmbH kann ihren Gesellschafter-Geschäftsführer nach § 43 Abs. 2 GmbHG im Innenverhältnis in Anspruch nehmen.[612] Das kommt insbesondere bei einer Verletzung der Schadensabwendungspflicht, also in solchen Fällen in Betracht, in denen die Rechtsanwalts-GmbH Schadensersatzansprüchen von Mandanten ausgesetzt ist.[613] Werden die Grundsätze der Sorgfaltspflicht von Geschäftsführern und Vorständen auf die PartG mbB übertragen, so muss dieselbe Pflicht auch den Partnern zukommen. Eine Haftung der Partner gegenüber der Partnerschaft wegen Verletzung von Loyalitätspflichten würde sich sodann aus der entsprechenden Anwendung der §§ 43 GmbHG, 93 AktG ergeben.

Nun stellt sich die Frage, welche Anspruchsgrundlage für die PartG mbB in Betracht kommt. Zur Auswahl stehen § 280 BGB i.V.m. dem Partnerschaftsvertrag und §§ 43 GmbHG, 93 AktG entsprechend. Auf den ersten Blick besteht kein Bedürfnis, sich des Kapitalgesellschaftsrechts zu bedienen, zumal das Personengesellschaftsrecht mit einer eigenen Anspruchsnorm ausgestattet ist.

---

611 *K. Schmidt*, Gesellschaftsrecht, § 47 V 1, S. 1389.

612 Für die Aktiengesellschaft gilt § 93 Abs. 2 AktG.

613 Näher hierzu *Henssler,* in: Henssler/Prütting BRAO Kommentar, BRAO, § 59j Rn. 10; *Brüggemann,* in: BRAO Kommentar, Teil 1 BRAO, § 59j Rn. 6; *Ganster*, Freier Beruf und Kapitalgesellschaft, S. 426; *Henssler*, ZHR 161 (1997), 305 (322); *Henssler*, ZIP 1997, 1481 (1484).

Dagegen wird eine entsprechende Anwendung der §§ 43 GmbHG, 93 AktG im Bereich der Verletzung von Sorgfaltspflichten auch im Personengesellschaftsrecht konstatiert. Denn als Korrelat organschaftlicher Kompetenzen[614] trifft das Handlungsorgan eine organschaftliche Verantwortlichkeit.[615] Bei der GmbH wird – neben der gesetzlichen Haftung aus dem organschaftlichen Sonderrechtsverhältnis – eine besondere Haftung aus dem i.d.R. bestehenden Dienstvertrag überwiegend abgelehnt, da § 43 GmbHG eine Spezialregelung darstellt und die Vertragshaftung in sich aufnimmt.[616] Die Haftung nach § 43 Abs. 2 GmbHG beruht auf der Organstellung des Haftenden und besteht unabhängig davon, ob das Anstellungsverhältnis zwischen der Gesellschaft und dem Geschäftsführer wirksam ist.[617]

Dieser Ansatz kann indes nicht auf die PartG mbB übertragen werden. Im Gegensatz zur GmbH ist der Geschäftsführer der PartG mbB gleichzeitig Gesellschafter und hat sich somit im Partnerschaftsvertrag ausdrücklich zu den Loyalitätspflichten bekannt. Es besteht im Gegensatz zum Geschäftsführer der GmbH nicht bloß ein Anstellungsverhältnis; das Verhältnis ist vielmehr durch den Partnerschaftsvertrag gekennzeichnet und geht daher über ein bloßes Anstellungsverhältnis hinaus. Grundsätzlich ist die richtige Anspruchsgrundlage in den §§ 705 ff. BGB zu suchen. Da mit § 280 BGB i.V.m. dem Partnerschaftsvertrag eine taugliche Anspruchsgrundlage besteht, bedarf es keiner entsprechenden Anwendung der §§ 43 GmbHG, 93 AktG. Durch die Ausübung der freiberuflichen Tätigkeit leistet jeder Partner seinen gesellschaftsvertraglichen Beitrag (§705 BGB, § 4 PartGG). Gleichzeitig hat die berufliche Tätigkeit Geschäftsführungscharakter, da sie den gemeinsamen Zweck fördern soll.[618] Bei einem Pflichtverstoß gegenüber einem Mandanten ergibt sich die Rechtsfolge deshalb bereits aus § 280 BGB i.V.m. dem Partnerschaftsvertrag. Im Ergebnis ist die hiesige Diskussion aber rein dogmatischer Natur, denn am Ende gelangen

---

614 Das trifft bei Personengesellschaften auf den Gesellschafter-Geschäftsführer zu. Bei Partnerschaften steht die Geschäftsführung jedem Partner zu, sodass dem Partner eine organschaftliche Kompetenz zukommt.

615 *Bergmann,* in: JurisPK-BGB, § 708 Rn. 1; *Bergmann*, Die fremdorganschaftlich verfasste OHG, KG und GbR, S. 181.

616 *BGH*, NJW-RR 1989, 1255 (1255 f.); *Zöllner/Noack,* in: Baumbach/Hueck GmbHG, § 43 Rn. 4; *Ganster*, Freier Beruf und Kapitalgesellschaft, S. 427 f.; *Henssler*, ZHR 161 (1997), 305 (322); dagegen aber *Karsten Schmidt*, der eine Anspruchskonkurrenz annimmt, vgl. *K. Schmidt*, Gesellschaftsrecht, § 36 II 4 a, S. 1077 m.w.N.

617 *Zöllner/Noack,* in: Baumbach/Hueck GmbHG, § 43 Rn. 2.

618 *Tröger/Pfaffinger*, JZ 2013, 812 (821).

beide Ansprüche zu demselben Ergebnis. Die Grundsätze der §§ 43 GmbHG, 93 AktG müssen als spezielle Ausprägung der Sorgfaltspflicht in die Auslegung des § 280 BGB i.V.m. dem Partnerschaftsvertrag einfließen. Die Vorschriften betreffen die Anforderungen an den Geschäftsführer einer haftungsbeschränkten Gesellschaft. Nichts anderes ist auch der Partner einer PartG mbB. Er ist Geschäftsführer und gleichzeitig von seiner persönlichen Haftung befreit.

(2) Pflichtverletzung

Es lässt sich berechtigterweise bereits in der vorgelagerten Stufe des Pflichtverstoßes diskutieren, ob in Fällen, in denen ein Mandant einen Schadensersatzanspruch gegen die Partnerschaft hat, überhaupt eine Pflichtverletzung widerstandslos angenommen werden kann. Soeben wurde gezeigt, dass jedem Gesellschafter gegenüber seiner Gesellschaft gewisse Loyalitätspflichten obliegen; hierzu gehört vor allem die Schadensabwendungspflicht. Nun liegt es auf der Hand, im Falle einer Inanspruchnahme der Gesellschaft gleichzeitig eine Verletzung der Schadensabwendungspflicht und damit eine tatbestandsauslösende Pflichtverletzung anzunehmen. Allerdings liegt es unstreitig im Interesse aller Gesellschafter, sich nicht bei jeder Pflichtverletzung im Mandantenvertrag gleichzeitig einer Schadensersatzpflicht gegenüber der Gesellschaft auszusetzen. Loyalitätspflichten ergeben sich aus dem Sinn und Zweck der gemeinsamen Berufsausübung und der Verfolgung eines gemeinsamen Zwecks. Die Gefahr der Inanspruchnahme bei jedwedem Berufsausübungsfehler kann nicht unter gegenseitiger Rücksichtnahme verstanden werden. Vielmehr soll sich ein Gesellschafter/Geschäftsführer einer Gesellschaft nur dann einer Inpflichtnahme aussetzen müssen, wenn er es umgangssprachlich „nicht anders verdient hat". Juristisch ausgedrückt hat es ein Gesellschafter/Geschäftsführer „nicht anders verdient", wenn er die Pflichtverletzung schuldhaft begangen hat. Entscheidender Anknüpfungspunkt der Beseitigung möglicher Widersprüche ist deshalb nicht die Pflichtverletzung, sondern ihr Vertretenmüssen. Eine Pflichtverletzung ist durch die Verursachung eines Schadens leicht begangen. Verantwortlich für die Pflichtverletzung ist ein Gesellschafter/Geschäftsführer aber nur dann, wenn er sie schuldhaft begangen hat. Hauptaugenmerk liegt demnach auf dem Vertretenmüssen der Pflichtverletzung.

(3) Vertretenmüssen und Sorgfaltsmaßstab

Selbstverständlich kann nicht jeder Pflichtverstoß eines Partners zu einer Schadensersatzpflicht führen, sondern nur derjenige, den der Partner zu vertreten hat. Auch hier gelten die allgemeinen Bestimmungen des BGB. So hat der pflichtverletzende Partner grundsätzlich Vorsatz und Fahrlässigkeit zu vertreten (§ 276

Abs. 1 BGB). In Bezug auf das Verschulden stellt sich die Frage der Anwendung des § 708 BGB.[619] Nach § 708 BGB hat ein Gesellschafter bei der Erfüllung der ihm obliegenden Verpflichtungen nur für diejenige Sorgfalt einzustehen, welche er in eigenen Angelegenheiten anzuwenden pflegt (*diligentia quam in suis*).[620] Demnach haben sie bei der Erfüllung ihrer Pflichten nicht die objektive und verkehrsübliche, meist strengere Sorgfalt einzuhalten, sondern in den Grenzen des § 277 BGB nur die eigenübliche.[621] Der Grund für eine solche Haftungserleichterung findet sich in zwei nachvollziehbaren Gesichtspunkten.[622] Gesellschafter müssen sich gegenseitig so nehmen, wie sie einmal sind;[623] alle Angelegenheiten der Gesellschaft sind stets auch eigene Angelegenheiten jedes Gesellschafters.[624] Diese Vorschrift ist sehr fragwürdig und wird deshalb weitgehend kritisiert. Die Kritik geht sogar soweit, dass eine Abschaffung *de lege ferenda* gefordert wird.[625] Auch die Rechtsprechung hat erkannt, dass § 708 BGB nicht ohne weiteres auf alle Gesellschaftsformen anwendbar ist, zumal Sinn und Zweck der Vorschrift das persönliche Vertrauensverhältnis der Gesellschafter untereinander ist. Deshalb wird § 708 BGB bei Publikumsgesellschaften – und überhaupt bei allen kapitalistischen, von persönlichen Bindungen unabhängigen Gesellschaftsverhältnissen – von der Anwendung ausgeschlossen.[626] Im Grundsatz richtet sich die Anwendbarkeit des § 708 BGB also nach der Intensität des persönlichen Verhältnisses innerhalb der Gesellschaft.

---

619 Zur Anwendbarkeit des § 708 BGB auf die Treuepflichten, vgl. *Hueck*, Das Recht der OHG, S. 114.

620 *Wertenbruch*, NZG 2013, 1006 (1007).

621 *Servatius*, in: Henssler/Strohn Gesellschaftsrecht, BGB, § 708 Rn. 1.

622 Näher eingehend und mit spezifischeren Charakterisierungen, siehe *Müller-Graff*, AcP 191 (1991), 475 (479). Im Ergebnis sind die hier aufgezählten Gesichtspunkte nähere Beschreibungen der zwei wesentlichen Gesichtspunkte.

623 *Habermeier*, in: Staudinger BGB, § 708 Rn. 12; *Schäfer*, in: MüKo BGB, § 708 Rn. 1; *Servatius*, in: Henssler/Strohn Gesellschaftsrecht, BGB, § 708 Rn. 1; *K. Schmidt*, Gesellschaftsrecht, § 59 III 2 a, S. 1744; *Wertenbruch*, NZG 2013, 1006 (1007).

624 *Schäfer*, in: MüKo BGB, § 708 Rn. 1; K. *Schmidt*, Gesellschaftsrecht, § 59 III 2 a, S. 1744.

625 *Hueck*, Das Recht der OHG, S. 113 Fn. 10; *K. Schmidt*, Gesellschaftsrecht, § 59 III 2 a, S. 1744 m.w.N.; *Wiedemann*, Gesellschaftsrecht, § 3 II 2 b, S. 190 f.; *Bergmann*, Die fremdorganschaftlich verfasste OHG, KG und GbR, S. 183; a. A. *Müller-Graff*, AcP 191 (1991), 475 (483).

626 BGHZ 69, 207 = *BGH*, NJW 1977, 2311 (2311); BGHZ 75, 321 = *BGH*, NJW 1980, 589 (591); *K. Schmidt*, Gesellschaftsrecht, § 59 III 2 b, S. 1744 m.w.N.

Die Anwendbarkeit des § 708 BGB auf die Partnerschaftsgesellschaft mbB scheint diesem Grundsatz nach – und auch aufgrund der Verweisung auf die §§ 705 ff. BGB in § 1 Abs. 4 PartGG – kein Problem darzustellen. Bei freiberuflichen Gesellschaften wird – obgleich eines persönlichen Vertrauensverhältnisses – die Anwendbarkeit des § 708 BGB von einigen Stimmen abgelehnt[627], bzw. als im Gesellschaftsvertrag konkludent ausgeschlossen[628] angesehen. Dieser Ansicht nach liegt der Grund hierfür in der besonderen Stellung des Freiberuflers, der ein besonderes Vertrauen gegenüber seinen Vertragspartnern genießt. Es sei von jedem Freiberufler zu erwarten, dass er die den Vertragspartnern gegenüber bestehenden berufsbezogenen Sorgfaltsmaßstäbe auch im Verhältnis zu seinen Mitgesellschaftern einhalte, da gerade bei Berufsausübungsgesellschaften ein hohes Haftungsrisiko bestehe.[629] Im Gegensatz dazu wird die Anwendbarkeit des § 708 BGB auch für Berufsausübungsgesellschaften bejaht.[630] Auch hier könne aufgrund der engen persönlichen Verbundenheit der Gesellschafter und des besonderen persönlichen Vertrauensverhältnisses nichts anderes gelten.[631] Dieser Ansicht ist zuzustimmen. Es ist kein überzeugender Grund ersichtlich, warum die Haftungserleichterung nicht auf Berufsausübungsgesellschaften angewendet werden soll. § 1 Abs. 4 PartGG verweist auf das gesamte Recht der BGB-Gesellschaft und damit auch auf § 708 BGB. Zwar ist dem Einwand zuzustimmen, Freiberufler hegten ein besonderes persönliches Verhältnis zu ihren Vertragspartnern. Die Haftungserleichterung gilt aber nur im Innenverhältnis und betrifft lediglich die Verletzung gesellschaftsvertraglicher Pflichten gegenüber der Gesellschaft oder den Mitgesellschaftern.[632] Das Außenverhältnis wird von § 708 BGB nicht beeinträchtigt. Eine Sonderstellung Freier Berufe ist nicht zu rechtfertigen.

Ohnehin muss die *diligentia quam in suis* bereits aus dem Gesellschaftsvertrag abgeleitet werden. Eine gesetzliche Haftungserleichterung wie in §§ 708, 277 BGB bedarf es bei persönlich strukturierten Gesellschaften grundsätzlich

---

627 *Habermeier,* in: Staudinger BGB, § 708 Rn. 22.

628 *Wertenbruch*, NZG 2013, 1006 (1007).

629 *Habermeier,* in: Staudinger BGB, § 708 Rn. 22; *Wertenbruch*, NZG 2013, 1006 (1007 f.).

630 *Servatius,* in: Henssler/Strohn Gesellschaftsrecht, BGB, § 708 Rn. 2; *Henssler*, PartGG Kommentar, § 1 Rn. 38; *Peres,* in: Sozietätsrecht, § 6 Rn. 36; *Wehrheim*, Die Partnerschaftsgesellschaft, S. 24; *Lieder*, NotBZ 2014, 81 (84); *Römermann/Praß*, NZG 2012, 601 (604).

631 *Peres,* in: Sozietätsrecht, § 6 Rn. 36.

632 *Servatius,* in: Henssler/Strohn Gesellschaftsrecht, BGB, § 708 Rn. 4.

nicht. Sinn und Zweck der Haftungserleichterung ist gerade, dass sich die Gesellschafter so nehmen wollen wie sie sind. Dasselbe Prinzip steckt auch im gesellschaftsvertraglichen Versprechen. Alle Gesellschafter versuchen gemeinsam den Gesellschaftszweck zu erreichen. Die persönliche Verflechtung indiziert das gegenseitige Einverständnis, den Mitgesellschafter so zu nehmen wie er ist. Dazu bedarf es keiner gesetzlichen Normierung.[633] Aus einem Erst-recht-Schluss folgt aber, dass die Anwendbarkeit der gesetzlichen Haftungserleichterung nach § 708 BGB erst recht gelten muss, wenn sie sich schon aus dem Gesellschaftsvertrag herleiten lässt. Diese Aussage trifft jedenfalls immer nur dann zu, wenn der Gesellschaftsvertrag die Auslegung gebietet. § 708 BGB wäre demzufolge überflüssig. Im Ergebnis muss die *diligentia quam in suis* jedenfalls auch für freiberufliche Gesellschaften gelten. Ob aus der gesetzlichen Normierung des § 708 BGB, oder aus dem Partnerschaftsvertrag abgeleitet, ist für die hiesige Untersuchung ohne Bewandtnis. Der Grundsatz, dass sich Gesellschafter so nehmen müssen wie sie sind, erfährt aber auch bei Partnerschaften ihre Grenze dort, in denen die Anzahl der Partner derart hoch ist, dass die persönliche Verbundenheit und das persönliche Vertrauensverhältnis nicht mehr im Vordergrund steht, sondern eine faktische Verbandsstruktur[634] vorherrscht. Wenn eine Rechtsanwalts-Partnerschaft so groß ist, dass sich die Partner untereinander kaum persönlich kennen, kann der Partnerschaftsvertrag nicht mehr in Richtung begrenzte Diligenzpflicht ausgelegt werden. Ein Partner kann einen anderen Partner nicht so nehmen wie er ist, wenn er ihn nicht einmal näher kennt. Der sicherste Weg wäre jedoch eine diesbezügliche Regelung im Partnerschaftsvertrag, sodass keine Missverständnisse oder Auslegungsschwierigkeiten entstehen. Dasselbe muss auch für die Anwendung des § 708 BGB gelten. Gleicht die Gesellschaftsstruktur einem kapitalistischen Gesellschaftsverhältnis, muss § 708 BGB im Wege der teleologischen Reduktion ausgeschlossen werden.[635]

(4) Haftungsausschluss / Haftungsverzicht

Eine andere Frage ist wiederum, ob die begrenzte Diligenzpflicht hinsichtlich des Umfangs der erforderlichen Sorgfaltspflicht partnerschaftsvertraglich

---

633 *Karsten Schmidt* kommt durch eine ergänzende Vertragsauslegung zum gleichen Ergebnis. § 708 BGB ist nach dieser Ansicht jedoch de lege ferenda abzuschaffen, da sich eine Haftungserleichterung nicht aus Gesetz, sondern nur aufgrund vertraglicher Abreden ergeben soll, vgl. *K. Schmidt*, Gesellschaftsrecht, § 59 III 2 c, S. 1745 f.

634 Zur Begrifflichkeit siehe *Müller-Graff*, AcP 191 (1991), 475 (492).

635 Vgl. *K. Schmidt*, Gesellschaftsrecht, § 59 III 2 b, S. 1744.

geregelt werden kann. Mit der vertraglichen Bestimmung des Sorgfaltsmaßstabes geht zugleich die Frage des allgemeinen vertraglichen Haftungsausschlusses einher. Ein Haftungsausschluss ist in diesem Sinne in zweierlei Formen denkbar. Zum einen kann der Sorgfaltsmaßstab im Voraus gesellschaftsvertraglich festgelegt werden. Eine Haftung kann also antizipiert, bis auf ein bestimmtes Maß beschränkt werden. Zum anderen ist auch ein nachträglicher Verzicht denkbar. Hierbei stellt sich die Frage, ob die Gesellschaft –vertreten durch ihre Organe – auch nach Schadenseintritt von einem Innenregress Abstand nehmen können, sodass ein pfändbarer Regressanspruch *ex nunc* oder *ex tunc* entfällt.

(α) Antizipierter Haftungsausschluss

Durch Vereinbarung aller Gesellschafter könnte der haftungsauslösende Tatbestand im Innenverhältnis durch den Gesellschaftsvertrag im Voraus festgelegt werden. Unstreitig unterliegt § 708 BGB der Parteidisposition.[636] Die Dispositionsfreiheit gilt in beide Richtungen. Einerseits kann die Haftung in Gesellschaftsangelegenheiten bis auf Vorsatz (§ 276 Abs. 3 BGB) beschränkt werden. Andererseits kann auch von einer begrenzten Diligenzpflicht Abstand genommen und die Einhaltung der im allgemeinen Rechtsverkehr üblichen objektiven Sorgfaltsmaßstäbe vorgesehen werden.[637] Den Partnern steht es also frei, den Sorgfaltsmaßstab im Partnerschaftsvertrag selbst festzulegen. Solange eine dahingehende Vereinbarung existiert, wird es wohl kaum Probleme bei der Verschuldenszurechnung geben. Hat der Partner laut Partnerschaftsvertrag beispielsweise nur Vorsatz zu vertreten, muss ein Vertretenmüssen verneint werden, solange er nur fahrlässig handelte. Ein Regressanspruch im Innenverhältnis besteht aufgrund fehlenden Verschuldens dann nicht. Die vertragliche Festlegung des Sorgfaltsmaßstabes ist sogar jeder Partnerschaft zu raten, zumal die *diligentia quam in suis* – wie eben gezeigt – umstritten und unklaren Konturen unterlegen ist. So bestünden keine Auslegungsschwierigkeiten hinsichtlich der begrenzten Diligenzpflicht, da der Sorgfaltsmaßstab eindeutig partnerschaftsvertraglich niedergelegt wäre. Damit entfiele auch das Problem der ungenauen Abgrenzung, in welchen Partnerschaften noch ein besonderes Vertrauensverhältnis und eine persönliche Verbundenheit anzunehmen ist und in welchen

636 *Habermeier,* in: Staudinger BGB, § 708 Rn. 15; *Schäfer,* in: MüKo BGB, § 708 Rn. 3; *Servatius,* in: Henssler/Strohn Gesellschaftsrecht, BGB, § 708 Rn. 10.

637 *Habermeier,* in: Staudinger BGB, § 708 Rn. 15; *Schäfer,* in: MüKo BGB, § 708 Rn. 3; *Hadding/Kießling,* in: Soergel, Kommentar zum BGB, § 708 Rn. 2; *Servatius,* in: Henssler/Strohn Gesellschaftsrecht, BGB, § 708 Rn. 10; *Schöne,* in: Beck´scher Online-Kommentar BGB, § 708 Rn. 3; *Wertenbruch,* NZG 2013, 1006 (1008).

nicht. Die Anwendbarkeit der *diligentia quam in suis* wäre einer klaren Linie unterworfen – der Regelung des Partnerschaftsvertrages.[638]

Bemerkenswerter sind die Fälle, in denen keine Regelung im Partnerschaftsvertrag existiert. Hier stellt sich die Frage eines stillschweigenden Regressausschlusses. Die wohl einhellige Auffassung in Literatur und Rechtsprechung lässt einen konkludenten Haftungsverzicht nur für den Fall der einfachen Fahrlässigkeit zu.[639] Eine Haftungsbeschränkung im Wege der ergänzenden Vertragsauslegung sei mit Vorsicht zu genießen und auf Grundlage des § 242 BGB nur ganz ausnahmsweise anzunehmen. Sie stelle eine künstliche Rechtskonstruktion aufgrund einer Willensfiktion dar, da sie von einem Haftungsverzicht ausginge, an den beim Abschluss der Vereinbarungen niemand gedacht hat.[640] Deswegen müssten entweder konkrete Anhaltspunkte für einen entsprechenden Vertragswillen der Parteien vorhanden sein, oder es müsse sich mit Hilfe ergänzender Vertragsauslegung ergeben, dass der Schädiger, wäre die Frage vorher erörtert worden, eine Haftungsbeschränkung gefordert hätte und der Geschädigte diese billigerweise nicht hätte ablehnen dürfen.[641] Ein stillschweigender Haftungsverzicht, einschließlich der Haftung für grobe Fahrlässigkeit, scheint demnach nicht denkbar zu sein.

Allerdings beziehen sich diese Ansichten jeweils auf konkrete Einzelfälle, sodass kein genereller Leitgedanke zu erkennen ist. Es ist indes auch denkbar, dass konkrete Anhaltspunkte für einen entsprechenden Vertragswillen der Parteien

---

638 *Ganster* lehnt dagegen eine rechtsgeschäftliche Haftungsmilderung generell ab. Die zur Disposition stehende Verhaltenspflicht gelte nicht nur im Innenverhältnis, sondern ziele auch auf den Schutz der Vertragspartner im Außenverhältnis. Die Verletzung der Schadensabwendungspflicht zeichne sich durch eine Drittbezogenheit und eine denknotwendige Drittbetroffenheit gerade der jeweils geschädigten Mandanten aus. Deshalb müsse eine am Schutzzweck der verletzten Verhaltenspflicht orientierte Gesetzesinterpretation zu dem Ergebnis gelangen, dass rechtsgeschäftliche Haftungsbeschränkungs- oder Haftungsausschlussvereinbarungen in Innenverhältnis dann keine Rechtswirkung entfalten, soweit sie auch Regressforderungen miteinschließen, die aus einer fehlerhaften freiberuflichen Leistungserbringung gegenüber den vertraglichen Auftraggebern der Rechtsanwaltsgesellschaft hervorgegangen sind; vgl. *Ganster*, Freier Beruf und Kapitalgesellschaft, S. 430.

639 *OLG Frankfurt*, NJW 1998, 1232 (1233); *OLG Köln*, MDR 2002, 150 (150); *OLG Hamm*, NJW-RR 2006, 104 (104); *OLG Stuttgart*, NJOZ 2008, 2798 (2804); *Löwisch/Caspers*, in: Staudinger BGB, § 276 Rn. 124; *Henssler*, AnwBl 2014, 96 (103); *Wertenbruch*, NZG 2013, 1006 (1008).

640 *OLG Köln*, MDR 2002, 150 (150).

641 *Löwisch/Caspers*, in: Staudinger BGB, § 276 Rn. 124.

vorhanden sind, das Vertretenmüssen auf ein Minimum – nämlich Vorsatz – zu beschränken. Das muss jedenfalls bei der Partnerschaftsgesellschaft mit beschränkter Berufshaftung angenommen werden. Durch die Rechtsformwahl wird deutlich zum Ausdruck gebracht, dass die Partner von einer persönlichen Haftung absehen wollen.[642] Der persönliche Haftungsausschluss steht für die Partner im Mittelpunkt. Wäre das nicht der Fall, könnte die PartG mbB als überflüssig betrachtet werden, denn als neue Rechtsformvariante zur Partnerschaft liegt die Neuerung im Wesentlichen in einer Haftungsbeschränkung auf das Gesellschaftsvermögen. Das mit der PartG mbB verfolgte Ziel einer neuen Alternative zur LLP wäre aber dann nicht erreicht, wenn die Partnerschaft den pflichtverletzenden Partner in Anspruch nehmen und der geschädigte Mandant diesen Anspruch nach §§ 829, 835 ZPO pfänden und an sich überweisen lassen könnte.[643] Diesen Einwendungen sind sich alle Partner bewusst, wenn sie eine Partnerschaftsgesellschaft mit beschränkter Berufshaftung gründen. Der Ausschluss der persönlichen Haftung eines jeden Partners ist sogar gewollt. Diese Wertung muss auch im Wege der ergänzenden Vertragsauslegung so aufgefasst werden.

Des Weiteren besteht vorliegend ein wesentlicher Unterschied zu den bisher vertretenen Ansichten. Bisher ging es bei der Frage um einen stillschweigenden Haftungsverzicht für grobe Fahrlässigkeit immer um die Haftung zwischen zwei Vertragspartnern. Der Innenregress ist dagegen ein reines Internum und betrifft lediglich den gesellschaftsinternen Bereich. Durch die hiesige Konstellation entsteht sozusagen ein Dreiecksverhältnis. Auf der einen Seite besteht ein Innenverhältnis zwischen Partner und Partnerschaft und auf der anderen Seite ein Vertragsverhältnis zwischen Partnerschaft und Mandanten. Es ist nicht einleuchtend, warum eine stillschweigende Haftungsbegrenzung bis auf Vorsatz unzulässig sein soll, nur damit ein Dritter geschützt wird. Die Unzulässigkeit einer derartigen konkludenten Haftungsbegrenzung soll den Vertragspartner schützen. Die Gesellschaft kann sich aber selbst schützen, indem sie den Haftungsmaßstab im Gesellschaftsvertrag festlegt. Auch der Mandant wird durch die hier vertretene Annahme nicht unmittelbar benachteiligt.[644]

---

642 Ähnlich auch *Wertenbruch*, der einen konkludenten Haftungsverzicht nur für einfache Fahrlässigkeit als zulässig erachtet; siehe *Wertenbruch*, NZG 2013, 1006 (1008).

643 Vgl. *Wertenbruch*, NZG 2013, 1006 (1008).

644 Die Ansicht von *Ganster*, die Verhaltenspflicht eines Geschäftsführers diene auch dem Schutz des Dritten, kann hier nicht bejaht werden. Bei der Schadensabwendungspflicht handelt es sich um reine Pflichten im Innenverhältnis. Zwar dreht es sich zugleich immer um die Pflichtverletzung im Rahmen eines Mandantenverhältnisses.

Anwälte in Berufsausübungsgesellschaften mit mehr als zehn Berufsträgern sind bereits heute im Durchschnitt mit 7,6 Mio. Euro versichert; bei internationalen Sozietäten liegt der Durchschnitt sogar bei 13,7 Mio. Euro.[645] Liegt das Schadensrisiko über der vorhandenen Deckungssumme der Berufshaftpflichtversicherung, kann ein Versicherungsschutz in Form einer Excedentenversicherung (Anschlussversicherung) für den einzelnen Mandantenvertrag im Vorhinein vereinbart werden.[646] Der Auftraggeber ist demnach in der Regel ausreichend geschützt. Sollte es im Ausnahmefall dennoch zu einem höheren Schaden als vorhandener Schadensdeckung kommen, liegt dieser Fall im Risikobereich des Auftraggebers. Durch die Mindestversicherungshöhe und die Möglichkeit der Anschlussversicherung im Einzelfall spricht das anwaltliche Gesellschaftsrecht dem Mandanten ausreichend Schutz zu. Darüber hinaus ist er nicht schutzwürdig, denn Sinn und Zweck einer beschränkten Berufshaftung sollten nicht vergessen werden, zumal dadurch auch die Partner vor einer persönlichen Inanspruchnahme geschützt werden sollen. Zuletzt muss danach gefragt werden, wie die Parteien entschieden hätten, hätten sie im Voraus über die Haftungsbegrenzung verhandelt.[647] Bei Abschluss des Partnerschaftsvertrages zur Gründung einer PartG mbB wird es kaum Intention der Vertragspartner sein Dritten die Möglichkeit des direkten Zugriffs auf das Vermögen der Partner zu verschaffen. Durch die Rechtsformwahl wird deutlich zum Ausdruck gebracht, dass die Partner im Innenverhältnis bis zur zulässigen Grenze (§ 276 Abs. 3 BGB) von der Haftung befreit sein sollen. Ein stillschweigender Haftungsverzicht ist somit bis zur Grenze des Vorsatzes möglich.

Fragwürdig ist auch hier wieder, ob die hybride Stellung der PartG mbB nicht eine andere Lösung gebietet. Immerhin ist die Haftungsverfassung der PartG mbB der Rechtsanwaltsgesellschaft und damit der GmbH angeglichen. Es könnten daher die Grundsätze des GmbH-Rechts heranzuziehen sein. Gerade bei der GmbH besteht das Problem der mittelbaren Haftung der Geschäftsführer. Entgegen der Haftungsbeschränkung bei Personengesellschaften ist aber sowohl der vertragliche als auch der stillschweigende Haftungsverzicht bei der GmbH nicht ohne weiteres

---

Eine Pflicht im Innenverhältnis wird aber nur dann verletzt, wenn der Schaden über der Deckungssumme der Berufshaftpflichtversicherung liegt. Die Pflichtverletzung hat somit jeweils eine andere Qualität. A.A. *Ganster*, Freier Beruf und Kapitalgesellschaft, S. 430.

645 *Kilian*, AnwBl 2013, 110 (111).

646 *Gräfe/Brügge*, Vermögensschaden-Haftpflichtversicherung, S. 400 Rn. 302.

647 *Löwisch/Caspers*, in: Staudinger BGB, § 276 Rn. 124.

zu bejahen.[648] Zu unterscheiden gilt auch hier wieder zwischen antizipiertem Haftungsverzicht und nachträglicher Haftungsbefreiung, da die Gesellschafter über die Geltendmachung von Ersatzansprüchen gegen die Geschäftsführer – durch Gesellschafterbeschluss – nach Schadenseintritt bestimmen können (§ 46 Nr. 8 GmbHG). Des Weiteren spielen die besonderen Schutzvorschriften des GmbH-Gesetzes eine wichtige Rolle. Zunächst ist hier an § 43 Abs. 3 GmbHG zu denken, der eine Vereinbarung, welche die Geschäftsführerhaftung in den besonderen Tatbeständen der §§ 30, 33 GmbHG (Kapitalerhaltungsvorschriften) einschränkt, nur in engen Grenzen zulässt. Ein Verzicht dieser Ersatzansprüche ist unwirksam, soweit der Ersatz zur Befriedigung der Gesellschaftsgläubiger erforderlich ist (§ 43 Abs. 3 S. 2 i.V.m. § 9b Abs. 1 S. 1 GmbHG).[649] Die zulässige Grenze einer wirksamen Haftungsbeschränkungsvereinbarung liegt also in § 43 Abs. 3 GmbHG. So ist der generell mögliche Haftungsverzicht zulässig, solange es sich um Pflichten handelt, die nicht die Kapitalerhaltung oder den Existenzschutz der GmbH betreffen. Eine vertragliche Haftungsfreistellung ist demnach generell auch für anwaltliche Pflichtverletzungen zulässig,[650] auch wenn der Schadensersatzbetrag später

648 Teilweise wird sogar vertreten, die Haftung des Geschäftsführers bei Verletzung der organschaftlichen Pflichten könne weder durch Satzung, noch durch Gesellschafterbeschluss, noch durch den Anstellungsvertrag gemindert, sondern nur verschärft werden. Grund hierfür sei die amtliche Begründung zum Entwurf des GmbH-Gesetzes von 1891, der in § 44 (heute § 43 GmbHG) vorsah, dass ein geringerer Maßstab an die Verantwortlichkeit nicht gelegt werden dürfe, zumal es sich nicht bloß um die Interessen der Gesellschafter, sondern auch um diejenigen der Gesellschaftsgläubiger handele. Hierzu *Schneider*, in: Scholz/K. Schmidt GmbHG, § 43 Rn. 258. Ein weiter Grund liefert *Lutter*, der die Stellung des Geschäftsführers als treuhänderischer Verwalter fremden Vermögens hervorhebt. Allerdings sieht *Lutter* lediglich eine Haftungserleichterung im Vorfeld als bedenklich. Unter Beachtung der Gläubigerschutzvorschriften und der Kapitalerhaltungsvorschriften bleibt seiner Ansicht nach aber die Möglichkeit eines Verzichts nach Eintritt des Schadens. Vgl. *Lutter*, GmbHR 2000, 301 (311). Diese Aussage wurde wohl in den neueren Kommentaren zum GmbH-Gesetz (ab der 16. Auflage) dahingehend modifiziert, dass nun auch für eine antizipierte Haftungsbeschränkung gestimmt wird; siehe *Kleindiek*, in: Lutter/Hommelhoff GmbHG, § 43 Rn. 62.

649 *Kleindiek*, in: Lutter/Hommelhoff GmbHG, § 43 Rn. 61.

650 Speziell auf Rechtsanwaltsgesellschaften bezogen, sieht *Ganster* in den Organpflichten der Geschäftsführer eine besondere Drittbezogenheit. In Anbetracht dessen muss eine am Schutzzweck der verletzten Verhaltenspflicht orientierte Gesetzesinterpretation daher unwillkürlich zu dem Ergebnis gelangen, dass rechtsgeschäftliche Haftungsbeschränkungen allgemein zumindest dann keine Rechtswirkung entfalten können, soweit sie auch Regressforderungen miteinschließen, die aus einer

zur Gläubigerbefriedigung benötigt würde.[651] Grund hierfür ist die Annahme, dass es bis zur Grenze des § 43 Abs. 3 GmbHG Sache der Gesellschafter ist, nach § 46 Nr. 8 GmbHG darüber zu befinden, ob und gegebenenfalls in welchem Umfang sie Ansprüche der Gesellschaft gegen einen pflichtwidrig handelnden Geschäftsführer verfolgen wollen.[652] Wenn die Gesellschafter bereits im Nachhinein über einen Verzicht entscheiden können,[653] so muss dies erst recht für einen antizipierten Haftungsausschluss gelten.[654] Sehr umstritten ist dagegen der zulässige Umfang einer gesellschaftsvertraglichen Haftungsbeschränkung. Überwiegend anerkannt ist heutzutage jedenfalls, dass der Sorgfaltsmaßstab gesellschaftsvertraglich herabgesetzt werden kann.[655] Anders sieht es dagegen bei der Frage nach der zulässigen Grenze einer Haftungsmilderung aus.[656] Manche sehen einen Haftungsausschluss im Vorhinein nur für leichte Fahrlässigkeit als zulässig an;[657] wieder andere[658]

---

fehlerhaften freiberuflichen Leistungserbringung gegenüber den Mandanten hervorgegangen sind. Vgl. *Ganster*, Freier Beruf und Kapitalgesellschaft, S. 430. Vgl. auch *Haas,* in: Krieger/Schneider, Handbuch Managerhaftung, § 11 Rn. 59.

651 *BGH*, NZG 2003, 528 (528); *BGH*, GmbHR 2002, 1197 (1198); *Schneider*, in: Scholz/K. Schmidt GmbHG, § 43 Rn. 261; *Fleischer*, in: MüKo GmbHG, § 43 Rn. 300; *Henssler*, in: Henssler/Prütting BRAO Kommentar, BRAO, § 59j Rn. 11; *Kleindiek*, in: Lutter/Hommelhoff GmbHG, § 43 Rn. 60; *Zöllner/Noack*, in: Baumbach/Hueck GmbHG, § 43 Rn. 46; *Henssler*, ZHR 161 (1997), 305 (323); *Joussen*, GmbHR 2005, 441 (447); *Konzen*, NJW 1989, 2977 (2984).

652 *BGH*, GmbHR 2002, 1197 (1198); die Entscheidung bezog sich jedoch auf die Abkürzung der Verjährungsfrist und nicht auf den Sorgfaltsmaßstab.

653 So eindeutig der BGH, siehe *BGH*, NZG 2003, 528 (528).

654 *BGH*, GmbHR 2002, 1197 (1198); *Joussen*, GmbHR 2005, 441 (447). Hier zeigt sich allerdings eine Schwachstelle in der Argumentation des BGH. Von dem grundsätzlich zulässigen Haftungsverzicht nach Schadenseintritt kann nicht automatisch auf die Zulässigkeit eines antizipierten Verzichts geschlossen werden, da die Qualität unterschiedlich ist. Nach Schadenseintritt sind die Gesellschafter bei vollem Bewusstsein über den Verzicht; im Voraus steht der Schaden dagegen noch nicht fest. Im Ergebnis ändert das allerdings nichts an der Zulässigkeit eines antizipierten Regressverzichts. So auch *Fleischer*, in: MüKo GmbHG, § 43 Rn. 312.

655 A.A. *Haas*, in: Krieger/Schneider, Handbuch Managerhaftung, § 11 Rn. 56 ff.; *Ganster*, Freier Beruf und Kapitalgesellschaft, S. 430.

656 *Schneider*, in: Scholz/K. Schmidt GmbHG, § 43 Rn. 259 f.; *Zöllner/Noack*, in: Baumbach/Hueck GmbHG, § 43 Rn. 46.

657 *Zöllner/Noack*, in: Baumbach/Hueck GmbHG, § 43 Rn. 46 m.w.N.; *Konzen*, NJW 1989, 2977 (2984).

658 Ausführlich dazu *Fleischer*, in: MüKo GmbHG, § 43 Rn. 312; *Schneider*, in: Scholz/K. Schmidt GmbHG, § 43 Rn. 261; *Kleindiek*, in: Lutter/Hommelhoff GmbHG, § 43 Rn. 64; *Joussen*, GmbHR 2005, 441 (447).

dagegen schöpfen den Gesetzeswortlaus aus und bejahen einen antizipierten Haftungsverzicht bis zur Grenze des Vorsatzes (§ 276 Abs. 3 BGB)[659]. Vorzugswürdiger erscheint bei der GmbH die Annahme eines vollumfänglichen antizipierten Haftungsverzichts bis zur Grenze des § 276 Abs. 3 BGB. Wie auch bei Personengesellschaften besteht kein hinreichender Grund für eine gegenteilige Annahme. Die vertragliche Haftungsbeschränkung ist ein reines Internum und darf seine Schranken nur im Innenverhältnis finden. Außerhalb der §§ 43 Abs. 3 GmbHG, 276 Abs. 3 BGB gibt es keine gesetzlichen Einschränkungen, sodass eine Haftungsbeschränkung bis zur Grenze der groben Fahrlässigkeit nur *de lege ferenda* eingefordert werden könnte. Dies ist jedoch abzulehnen. Außerdem werden Gesellschaftsgläubiger oberhalb des Stammkapitalsockels gerade nicht gegen nachteilige Geschäftsführungsmaßnahmen geschützt und haben selbst im Anwendungsbereich des § 43 Abs. 3 GmbHG keinen unmittelbaren Schadensersatzanspruch gegen die Geschäftsführer.[660] Es besteht dann erst recht kein Grund, dem Gläubiger die Möglichkeit einer mittelbaren Haftung gegen den Geschäftsführer durch Pfändung und Überweisung der Gesellschaftsforderung im Innenverhältnis zu ermöglichen. Im Zuge einer konkludenten Sorgfaltsmaßbeschränkung muss auch bei der GmbH dasselbe wie bei der PartG mbB gelten. Bereits die Rechtsformwahl spricht für einen stillschweigenden Haftungsverzicht bis zur Grenze des Vorsatzes (§ 276 Abs. 3 BGB). Selbst wenn diese Ansicht verneint wird, muss über einen nachträglichen Verzicht gem. § 46 Nr. 8 GmbHG zu dem Ergebnis gelangt werden, dass die Gesellschafter – selbst im Falle einer vorsätzlichen Pflichtverletzung des Rechtsanwalts[661] – diesen von der Haftung befreien können. Ein pfändbarer Schadensersatzanspruch stünde einem Mandanten dann nicht mehr zur Verfügung.

Auf die PartG mbB haben die soeben genannten Grundsätze des antizipierten Haftungsverzichts der GmbH keine Auswirkungen. Obgleich die PartG mbB zum Teil der GmbH angeglichen ist, ändert sich im Rahmen der Haftungsbeschränkung nichts, da § 43 Abs. 3 GmbHG nicht auf die PartG mbB übertragbar ist. Das Partnerschaftsgesellschaftsgesetz kennt – im Gegensatz zur GmbH mit den §§ 30, 33, 64 S. 1, 3 GmbHG – keine Vorschriften zur Kapitalerhaltung.

659 Tiefergehender kann hier nicht auf den Streitgegenstand eingegangen werden, da die Untersuchung sonst ins Uferlose verlaufen würde und der exakte Streitverlauf keine Relevanz für die hiesige Untersuchung aufweist.

660 *Fleischer,* in: MüKo GmbHG, § 43 Rn. 312.

661 § 276 Abs. 3 BGB lässt einen Haftungserlass für Vorsatz nur im Voraus nicht gelten. Im Umkehrschluss muss ein Haftungsverzicht im Nachhinein auch für Vorsatz gelten.

Die PartG mbB ist im Wesen eine Personengesellschaft;[662] die Haftungsbeschränkung auf das Gesellschaftsvermögen wird mit einer Mindestversicherung gerechtfertigt. § 43 Abs. 3 GmbHG ist somit nicht entsprechend auf die PartG mbB anwendbar. Es verbleibt damit bei den allgemeinen Grundsätzen zur gesellschaftsvertraglichen Haftungsbeschränkung bei Personengesellschaften.

(β) Nachträglicher Haftungsverzicht

Damit bleibt die letzte Frage des nachträglichen Anspruchsverzichts durch die Partnerschaft mbB zu klären. Verzicht und Vergleich sind immer dann möglich, wenn ein Schaden bereits entstanden ist, die Partnerschaft anschließend aber von einem Regress gegen den pflichtverletzenden Partner absieht. Da bei der PartG mbB die Möglichkeit eines Haftungsverzichts – bis auf Vorsatz – durch Rechtsformwahl hier angenommen wird, bezieht sich der Verzicht in der Regel nur auf vorsätzliches Handeln. Aus dem Umkehrschluss des § 276 Abs. 3 BGB ergibt sich die grundsätzliche Wirksamkeit eines nachträglichen Haftungsverzichts auch bei Vorsatz. Die Norm verbietet lediglich die vorherige Haftungsbefreiung für Vorsatz. Eine nachträgliche Vereinbarung wird dagegen nicht unter Verbot gestellt. Für einen Verzicht und Vergleich kommen die allgemeinen Vorschriften des BGB (§§ 397 Abs. 1, 2, 779 BGB) unter eventueller Berücksichtigung der speziellen Norm des GmbH-Gesetzes (§ 46 Nr. 5, 8 GmbHG) in Betracht. Das Merkwürdige an einem Verzicht durch die PartG mbB ist die Tatsache, dass Personengesellschaften keine spezielle Vorschrift hierfür kennen, wohingegen die GmbH den Verzicht im Gesetz zumindest im Umkehrschluss vorsieht. Grund hierfür ist, dass ein Verzicht bei Personengesellschaften grundsätzlich unbedeutend ist, zumal die Gläubiger die Gesellschafter/Partner unmittelbar und primär in Anspruch nehmen können.[663] Ein Verzicht würde dahingehend ins Leere laufen, dass die Gläubiger gar nicht auf die Pfändung und Überweisung des Anspruchs der Partnerschaft gegenüber dem Partner angewiesen sind. Dem Gläubiger stehen zwei Schuldner zur Seite, von denen er sich einen aussuchen kann. Das ist der wesentliche Unterschied zur Kapitalgesellschaft. Hier steht der Gesellschafter/Geschäftsführer nicht zur persönlichen Inanspruchnahme zur Verfügung. Einziger Anspruchsgegner ist die Gesellschaft. Daher macht es hier Sinn, einen weiteren Schuldner durch Pfändung und Überweisung des Innenanspruchs zu gewinnen. Das Paradoxon liegt nun in der Zwitterstellung der PartG mbB, die als Personengesellschaft gleichzeitig

---

662 Vgl. Dritter Teil, D., I.

663 Vgl. *K. Schmidt*, Gesellschaftsrecht, § 49 II Nr. 1, S. 1413 f.

eine kapitalgesellschaftsrechtliche Haftungsstruktur aufweist. Würde hier strikt das Personengesellschaftsrecht zur Geltung kommen, wird die Tatsache missachtet, dass die Haftungsstruktur der GmbH gleicht. Fraglich ist also, ob der nachträgliche Verzicht durch die PartG mbB allein durch Vorschriften des BGB geregelt werden kann, oder ob es hierzu die speziellen Regelungen des GmbH-Gesetzes bedarf.

Laut § 46 Nr. 8 GmbHG können die Gesellschafter über das „Ob" der Geltendmachung von Ersatzansprüchen gegen die Geschäftsführer bestimmen. Im Umkehrschluss bedürfen der Verzicht und Vergleich entsprechend dieser Vorschrift daher auch eines Gesellschafterbeschlusses, für den eine einfache Mehrheit genügt.[664] Zusätzlich bietet § 46 Nr. 5 GmbHG den Gesellschaftern die Möglichkeit, den Geschäftsführer zu entlasten, mit der Folge, dass Ersatzansprüche gegen die Geschäftsführer nicht mehr geltend gemacht werden können.[665] Da die PartG mbB keine Kapitalerhaltungsvorschrift kennt, stehen dem Verzicht, Vergleich und der Entlastung grundsätzlich keine Schranken im Weg.[666] Der § 46 GmbHG stellt jedoch keine Ermächtigungsgrundlage dar, sondern regelt nur die Zuständigkeit der Gesellschafterversammlung über den Haftungsverzicht im Nachhinein.[667] Die Vorschrift deutet nur auf die Zulässigkeit eines Verzichts hin; § 46 Nr. 8 GmbHG begründet diese Annahme.[668] Rechtstechnisch kann der Haftungsverzicht durch negatives Schuldanerkenntnis, Erlassvertrag (§ 397 BGB) oder einen Vergleich (§ 779 BGB) erfolgen.[669] Die Frage der Anwendbarkeit des § 46 GmbHG auf die PartG mbB betrifft somit nur die Zuständigkeit und Notwendigkeit eines Gesellschafterbeschlusses.

Fraglich ist dagegen, unter welchen Voraussetzungen eine Personengesellschaft, insbesondere eine Partnerschaft, einen nachträglichen Haftungsverzicht

---

664 *BGH*, NJW 1998, 1315 (1316); *Fleischer*, in: MüKo GmbHG, § 43 Rn. 282.

665 *K. Schmidt*, Gesellschaftsrecht, § 36 II Nr. 4 d, S. 1080.

666 Demgegenüber müssen die Gesellschafter der GmbH die Schranken der §§ 30, 33, 43 Abs. 3, 9b Abs. 1, 64 S. 1, 3 GmbHG beachten, hierzu *Fleischer*, in: MüKo GmbHG, § 43 Rn. 281; *Oetker*, in: Henssler/Strohn Gesellschaftsrecht, GmbHG, § 43 Rn. 52 ff.; *Haas/Ziemons*, in: Michalski GmbHG, § 43 Rn. 238.

667 Das ergibt sich zumindest aus dem Umkehrschluss der Norm, nach der die Gesellschafter über das „ob" der Geltendmachung entscheiden können.

668 Vgl. *Fleischer*, in: MüKo GmbHG, § 43 Rn. 281.

669 *BGH*, NJW 1998, 1315 (1316); *Fleischer*, in: MüKo GmbHG, § 43 Rn. 283; *Schneider*, in: Scholz/K. Schmidt GmbHG, § 43 Rn. 264; *Haas/Ziemons*, in: Michalski GmbHG, § 43 Rn. 238. *Haas*, in: Krieger/Schneider, Handbuch Managerhaftung, § 11 Rn. 4; Die Rechtsnatur der Entlastung ist nicht gesetzlich festgelegt, siehe *Schlüter*, in: MüKo BGB, § 397 Rn. 16.

bestimmen kann. Die Heranziehung des § 46 GmbHG bedarf es dann nicht, wenn das Recht der Partnerschaftsgesellschaft eine eigenständige Regelung hierfür parat hat. Eine § 46 GmbHG vergleichbare Regelung kennt weder das Partnerschaftsgesellschaftsgesetz, das Handelsgesetzbuch, noch das Recht der Gesellschaften im Bürgerlichen Gesetzbuch. Allerdings sieht das Gesetz über § 6 Abs. 3 S. 2 PartGG i.V.m. § 119 HGB auch für die Partnerschaft die Möglichkeit einer Gesellschafterversammlung vor. Solange der Partnerschaftsvertrag – bezüglich eines nachträglichen Haftungsverzichts – keine Regelungen enthält, gelten die allgemeinen Regelungen der Personenhandelsgesellschaften. Auch hier stellt es sich wieder als sinnvoll heraus, den Innenregress in der Partnerschaft gesellschaftsvertraglich zu regeln. Fehlt eine derartige Regelung, bedarf es gem. § 119 Abs. 1 HGB der Zustimmung aller zur Mitwirkung bei der Beschlussfassung berufenen Partner. Hiervon ausgenommen ist der pflichtverletzende Partner, da dieser aus Gründen der Interessenskollision nicht Richter in eigener Angelegenheit sein kann.[670] Der Verzicht ist auch tauglicher Gegenstand der Gesellschafterversammlung, da es sich hierbei um ein außergewöhnliches Geschäft handelt, womit nach § 6 Abs. 2 PartGG i.V.m. § 116 Abs. 2 HGB eine Entscheidung aller Gesellschafter erforderlich ist.[671] Einer entsprechenden Anwendung des § 46 GmbHG bedarf es daher nicht.

Die Partnerschaftsversammlung entscheidet über einen nachträglichen Haftungsverzicht durch Mehrheitsbeschluss, der rechtstechnisch durch negatives Schuldanerkenntnis, Erlassvertrag (§ 397 BGB) oder einen Vergleich (§ 779 BGB) erfolgt. Dieser Fall wird in der Praxis eher selten auftreten, zumal er nur die vorsätzlichen Pflichtverletzungen eines Partners betrifft. Selbst wenn die Möglichkeit der präventiven Haftungsbeschränkung nur bis zur Grenze der groben Fahrlässigkeit anerkannt wird, wird der Fall gleichsam selten auftreten, da

670 *Henssler*, PartGG Kommentar, § 6 Rn. 87; Vgl. *Mollenkopf*, in: Henssler/Strohn Gesellschaftsrecht, GmbHG, § 46 Rn. 41.

671 Zur Abgrenzung zwischen gewöhnlichen und außergewöhnlichen Geschäftsführungsmaßnahmen siehe *Meilicke*, in: M/GvW/H/L/W, § 6 Rn. 38 f.; *Henssler*, PartGG Kommentar, § 6 Rn. 53 ff. Es handelt sich beim nachträglichen Verzicht auch nicht um ein Grundlagengeschäft, da hierzu nur solche Geschäfte zählen, die unmittelbar die Rechtsbeziehung der Gesellschafter untereinander, also den Gesellschaftsvertrag betreffen oder sich mittelbar auf den Inhalt des Gesellschaftsvertrags auswirken, weil sie eine Änderung des Gesellschaftsvertrags zwangsläufig zur Folge haben oder selbst eine unmittelbare Verpflichtung zur Änderung des Gesellschaftsvertrags enthalten, *Sommer/Treptow*, NJW 2013, 3269 (3270 f.); zu den Grundlagengeschäften siehe auch *Meilicke*, in: M/GvW/H/L/W, § 6 Rn 41.

der Schaden in der Regel durch die Berufshaftpflichtversicherung – beziehungsweise durch eine spezielle Anschlussversicherung im Einzelfall – abgedeckt wird. Letztendlich ist zu beachten, dass die Partnerschaftsversammlung den Verzicht alsbald nach Entstehung des Regressanspruchs erklärt, damit der Anspruch untergeht und nicht mehr gepfändet werden kann. Sobald der Innenanspruch gepfändet wurde, steht er nicht mehr zur Disposition der Partnerschaft.[672] Der Verzicht wirkt *ex nunc*, sodass ein rückwirkender Erlass von Schadensersatzansprüchen den Haftungsgrund nicht nachträglich entzieht.[673] Auch während eines Insolvenzverfahrens ist der Verzicht durch die Partnerschaftsversammlung nicht mehr möglich.[674] Darüber hinaus kommen keine weiteren Einschränkungen in Betracht.[675] Insbesondere stellt der nachträgliche Haftungsverzicht keinen unzulässigen Vertrag zulasten Dritter dar. Der Sinn und Zweck des Verzichts liegt in der rein internen Struktur der Gesellschaft.[676]

bb) Schadensersatz bei unzureichender Berufshaftpflichtversicherung

Ein Schadensersatzanspruch im Innenverhältnis könnte der Partnerschaft mbB ferner dann zustehen, wenn der zuständige Partner versäumt, eine objektiv angemessene Berufshaftpflichtversicherung abzuschließen. Wie bereits dargestellt, kann in diesem Versäumnis nur dann eine Pflichtverletzung gesehen werden, wenn die personelle Zuständigkeit partnerschaftsvertraglich geregelt ist.[677] Selbst in diesen Fällen stellt sich immer noch die Frage, unter welchen Voraussetzungen der pflichtverletzende Partner in Regress genommen werden kann. Zuerst gilt es hier jedoch zwischen zwei möglichen Pflichtverletzungen zu unterscheiden. Die hinsichtlich der einfachen Partnerschaftsgesellschaft vertretene Ansicht, aus § 51 Abs. 1 BRAO ergibt sich eine berufsrechtliche Verpflichtung für die Partner,

---

672 Vgl. zur GmbH *Liebscher,* in: MüKo GmbHG, § 46 Rn. 241; *Römermann,* in: Michalski GmbHG, § 46 Rn. 408 f.

673 *Rieble,* in: Staudinger BGB, § 397 Rn. 238 f.

674 Vgl. zur GmbH *Liebscher,* in: MüKo GmbHG, § 46 Rn. 241; *Römermann,* in: Michalski GmbHG, § 46 Rn. 408 f.; *Haas,* in: Krieger/Schneider, Handbuch Managerhaftung, § 11 Rn. 34.

675 Interessant ist auch, ob der Verzicht/Vergleich nachträglich in einem Insolvenzverfahren gem. § 129 ff. InsO anfechtbar ist. Hierzu *Haas,* in: Krieger/Schneider, Handbuch Managerhaftung, § 11 Rn. 39 ff.

676 Vgl. zum Sinn und Zweck *Liebscher,* in: MüKo GmbHG, § 46 Rn. 228; *Römermann,* in: Michalski GmbHG, § 46 Rn. 389 ff. Allgemein zu Verzichtsverbote siehe *Schlüter,* in: MüKo BGB, § 397 Rn. 20.

677 Dritter Teil, D., III., 1., b).

eine angemessene Berufshaftpflichtversicherung abzuschließen,[678] ist von der Verletzung von Treue- und Sorgfaltspflichten im Innenverhältnis zu trennen, die sich eben aus derselben Handlung ergeben kann. Ein und dieselbe Handlung kann also zwei Pflichtverletzungen zugleich hervorrufen. Zwar ließe sich auch durch den neuen § 51a Abs. 1 BRAO eine solche berufsrechtliche Pflicht begründen. Schließlich „muss" die Berufshaftpflichtversicherung einer PartG mbB dem Wortlaut des § 51a Abs. 1 S. 1 BRAO nach die Haftpflichtgefahren für Vermögensschäden decken, die sich aus der Beratung und Vertretung in Rechtsangelegenheiten ergeben. Aber selbst wenn diese Ansicht vertreten wird, muss spätestens bei der Schutzrichtung der Norm festgestellt werden, dass sie keine Drittwirkung entfaltet und damit nicht dem Schutz des Mandanten dient.[679] Folglich lässt sich auch ein Schadensersatz der Partnerschaft nicht begründen.

Somit bleibt nur noch die Möglichkeit, einen Schadensersatzanspruch über die Verletzung von Loyalitätspflichten herzuleiten. Da eine Pflichtverletzung des Partners nur in Fällen anzuerkennen ist, in denen die Zuständigkeit zum Abschluss einer angemessenen Berufshaftpflichtversicherung partnerschaftsvertraglich geregelt ist, verbleibt der Möglichkeit eines Innenregresses nur ein kleiner Spielraum. Die Pflichtverletzung muss zunächst schuldhaft begangen worden sein (§ 276 BGB). Auch bei der hiesigen Pflichtverletzung gelten dieselben Erwägungen wie bei der Verletzung der Treue- und Sorgfaltspflichten. Die Pflicht zur objektiv angemessenen Berufshaftpflichtversicherung gehört ebenso zu den Loyalitätspflichten und wird hinsichtlich des Innenregresses auch gleich behandelt. Mit anderen Worten macht sich ein Partner nur dann gegenüber der PartG mbB schadensersatzpflichtig, wenn er seine Pflicht zur angemessenen Versicherung vorsätzlich verletzt hat und er persönlich auch hierfür zuständig war. Selbst wenn der Haftungsmaßstab nur bis auf grobe Fahrlässigkeit als abdingbar anerkannt wird, so tauchen spätestens dann unausweichliche Probleme auf, wenn es um die Bestimmung der groben Fahrlässigkeit geht. Grobe Fahrlässigkeit liegt vor, wenn die im Verkehr erforderliche Sorgfalt in besonders schwerem, ungewöhnlichem Maße verletzt wird.[680] Im Rahmen des § 280 BGB muss die Pflichtverletzung grob fahrlässig verletzt worden sein. Die Pflichtverletzung

---

678 *Gräfe/Brügge*, Vermögensschaden-Haftpflichtversicherung, S. 389 Rn. 254; *Braun*, BRAK-Mitt. 2002, 150 (151).

679 Berufsrechtliche Vorschriften entfalten grundsätzlich keinen Drittschutz, solange in der Gesetzesnorm nicht ausdrücklich etwas anderes angeordnet ist, vgl. *OLG Düsseldorf*, OLGR 2000, 335 Rn. 63; *Gräfe/Brügge*, Vermögensschaden-Haftpflichtversicherung, S. 77 Rn. 262.

680 *Grundmann*, in: MüKo BGB, § 276 Rn. 94.

liegt in der objektiv zu niedrig abgeschlossenen Haftpflichtversicherung. Zur Bejahung einer Verletzung der im Verkehr erforderlichen Sorgfalt in besonders schwerem, ungewöhnlichem Maße muss zuerst einmal danach gefragt werden, welcher Bezugspunkt dieser Sorgfaltspflichtverletzung zugrunde liegt. Der Partner hätte wissen, oder es grob fahrlässig nicht erkannt haben müssen, dass ein möglicher Schaden entstehen kann, der nicht von der Haftpflichtversicherung abgedeckt ist. Hier ist eine Grenzziehung zwischen einfacher und grober Fahrlässigkeit nicht ohne weiteres zu bestimmen. Zudem hätte der Partner mit einem Schadenseintritt rechnen müssen. Ein Schaden kann indessen bei jedem Mandatsvertrag entstehen. Es müsste dann immer von einem „Worst-Case-Scenario" ausgegangen werden, um sich von einer groben Fahrlässigkeit frei zu sprechen. Selbstverständlich kommt es hier immer auf die jeweilige Pflichtverletzung an. Dass eine Frist grob fahrlässig versäumt wurde, kann eher nachgewiesen werden, als unterlaufene Beratungsfehler. Nach der hier vertretenen Auffassung kommt – unter anderem auch gerade aufgrund solcher Einzelfallschwierigkeiten – eine Haftung im Innenverhältnis nur bei vorsätzlichem Pflichtenverstoß in Betracht. Da Vorsatz nur in den seltensten Fällen nachgewiesen werden kann, kommt dieser Diskussion wohl eine lediglich hypothetische Funktion zu. Letztlich bleibt es aber bei dem Ergebnis, dass die Partner einer PartG mbB nur in sehr strengen Ausnahmefällen persönlich haften sollen.

e) Zwischenergebnis

Der Innenregress kommt immer dann in Betracht, wenn ein Partner eine Pflicht gegenüber der Partnerschaft verletzt hat. Da es vorliegend um die mögliche Pfändung und Überweisung eines Innenanspruchs handelt, kommen nur solche Pflichten in Betracht, deren Verletzung einen Schaden eines Mandanten zur Folge hat. Auf den Punkt gebracht ist der hiesige Untersuchungsgegenstand die Schadensabwendungspflicht des Partners. Diese kann sowohl durch schadensauslösende Berufsausübungsfehler, als auch durch eine objektive unangemessene Berufshaftpflichtversicherung verletzt werden. In diesem Fall kann die Partnerschaft möglicherweise nach § 280 BGB Regress nehmen. Bei der Partnerschaft mbB gilt es nun zu beachten, dass sie für Verbindlichkeiten aus Schäden wegen fehlerhafter Berufsausübung nur mit dem Gesellschaftsvermögen haftet, wenn sie mit mindestens 2,5 Mio. Euro versichert ist. Tritt ein Schaden ein, der über der tatsächlichen Deckungssumme der Partnerschaft liegt – diese kann weit über 2,5 Mio. Euro liegen – haftet die Partnerschaft mbB mit ihrem Gesellschaftsvermögen. Dadurch verletzt der pflichtverletzende Partner seine Loyalitätspflicht sowohl gegenüber der Partnerschaft, als auch gegenüber den anderen Partnern. Hat der Partner die Pflichtverletzung zu vertreten, entsteht somit ein

Schadensersatzanspruch der Partnerschaft nach § 280 BGB i.V.m. dem Partnerschaftsvertrag. Ein Vertretenmüssen kann indes nicht ohne weiteres angenommen werden. Jede abweichende Ansicht würde zu dem Ergebnis gelangen, dass immer dann, wenn ein Partner einen Schaden verursacht, er persönlich – durch die Hintertür – haftet. Das widerspricht der Funktion einer haftungsbeschränkten Gesellschaft.

Auf anderem Wege könnte ein angemessenes Ergebnis erlangt werden, wenn bereits bei der Pflichtverletzung angesetzt und die Frage gestellt wird, ob der Partner im Falle eines Schadenseintritts über der Deckungssumme überhaupt automatische eine Loyalitätspflicht begeht. Im Ergebnis würde eine simple Umgehung des persönlichen Haftungsausschlusses – durch Pfändung und Überweisung des Innenanspruchs – einen Systembruch darstellen. Nichtsdestotrotz gilt die allgemeine Verschuldensnorm des § 276 BGB, womit der Partner grundsätzlich Vorsatz und Fahrlässigkeit zu vertreten hat. In diesem Rahmen muss § 708 BGB – zumindest die *dilingentia quam in suis*, die sich aus dem Partnerschaftsvertrag ableitet – beachtet werden. Der Partner hat somit nur die Sorgfalt in eigenen Angelegenheiten zu vertreten. Doch nicht nur § 708 BGB vermag die Sorgfaltsanforderungen zugunsten des Pflichtverletzenden zu senken. Im Partnerschaftsvertrag kann ein Haftungsausschluss im Voraus vereinbart werden. Dieser Ausschluss kann den Pflichtverletzenden – bis auf vorsätzliches Handeln (§ 276 Abs. 3 BGB) – von seiner Ausgleichspflicht befreien. Problematisch wird es dann aber, wenn der Partnerschaftsvertrag eine derartige Regelung nicht vorsieht. In diesem Fall ergibt sich ein konkludenter Haftungsausschluss kraft Rechtsformwahl. Die Wahl der Rechtsform belegt, dass die Partner grundsätzlich nicht persönlich in Anspruch genommen werden wollen. Aus diesem Grund muss der Umfang des Haftungsausschlusses auch die grobe Fahrlässigkeit mitumfassen. Es steht weder im Interesse der Partner, noch der Partnerschaft, dass sich Dritte aufgrund des Innenregresses „bereichern" können. Die Rechtsformwahl steht dafür ein, dass die Partner unter keinen Umständen persönlich haften wollen. Der Mandant wird dadurch nicht benachteiligt, da bei hohem Schadensrisiko eine Einzelfallversicherung abgeschlossen werden kann. Vor jedem Abschluss eines Mandantenvertrages können die Folgen von beiden Parteien bedacht und abgesichert werden. Entgegen dem GmbH-Recht gibt es bei der Partnerschaft mbB keine Grenzen durch Kapitalerhaltungs- und Existenzschutzvorschriften. § 43 Abs. 3 GmbHG kann nicht entsprechend herangezogen werden, da es bei der Partnerschaftsgesellschaft keine Kapitalerhaltungsvorschriften (vgl. §§ 30, 33, 9b Abs. 1, 64 S. 1, 3 GmbHG) gibt. Das ist auch nicht notwendig. Die Berufshaftpflichtversicherung bietet einen umfangreicheren Schutz als Kapitalerhaltungsvorschriften. Das Mindestkapital versichert aber nur, dass es zum Zeitpunkt der Gründung eingebracht wurde. Es kann indes zu jeder Zeit aufgebraucht sein.[681] Die Partnerschaft mbB dagegen unterhält eine Versicherung mit einer Deckungssumme von mindestens 2,5 Mio. Euro. Es wird gerade nicht – wie das Mindestkapital einer Kapitalgesellschaft – zur Geschäftsführung „aufgebraucht".

Davon zu unterscheiden ist der Haftungsverzicht im Nachhinein. Aus dem Umkehrschluss des § 276 Abs. 3 BGB muss denknotwendig gefolgert werden, dass ein Haftungsverzicht auch im Falle der vorsätzlichen Pflichtverletzung möglich ist. § 276 Abs. 3 BGB verbietet nämlich nur den vorherigen Verzicht für vorsätzliches Handeln. Wenn ausdrücklich erwähnt wird, dass ein Ausschluss im Vorhinein ausgeschlossen ist, muss der Ausschluss im Nachhinein möglich sein; andernfalls hätte der Gesetzgeber auch den Ausschluss im Nachhinein mit in den Wortlaut des § 276 Abs. 3 BGB aufgenommen. Wichtig ist, dass der Verzicht noch vor der Pfändung ausgesprochen wird, da der Pfändung dadurch der Anspruch *ex nunc* entzogen wird.

Zusammenfassend besteht ein Schadensersatzanspruch der Partnerschaft im Innenverhältnis dann,

- wenn ein Partner einen Schaden im Rahmen eines Mandantenvertrags verursacht; die Schadenshöhe über der Deckungssumme der Berufshaftpflichtversicherung liegt; der Mandant nun das Gesellschaftsvermögen in Anspruch nimmt; der Partner die schadensauslösende Pflichtverletzung vorsätzlich begangen hat.
- und/oder wenn ein Partner konkret durch den Partnerschaftsvertrag, oder durch ähnliche Vereinbarung, zum Abschluss und zur ständigen Überwachung einer angemessenen Berufshaftpflichtversicherung beauftragt wird; er es vorsätzlich unterlässt, die Deckungssumme an das übliche Schadensrisiko anzupassen, oder eine Anschlussversicherung im Einzelfall abzuschließen, wenn das Schadensrisiko offensichtlich über der Deckungssumme liegt.
- und die Partnerschaft den Schadensersatzanspruch nicht durch Verzicht oder Vergleich zunichte macht.

2. Zurechnung angestellter Mitarbeiter?

In größeren Partnerschaften werden Mandate nicht bloß durch einen Partner alleine betreut. Jedem Partner obliegt die Aufgabenwahrnehmung in seinem eigenen Zuständigkeitsbereich. Hierzu gehören meist mehrere Rechtsanwälte,

681 *Rieder,* in: MüKo GmbHG, § 5a Rn. 16; *Schäfer,* in: Henssler/Strohn Gesellschaftsrecht, GmbHG, § 5a Rn. 15; *Miras,* NZG 2012, 486 (489 f.); *Veil,* GmbHR 2007, 1080 (1082).

darunter ein Partner und angestellte Rechtsanwälte (sog. *Associates*). Da der Partner nicht alle Mandantenaufträge persönlich bearbeitet, stellt sich die Frage, ob und wie Pflichtverletzungen angestellter Rechtsanwälte dem Partner zugerechnet werden können, sodass der Partner für fremde Pflichtverletzungen im Innenverhältnis haftbar ist. Die Antwort könnte in §§ 713, 664 BGB i.V.m. § 1 Abs. 4 PartGG zu finden sein. Hiernach muss sich ein geschäftsführender Geschäftsführer das Verhalten von Erfüllungsgehilfen nach § 278 BGB zurechnen lassen, derer er sich zur Ausführung der Geschäftsführung bedient. Für den freiberuflichen Partner bedeutet dies eine volle Haftung für die angestellten Anwälte oder sonstigen Mitarbeiter, die zur Erledigung eigener Mandate eingeschaltet werden.[682] Da sich die Haftung des Partners auf vorsätzliche Pflichtverstöße beschränkt, muss er sich auch nur solche seines Erfüllungsgehilfen zurechnen lassen. Gemäß § 278 S. 1 BGB hat der Partner ein Verschulden seines angestellten Rechtsanwalts in gleichem Umfang zu vertreten, wie sein eigenes Verschulden. Für den Sorgfaltsmaßstab ist also auf den Partner, nicht auf den angestellten Rechtsanwalt abzustellen.[683] Des Weiteren ergibt sich dies auch aus der gesetzlichen Wertung und dem Sinn und Zweck der gesellschaftsrechtlichen Haftungsbeschränkung. Eine Anspruchspfändung Dritter wäre ansonsten bereits bei fahrlässiger Pflichtverletzung möglich. Der Partner muss sich demnach Pflichtverletzungen seiner angestellten Rechtsanwälte nach § 278 BGB zurechnen lassen.[684]

3. *Haftung der Partner durch die Hintertür*

Ein unmittelbarer Anspruch gegen den Geschäftsführer einer haftungsbeschränkten Gesellschaft steht dem Gesellschaftsgläubiger grundsätzlich nicht zu.[685] Indem Gläubiger den entstandenen Schadensersatzanspruch der Partnerschaft im Innenverhältnis pfänden und an sich überweisen lassen, entsteht eine persönliche Haftung der Partner durch die Hintertür. Durch die Hintertür aus

---

682 *Peres,* in: Sozietätsrecht, § 6 Rn. 35.

683 *Grundmann,* in: MüKo BGB, § 278 Rn 49; *Unberath,* in: Beck´scher Online-Kommentar BGB, § 278 Rn. 48.

684 Die Berufshaftpflichtversicherung erstreckt sich aber auch auf Schäden, für die der Versicherungsnehmer wegen Fehler seiner Mitarbeiter über § 278 oder § 831 BGB einzustehen hat. Vgl. hierzu § 7 AVB-WSR und *Gräfe/Brügge*, Vermögensschaden-Haftpflichtversicherung, S. 477 Rn. 616 ff. Für die Partnerschaft mbB bedeutet das, dass sich die Versicherung der Partner auch auf deren angestellte Rechtsanwälte ausstreckt.

685 *Zöllner/Noack,* in: Baumbach/Hueck GmbHG, § 43 Rn. 31.

dem Grund, weil das gesetzliche Merkmal einer haftungsbeschränkten Gesellschaft gerade der Ausschluss der persönlichen Haftung eines Gesellschafters ist. Das GmbH-Recht kennt auch keine dem § 93 Abs. 5 AktG entsprechende Regelung, wonach eine originäre Befugnis, die Gesellschaftsansprüche gegenüber ersatzpflichtig gewordenen Vorstandsmitgliedern unmittelbar in eigener Person geltend zu machen, besteht. Eine analoge Anwendung scheidet bei der GmbH grundsätzlich – und erst recht bei der PartG mbB – aus.[686] Umso bizarrer ist die Vorstellung, dass Gesellschaftsgläubiger den gesetzlichen Regelfall faktisch – quasi durch die Hintertür – umgehen können. In der Literatur wird diese Vorgehensweise bei der GmbH und der Rechtsanwaltsgesellschaft einheitlich anerkannt.[687] Der Gläubiger muss also zunächst einen Titel gegen die PartG mbB erwirken, um sodann deren Ersatzansprüche gegen den pflichtverletzenden Partner zu pfänden (§ 829 ZPO) und sich zur Einziehung überweisen zu lassen (§ 835 ZPO).[688] Da ein Schadensersatzanspruch der Partnerschaft gegen den Partner nur bei vorsätzlicher Pflichtverletzung entsteht,[689] ist diese Vorgehensweise im Ergebnis gerechtfertigt. Der Gesellschaftsgläubiger kann bei vorsätzlichen Pflichtverstößen ebenso deliktisch gegen den jeweiligen Partner unmittelbar vorgehen. Eine gesetzeswidrige Umgehung des Prinzips der persönlichen Haftungsbefreiung liegt dementsprechend nicht vor. Darüber hinaus besteht sogar die Möglichkeit des nachträglichen Haftungsverzichts – und das selbst bei vorsätzlichem Handeln. Das Ergebnis kann sich folglich sowohl dogmatisch, systematisch als auch praktisch sehen lassen.

Zuletzt soll hier das Problem des Schadensumfangs aufgeworfen werden. Im Falle des Bestehens eines pfändbaren Schadensersatzanspruchs gilt es im nächsten Schritt die Schadenshöhe festzustellen. Die Gesellschaft muss nachweisen,

---

686 *Schneider,* in: Scholz/K. Schmidt GmbHG, § 43 Rn. 291; *Zöllner/Noack,* in: Baumbach/Hueck GmbHG, § 43 Rn. 31; *Ganster,* Freier Beruf und Kapitalgesellschaft, S. 427. Eine Ausnahme des grundsätzlichen Verbots der analogen Anwendung gilt im Fall der masselosen bzw. gelöschten GmbH, vgl. *Altmeppen,* in: Roth/Altmeppen, GmbHG, § 43 Rn. 94 m.w.N.

687 *Fleischer,* in: MüKo GmbHG, § 43 Rn. 325; *Schneider,* in: Scholz/K. Schmidt GmbHG, § 43 Rn. 291; *Henssler,* in: Henssler/Prütting BRAO Kommentar, BRAO, § 59j Rn. 10; *Henssler,* in: Henssler/Streck, Handbuch Sozietätsrecht, S. 467 Rn. 167; *Brüggemann,* in: BRAO Kommentar, Teil 1 BRAO, § 59j Rn. 6; *Zöllner/Noack,* in: Baumbach/Hueck GmbHG, § 43 Rn. 31; *Schneider,* in: FS für Werner, S. 796 (799); *Henssler,* ZHR 161 (1997), 305 (322 ff.); *Henssler,* ZIP 1997, 1481 (1484); *Schaub,* DStR 1992, 1766 (1770).

688 *Fleischer,* in: MüKo GmbHG, § 43 Rn. 325.

689 Vgl. Dritter Teil, D., III, e).

dass ihr infolge eines pflichtwidrigen Verhaltens ihres Geschäftsführers ein Schaden entstanden ist.[690] Freiberufliche Gesellschaften sind reine Dienstleistungserbringer und weisen deshalb in der Regel wenig Vermögensgegenstände oder Kapital auf. Es ist zu bezweifeln, dass ein pfändungsbereiter Gläubiger den Schaden einer Gesellschaft ohne weiteres nachweisen kann. Dies bleibt jedoch dem Problem des Einzelfalls überlassen.

4. *Nachschusspflicht gemäß § 735 BGB*

Zu guter Letzt ist an eine persönliche Haftung der Partner im Wege der Pfändung und Überweisung (§§ 829, 835 ZPO) von Nachschussansprüchen aus § 1 Abs. 4 PartGG i.V.m. § 735 BGB zu denken. § 735 BGB gilt nur im Innenverhältnis und ordnet an, dass ein sich im Zuge der Schlussabrechnung ergebender Fehlbetrag von den Gesellschaftern im Verhältnis ihrer Verlustbeteiligung auszugleichen ist.[691] Dieser Nachschussanspruch steht der aufgelösten Gesellschaft gegen den ausgleichpflichtigen Gesellschafter zu.[692] Im Falle der Liquidation trifft die Liquidatoren der Gesellschaft sogar die Pflicht, die Ansprüche geltend zu machen.[693] Auch dieser Weg durch die Hintertür ist nur dann vorstellbar, wenn der Schaden über der Deckungssumme der Berufshaftpflichtversicherung liegt; andernfalls kann sich der Gläubiger von dem Versicherer der Partnerschaft mbB befriedigen lassen. Im Falle der Liquidation der Partnerschaft stellt sich für den geschädigten Mandanten die Frage des vollstreckungsrechtlichen Zugriffs auf Ansprüche aus § 735 BGB gegen die einzelnen Gesellschafter. Bis zur Pfändung und Überweisung ist es Aufgabe der Liquidatoren, die nach § 735 BGB geschuldeten Nachschüsse einzuziehen.[694]

Im ersten Augenblick scheint es so, als hätte der Gesetzgeber dieses Problem übersehen. Allerdings kann der Pfändung und Überweisung des Nachschussanspruchs der Wind dadurch aus den Segeln genommen werden, dass die Vorschrift dispositiv ist.[695] Es bietet sich auch hier wieder die ausdrückliche Abbedingung des Nachschussanspruchs im Gesellschaftsvertrag an. Damit stehen die Gesellschafter im Falle der Liquidation auf der sicheren Seite.[696] Fehlt eine

690 *BGH*, NJW-RR 1994, 806 (806).
691 *Trost*, in: JurisPK-BGB, § 735 Rn. 1 f.
692 *Trost*, in: JurisPK-BGB, § 735 Rn. 2.
693 *Henssler*, AnwBl 2014, 96 (101).
694 *Wertenbruch*, NZG 2013, 1006 (1006).
695 Vgl. *Habermeier*, in: Staudinger BGB, § 735 Rn. 1; *Schäfer*, in: MüKo BGB, § 735 Rn. 2; *Henssler*, AnwBl 2014, 96 (101); *Wertenbruch*, NZG 2013, 1006 (1006 f.).
696 So auch *Wälzholz*, DStR 2013, 2637 (2639).

diesbezügliche Regelung im Gesellschaftsvertrag, kann auch hier nichts anderes gelten als das oben bereits Gesagte.[697] Die Rechtsformwahl deutet unmissverständlich darauf hin, dass eine vollständige persönliche Haftungsfreistellung der Gesellschafter gewollt ist (§§ 133, 157 BGB).[698] Eine gegenteilige Ansicht würde die mit § 8 Abs. 4 PartGG bezweckte Befreiung der Gesellschafter von der persönlichen Haftung für Berufsausübungsfehler in vollem Umfang konterkarieren.[699] Der persönliche Haftungsausschluss steht für die Partner im Mittelpunkt. Wäre das nicht der Fall, könnte die PartG mbB als überflüssig betrachtet werden, denn als neue Rechtsformvariante zur Partnerschaft liegt die Neuerung im Wesentlichen in einer Haftungsbeschränkung auf das Gesellschaftsvermögen. Das mit der PartG mbB verfolgte Ziel einer neuen Alternative zur LLP wäre nicht erreicht, wenn die Partnerschaft den pflichtverletzenden Partner in Anspruch nehmen und der geschädigte Mandant diesen Anspruch nach §§ 829, 835 ZPO pfänden und an sich überweisen lassen könnte.[700] Diesen Einwendungen sind sich alle Partner bewusst, wenn sie eine Partnerschaftsgesellschaft mit beschränkter Berufshaftung gründen. Der Ausschluss der persönlichen Haftung eines jeden Partners ist sogar gewollt. Diese Wertung muss auch im Wege der ergänzenden Vertragsauslegung so aufgefasst werden. Damit gilt § 735 BGB bei Fehlen einer gesellschaftsvertraglichen Regelung im Wege der ergänzenden Vertragsauslegung als vollständig abbedungen. Etwas anderes gilt nur für Gesellschaftsverbindlichkeiten außerhalb der Berufshaftung nach § 8 Abs. 1 PartGG, da die Entscheidung zu Gunsten der PartG mbB insoweit keine Rückschlüsse auf einen bestimmten Willen der Gesellschafter erlaubt. Das beweist wieder mal den Vorteil einer gesellschaftsvertraglichen Regulierung.

5. *Zusammenfassung*

Trotz des Wesensmerkmals einer haftungsbeschränkten Partnerschaft besteht für geschädigte Mandanten die Möglichkeit mittelbar auf das Privatvermögen der Partner zuzugreifen. Sobald der Schaden des Mandanten die Deckungssumme der Berufshaftpflichtversicherung und das Partnerschaftsvermögen der Höhe nach übersteigt, kann er – durch Pfändung des Innenanspruchs – einen zusätzlichen Schuldner gewinnen, solange dieser seine Pflichtverletzung vorsätzlich

697 Dritter Teil, D., III., 1., d), aa), (4), (α).

698 So auch *Wertenbruch*, NZG 2013, 1006 (1006 f.); *Henssler*, AnwBl 2014, 96 (101); *Lieder*, NotBZ 2014, 81 (84).

699 *Wertenbruch*, NZG 2013, 1006 (1007).

700 Vgl. *Wertenbruch*, NZG 2013, 1006 (1008).

(!) begangen und die Partnerschaft auf den Innenanspruch nicht verzichtet hat. Die anspruchsauslösende Pflichtverletzung liegt in der Verletzung der Loyalitätspflicht – genauer gesagt der Schadensabwendungspflicht – des Partners gegenüber der Partnerschaft und den anderen Partnern. Diese Loyalitätspflicht ist immer dann verletzt, wenn der Partner einen Schaden verursacht, der über der Deckungssumme der Berufshaftpflichtversicherung liegt, da die Partnerschaft mbB in diesem Fall mit dem Gesellschaftsvermögen haftet (§ 8 Abs. 4 PartGG). Sollten der pflichtverletzende Partner und der Partner, der für den Abschluss der Berufshaftpflichtversicherung zuständig ist, personenverschieden sein, können gleichzeitig zwei Partner im Innenverhältnis in Anspruch genommen werden, zumal der zuständige Partner seine Pflicht zur objektiv angemessenen Versicherung – und damit eine Schadensabwendungspflicht – verletzt.

Es ist daher jeder Partnerschaftsgesellschaft zu empfehlen unbedingt eine gesellschaftsvertragliche Regelung des Innenanspruchs und die dazugehörige Freistellung in den Gesellschaftsvertrag mit aufzunehmen. Somit lassen sich Auslegungsprobleme bereits im Keim ersticken. Eine persönliche Inanspruchnahme sollte nicht zu voreilig ins Auge gefasst werden, da die Vorteile zur britischen LLP dadurch schwinden würden.

IV. Persönliche Haftung der Partner

Soeben wurde aufgezeigt, dass auch Gesellschafter einer haftungsbeschränkten Gesellschaft – wenn auch nur mittelbar – persönlich in Anspruch genommen werden können. Es stellt sich darüber hinaus die Frage, ob zusätzlich an eine unmittelbare persönliche Inanspruchnahme zu denken ist. Grundsätzlich widerspricht die unmittelbare Haftung den niedergelegten Grundsätzen der §§ 1 Abs. 1 S. 2 AktG, 13 Abs. 2 GmbHG, 2 GenG, 8 Abs. 4 PartGG, die eine Haftung nur des Gesellschaftsvermögens vorsehen. Unter Umständen muss dieser Grundsatz *de lege lata* durchbrochen werden. Das gilt insbesondere für solche Situationen, in denen sich Gesellschafter derart rechtsuntreu verhalten, dass ihnen die Haftungsprivilegierung und damit die Schutzwürdigkeit abgesprochen werden muss. Davon zu unterscheiden gilt die allgemeine direkte Haftung für Delikte, die der Gesellschafter eigenhändig begangen hat, das heißt für Verletzungen absolut geschützter Rechtsgüter (§ 823 Abs. 1 BGB) und Schutzgesetzverletzungen (§ 823 Abs. 2 BGB). Der deliktischen Haftung kann sich ein Gesellschafter nicht durch Rechtsform entziehen.[701] Für die Partnerschaft mit

701 Ausführlich zur persönlichen deliktischen Haftung *Ganster*, Freier Beruf und Kapitalgesellschaft, S. 463 ff.

beschränkter Berufshaftung sind in diesem Rahmen insbesondere zwei deliktische Anspruchsgrundlagen bemerkenswert, da sich hier neue Problemfelder auftun.

1. *„Haftungsdurchgriff"*[702] */ Existenzvernichtungshaftung*

a) Problemdarstellung

Obwohl die Partnerschaft mbB eine Haftungsbeschränkung auf das Gesellschaftsvermögen für Verbindlichkeiten wegen fehlerhafter Berufsausübung genießt, unterliegt sie keinen Kapitalerhaltungsvorschriften.[703] Sollte die Berufshaftpflichtversicherung nicht den entstandenen Schaden decken, bleibt den Gläubigern nur noch das Gesellschaftsvermögen zur Befriedigung. Als wichtiger Haftungsfond wird das Gesellschaftsvermögen für die Gläubiger – anders als bspw. bei der GmbH durch §§ 30, 31, 33, 43a GmbHG – nicht gesichert. Im Falle einer drohenden Inanspruchnahme – durch einen oder mehrere Gläubiger – können die Gesellschafter der Partnerschaft das Gesellschaftsvermögen entziehen, sodass die Gläubiger einer „vermögensentleerten" Partnerschaft gegenüberstehen.[704] Gewiss liegt die überwiegende Relevanz derartiger Fälle bei Einmanngesellschaften. Dennoch besteht auch bei Partnerschaftsgesellschaften mit beschränkter Berufshaftung – die wohlbemerkt immer aus zumindest zwei Personen bestehen muss – eine praktische Relevanz, da auch hier gläubigerschädigende Einwirkungen auf das Gesellschaftsvermögen vorgenommen werden können. Es ließe sich beteuern, dass hier sogar ein besonderes Bedürfnis gläubigerschützender Vorschriften herrscht, da es bei der PartG mbB gerade keine kapitalerhaltende Vorschriften gibt. Der Verzicht auf Kapitalerhaltungsbestimmungen überzeugt möglicherweise nur, solange die persönliche Haftung eines Gesellschafters einen vollwertigen Ausgleich bietet.[705] Bei der einfachen Partnerschaft ist dies der Fall; bei der Partnerschaft mbB hingegen nur, wenn es sich nicht um Schäden wegen fehlerhafter Berufsausübung handelt. Es ließe sich damit konstatieren, dass der Schutz der Gläubiger – solange es um Schäden

---

702 Gleichwohl man die Terminologie „Durchgriffshaftung" bezweifeln kann, zumal ein „Durchgriff" im wahrsten Sinne des Wortes nicht erfolgt, da die Problematik auf der Trennung der Rechtssubjekte beruht, wird hier nichtsdestotrotz von einem Haftungsdurchgriff gesprochen. Vgl. hierzu *K. Schmidt*, Gesellschaftsrecht, § 9 II 3b, S. 225.

703 Vgl. hierzu auch *Römermann/Praß*, NZG 2012, 601 (607 f.).

704 Vgl. zur Problematik bei der einfachen Partnerschaftsgesellschaft *Henssler*, in: FS für Wiedemann, S. 907 (930 ff.).

705 *Henssler*, in: FS für Wiedemann, S. 907 (931).

wegen fehlerhafter Berufsausübung geht – bei der PartG mbB nur unzureichend gewährt wird. Dies gilt erst recht, wie es im Rahmen von § 826 BGB aufgrund der Haftung für qualifizierte Insolvenzverursachung oder -vertiefung[706] auch der Fall ist, wenn die Partnerschaft mbB in die Vermögenslosigkeit verfällt und ein Insolvenzverfahren aufgrund Masselosigkeit abgelehnt wird. Dann ist nicht mehr der Insolvenzverwalter zur Geltendmachung der Forderungen zuständig (§§ 93, 80 InsO); die Gläubiger sind in diesem Falle auf sich alleine gestellt.[707] Genau darin spiegelt sich das hiesige Problem wider. Der Gesellschafter soll der Gesellschaft keine Mittel entziehen dürfen, die sie aus der maßgebenden Sicht eines objektiv und verantwortlich denkenden Geschäftsmannes zur Erhaltung ihrer Zahlungsfähigkeit oder zur Vermeidung ihrer Überschuldung benötigt.[708] Es geht dabei weder um die Frage der Insolvenzverschleppung noch der Insolvenzverursachung. Obgleich sich die Haftung wegen existenzvernichtenden Eingriffs zum Teil mit der Haftung wegen Insolvenzverursachung überschneidet, geht es hierbei alleine darum, dass Vermögen der Gesellschaft (bewusst!) dem Zugriff durch Gesellschaftsgläubiger entzogen wird. Und genau hier setzt die Frage nach einer Haftung gem. § 826 BGB an. Das Beiseiteschaffen des Vermögens ist dabei nicht auf die Fälle des § 64 S. 3 GmbHG beschränkt, sondern betrifft jede Handlung, die der Gesellschaft ohne Kompensation die zur Aufrechterhaltung ihres Geschäftsbetriebes erforderlichen Ressourcen entzieht. Dies können materielle Güter (z.B. Anlage- und Umlaufvermögen), personelles Know-How (Abzug von Führungspersonal), aber auch die Verlagerung von Geschäftsvorteilen (z.B. Nutzungsbefugnisse, Steuervergünstigungen) und Erwerbschancen (z.B. Kundenstamm) sein.[709] Die Existenzvernichtungshaftung im gesellschaftsrechtlichen Gewandt setzt also genau dort an, wo eine insolvenzrechtliche Haftung nicht in Betracht kommt.[710]

Um das Problem bildlich darzustellen, eignet sich folgendes Beispiel:[711]

Im Rahmen eines Mandantenvertrages begeht ein Partner einen grob fahrlässigen Fehler, bei dem ein Schaden entsteht, der nicht vollumfänglich von der Berufshaftpflichtversicherung abgedeckt ist. Da der Partnerschaft nun der Zugriff

706 *Wagner*, in: MüKo BGB, § 826 Rn. 134.

707 *Röhricht*, ZIP 2005, 505 (514).

708 *Röhricht*, ZIP 2005, 505 (514).

709 *Geißler*, DZWIR 2013, 395 (397).

710 Interessant ist dabei der Beitrag von *Röhricht*, der für eine Ausweitung der insolvenzrechtlichen Vorschriften wirbt, sodass der Fall des existenzvernichtenden Eingriffs eine rein insolvenzrechtliche Lösung findet. Siehe *Röhricht*, ZIP 2005, 505 (514 ff.).

711 Vgl. auch *Römermann/Praß*, NZG 2012, 601 (607).

auf das Gesellschaftsvermögen droht, gründen die Partner eine weitere Partnerschaft und übertragen sämtliches Vermögen auf diese. Der Mandant, der einen Titel errungen hat, greift auf eine leere Partnerschaft zu.

b) Problemlösung

Zur Lösung dieses Problems könnte an einen „Haftungsdurchgriff" auf den Partner gedacht werden. Darin bestünde eine Möglichkeit, den Partner einer PartG mbB als persönlichen Schuldner zu gewinnen. Zu klären gilt dabei, ob die persönliche Inanspruchnahme auf eine nur mittelbare Haftung, das heißt durch Pfändung und Überweisung eines im Innenverhältnis vorliegenden Regressanspruchs, zu begrenzen ist. Grundsätzlich von dieser Thematik betroffen ist der Fall, dass ein Partner unter bestimmten Umständen persönlich haftet, da er sich sein Haftungsprivileg zurechenbarer Weise verspielt hat und der gesetzliche Grundsatz dann zu einem Ergebnis führen würde, der mit Treu und Glauben nicht in Einklang steht. Die Ausnutzung der rechtlichen Verschiedenheit zwischen der juristischen Person und der hinter ihr stehenden natürlichen Person würde einen Rechtsmissbrauch darstellen.[712] Dem Missbrauch der Haftungsbeschränkung wird somit nicht tatenlos zugesehen. Auf der anderen Seite muss vor einer uferlosen Billigkeitshaftung gewarnt werden.[713] Das Prinzip der Haftungsbeschränkung auf das Gesellschaftsvermögen darf nicht ohne weiteres umgangen werden. Der Haftungsdurchgriff muss demnach auf normativem Fundament aufgebaut sein. Entscheidendes Merkmal ist dabei, dass die vorliegend diskutierte persönliche Haftung nicht dazu dient, eine Haftung für ein Fehlverhalten im Vorfeld der Insolvenz zu installieren.[714] Das Durchgriffsproblem ist kein Monopol der Kapitalgesellschaften. Auch Personengesellschaften können von der Durchgriffshaftung betroffen sein.[715] Bei der Partnerschaft mbB kommt vor allem die Figur der „Haftung wegen existenzvernichtenden Eingriffs (§ 826 BGB)" als möglicher Unterfall der Durchgriffshaftung in Betracht.[716] Auf Grund

712 BGHZ 54, 222 = *BGH*, NJW 1970, 2015 (2016).

713 *K. Schmidt*, Gesellschaftsrecht, § 9 IV 1c, S. 234.

714 *Röhricht*, ZIP 2005, 505 (514).

715 *K. Schmidt*, Gesellschaftsrecht, § 9 I 2a, S. 219 f.

716 *Martin Henssler* hat sich als erster mit dem Problem der Durchgriffshaftung bei der Partnerschaft beschäftigt. Siehe *Henssler*, in: FS für Wiedemann, S. 907 (930 ff.). *Stephan Bank* hat sich sodann mit der Existenzvernichtungshaftung auseinandergesetzt und sie für die Partnerschaft in der ursprünglichen Form bejaht, da ein persönlicher Haftungsausschluss hier durch Haftungszuweisung auf bestimmte Partner nach § 8 Abs. 2 PartGG möglich ist. Vgl. *Bank*, Die britische LLP: Eine attraktive

der Haftungsregelung der PartG mbB drängt sich die Frage auf, wie in einem Fall der Vermögenslosigkeit durch Eingriff der Partner zu verfahren ist. Diese Frage spielt dann eine Rolle, wenn die Mindesthaftpflichtsumme nicht ausreicht, um den Schaden zu kompensieren und das Vermögen der Partnerschaft beiseite geschaffen wird, um den Zugriff durch die Gläubiger zu verhindern. Als Folge dieses Eingriffs muss die Insolvenzreife der Gesellschaft eintreten oder vertieft werden.[717] Um den existenzvernichtenden Eingriff von reinen Haftungsfällen der Gesellschafter abzugrenzen, muss das entzogene Vermögen in die Sphäre mindestens eines Gesellschafters bzw. einer ihm nahestehenden Person fließen.[718] Dieses Vorgehen müsste an sich zulässig sein, zumal es in der PartG mbB keine Kapitalbindung zu geben scheint und eine Insolvenzverursachung nicht – wie es beispielsweise bei der GmbH durch § 64 Satz 3 GmbHG der Fall ist – haftungsrechtlich sanktioniert wird.[719]

Gegenteiliges ergibt sich dann, wenn das Gesellschaftsvermögen einer haftungsbeschränkten Gesellschaft zweckgebunden ist, mit der Folge, dass es in erster Linie zur Gläubigerbefriedigung dient und deshalb nicht entzogen werden darf. *Schäfer* lehnt eine solche Zweckgebundenheit schon im Ansatz ab, denn das Haftungsbeschränkungskonzept des § 8 Abs. 4 PartGG bestünde nicht in einer besonderen Zweckbindung des Gesellschaftsvermögens, vielmehr sei der Haftungsfond durch eine Haftpflichtversicherung bereit gestellt.[720] Die Gläubiger seien in erster Linie vor dem Ausfall des Haftungsfonds im Einzelfall aufgrund vorwerfbaren Verhaltens der Partner (-schaft) zu schützen.[721] Diesem Einwand von *Schäfer* ist entgegenzusetzen, dass § 8 Abs. 4 S. 1 PartGG selbst die Zweckgebundenheit des Gesellschaftsvermögens vorgibt („haftet den Gläubigern nur das Gesellschaftsvermögen"). Zwar dient in erster Linie die Berufshaftpflichtversicherung als Haftungsfond. Für Schäden, die über der Deckungssumme liegen, wird aber zusätzlich das Gesellschaftsvermögen als Haftungsfond herangezogen.

Organisationsform für Freiberufler?, S. 312 f. Zur generellen Möglichkeit der Durchgriffshaftung bei Rechtsanwaltsgesellschaften siehe *Römermann/Hartung*, Anwaltliches Berufsrecht, S. 150.

717 *Hüffer/Koch*, Gesellschaftsrecht, S. 382 Rn. 31; *Römermann/Praß*, NZG 2012, 601 (607).

718 *Hüffer/Koch*, Gesellschaftsrecht, S. 382 Rn. 31.

719 *Römermann/Praß*, NZG 2012, 601 (607).

720 *Ulmer/Schäfer*, GbR und PartG Kommentar, PartGG, § 8 Rn. 46. Allerdings ist davon auszugehen, dass die Aussage von *Schäfer* aus der Zeit vor der Verweisung in § 8 Abs. 4 S. 2 PartGG auf die Regeln der Pflichtversicherung stammt. Sie soll deshalb nur der Vollständigkeit halber genannt sein.

721 *Ulmer/Schäfer*, GbR und PartG Kommentar, PartGG, § 8 Rn. 46.

Der Einwand von *Schäfer* – die Gläubiger seien in erster Linie dagegen zu schützen, dass dieser Haftungsfond im Einzelfall aufgrund vorwerfbaren Verhaltens der Partner (-schaft) ausfällt – ist seit der Verweisung in § 8 Abs. 4 S. 2 PartGG auf die Regeln der Pflichtversicherung obsolet geworden. Grundsätzlich gibt es bei der Partnerschaft kein zweckgebundenes Vermögen, welches den Gläubigern zum Schutz dienen soll, da die Partner akzessorisch und persönlich haften. Dies änderte sich jedoch mit der Einführung der PartG mbB. Mit dem Eintritt des Schadens aufgrund eines beruflichen Fehlers dient das Gesellschaftsvermögen nämlich, wie § 8 Abs. 4 S. 1 PartGG zum Ausdruck bringt, vorrangig und als einzige Haftungsmasse der Befriedigung der Gläubiger und ist insoweit zweckgebunden.[722] Die Partner träfe unter diesen Umständen eine Rücksichtnahmepflicht gegenüber dem geschädigten Gläubiger als Korrelat zur Haftungsbeschränkung.[723] Aufgrund dieser Zweckgebundenheit scheint es sinnvoll zu sein, die Grundsätze der Existenzvernichtungshaftung gem. § 826 BGB anzuwenden. Zu beachten gilt allerdings, dass dies nur hinsichtlich der Verbindlichkeiten aus Schäden wegen fehlerhafter Berufsausübung gilt, da nur hier eine Zweckgebundenheit vorliegt. Damit stellt sich des Weiteren die Frage, ob sie als Durchgriffs(außen)haftung oder als reine Innenhaftung auszugestalten ist.

Die Existenzvernichtungshaftung entstand aus einem langjährigen Prozess der Rechtsprechung.[724] Letztendlich kam der BGH in der Trihotel-Entscheidung zu dem Ergebnis, dass die Haftung des Gesellschafters für missbräuchliche, zur Insolvenz der Gesellschaft führende oder diese vertiefende kompensationslose Eingriffe in deren der Zweckbindung zur vorrangigen Befriedigung der Gesellschaftsgläubiger dienendes Gesellschaftsvermögen, zwar die Begrifflichkeit der Existenzvernichtungshaftung weiterhin aufrecht erhalten wird. An dem Konzept der eigenständigen Haftungsfigur wurde indes nicht mehr festgehalten. Stattdessen wurde die Existenzvernichtungshaftung als Unterfall des § 826 BGB und gleichzeitig als Innenhaftung des Gesellschafters gegenüber der Gesellschaft

---

722 So auch *Linardatos*, VersR 2013, 1488 (1495). A.A. *Werner*, StBW 2013, 715 (718).

723 *Römermann/Praß*, NZG 2012, 601 (607).

724 Anfangs wurde die Existenzvernichtungshaftung noch als unmittelbare Durchgriffshaftung verstanden. Zur Fortentwicklung der Rechtsprechung vgl. BGHZ 95, 330 = *BGH*, NJW 1986, 188 (188 ff.) – Autokran; BGHZ 107, 7 = *BGH*, NJW 1989, 1800 (1800 ff.) – Tiefbau; BGHZ 115, 187 = *BGH*, NJW 1991, 3142 (3142 ff.) – Video; BGHZ 116, 37 = *BGH*, NJW 1992, 505 (505 ff.) – Stromlieferung; BGHZ 122, 123 = *BGH*, NJW 1993, 1200 (1200 ff.) – TBB; BGHZ 149, 10 = *BGH*, NJW 2001, 3622 (3622 ff.) – Bremer Vulkan; BGHZ 151, 181 = *BGH*, NJW 2002, 3024 (3024 ff.) – KBV; BGHZ 173, 246 = *BGH*, NJW 2007, 2689 (2689 ff.) – Trihotel.

eingeordnet.[725] Von einer Durchgriffshaftung kann nach dieser Entscheidung nicht mehr gesprochen werden. Diese dogmatische Konstruktion ist bezüglich ihrer Herleitung jedoch nicht unumstritten. Bei einer deliktischen Haftung nach § 826 BGB ist fraglich, ob es hier bei einer reinen Innenhaftung verbleiben kann, oder ob bei der Annahme einer sittenwidrigen Schädigung nicht auch die Gläubiger im Außenverhältnis anspruchsberechtigt sein müssten.[726] Ob es im Rahmen einer Haftungskonstellation im Innenverhältnis des Instruments des § 826 BGB überhaupt bedarf, kann bereits bezweifelt werden. Eine Haftung im Innenverhältnis wird sich in derartigen Konstellationen bereits aus der Verletzung von Treue- und Sorgfaltspflichten nach § 280 BGB ergeben.[727] Die Trihotel-Entscheidung mit der Folge, dass die Existenzvernichtungshaftung nach § 826 BGB als bloße Innenhaftung ausgestaltet ist, bedarf einer genaueren Untersuchung. Das gleiche gilt für die anzuwendende Haftungsnorm. Eine deliktische Innenhaftung könnte obsolet sein, wenn das Gesellschaftsrecht bereits adäquate Instrumente bereithält.

Eine vertretbare Entscheidung lässt sich jedoch erst dann begründen, wenn die haftungsrechtlichen Unterschiede näher betrachtet werden. Hierfür ist von entscheidender Bedeutung, ob durch den Entzug des Gesellschaftsvermögens die Eröffnung des Insolvenzverfahrens ausgelöst wurde. Sobald das Insolvenzverfahren eröffnet ist, spielt die Unterscheidung zwischen unmittelbarer Außenhaftung und mittelbarer Haftung durch Pfändung und Überweisung der Innenforderung keine Rolle mehr, da die persönliche Haftung eines Gesellschafters für die Verbindlichkeiten der Gesellschaft während der Dauer des Insolvenzverfahrens nur vom Insolvenzverwalter gem. § 93 InsO geltend gemacht werden kann. Die Geltendmachung des Gläubigerausfallschadens ist in jedem Fall Sache des Insolvenzverwalters (§ 80 Abs. 1 InsO).[728] Das hiesige Problem hält sich also

---

725 BGHZ 173, 246 = *BGH*, NJW 2007, 2689 (2690).

726 *Hüffer/Koch*, Gesellschaftsrecht, S. 420 Rn. 64; *Habersack*, ZGR 2008, 533 (547).

727 Siehe auch *Schwab*, ZIP 2008, 341 (343); *Dauner-Lieb*, ZGR 2008, 34 (42 f.); *Habersack*, ZGR 2008, 533 (545). Siehe auch Dritter Teil, D., III., a) zu den Treue- und Sorgfaltspflichten. Der BGH hat dagegen in der Trihotel-Entscheidung festgestellt, dass es zur Sanktionierung des Verstoßes gegen die Zweckbindung des Gesellschaftervermögens nicht zwingend eines selbstständigen, im Wege der Rechtsfortbildung zu schaffenden, gesellschaftsrechtlich fundierten Haftungsinstituts zur Erfüllung der durch die §§ 30, 31 GmbHG offengelassenen Schutzlücke bedarf, da diese Schutzfunktion ohnehin im Bereich des § 826 BGB anzusiedeln ist, und zwar wiederum in Form einer Innenhaftung gegenüber der Gesellschaft. Siehe BGHZ 173, 246 = *BGH*, NJW 2007, 2689 (2692).

728 *Habersack*, ZGR 2008, 533 (548).

außerhalb insolvenzrechtlicher Haftungsfragen auf und findet sich in einem ausschließlich gesellschaftsrechtlichen Haftungsmodell wieder. Kommt es allerdings nicht zur Eröffnung des Insolvenzverfahrens, was bei völligem Entzug der Haftungsmasse nicht selten der Fall sein wird, scheint der Weg der mittelbaren Haftung durch Pfändung der Innenforderung ein kaum gangbarer zu sein.[729]

Der BGH führte zur Begründung seiner Ausgestaltung als Innenanspruch folgende Argumente auf: Zum einen habe die verbotene Auszahlung i.S.d. § 30 GmbHG nach § 31 Abs. 1 GmbHG eine Innenhaftung zur Folge. Für die Existenzvernichtungshaftung gelte nichts anderes. Die Existenzvernichtungshaftung solle wie eine das gesetzliche Kapitalerhaltungssystem ergänzende, aber deutlich darüber hinausgehende „Entnahmesperre" wirken, indem sie die sittenwidrige, weil insolvenzverursachende oder vertiefende Selbstbedienung des Gesellschafters vor den Gläubigern der Gesellschaft durch die repressive Anordnung der Schadensersatzpflicht in Bezug auf das beeinträchtigte Gesellschaftsvermögen ausgleiche.[730] Zum anderen beruhe die Existenzvernichtungshaftung auf einem pflichtwidrigen Eingriff in das Gesellschaftsvermögen. In erster Linie werde daher eine Pflicht gegenüber der Gesellschaft verletzt, da die Gesellschafter verpflichtet seien, ihr jenes Vermögen zu belassen, welches sie zur Tilgung ihrer Verbindlichkeiten benötige. Die Schädigung der Gläubiger sei dagegen eine bloß reflexartige, mittelbare Folge.[731] Um ein „Windhundrennen" der Gesellschaftsgläubiger zu vermeiden, sollte der Schaden dort auszugleichen sein, wo er auch unmittelbar entstanden ist. Im Zusammenhang mit der Haftung gegenüber Gesellschaftern entspreche es auch dem allgemeinen, in §§ 117 Abs. 1 S. 2, 317 Abs. 1 S. 2 AktG eigens geregelten Gedanken, dass mittelbare Schäden auch mittelbar – nämlich durch Wiederauffüllung des Gesellschaftsvermögens – auszugleichen sind.[732] Allerdings wird auch bei den Befürwortern der Innenhaftung die Ansicht vertreten, dass im Falle einer Abweisung der Insolvenz aufgrund fehlender Masse, den Gläubigern jedenfalls mit analoger Anwendung der Bestimmungen des Aktiengesetzes (§§ 93 Abs. 5, 117 Abs. 5, 309 Abs. 4 S. 3, 310 Abs. 4, 317Abs. 4, 318 Abs. 4 AktG) zum Gläubigerverfolgungsrecht zu helfen ist.[733]

---

729 *Habersack*, ZGR 2008, 533 (548).

730 BGHZ 173, 246 = *BGH*, NJW 2007, 2689 (2692).

731 BGHZ 173, 246 = *BGH*, NJW 2007, 2689 (2692); *Dauner-Lieb*, ZGR 2008, 34 (42); hierzu auch *Schwab*, ZIP 2008, 341 (342).

732 *Habersack*, ZGR 2008, 533 (547).

733 *K. Schmidt*, Gesellschaftsrecht, § 9 IV 5, S. 245; *Habersack*, ZGR 2008, 533 (548); *Altmeppen*, NJW 2007, 2657 (2660).

Dagegen wird in der Literatur argumentiert, dass die Innenhaftung nach §§ 30, 31 GmbHG nicht eins zu eins mit der Existenzvernichtungshaftung verglichen werden kann. Die §§ 30, 31 GmbHG fungieren als Instrumente institutionellen Gläubigerschutzes, da die Verpflichtung zur Rückgewähr nicht von einem erlittenen Schaden Dritter abhängig sei. Dagegen habe der existenzvernichtende Eingriff dazu geführt, dass Gesellschaftsgläubiger mit ihren Forderungen ausgefallen sind, mithin einen konkreten Schaden erlitten haben.[734] Die Schutzrichtung beider Institutionen sei demnach nicht gleichlaufend. Des Weiteren könnten die haftungsrechtlichen Folgen der Existenzvernichtungshaftung – im Kern geht es um die Haftung für die pflichtwidrig herbeigeführte Insolvenz – mit denjenigen harmonisieren, welche bei pflichtwidrig verschleppter Insolvenz eingreifen. Ein Geschäftsführer, der es versäumt, einen nach § 15a Abs. 1 InsO gebotenen Insolvenzantrag zu stellen, hafte (auch nach dem MoMiG) persönlich gem. § 823 Abs. 2 BGB i.V.m. § 15a Abs. 1 InsO für den daraus entstandenen Schaden. Allerdings handele es sich hierbei um eine Haftung wegen Insolvenzverschleppung. Der Fall der pflichtwidrig herbeigeführten Insolvenz müsse im Gesetz ebenso wie die Insolvenzverschleppung eine normative Anknüpfung finden. Ließe sich aus der Insolvenzordnung (oder einer anderen Norm) auch für den Bereich der Insolvenzbegründung ein Schutzgesetz im Interesse der Gläubiger ableiten, könnte eine unmittelbare Außenhaftung mit § 823 Abs. 2 BGB normativ begründet werden.[735] Ein weiteres Argument gegen die Ausgestaltung als Innenhaftung ist der praktische Nachteil, dass der Weg über die Pfändung und Überweisung des Innenanspruchs umständlich und zeitraubend sei. Entziehe der Gesellschafter der Gesellschaft vollends das Vermögen, könne ein erheblicher Zeitverlust für die Rechtsdurchsetzung tödlich sein, zumal das Instrumentarium des einstweiligen Rechtsschutzes vor wirksamer Pfändung des Anspruchs der Gesellschaft nicht zur Verfügung stünde. Auf den Punkt gebracht bedeutet das die Herbeiführung einer masselosen Insolvenz durch den gekonnten Gesellschafter.[736] Im Falle der Nichteröffnung des Insolvenzverfahrens aufgrund fehlender Masse, ergeben sich zusätzliche Probleme, sollte mit dem BGH an einer reinen Innenhaftung festgehalten werden. Es ist nämlich nicht unwahrscheinlich, dass in dem Moment, in dem der Gläubiger versucht, die Ansprüche der Gesellschaft gegen den Gesellschafter zu pfänden, die Gesellschaft – aufgrund Löschung oder „Bestattung" – nicht

734 *Schwab*, ZIP 2008, 341 (344).
735 *Schwab*, ZIP 2008, 341 (344).
736 *Wagner*, in: MüKo BGB, § 826 Rn. 137.

mehr besteht.[737] Die Fassade der reinen Innenhaftung könnte demzufolge brüchig sein.

c) Eigener Ansatz zur Problemlösung

Zunächst muss danach differenziert werden, ob das Insolvenzverfahren eröffnet wurde, oder nicht. Im Rahmen eines Insolvenzverfahrens sprechen die besseren Argumente für die Ausgestaltung als reine Innenhaftung. Die Grundprinzipien des Gesellschaftsrechts dürfen nicht aus den Augen verloren werden. Denn bei detailgetreuer Lesart des § 8 Abs. 4 PartGG lässt sich erkennen, dass „für Verbindlichkeiten der Partnerschaft nur das Gesellschaftsvermögen haftet".[738] Ebenso wie nach § 13 Abs. 2 GmbHG gilt bei der PartG mbB das Trennungsprinzip. Einschränkend gilt dieser Grundsatz allerdings nur für Schäden wegen fehlerhafter Berufsausübung. In diesem Rahmen sind die Partner von der Haftung auszuschließen. Wenn das Gesellschaftsvermögen böswillig entzogen wird, sollte es wieder bis auf den ursprünglichen Stand zurück aufgefüllt werden. Zwischen den Gesellschaftern und den Gläubigern besteht ein nur mittelbares Rechtsverhältnis, wobei die Gesellschaft als Knotenpunkt dient. Dann ist es dogmatisch nur konsequent, Probleme innerhalb – und nur innerhalb – der bestehenden Rechtsbeziehungen zu lösen. Somit ist die Gesellschaft Dreh- und Angelpunkt und darf bei Konflikten nicht außer Acht gelassen werden. Im Falle eines Insolvenzverfahrens kommt der Unterscheidung zwischen Innen- und Außenhaftung nur wenig Bedeutung zu, da die Geltendmachung der persönlichen Haftung nur durch den Insolvenzverwalter erfolgt (§§ 80, 92, 93 InsO). Bemerkenswerter ist dagegen der Fall der Ablehnung der Insolvenz aufgrund fehlender Masse gem. § 26 Abs. 1 InsO. Der Gesellschaftsgläubiger ist dann selbst zur Geltendmachung der persönlichen Haftung der Gesellschafter legitimiert. Gleichzeitig erlangt die Unterscheidung zwischen der Innen- und Außenhaftung wieder ihre wohlverdiente Aufmerksamkeit. Ob der Gläubiger unmittelbar oder nur mittelbar, durch Pfändung und Überweisung der Gesellschaftsforderung, gegen den Gesellschafter vorgehen kann, ist nicht mehr nur dogmatisch, sondern auch praktisch von nicht zu unterschätzender Bedeutung. Daher ist der hiesige Untersuchungsgegenstand die Existenzvernichtungshaftung im Falle einer masselosen Insolvenz.

---

737 *Habersack*, ZGR 2008, 533 (548); *Schwab*, ZIP 2008, 341 (347 f.); *Altmeppen*, NJW 2007, 2657 (2660).

738 Vgl. *Schanze*, NZG 2007, 681 (682).

Für die Partnerschaft mbB dürfte hinsichtlich der bisher bekannten Diskussion grundsätzlich nichts anderes gelten. Ausnahmsweise muss von dem Trennungsprinzip dann abgesehen werden, wenn ein Gesellschafter derart schädigend in eine fremde Rechtsposition eingreift, dass ihm der Schutz des Haftungsausschlusses nicht mehr vorteilhaft zugute kommen darf. Dann ist dieser Gesellschafter nicht mehr schützenswert und verliert jegliche Privilegien, die das Gesellschaftsrecht für ihn vorsieht. Zu beachten gilt hier aber wieder die besondere Ausgestaltung der Haftungsverfassung der PartG mbB. Vergleichbar mit der Kapitalerhaltungsvorschrift der GmbH gem. §§ 30, 31 GmbHG dient die Mindestversicherungssumme in Höhe von 2,5 Mio. Euro der Sicherung von Gläubigerforderungen, um ein Korrelat zur beschränkten Haftung zu schaffen. Die Berufshaftpflichtversicherung ist jedoch kein bilanzierter Passivposten, der das Vermögen der Gesellschaft widerspiegelt. Das Vermögen der Partnerschaft besteht nicht zumindest in Höhe eines Mindeststammkapitals, sondern stellt sich aus dem Gesellschaftsvermögen zusammen, das den Partnern zur gesamten Hand gemeinsam zusteht (§ 719 BGB).[739] Im Falle einer drohenden Inanspruchnahme durch geschädigte Gläubiger können die Partner das liquide Partnerschaftsvermögen jederzeit entziehen. Aufgrund der Zweckgebundenheit des Gesellschaftsvermögens nach § 8 Abs. 4 PartG, das als einzige Haftungsmasse neben der Berufshaftpflichtversicherung dient, muss ein Eingriff mit nachweisbarer Schädigungsabsicht zu einer Ausgleichspflicht führen. Doch bereits hier muss die Frage gestellt werden, ob das Gesellschaftsvermögen einer PartG mbB überhaupt zweckgebunden sein kann. Immerhin steht den Gläubigern eine in der Regel immense Versicherungshöhe zur Befriedigung (sicher) zur Verfügung. Da darf zu Recht bezweifelt werden, ob das Gesellschaftsvermögen, das bei freiberuflichen Gesellschaften meistens sehr niedrig ausfällt, noch als „zweckgebunden" anzusehen ist. Allerdings spricht der Wortlaut des § 8 Abs. 4 PartGG, der im Grunde dem des § 13 Abs. 2 GmbHG entspricht, eindeutig für die Zweckgebundenheit. Auch bei einer GmbH kann das Gesellschaftsvermögen – gerade bei der Unternehmergesellschaft (haftungsbeschränkt) – sehr niedrig sein. Die Zweckgebundenheit des Gesellschaftsvermögens steht jedoch nicht in Abhängigkeit mit der Höhe desselben. Genauso wenig ist dies bei der Partnerschaft mit beschränkter Berufshaftung der Fall.

Geschädigte eines existenzvernichtenden Eingriffs ist – wie der BGH in der Trihotel-Entscheidung bereits feststellte – die Gesellschaft, da nur ihr unmittelbar Vermögen entzogen wurde. Gerade bei der Partnerschaftsgesellschaft mbB

739 *Wehrheim*, Die Partnerschaftsgesellschaft, S. 93.

ist die Existenzvernichtungshaftung unerlässlich, da sie keine Kapitalerhaltungsvorschrift kennt und – was noch viel wichtiger ist – Zahlungen an Gesellschafter, die erkennbar zur Zahlungsunfähigkeit der Gesellschaft führen, nicht wie nach § 64 S. 3 GmbHG geahndet werden. § 64 S. 3 GmbHG wurde 2008 durch das Gesetz zur Modernisierung des GmbH-Rechts und zur Bekämpfung von Missbräuchen (MoMiG) eingeführt und betrifft die Insolvenzverursachungshaftung.[740] Sie richtet sich gegen den Abzug von Vermögenswerten, welche die Gesellschaft zur Erfüllung ihrer Verbindlichkeiten benötigt, und betrifft somit einen Teilbereich der Existenzvernichtungshaftung.[741] Die Existenzvernichtungshaftung geht seinem Anwendungsbereich nach weiter als die Haftung aus § 64 S. 3 GmbHG, da hierunter Entziehungen aller Art fallen, während § 64 S. 3 GmbHG nur Zahlungen der Geschäftsführer an Gesellschafter umfasst.

Im Falle der Abweisung der Insolvenz mangels Masse sprechen die überzeugenderen Argumente auch bei der Partnerschaft mbB für die Ausgestaltung der Existenzvernichtungshaftung – zumindest auch – als Außenhaftung. Das gilt allerdings nur dann, wenn an der dogmatischen Konstruktion des § 826 BGB festgehalten werden soll.[742] Gleichwohl die Argumente des BGH im Ergebnis überzeugen, lassen sie sich vorliegend nicht ohne Anpassung auf die PartG mbB übertragen. Das Argument, dass die Existenzvernichtungshaftung die oberhalb der Grenze der §§ 30, 31 GmbHG entzogenen Vermögensgüter vor schädigenden Eingriffen schützt und damit als Lücke im Kapitalschutzrecht der GmbH dient, kann bei der PartG mbB – aufgrund des Nichtvorhandenseins – gerade nicht herangezogen werden. Nichtsdestotrotz dient auch die Haftung wegen existenzvernichtenden Eingriffen dem Schutz des Gesellschaftsvermögens oberhalb der Deckungssumme der Berufshaftpflichtversicherung. Ziel des § 826 BGB ist es auch bei der PartG mbB, die Gesellschaft vor der vorsätzlichen Herbeiführung oder Vertiefung eines Insolvenzverfahrens zu schützen. Zur Verdeutlichung dient hier erneut das oben genannte Beispiel der Gesellschafts-Stafette.[743] Entgegen der Ansicht des zweiten Zivilrechtssenats des BGH, darf die Existenzvernichtungshaftung nicht auf eine reine Innenhaftung beschränkt werden. Das gilt

740 *Müller*, in: MüKo GmbHG, § 64 Rn. 154.

741 *Müller*, in: MüKo GmbHG, § 64 Rn. 156.

742 Nach Auffassung des BGH wäre die dogmatisch konsequente Rechtsfolge einer Durchgriffs-Außenhaftung eine Analogie zu § 128 HGB. Vgl. BGHZ 173, 246 = *BGH*, NJW 2007, 2689 (2691). Dabei verkennt der BGH aber, dass die Rechtsfolge des § 826 BGB Schadensersatz ist und nicht akzessorische Haftung nach dem Muster des § 128 HGB. Vgl. *Wagner*, in: MüKo BGB, § 826 Rn. 132.

743 Dritter Teil, D., IV., 1., a).

jedenfalls dann, wenn als Anspruchsgrundlage alleine § 826 BGB herangezogen werden soll. § 826 BGB dient hier gerade nicht als Ausgleich für derartige Eingriffe, die nicht oder nicht in vollem Umfang durch die §§ 30, 31 GmbHG ausgeglichen werden können. Die Partnerschaft mit beschränkter Berufshaftung kennt eben keine vergleichbare Kapitalerhaltungsvorschrift. Darüber hinaus wird durch den Entzug des Gesellschaftsvermögens oberhalb der Grenze der §§ 30, 31 GmbHG nicht nur die Pflicht gegenüber der Gesellschaft verletzt. Grund der Entziehung des Vermögens ist den Zugriff auf das Vermögen durch Dritte zu verhindern. Aufgrund der Zweckgebundenheit des Gesellschaftsvermögens, das dem Schutz der Gläubigern als Korrelat zum Ausschluss der persönlichen Haftung dient, wird sodann auch eine Pflicht gegenüber den Gläubigern verletzt.[744] Das Gegenargument[745] des zweiten Zivilrechtssenats, dass die Gläubiger der am Ende insolventen Gesellschaft nur einen Reflexschaden erleiden, der ihnen keinen direkten Anspruch gegen den Schädiger verschaffen kann, überzeugt nicht. Im Falle eines existenzvernichtenden Eingriffs werden sowohl die Gesellschaft, als auch die Gläubiger in ihrem Vermögen beeinträchtigt. Der Funktion des § 826 BGB entsprechend, setzt die Haftung nach dieser Vorschrift keine Rechtsgutsverletzung voraus, sondern sie begnügt sich mit einem reinen Vermögensschaden. Dieser kann beispielsweise auch in der Vereitelung tatsächlicher Erwerbsaussichten bestehen.[746]

Nach der Differenzhypothese liegt ein Schaden vor, wenn der Vermögensstand mit und ohne schädigendem Ereignis eine negative Bilanz aufweist.[747] Ohne schädigenden Entzug des Gesellschaftsvermögens stünde dem geschädigten Gläubiger eine höhere Haftungsmasse zur Befriedigung zur Verfügung. Die Differenz, die sich durch den existenzvernichtenden Entzug ergibt, ist dann als Schaden des Gläubigers zu beziffern. Dieser Entzug ist auch adäquat-kausal für den entstandenen Schaden. Hätte der handelnde Gesellschafter das Vermögen nicht entzogen, wäre der Erfolg – fehlende Haftungsmasse – nicht eingetreten. Durch den existenzvernichtenden Eingriff entsteht also nicht bloß ein reflexartiger, mittelbarer Schaden bei den Gläubigern. Zu diesem Ergebnis muss jedenfalls gelangen, wer einen Schadensersatzanspruch nach § 826 BGB dogmatisch sauber durchziehen will. Die Existenzvernichtungshaftung dient – entgegen dem BGH – somit nicht nur dem Schutz des Gesellschaftsvermögens und damit der Gesellschaft, sondern auch dem Schutz der Gläubiger. Darüber hinaus wäre

744 *Schwab*, ZIP 2008, 341 (347).

745 BGHZ 173, 246 = *BGH*, NJW 2007, 2689 (2692); *Altmeppen*, NJW 2007, 2657 (2659).

746 *Wagner*, in: MüKo BGB, § 826 Rn. 37.

747 *Oetker*, in: MüKo BGB, § 249 Rn. 18.

es äußert inkonsequent, einen deliktischen Schadensersatzanspruch auf eine reine Innenhaftung zu beschränken. Der BGH hat die Existenzvernichtungshaftung bewusst als Schadensersatzhaftung ausgestaltet. Auch bei der Insolvenzverschleppung haften Geschäftsführer und Vorstände unmittelbar deliktisch nach § 823 Abs. 2 i.V.m. § 15 Abs. 1 InsO. Wenn die Existenzvernichtungshaftung als deliktische Schadensersatzhaftung konzipiert ist, sollte sie demzufolge auch als Außenhaftung ausgestaltet werden.

Des Weiteren sprechen die praktischen Folgen für eine Außenhaftung. Die Pfändung und Überweisung der Gesellschaftsforderung gegen die Gesellschafter ist ein umständlicher und zeitraubender Weg. Unter Umständen existiert die Partnerschaft bis dato nicht mehr. An wen müssen sich die Gläubiger in diesem Fall wenden? Hinzu kommt, dass derjenige, der die Gesellschaft vollends ruiniert, den Gläubiger in eine nachteilige Position katapultiert. Auf den Punkt gebracht könnte der Gesellschafter, wenn er es richtig anstellen will, die Gesellschaft dann vollständig ruinieren.[748] Aus diesem Grund überzeugt die Privilegierung des böswilligen Gesellschafters nicht. Wenn das Insolvenzrecht versagt, weil es nicht anwendbar ist, bedarf es einer provisorischen Lösung.[749] Und das ist in diesem Fall die unmittelbare Außenhaftung nach § 826 BGB. Auch ist bei einer Außenhaftung nach § 826 BGB der analoge Weg über das Gläubigerverfolgungsrecht im Aktiengesetz (§§ 62 Abs. 2, 93 Abs. 5, 117 Abs. 5, 309 Abs. 4 S. 3, 310 Abs. 4, 317 Abs. 4, 318 Abs. 4 AktG) überflüssig. Es fehlt bereits an einer Regelungslücke, da die Existenzvernichtungshaftung ausdrücklich in § 826 BGB angesiedelt wurde. Im Rahmen einer methodisch sauberen Anwendung des § 826 BGB folgt – wie oben gezeigt – eine unmittelbare deliktische Haftung des existenzvernichtenden Gesellschafters. Der analogen Anwendbarkeit des Aktiengesetzes ist damit der Weg versperrt.

Zu einer reinen Innenhaftung – und damit zu einer nur mittelbaren Haftung des Gesellschafters – kommt es auch über eine gesellschaftsrechtliche Haftungslösung. Wie der BGH in seiner Trihotel-Entscheidung bereits feststellte, beruht die Existenzvernichtungshaftung auf einem pflichtwidrigen Eingriff in das Gesellschaftsvermögen. In erster Linie wird eine Pflicht gegenüber der Gesellschaft verletzt, da die Gesellschafter verpflichtet sind, ihr jenes Vermögen zu belassen, welches sie zur Tilgung ihrer Verbindlichkeiten benötige. Auch spricht der zweite Zivilrechtssenat in seiner Entscheidung von einer Rücksichtnahmepflicht im Verhältnis Gesellschaft und Gesellschafter. Warum der BGH sodann aber

748 Vgl. *Wagner*, in: MüKo BGB, § 826 Rn. 137.
749 *K. Schmidt*, Gesellschaftsrecht, § 9 IV 5, S. 245.

§ 826 BGB als einzige Anspruchsgrundlage zur Lösung heranzieht, ist unverständlich.[750] Der Fall des existenzvernichtenden Eingriffs gehört als Unterfall der Loyalitätspflicht[751] ebenso zur Schadensabwendungspflicht und führt damit bei Verletzung zu einem Verstoß gegen die Treue- und Sorgfaltspflicht des Gesellschafters.[752] Im Hinblick auf Personengesellschaften ist die Loyalitätspflicht ein durch Rechtsfortbildung weitgehend anerkanntes Rechtsinstitut, das seinen dogmatischen Anknüpfungspunkt im Gesellschaftsvertrag findet.[753] Die mit der Treuepflicht besonders ausgestaltete Loyalitätspflicht umfasst alle gesellschaftsschädigenden Handlungen. Der existenzvernichtende Entzug des Gesellschaftsvermögens stellt einen Verstoß gegen die Treuepflicht dar. Eine derartige Pflichtverletzung im Rahmen einer gesellschaftsrechtlichen Sonderverbindung führt aber zu einer internen Ausgleichspflicht nach § 280 Abs. 1 BGB.[754] Gleichwohl jeder Gesellschafter seine Gesellschaft vor Schadensersatzansprüchen zu bewahren hat, hat er dafür Sorge zu tragen, dass die Gesellschaft nicht in den Ruin getrieben wird. Mit anderen Worten ist es die Pflicht jeden Gesellschafters dafür zu sorgen, dass die Gesellschaft nicht durch vollständige Entleerung in die Insolvenz verfällt. Der existenzvernichtende Eingriff stellt eine eben solche Pflichtverletzung dar und löst damit einen Schadensersatzanspruch der Gesellschaft gegen den existenzvernichtenden Gesellschafter nach § 280 Abs. 1 BGB aus.[755] Da im Fall der Ablehnung der Insolvenz mangels Masse (§ 26 Abs. 1 InsO) die Aktivlegitimation bei den Gläubigern liegt, stünde diesen auch hier wieder nur die Möglichkeit der Pfändung und Überweisung der Innenforderung zur Verfügung. Deshalb muss im Rahmen einer gesellschaftsrechtlichen Regresslösung nach § 280 Abs. 1 BGB eine analoge Anwendbarkeit der §§ 62 Abs. 2, 93 Abs. 5, 117 Abs. 5, 309 Abs. 4 S. 3, 310 Abs. 4, 317 Abs. 4, 318 Abs. 4 AktG bejaht

750 So auch *Dauner-Lieb*, ZGR 2008, 34 (43).

751 Zu den Loyalitätspflichten siehe Dritter Teil, D., III., 1., a).

752 Ebenso für eine gesellschaftsrechtliche Ausgestaltung des existenzvernichtenden Eingriffs, jedoch mit jeweils anderer Begründung und anderem Ausmaß, vgl. *Wagner*, in: MüKo BGB, § 826 Rn. 137; *Grigoleit*, Gesellschafterhaftung für interne Einflussnahme im Recht der GmbH, S. 196 ff., S. 432 ff.; *Dauner-Lieb*, ZGR 2008, 34 (43); *Schwab*, ZIP 2008, 341 (348).

753 *Grigoleit*, Gesellschafterhaftung für interne Einflussnahme im Recht der GmbH, S. 292.

754 Siehe Dritter Teil, D., III., d).

755 So wohl auch Ulmer, der im existenzvernichtenden Eingriff eine Treuepflichtverletzung (oder Verletzung der Pflichten aus der Sonderverbindung zur GmbH) gegenüber der Gesellschaft sieht. Vgl. *Ulmer*, ZIP 2001, 2021 (2026 ff.).

werden, infolgedessen den Gläubigern ein Verfolgungsrecht einzuräumen ist.[756] Zur Begründung kann auf die Ausführungen zur unmittelbaren Außenhaftung nach § 826 BGB verwiesen werden. Gleichlaufend zu dieser Begründung liegt der zentrale Gedanke der aktienrechtlichen Vorschriften insbesondere darin, dass der Umweg über das Vollstreckungsverfahren eine wertungsmäßig nicht gerechtfertigte Komplizierung der Rechtsverfolgung darstellt, wenn das Unternehmen nicht fortgeführt wird und ein Insolvenzverfahren unterbleibt. Dieser Gesichtspunkt hat keinen ausschließlich aktienrechtsspezifischen Gehalt und kann daher auch auf den vorliegenden Fall übertragen werden.[757]

Im Ergebnis hat der existenzvernichtende Eingriff drei Schadensersatzansprüche zur Folge. Nach § 826 BGB begeht der schädigende Gesellschafter zwei Pflichtverletzungen. Einerseits schädigt er die Gesellschaft, indem er sie durch völligen Vermögensentzug in die Insolvenz treibt und ihr damit das letzte Hemd auszieht. Andererseits schädigt er das Vermögen der Gesellschaftsgläubiger, da er ihnen die Zugriffsmöglichkeit zur Befriedigung ihrer Forderungen entzieht. Das Ergebnis ist ein Forderungsausfall des Gläubigers und damit ein negatives Saldo auf den Rechnungskonten. In ein und derselben Pflichtverletzung verwirklicht der Gesellschafter darüber hinaus einen weiteren schadensersatzauslösenden Moment. Durch den existenzvernichtenden Eingriff verstößt der Gesellschafter gegen das gesellschaftsvertraglich immanente Treuegebot und verletzt damit eine Pflicht aus dem Gesellschaftsvertrag nach § 280 Abs. 1 BGB i.V.m. §§ 705 BGB, 1 Abs. 4, 3 PartGG.

Nach der hier vertretenen Ansicht ergibt sich daraus kein Wertungswiderspruch hinsichtlich des Verschuldensmaßstabs. Sowohl im Rahmen des § 826 BGB als auch der gesellschaftsrechtlichen Innenhaftung nach § 280 Abs. 1 BGB muss der pflichtverletzende Partner vorsätzlich gehandelt haben.[758] Nur so kann eine persönliche Haftung – die wohlbemerkt gerade nicht gesetzlich vorgesehen ist – gerechtfertigt werden. Der Grundsatz des Ausschlusses der persönlichen Haftung darf nicht zu leicht aus den Angeln gehoben werden. Im Ergebnis läuft die subjektive Vorwerfbarkeit dabei in beiden Anspruchsgrundlagen konform.[759] Der Partner handelt demnach vorsätzlich i.S.d. §§ 280 Abs. 1, 826 BGB, „wenn

756 *Grigoleit*, Gesellschafterhaftung für interne Einflussnahme im Recht der GmbH, S. 455 f.; *Ulmer*, ZIP 2001, 2021 (2027); *Habersack*, ZGR 2008, 533 (548).

757 *Grigoleit*, Gesellschafterhaftung für interne Einflussnahme im Recht der GmbH, S. 455.

758 Hierzu ausführlich Dritter Teil, D., III., 1., d), aa), (2).

759 Ausführlich zu den Tatbestandsvoraussetzungen des § 826 BGB, *Schanze*, NZG 2007, 681 (683 ff.).

ihm bewusst ist, dass durch von ihm selbst oder mit seiner Zustimmung veranlasste Maßnahmen das Gesellschaftsvermögen sittenwidrig geschädigt wird. Dafür ist das Bewusstsein von Tatsachen, die den Eingriff sittenwidrig machen, ausreichend, während ein Bewusstsein der Sittenwidrigkeit nicht erforderlich ist. Eine derartige Sittenwidrigkeit betrifft nicht nur die Fälle, in denen die Vermögensentziehung geschieht, um den Zugriff der Gläubiger auf dieses Vermögen zu verhindern, sondern ist auch dann anzunehmen, wenn die faktische dauerhafte Beeinträchtigung der Erfüllung der Verbindlichkeiten die voraussehbare Folge des Eingriffs ist und der Gesellschafter diese Rechtsfolge in Erkenntnis ihres möglichen Eintritts billigend in Kauf genommen hat (Eventualdolus).“[760] Bei einem existenzvernichtenden Eingriff mündet die sittenwidrige Schädigung in der Eröffnung des Insolvenzverfahrens oder in der Abweisung jenes mangels Masse. Die jeweiligen Pflichtverletzungen werden also durch ein und dieselbe vorsätzliche sittenwidrige Handlung begangen. Der Nachweis der vorsätzlichen Schädigung dürfte in Fällen existenzvernichtenden Eingriffen in der Regel keine Probleme darstellen.[761] Sobald ein insolvenzverursachender oder -vertiefender Entzug von Gesellschaftsvermögen – egal welcher Art – vorliegt, muss die Kenntnis bzw. billige Inkaufnahme unterstellt werden. Letztendlich lässt sich die subjektive Komponente immer schwerlich nachweisen. Allerdings reicht ein Eventualvorsatz und damit ein „Inkaufnehmen“ aus.

d) Zusammenfassung

Die Existenzvernichtungshaftung erlangt bei der Partnerschaft mbB dann an Bedeutung, wenn ein Berufsausübungsschaden begangen wird, der über der Deckungssumme der Berufshaftpflichtversicherung liegt. Im Falle einer drohenden Inanspruchnahme – durch einen oder mehrere Gläubiger – können die Gesellschafter der Partnerschaft das Gesellschaftsvermögen entziehen, sodass die Gläubiger einer „vermögensentleerten“ Partnerschaft gegenüberstehen. Die dogmatische Eingliederung der Existenzvernichtungshaftung als Unterfall des § 826 BGB ist unter dem Gesichtspunkt der Rechtssicherheit als positiv einzuordnen. Die Ausgestaltung durch den BGH als reine Innenhaftung überzeugt nur dann, wenn es zu einem Insolvenzverfahren kommt. Denn im Falle eines Insolvenzverfahrens kommt der Unterscheidung zwischen Innen- und Außenhaftung nur wenig Bedeutung zu, da die Geltendmachung der persönlichen Haftung nur

760 BGHZ 173, 246 = *BGH*, NJW 2007, 2689 (2692).

761 A.A. *Grigoleit*, Gesellschafterhaftung für interne Einflussnahme im Recht der GmbH, S. 209.

durch den Insolvenzverwalter erfolgt (§§ 80, 92, 93 InsO). Bei Abweisung der Insolvenz mangels Masse sprechen die überzeugenderen Argumente indessen für die Ausgestaltung der Existenzvernichtungshaftung – zumindest auch – als Außenhaftung. Wird der Gesellschaft Haftungsvermögen entzogen, wird zugleich eine Pflicht gegenüber den Gläubigern verletzt, denn aufgrund der Zweckgebundenheit des Gesellschaftsvermögen dient es auch dem Schutz der Gläubiger als Korrelat zum Ausschluss der persönlichen Haftung. Die Zweckgebundenheit ergibt sich jedenfalls aus dem Wortlaut des § 8 Abs. 4 S. 1 PartGG („haftet den Gläubigern nur das Gesellschaftsvermögen").

Eine reine Innenhaftung lässt sich im Gegensatz zu § 826 BGB durch eine gesellschaftsrechtliche Haftungsbegründung gem. § 280 Abs. 1 BGB konstruieren. Im Falle ruinöser Gesellschafterhandlungen verletzen die Gesellschafter Loyalitätspflichten gegenüber der Gesellschaft. Es bedarf einer Anwendung des § 826 BGB – jedenfalls zur Begründung einer reinen Innenhaftung – daher nicht. Eine vermittelnde Lösung bestünde in einer „sowohl-als-auch-Lösung", indem sowohl eine Innenhaftung nach § 280 Abs. 1 BGB als auch eine Außenhaftung nach § 826 BGB angenommen wird. Zusammenfassend gibt es drei Pflichtverletzungen bei einem existenzvernichtenden Eingriff:

1. Verletzung der Loyalitätspflicht aus § 280 Abs. 1 BGB.
2. Schädigung der Gesellschaft nach § 826 BGB.
3. Schädigung von Gläubigern nach § 826 BGB.

Die Pflichtverletzung i.S.v. § 826 BGB – nachweisbare Schädigungsabsicht – deckt sich im Innen- und Außenverhältnis miteinander. Zugleich liegt im Innenverhältnis ein vorsätzlicher Treueverstoß vor, der unter Umständen leichter bewiesen werden kann.

2. *Insolvenzantragspflicht / Insolvenzverschleppungshaftung*

a) Problemdarstellung

Eine weitere sehenswerte Frage, die sich mit der neuen Gesellschaftsform „PartG mbB" auftut, ist, ob sie der Insolvenzantragspflicht gem. § 15a Abs. 1 InsO unterliegt. Mit Inkrafttreten des MoMiG am 23.10.2008 wurde die Insolvenzantragspflicht einheitlich für alle juristischen Personen und solche Gesellschaften, bei denen kein persönlich haftender Gesellschafter eine natürliche Person ist, in § 15a InsO geregelt.[762] Nach § 15a Abs. 1 Satz 1 InsO haben die Mitglieder des Vertretungsorgans spätestens drei Wochen nach Eintritt der Zahlungsunfähigkeit oder

762 *Krieger/Sailer-Coceani,* in: AktG Kommentar, InsO, § 15a Rn. 1.

Überschuldung einen Eröffnungsantrag zu stellen. Weist die Partnerschaft mit beschränkter Berufshaftung keine Rechtspersönlichkeit auf, kommt es darauf an, ob bei ihr kein persönlich haftender Gesellschafter eine natürliche Person ist (§ 15a Abs. 1 Satz 2 InsO). Diese Voraussetzung wäre nicht erfüllt, da sie im Grunde eine Partnerschaft ist und daher die persönliche Haftung des Partners gem. § 8 Abs. 1 PartGG gilt. Die Partner haften als natürliche Person (§ 1 Abs. 1 Satz 3 PartGG) unbeschränkt persönlich. Bei § 8 Abs. 4 PartGG handelt es sich nur um eine Ausnahmevorschrift, die sich auf die Haftung bestimmter Verbindlichkeiten beschränkt, und ist daher unter Umständen nicht geeignet, den für § 15a Abs. 1 InsO maßgeblichen Grundsatz des Haftungsstatutes zu normieren.[763] Im Ergebnis unterläge die PartG mbB folglich nicht der Insolvenzantragspflicht.[764] Bei näherem Hinsehen muss dieses Ergebnis genauer unter die Lupe genommen werden. Zwar ist die Partnerschaftsgesellschaft mbB dem Wesen nach eine Personengesellschaft mit persönlich haftenden Partnern; diese Aussage kann so aber nur teilweise stehen gelassen werden. Hinsichtlich Schäden wegen fehlerhafter Berufsausübung ist die PartG mbB eben keine Gesellschaft mit persönlich haftenden Gesellschaftern. Es lässt sich also festhalten, dass die PartG mbB aufgrund ihrer hybriden Struktur eine Sonderstellung im deutschen Gesellschaftsrecht einnimmt. Zu Recht lässt sich behaupten, dass der PartG mbB die Bezeichnung einer dem deutschen Gesellschaftsrecht bisher unbekannten Rechtsform zukommt. Nicht von der Hand zu weisen ist auch, dass diese neue Rechtsform bei der Schaffung des MoMiG 2008 – und damit auch des § 15a InsO – unberücksichtigt blieb.[765] Nun darf diese Besonderheit der hybriden Rechtsform nicht außer Acht gelassen werden.

Angenommen eine PartG mbB wird auf Grund von Schäden wegen fehlerhafter Berufsausübungen zahlungsunfähig oder überschuldet sich; soll den Partnern dann nicht die Pflicht eines Eröffnungsantrags i.S.v. § 15a Abs. 1 InsO zukommen, zumal es in diesem Fall keinen persönlich haftenden Gesellschafter gibt? Ebenso muss hier die Frage gestellt werden, ob die PartG mbB – solange der Grund der Zahlungsunfähigkeit oder Überschuldung bei der fehlerhaften Berufsausübung liegt – nicht unter § 15a Abs. 1 S. 2 InsO fallen muss. Satz 2 konstatiert dieselbe Pflicht zur Antragstellung für die organschaftlichen Vertreter der zur Vertretung der Gesellschaft ermächtigten Gesellschafter oder Abwickler bei

763 So wohl auch Bundesrechtsanwaltskammer, Stellungnahme Nr. 13/2012, S. 3 f. Abrufbar unter: www.brak.de/zur-rechtspolitik/stellungnahmen-pdf/stellungnahmen-deutschland/2012 (abgerufen am 03.04.2013).

764 *Römermann/Praß*, NZG 2012, 601 (608).

765 *Römermann/Praß*, NZG 2012, 601 (608).

einer Gesellschaft ohne Rechtspersönlichkeit, bei der kein persönlich haftender Gesellschafter eine natürliche Person ist. Die PartG mbB wäre im Falle von Berufsausübungsfehlern eine Gesellschaft ohne Rechtspersönlichkeit, bei der kein persönlich haftender Gesellschafter eine natürliche Person ist. Um noch tiefer zu graben, muss bereits in Frage gestellt werden, ob die Partnerschaft überhaupt eine Gesellschaft „ohne Rechtspersönlichkeit" ist. Es treten also drei zu klärende Problemfelder auf. Zum einen muss untersucht werden, ob sich die Partner einer Partnerschaft mit beschränkter Berufshaftung wegen Insolvenzverschleppung gem. § 823 Abs. 2 BGB i.V.m. § 15a Abs. 1 (S. 1 oder S. 2) InsO haftbar machen können. Zum anderen muss vorweg geklärt werden, ob die PartG mbB eine Gesellschaft „ohne Rechtspersönlichkeit" ist, oder nicht doch als juristische Person angesehen werden muss.

b) Die Rechtspersönlichkeit der PartG mbB

aa) Rechtspersönlichkeit der Partnerschaftsgesellschaft

Zunächst könnte sich die Rechtspersönlichkeit der PartG mbB bereits aus dem Wesen ihrer Grundform „Partnerschaftsgesellschaft" ergeben. Fest steht, dass die Partnerschaftsgesellschaft bereits wegen des Verweises in § 7 Abs. 2 PartGG auf § 124 HGB unter ihrem Namen Rechte und Pflichten erwerben kann und damit rechtsfähig ist.[766] Die Rechtsfähigkeit wird dadurch unterstrichen, dass die amtliche Überschrift zu § 7 PartGG ausdrücklich die „rechtliche Selbständigkeit" hervorhebt.[767] Die Frage lautet nun, ob die Rechtspersönlichkeit als Synonym für die Rechtsfähigkeit verwendet werden kann und ob damit eine begriffliche Identität herrscht. In Verbindung mit der Gesamthandsgesellschaft stolpert man nicht selten über die Begrifflichkeiten „Rechtsfähigkeit", „Rechtspersönlichkeit" und „Rechtssubjektivität". Dabei ist fraglich, ob alle drei Begriffe dieselbe Bedeutung zum Inhalt haben oder ob ihnen eine unterschiedliche Bedeutung zukommt. Ein Rechtssubjekt ist ein Träger von Rechten und Pflichten.[768] Rechtsfähigkeit bedeutet dagegen die Fähigkeit, Träger von Rechten und Pflichten zu sein (§ 14 Abs. 2 BGB). Hier macht sich bereits der Unterschied zwischen beiden Ausdrücken bemerkbar. Bemerkenswerter gestaltet sich die Bestimmung der Rechtspersönlichkeit. Dass die juristische Person eine eigene Rechtspersönlichkeit besitzt, ist bereits wegen der ausdrücklichen Formulierung in § 1 Abs. 1 AktG unbestritten. Es

766 *Henssler*, PartGG Kommentar, § 1 Rn. 5.

767 *Seibert*, Die Partnerschaft, S. 44.

768 *Buchda*, Geschichte und Kritik der deutschen Gesamthandlehre, S. 257.

ist aber nicht ersichtlich, wodurch sich diese Rechtspersönlichkeit *in concreto* charakterisiert.

Ist die Rechtspersönlichkeit mit der Rechtssubjektivität oder mit der Rechtsfähigkeit gleichzusetzen, wären einige Paragraphen der Insolvenzordnung fehlerhaft. Denn laut § 11 Abs. 2 Nr. 1 InsO besitzen Personengesellschaften keine Rechtspersönlichkeit. Diese Aussage zieht sich durch die gesamte Insolvenzordnung (Bsp.: §§ 15, 15a, 19 Abs. 2 InsO). Der Gesetzgeber sprach der Partnerschaftsgesellschaft ausdrücklich Rechtssubjektivität zu; noch viel mehr sogar vollständige Verselbständigung.[769] Das könnte dazu verleiten, der Partnerschaftsgesellschaft gleichzeitig Rechtspersönlichkeit[770] – oder eine Art „Rechtspersönlichkeit sui generis"[771] – zuzugestehen. So nahe dieser Gedanke auch liegt, ebenso fein scheint der Unterschied zwischen der gesamthänderischen Personengesellschaft und der juristischen Person zu sein. So sieht es jedenfalls die Insolvenzordnung, denn der Teufel steckt hier im Detail. Wie *Karsten Schmidt* bereits in seinem Beitrag auf dem Heidelberger Symposion zum 80. Geburtstag von *Peter Ulmer* vorgetragen hat, sollte sich der Gesetzgeber mit dem treffenden Begriff „rechtsfähige Personengesellschaft" (z.B. § 14 Abs. 2 BGB) zufriedengeben und die dasselbe meinende, jedoch theoriegeladene Floskel „Gesellschaft ohne Rechtspersönlichkeit" vollständig aufgeben.[772] Dieser Aussage ist zuzustimmen, da hierdurch terminologische Unstimmigkeiten vermieden werden. Zudem ist es nach der hier vertretenen Auffassung bereits höchste Zeit, der rechtsfähigen Gesamthandsgesellschaft denselben Status einer juristischen Person zuzubilligen. Dass die Gesamthandsgesellschaft eine verselbständigte Organisation und nicht bloß die vermögensverwaltende Summe ihrer Gesellschafter ist, ist spätestens seit dem BGH Urteil vom 29.01.2001[773] geklärt. Der jahrzehntelange Streit über das Wesen der Gesamthandsgesellschaft ist deshalb nicht

769 BT-Drucks. 12/6152, S. 9.

770 So bspw. *Kesseler*, Das Insolvenzverfahren über das Vermögen einer Partnerschaftsgesellschaft, S. 16 ff; *van Bühren*, Die Berufshaftpflichtversicherung der Rechtsanwälte, S. 190. *Kesseler* bezieht sich dabei auf die herrschende Lehre und das Grundsatzurteil des BGH vom 29.01.2001, in der der GbR (Außen-)Teilrechtsfähigkeit zugesprochen wurde. Dabei missachtet *Kesseler*, dass der BGH der GbR nur die Rechtsfähigkeit und Rechtssubjektivität, nicht aber eine eigene Rechtspersönlichkeit zugesprochen hat. Auch der BGH spricht gelegentlich von der Anerkennung der eigenständigen Rechtspersönlichkeit der GbR, vgl. BGHZ 193, 193 = *BGH*, NJW 2012, 2435 (2436).

771 Vgl. *Bachmayer*, NotBZ 2010, 161 (162).

772 *K. Schmidt*, ZHR 177 (2013), 712 (722).

773 BGHZ 146, 341 = *BGH*, NJW 2001, 1056 (1056 ff.).

Gegenstand der hiesigen Untersuchung.[774] Hier geht es alleine um das Merkmal der Rechtspersönlichkeit. Es scheint so, als ob der BGH mit seiner wegweisenden Entscheidung gar nicht überblicken konnte, welchen Stein er ins Rollen gebracht hat. Auf den ersten Blick schien damit die Frage der Rechtsfähigkeit der GbR schlussendlich geklärt zu sein. Auf den zweiten Blick entfachte er damit umso mehr die Diskussion um die Rechtsnatur der Gesamthand.[775] Zu Recht fordern einige Stimmen in der Literatur die Gleichstellung der Gesamthandsgesellschaft mit der juristischen Person.[776] Die unterschiedliche Behandlung beider Institutionen ist heute – schon alleine aufgrund der eindeutigen Formulierung des § 124 HGB – nicht mehr vertretbar. Wie *Buchda* bereits anschaulich formulierte, erscheinen die Gesamthänder als Einheit und es erscheinen die Körperschaftsmitglieder als Einheit. Wo aber wirklich Einheit ist, da ist keine Vielheit mehr.[777] Im Ergebnis besäße dann auch die Gesamthandsgesellschaft eine eigene Rechtspersönlichkeit. Bis dato ist sie aber keine eigene „Rechtsperson". Im Gegensatz zur Gesamthand ist die juristische Person „als solche selbständig" (§§ 13 Abs. 1 GmbHG, 17 Abs. 1 GenG). Der Gesetzgeber wollte seinerzeit damit zum Ausdruck bringen, dass eine juristische Person ab Eintragung ins Handelsregister (z.B. § 11 Abs. 1 GmbHG) im Gegensatz zur Gesamthandsgesellschaft mit eigener Rechtspersönlichkeit ausgestattet ist.[778] Ausdrücklich hat er der Aktiengesellschaft in § 1 Abs. 1 AktG Rechtspersönlichkeit zugesprochen. Im Gegensatz zur juristischen Person besitzt die Gesamthandsgesellschaft noch nicht die Anerkennung einer eigenen Rechtspersönlichkeit. Dies lässt sich vielleicht auch daran verdeutlichen, dass es grundsätzlich keine Einmann-Personengesellschaft gibt.[779] Eine Gesamthand muss zumindest aus zwei Personen bestehen, während eine Körperschaft bloß einen Gesellschafter als Organ benötigt. Die in der Insolvenzordnung vorhandene Formulierung „Gesellschaft ohne Rechtspersönlichkeit" ist also mit Bezug auf die Partnerschaftsgesellschaft richtig.

---

774 Zu den Klassikern zählen jedenfalls *von Gierke*, Genossenschaftsrecht, S. 166 ff.; *Buchda*, Geschichte und Kritik der deutschen Gesamthandlehre, S. 248 ff; *Flume*, Die Personengesellschaft, S. 56 ff.; *Flume*, ZHR 136 (1972), 177 (184 ff.).

775 Siehe auch *Emmerich/Bitter*, in: Scholz, GmbHG, § 13 Rn. 3a.

776 *Buchda*, Geschichte und Kritik der deutschen Gesamthandlehre, S. 265; *K. Schmidt*, Gesellschaftsrecht, § 8 III, S. 196 ff.; *Bergmann*, in: JurisPK-BGB, § 705 Rn. 46; *Kohler*, ZHR 74 (1913), 456 (456 ff.); *Raiser*, AcP 199 (1999), 104 (136 ff.); *Raiser*, AcP 194 (1994), 495 (501).

777 *Buchda*, Geschichte und Kritik der deutschen Gesamthandlehre, S. 258.

778 *Emmerich/Bitter*, in: Scholz, GmbHG, § 13 Rn. 3.

779 Hierzu *K. Schmidt*, Gesellschaftsrecht, § 8 IV 2b, S. 209.

bb) Rechtspersönlichkeit aufgrund besonderer Gesellschaftsform

Des Weiteren könnte sich die Rechtspersönlichkeit der PartG mbB aufgrund ihrer besonderen Gesellschaftsstruktur ergeben. Das wäre dann der Fall, wenn ihr die Rechtspersönlichkeit losgelöst von ihrer Grundform als Personengesellschaft zugesprochen würde. Als teilweise haftungsbeschränkte Gesellschaft könnte die PartG mbB quasi die Stellung einer „beschränkt juristischen Person" einnehmen. Als juristische Person würde sie dann gelten, solange es um Schäden wegen fehlerhafter Berufsausübung ginge – und damit zugleich unter die Antragspflicht nach § 15a Abs. 1 InsO fallen. Bezüglich sonstiger Verbindlichkeiten würde das die Partnerschaftsgesellschaft Betreffende gelten. Dieser Gedanke stellt sich aber aufgrund der Charakteristika der PartG mbB als schwierig dar. Immerhin ist die Partnerschaft mit beschränkter Berufshaftung eine Personengesellschaft. Sie nun durch einen Kunstgriff aufzuteilen und einen Teil als juristische Person und den anderen als Gesamthandsgesellschaft zu behandeln, scheint zu weit zu gehen.

Schließlich wird die PartG mbB auch steuerrechtlich wie eine Personengesellschaft behandelt und nicht in zwei Teile gegliedert. Letztendlich zeichnet sich eine juristische Person durch ihre verbandsrechtliche Struktur aus. Sie ist eine losgelöste Körperschaft, die fremdorganschaftlich vertreten wird. Die Partnerschaft mit beschränkter Berufshaftung ist eben gerade keine Körperschaft, sondern gesamthänderisch organisiert, was sich beispielsweise durch das Prinzip der Selbstorganschaft auszeichnet. Insgesamt kann ihr deshalb keine eigene Rechtspersönlichkeit *de lege lata* zugesprochen werden. Auch ein Kunstgriff, der ihr lediglich wegen Schäden aus fehlerhafter Berufsausübung die juristische Persönlichkeit zuspricht, ist nicht möglich. Eine Gesellschaft kann nicht Gesamthand und zugleich juristische Person sein. Entscheidend ist, wie sie in ihrer Grundform – sprich körperschaftlich oder gesamthänderisch – organisiert ist. Die Aussage in § 11 Abs. 2 Nr. 1 InsO bezüglich der fehlenden Rechtspersönlichkeit bleibt damit zutreffend.

c) Insolvenzverschleppungshaftung de lege lata

De lege lata können die Partner einer PartG mbB dem ersten Anschein nach nicht gem. § 823 Abs. 2 BGB i.V.m. § 15a Abs. 1 S. 1 InsO haften, da die Gesellschaft keine juristische Person ist. Infolgedessen ist fraglich, ob die Partnerschaft mit beschränkter Berufshaftung als eine Gesellschaft ohne Rechtspersönlichkeit, bei der kein persönlich haftender Gesellschafter eine natürliche Person ist, gilt (§ 15a Abs. 1 S. 2 InsO). Diese Voraussetzung ist bei ihr nicht erfüllt, denn trotz der Haftungsbeschränkung für bestimmte Verbindlichkeiten gilt im Grunde § 8 Abs. 1 PartGG. Die Partner haften demnach als natürliche Person

(§ 1 Abs. 1 S. 3 PartGG) und müssen auch eine solche sein.[780] Ein anderes Ergebnis kann nur dann erzielt werden, wenn man die PartG mbB als eine Gesellschaft ohne Rechtspersönlichkeit sieht, bei der wegen Schäden aufgrund fehlerhafter Berufsausübung kein persönlich haftender Gesellschafter eine natürliche Person ist. Hierbei ergeben sich wiederum zweierlei Knackpunkte. Zum einen haftet wegen Schäden aus fehlerhafter Berufsausübung kein Gesellschafter persönlich, sondern nur das Gesellschaftsvermögen. Zum anderen muss sich auch hier wieder eines Kunstgriffs bedient und zwischen den verschiedenen Formen der Verbindlichkeiten getrennt werden. Fraglich ist somit, ob eine Haftung der Partner wegen Insolvenzverschleppung – durch extensive Auslegung des § 15a Abs. 1 InsO – erreicht werden kann. Dabei sind die beiden eben genannten Knackpunkte und die Voraussetzung „juristische Person" i.S.v. Satz 1 zu berücksichtigen.

aa) Grammatikalische Auslegung

Der Wortlaut des § 15a Abs. 1 S. 1 InsO sieht ausdrücklich nur die Mitglieder des Vertretungsorgans oder die Abwickler der juristischen Person als antragspflichtig vor. Solange der Personengesellschaft nicht der Status einer juristischen Person anerkannt wird, haften die Partner einer PartG mbB nicht gem. § 823 Abs. 2 BGB i.V.m. § 15a Abs. 1 S. 1 InsO. Der Wortlaut des § 15a Abs. 1 S. 2 InsO umfasst eindeutig nur Personengesellschaften, bei denen kein persönlich haftender Gesellschafter eine natürliche Person ist. Da ein Gesellschafter einer Partnerschaft immer nur eine natürliche Person sein kann (§ 1 Abs. 1 S. 3 PartGG), muss in einem ersten Schritt innerhalb der Art der Verbindlichkeit unterschieden werden. Für Fehler wegen fehlerhafter Berufsausübung haftet kein Gesellschafter persönlich; es haftet hier nur das Gesellschaftsvermögen. Eine extensive grammatikalische Auslegung vermag indessen nicht darüber hinweg zu sehen, denn die Gesellschaft als Haftungssubjekt ist offensichtlich nicht vom Wortlaut des § 15a Abs. 1 S. 2 InsO gedeckt. Eine grammatikalisch extensive Auslegung führt im Ergebnis nicht zur Antragspflicht der PartG mbB i.S.v. § 15a Abs. 1 InsO.

bb) Historische Auslegung

Im Zuge der historischen Auslegung muss das vom Gesetzgeber Gesagte oder Gewollte ermittelt werden. § 15a InsO wurde im Zuge des Gesetzes zur Modernisierung des GmbH-Rechts und zur Bekämpfung von Missbräuchen (MoMiG) im

---

780 *Klöhn*, in: MüKo InsO, § 15a Rn. 96; *Römermann/Praß*, NZG 2012, 601 (608).

Jahre 2008 in die Insolvenzordnung eingefügt.[781] Problematisch in dem vorliegenden Fall ist, dass der Gesetzgeber zu diesem Zeitpunkt noch keine Kenntnis von der Existenz der PartG mbB hatte und diese somit nicht berücksichtigen konnte. Auch die letztmalige Änderung des § 15a InsO am 07. Dezember 2011[782] lag noch vor der Zeit der neuen Alternative der Partnerschaftsgesellschaft. Der gesetzgeberische Wille konnte die Partnerschaft mit beschränkter Berufshaftung also noch nicht i.R.d. § 15a InsO berücksichtigen. Eine historische Auslegung verhilft nicht zu einer Anwendung der Insolvenzverschleppungshaftung *de lege lata*.

cc) Systematische Auslegung

Die systematische Auslegungsmethode vermag auch nicht zu einer Haftung der Partner einer PartG mbB wegen Insolvenzverschleppung zu verhelfen. § 15a InsO steht widerspruchsfrei im Gefüge der Insolvenzordnung.

dd) Teleologische Auslegung

(1) Teleologische Auslegung zugunsten der Antragspflicht

Zuletzt ist nach dem eigentlichen Sinn und Zweck des § 15a InsO zu fragen. Obwohl die Partnerschaft mit beschränkter Berufshaftung nicht vom Wortlaut der Norm umfasst ist, kann sie dennoch davon betroffen sein, wenn das eigentliche Ziel der Norm kein anderes Ergebnis zulässt. Die *ratio* der Norm ist also umfassend und mithilfe einer Gesamtwürdigung herauszukristallisieren. Sinn und Zweck der Antragspflicht nach § 15a InsO ist die rechtzeitige Einleitung des Insolvenzverfahrens und damit der Schutz sowohl der Altgläubiger vor weiterer Verringerung der Haftungsmasse als auch der Neugläubiger vor Vertragsabschluss mit notleidenden Gesellschaften.[783] Dieses Anliegen besteht bei Gesellschaften mit persönlich haftenden Gesellschaftern dem Grunde nach nicht, da zumindest eine natürliche Person unbegrenzt für die Schulden der Gesellschaft haftet und diese Person wegen des Grundsatzes des Selbstorganschaft im Grunde nicht von der Vertretung der Gesellschaft ausgeschlossen werden kann.[784] Hierdurch ist die Gefahr einer Fortführung der Gesellschaft auf Kosten der Gläubiger auch ohne insolvenzrechtlichen Schutz gebannt.[785]

---

781 BGBl. 2008 I, S. 2026.

782 BGBl. 2011 I, S. 2582.

783 BT-Drucks. 16/6140, S. 15; ausführlich zum Sinn und Zweck des § 15a InsO *Eckhoff*, Die Haftung der Geschäftsleiter gegenüber den Gläubigern der Gesellschaft wegen Insolvenzverschleppung, S. 134 ff.

784 *K. Schmidt*, Gesellschaftsrecht, § 14 II 2b, S. 411.

785 *Klöhn*, in: MüKo InsO, § 15a Rn. 95.

Nun erlangt die hybride Stellung der PartG mbB wieder an Bedeutung. Für sonstige Verbindlichkeiten besteht das eben genannte Anliegen bei der neuen Partnerschaftsgesellschaft nicht. Diesbezüglich haften die Partner auch weiterhin mit ihrem Privatvermögen (§ 8 Abs. 1 PartGG). Hinsichtlich Schäden wegen fehlerhafter Berufsausübung haftet den Gläubigern indes nur das Gesellschaftsvermögen. Es steht dann kein persönlich haftender Gesellschafter zur Befriedigung zur Verfügung und der bezweckte Schutz durch § 15a InsO wäre nicht erreicht. Der Gesetzgeber begnügt sich mit der Aussage, dass eine Insolvenzantragspflicht der PartG mbB nach § 15a Abs. 1 S. 2 InsO wegen der unbeschränkten persönlichen Haftung der Partner für Verbindlichkeiten, die nicht auf Berufsausübungsfehlern basieren, nicht besteht.[786] Dabei lässt der Gesetzgeber außer Acht, dass die persönliche Haftung bei Verbindlichkeiten aufgrund Schäden wegen Berufsausübungsfehlern eben nicht gilt. Der Alt- und Neugläubigerschutz könnte dadurch bei Berufsausübungsfehlern leer laufen. Somit sind die Verbindlichkeiten der Gläubiger nur zum Teil geschützt. Für den nicht geschützten Teil der Verbindlichkeiten könnte der Schutz des § 15a InsO vonnöten sein. Das gilt erst recht dann, wenn die Lastenverteilung der Verbindlichkeiten genauer betrachtet wird. Für Miet-, Arbeits-, Waren- und sonstige Verbindlichkeiten haften die Gesellschafter persönlich; für Berufsausübungsfehler dagegen nicht. Bereits auf den ersten Blick ist zu erkennen, dass die erst genannten Verbindlichkeiten den deutlich geringeren Anteil ausmachen; weit höher fallen in der Regel die Schäden wegen fehlerhafter Berufsausübung aus. Da die PartG mbB besonders für größere überregionale Kanzleien attraktiv ist, liegt der Streitwert und der mögliche Schaden hier oft im acht- oder neunstelligen Bereich. Das Argument des Gesetzgebers, eine persönliche Haftung der Partner für alle Verbindlichkeiten außerhalb von Berufsausübungsfehlern, scheint deshalb nicht zu überzeugen. Zudem ist fraglich, ob die Haftpflichtversicherung wirklich ein effektives Korrelat zur Haftungsbeschränkung repräsentiert. Die Konsequenz ist, dass der gewünschte Gläubigerschutz des § 15a InsO bei der PartG mbB kein Gehör findet.

Dieses Problem soll durch einen – sehr vereinfachten – Beispielfall verbildlicht werden: Ein Partner der Rechtsanwalts-Partnerschaftsgesellschaft mbB (R) begeht fahrlässig einen Berufsausübungsfehler, bei dem ein Schaden in Höhe von 100 Mio. verursacht wird. Der Mandant M nimmt die R in derselben Schadenshöhe in Anspruch. Die Deckungssumme der Berufshaftpflichtversicherung

---

786 BT-Drucks. 17/10487, S. 14. Auf die rechtsdogmatische Bedeutung von Gesetzesmaterialien wird in der Streitentscheidung noch genauer eingegangen.

der R besteht aber nur in Höhe von 50 Mio. Euro. Für die verbleibenden 50 Mio. Euro steht dem M sodann das Gesellschaftsvermögen zur Verfügung (§ 8 Abs. 4 S. 1 PartGG). Das Gesellschaftsvermögen weist indessen lediglich eine Masse in Höhe von 25 Mio. Euro auf. Darin inbegriffen sind alle materiell und immateriell verwertbaren Vermögenswerte der R.[787] Infolgedessen tritt die Zahlungsunfähigkeit und/oder Überschuldung der R ein. Die Partner der R beschließen dennoch, die Rechtsanwalts-Partnerschaft weiter zu führen, in der Hoffnung, die Probleme werden sich in Zukunft irgendwie lösen lassen. Mit diesen Worten handelt die R eine Stundung der Schadensersatzansprüche der M aus.[788] R und M gehen beide von der Begleichung der Kosten durch R im Laufe der Zeit aus. Mit diesem Wissen im Hinterkopf und in der Angst, nicht einmal mehr die laufenden Miet- und Lohnkosten decken zu können, befriedigen sie zunächst alle Gläubiger sonstiger Verbindlichkeiten, da sich die Partner bewusst sind, dass sie für sonstige Verbindlichkeiten persönlich haften.[789] Nach kurzer Zeit meldet die R PartG mbB Insolvenz an. Das Vermögen hat sich nun von 25 Mio. Euro auf 10 Mio. geschmälert. Davon sind die Kosten des Insolvenzverfahrens und die sonstigen Masseverbindlichkeiten gem. § 53 InsO noch nicht abgezogen.

Abwandlung: 4 Wochen nach Inanspruchnahme und Stundung der Schadensersatzforderung des M, begründet die R ein neues Mandantenverhältnis mit M2. Kurz darauf verursacht der zuständige Partner fahrlässig einen Schaden aufgrund fehlerhafter Berufsausübung. Der Mandant M2 erleidet einen Schaden in Höhe von 70 Mio. Euro. Auch hier kann die Berufshaftpflichtversicherung wiederum nicht den vollen Schaden decken. Es verbleibt ein Restanspruch in Höhe von 20 Mio. Euro. Die R muss infolge der beiden Schadensersatzansprüche der M und M2 Insolvenz anmelden.[790]

In beiden Fällen wäre die Insolvenzmasse für M in einem höheren Umfang vorhanden, hätte die R rechtzeitig Insolvenz angemeldet. Zugegebenermaßen

---

787 Ausführlich zum Umfang der Massezugehörigkeit siehe *Smid*, Praxishandbuch Insolvenzrecht, § 7, S. 166 ff.; *Reischl*, Insolvenzrecht, S. 75 Rn. 230 ff.

788 Gestundete Forderungen gelten nach § 41 Abs. 1 InsO im Insolvenzfall als fällige Forderungen.

789 Es ist in diesem Beispiel davon auszugehen, dass die befriedigten Gläubiger die Zahlungsunfähigkeit nicht erkennen konnten, wodurch eine Insolvenzanfechtung i.S.d. §§ 129 ff. InsO ausgeschlossen ist (§ 130 Abs. 1 Nr. 1 InsO).

790 Nach dem Gebot der gleichmäßigen quotalen Befriedigung werden beide Parteien gleichermaßen aus der Insolvenzmasse befriedigt (§§ 38, 87 InsO). Vgl. *Reischl*, Insolvenzrecht, S. 115 Rn. 364. Zum Gläubigergleichbehandlungsgrundsatz siehe auch *Ehricke,* in: MüKo InsO, § 38 Rn. 4.

ist die Wahrscheinlichkeit für das Eintreten eines derartigen Falles eher gering. Gerade große Kanzleien sind versicherungstechnisch bestens abgesichert. Bei Schadensrisiken, die summenmäßig über der Berufshaftpflichtversicherung liegen, werden in der Regel Einzelfallversicherungen abgeschlossen. Nichtsdestotrotz sind solche Szenarien denkbar und dürfen nicht diskussionslos im Raum stehen bleiben. Aus diesem Grund könnte eine Insolvenzverschleppungshaftung der Partner bei fehlerhafter Berufsausübung geboten sein. Gerade bei Berufsausübungsfehlern ist die persönliche Haftung der Gesellschafter ausgeschlossen, wodurch die Notwendigkeit der Haftung i.S.d. § 15a Abs. 1 InsO ins Leben gerufen wird. Der Gesetzgeber stellte mit § 15a InsO ganz klar den Gläubigerschutz in den Vordergrund.[791] Würde die Partnerschaft mit beschränkter Berufshaftung nicht unter § 15a Abs. 1 S. 1 oder 2 InsO subsumiert werden, entstünde eine Haftungslücke gerade zu Lasten dieser Gläubiger.

Zunächst könnte diese Lücke mit der Anwendung des § 15a Abs. 1 S. 1 InsO auf die PartG mbB geschlossen werden. Obgleich nur juristische Personen unter die Antragspflicht des § 15a Abs. 1 S. 1 InsO fallen, könnte auch die PartG mbB Adressat dieser Antragspflicht sein, wenn sie als „beschränkt juristische Person" anerkannt würde. Es ist nicht von der Hand zu weisen, dass die PartG mbB eine haftungsbeschränkte Gesellschaft ist, solange die Verbindlichkeiten getrennt klassifiziert und sich in der Betrachtung nur auf die Verbindlichkeit wegen fehlerhafter Berufsausübung konzentriert werden. Das könnte dazu führen, die PartG mbB nach teleologischer Auslegung unter § 15a Abs. 1 S. 1 InsO zu subsumieren. Allerdings lässt sich hiergegen vorbringen, dass die Partnerschaft mit beschränkter Berufshaftung keine juristische Person, sondern eine Gesamthandsgesellschaft ist. Die Möglichkeit der Haftungsbeschränkung ist eine bloße Option, die sich durch den Abschluss einer erhöhten Berufshaftpflichtversicherung „erkaufen" lässt. Dennoch besitzt die PartG mbB keine der juristischen Person ähnliche Struktur. Das wird durch den Charakter der Freiberuflichkeit i.S.v. § 1 Abs. 2 PartGG und der Tatsache, dass die Partnerschaftsgesellschaft keine gewerbetreibende Gesellschaft ist, unterstrichen.[792] Auch wenn die Gesamthandsgesellschaft – wie oben propagiert – wie eine juristische Person behandeln werden würde, fiele sie nicht unter den Satz 1 des § 15a Abs. 1 InsO, da es hier gerade auf den Ausschluss der persönlichen Haftung ankommt. Zuletzt ist die Gesellschaftsstruktur der Partnerschaft als Personengesellschaft nicht mit der juristischen Person vergleichbar. Die

791 BT-Drucks. 16/6140, S. 55.

792 Vgl. auch Bundesrechtsanwaltskammer, Stellungnahme Nr. 42/2012, S. 4. Abrufbar unter: www.brak.de/zur-rechtspolitik/stellungnahmen-pdf/stellungnahmen-deutschland/2012 (abgerufen am 09.02.2014).

juristische Person handelt durch ihre Organe, die eigens zur Vertretung bestellt werden. Die Partnerschaft wird von all ihren Partnern vertreten, da jeder Gesellschafter zugleich geschäftsführungsbefugt ist (Prinzip der Selbstorganschaft). Da nach § 15a Abs. 1 InsO die Mitglieder des Vertretungsorgans antragsverpflichtet sind, gäbe es einen erheblichen Unterschied bezüglich des Adressatenkreises. Während bei den juristischen Personen nur wenige Personen von der Verpflichtung betroffen sind, nämlich die organschaftlichen Vertreter, sind bei der Partnerschaftsgesellschaft alle Gesellschafter davon betroffen.

Aus diesem Grund ist der nächste Schritt die teleologische Auslegung des § 15a Abs. 1 S. 2 InsO. Satz 2 umfasst ausdrücklich die Gesamthandsgesellschaft, jedoch mit der Einschränkung, dass kein persönlich haftender Gesellschafter eine natürliche Person ist. Umfasst sind somit Gesellschaften wie beispielsweise die GmbH & Co. KG.[793] Auch hier bedarf es eines Gläubigerschutzes, da der einzig persönlich haftende Gesellschafter wiederum eine Gesellschaft ohne persönlich haftenden Gesellschafter ist. Bei Partnerschaften mit beschränkter Berufshaftung müsste § 15a Abs. 1 S. 2 InsO dann folgendermaßen gelesen werden:

> *„Wird eine Partnerschaft mit beschränkter Berufshaftung aufgrund eines Berufsausübungsfehlers zahlungsunfähig oder überschuldet, haben die Mitglieder des Vertretungsorgans (die Partner) oder die Abwickler ohne schuldhaftes Zögern, spätestens aber drei Wochen nach Eintritt der Zahlungsunfähigkeit oder Überschuldung, einen Eröffnungsantrag zu stellen".*

Um auf das obige Beispiel zurück zu kommen, wäre der Schutz des Mandanten (M) mit einer derartigen Lesart gewährleistet. Die R hätte unmittelbar Insolvenz anmelden müssen, wodurch die Haftungsmasse der R zur Befriedigung des M erhalten geblieben wäre. Bei Nichtanmeldung müssten die Partner der R dem M gem. § 823 Abs. 2 BGB i.V.m. § 15a InsO in Höhe des Quotenschadens persönlich haften.[794] Gemäß § 92 InsO ist dieser Schaden vom Insolvenzverwalter geltend zu machen. M2 ist dagegen als sogenannter Neugläubiger so zu stellen,

793 *Klöhn*, in: MüKo InsO, § 15a Rn. 49.

794 Ausführlich hierzu *Klöhn*, in: MüKo InsO, § 15a Rn. 181 ff. An dieser Stelle ist zu erwähnen, dass Gesellschaften ohne Rechtspersönlichkeit, bei der kein Gesellschafter eine natürliche Person ist, nach § 130a Abs. 2 HGB selbst ein Anspruch aus § 823 Abs. 2 BGB i.V.m. § 15a Abs. 1 InsO zusteht. Im Gegensatz zu § 92 InsO handelt es sich hierbei um einen Eigenanspruch der Gesellschaft. Sie kann den Anspruch aus § 15a Abs. 1 InsO also selbst durchsetzen, und zwar aus eigenem Recht auch außerhalb der Insolvenz. Der Anspruch steht der Gesellschaft zu und fällt nach der Eröffnung des Insolvenzverfahrens in die Masse (§ 35 InsO). Vgl. *K. Schmidt*, in: MüKo HGB, § 130a Rn. 20.

als wenn er das Geschäft nicht abgeschlossen hätte (negatives Interesse); gegenüber M2 haftet die R somit nicht nur in Höhe des Quotenschadens, sondern vollumfänglich.[795] Für eine derartige Lesart spricht der eben propagierte Gläubigerschutz. Bestünde für die R keine Antragspflicht, wäre der Mandant M dem Treiben der R schutzlos ausgeliefert. Steht aber einem Gläubiger nur das Gesellschaftsvermögen als Haftungsmasse zur Verfügung, darf der Sinn und Zweck des § 15a Abs. 1 InsO nicht dadurch unterlaufen werden, indem lapidar auf die Grundform der PartG mbB abgestellt wird. Sicherlich spricht der Wortlaut des § 15a Abs. 1 S. 2 InsO ausdrücklich gegen die Einbeziehung der PartG mbB. Gemäß § 1 Abs. 1 S. 3 PartGG können Angehörige einer Partnerschaft nur natürliche Personen sein und der Satz 2 des § 15a Abs. 1 InsO schließt derartige Gesellschaften ausdrücklich von der Antragspflicht aus. Andererseits hatte der Gesetzgeber zu dieser Zeit noch keine Kenntnis von der PartG mbB.

Schließlich ist die neue Form der Partnerschaftsgesellschaft ein ganz neuer Typus des Gesellschaftsrechts. Eine Personengesellschaft mit Haftungsbeschränkung hat es in der Form bis dato noch nicht gegeben, und umso mehr ist es verzeihlich, dass der § 15a InsO diese Gesellschaftsform nicht berücksichtigt. Erst Recht ist es dann aber Aufgabe der Rechtswissenschaft, diesem Umstand mit einer teleologischen Auslegung *de lege lata* Rechnung zu tragen. Zwar ist die PartG mbB eine Gesellschaft, bei der natürliche Personen persönlich haftende Gesellschafter sind. Wird die Sicht einmal nur auf Berufsausübungsfehler beschränkt, ist der Fall anders gelagert. Wie im obigen Beispiel aufgezeigt, steht dem Gläubiger dann eine haftungsbeschränkte Gesellschaft gegenüber, bei der keine natürliche Person persönlich haftet. Selbstverständlich ist hierzu ein Kunstgriff vonnöten, der eine Gesellschaft rein nach Verbindlichkeiten aufspaltet. Gerechtfertigt wird dieser Kunstgriff indes durch die *ratio* des § 15a InsO, der einer Gläubigerbenachteiligung Einhalt gebieten will, was wiederum durch die teleologische Auslegung gerechtfertigt wird. Nach methodologisch richtiger Auslegung gilt die Antragspflicht auch für die PartG mbB; die Partner können sich damit wegen Insolvenzverschleppung haftbar machen.[796]

(2) Rechtspolitische/teleologische Auslegung zulasten der Antragspflicht

Auf der anderen Seite verliert die Partnerschaftsgesellschaft mit beschränkter Berufshaftung durch eine Insolvenzantragspflicht an Attraktivität. Die Intention des Gesetzgebers lag darin, der britischen LLP mit einer attraktiven deutschen

795 BGHZ 126, 181 = *BGH*, NJW 1994, 2220 (2222 f.); dazu *Hirte*, in: Uhlenbruck InsO, § 15a Rn. 40 m.w.N.

796 So auch *Linardatos*, VersR 2013, 1488 (1494); *Lieder*, NotBZ 2014, 81 (87).

Alternative die Stirn zu bieten.[797] Die Folge einer Insolvenzantragspflicht würde das Gegenteil bewirken; der Attraktivität der PartG mbB würde eine Antragspflicht nicht zuspielen. Die LLP ist als juristische Person i.S.v. § 15a Abs. 1 S. 1 InsO antragsverpflichtet. Bei insolvenzrechtlicher Gleichstellung mit der LLP stünde die PartG mbB in insolvenzrechtlicher Hinsicht nicht besser dar. Hinzu kommt, dass die LLP bereits haftungsrechtlich die Nase vorne hat, da hier der Haftungsausschluss für alle Verbindlichkeiten der Partnerschaft gilt.[798] Widerwillens würde das Ziel der deutschen Gesetzgebung konterkariert werden. Nicht ohne Grund hat der Gesetzgeber die Insolvenzantragspflicht der haftungsbeschränkten Partnerschaftsgesellschaft verneint. Zur Begründung wird leider nur vorgetragen, dass sich die Haftungsbeschränkung nur auf Berufsausübungsfehler beziehe und durch eine Haftpflichtversicherung kompensiert werde.[799] Mit anderen Worten bedarf es einer Insolvenzantragspflicht nicht, da die Partner bezüglich aller Verbindlichkeiten, die nicht aus einem Berufsfehler stammen, persönlich haften; für Berufsausübungsfehler steht ein ausreichender Schutz durch die Versicherungslösung zur Verfügung. Darüber hinaus sei das Restrisiko einzelner Partner, bei einer – gegebenenfalls durch einen Haftungsfall wegen eines beruflichen Fehlers herbeigeführten – Insolvenz der Partnerschaft noch für Mietschulden der Partnerschaft einstehen zu müssen, sehr gering. Es bestünde nur, wenn der Gesellschaftsvertrag für einen Fortsetzungsbeschluss eine Mehrheitsentscheidung ausreichen lässt, genügend Partner dafür stimmten und der Insolvenzverwalter deshalb den Mietvertrag nicht kündigt und wenn anschließend nur noch mit Verlust gewirtschaftet wird.[800]

(3) Streitentscheid

Dem Für und Wider einer Insolvenzantragspflicht stehen sich nun schlagkräftige Argumente gegenüber. Eine klare Entscheidung zu fällen stellt sich hier als ein schwieriges Unterfangen heraus, zumal sich auf der einen Seite eindeutig rechtspolitische Gesichtspunkte und auf der anderen Seite rechtsdogmatische Argumente gegenüberstehen. Unter Berücksichtigung der gegebenen rechtswissenschaftlichen Instrumente, muss mit Hilfe einer teleologischen Auslegung anscheinend zur Insolvenzantragspflicht gelangt werden, denn der Sinn und Zweck

797 So auch *Römermann/Praß*, NZG 2012, 601 (608).

798 *Kilian*, in: Henssler/Streck, Handbuch Sozietätsrecht, S. 572 Rn. 79; *Römermann/Praß*, NZG 2012, 601 (608).

799 BT-Drucks. 17/10487, S. 14; *Ulmer/Schäfer*, GbR und PartG Kommentar, PartGG, § 8 Rn. 46.

800 BT-Drucks. 17/10487, S. 14.

des § 15 Abs. 1 InsO lässt kein anderes Ergebnis zu. Rechtspolitisch betrachtet macht es indes keinen Sinn, die PartG mbB einer Insolvenzantragspflicht zu unterwerfen. Ziel der Gesetzesinitiative war es, die neue Partnerschaftsgesellschaft für deutsche Rechtsanwälte interessant zu machen, um einer Flucht in die britische LLP entgegenzuwirken. Gerade aus diesem Grund betont der Gesetzgeber in seinem Gesetzesentwurf ausdrücklich, dass die PartG mbB nicht antragspflichtig ist. Auch wenn eine konkretere Begründung dankenswert gewesen wäre, der Standpunkt des Gesetzgebers wurde klar und deutlich zum Ausdruck gebracht.

Darüber hinaus hat der Gesetzgeber zwar das Risiko der persönlichen Haftung der Partner in einer Insolvenz bedacht (siehe oben), das Risiko der Gläubiger ist dabei aber leider auf der Strecke geblieben. Aus diesem Grund wäre eine kurze Begründung hinsichtlich der zu verneinenden Antragspflicht dienlich gewesen. Das Problem liegt im Endeffekt darin, ob einer rechtswissenschaftlichen Lösung den Vorzug eingeräumt oder ob sich aufgrund rechtspolitischer Erwägungen über die Dogmatik hinweggesetzt wird. Die Antwort darauf ist gewiss keine einfache. Als Verfechter der Rechtsdogmatik und -methodik fällt es einem sicherlich schwer, sich über die rechtswissenschaftliche Methodik hinwegzusetzen und der Rechtspolitik den Vorrang zu gewähren. Nichtsdestotrotz ist auch die Rechtspolitik ein Instrument der Rechtswissenschaft und darf nicht unterschätzt werden. Das gilt erst Recht dann, wenn der Wille des Gesetzgebers deutlich zum Ausdruck gebracht wird.

Apropos „Wille des Gesetzgebers"; da sich hier zwei gegensätzliche Ergebnisse gegenüber stehen, die beide auf Gesetzesmaterialien fußen, muss in einem nächsten Schritt methodologisch und dogmatisch hinterfragt werden, ob die gefundenen Ergebnisse tatsächlich in rechtswissenschaftlicher Hinsicht überzeugen. Die Gesetzesmaterialien legen zum einen fest, dass der Sinn und Zweck des § 15 Abs. 1 InsO der Gläubigerschutz ist, und zum anderen, dass die PartG mbB nicht insolvenzantragspflichtig ist. So hilfreich diese Hinweise auch sind, abschließend sind sie nicht. *Wagner* formuliert es mit den Worten, dass es kein Ruhmesblatt für die deutsche Rechtsdogmatik sei, wenn sie ihre Energie nicht den normativen Sachfragen, sondern einer Hermeneutik der Bundestags-Drucksachen widmete.[801] *Huber* geht sogar noch einen Schritt weiter und propagiert, dass vielleicht mehr das Gesetz selbst zum Gegenstand der Auslegungsbemühungen gemacht werden sollte und weniger die teils offiziellen, teils privaten Äußerungen der an der Entstehung beteiligten Personen;[802] denn

801 *Wagner*, JZ 2002, 1092 (1093); *Thiessen*, in: Mysterium "Gesetzesmaterialien", S. 49.
802 *Huber*, AcP 202 (2002), 179 (231 f.); *Thiessen*, in: Mysterium "Gesetzesmaterialien", S. 49.

Gesetzesmaterialien sind Hilfsmittel, aber nicht mehr.[803] Zweifellos sind die Gesetzesmaterialien ein erster Anlaufpunkt, um die Bedeutung einer Norm herauszukristallisieren. Darüber hinaus muss aber umfassend nach dem Sinn und Zweck einer Norm gefragt werden, nur so lässt sich eine methodologisch saubere Auslegung rechtfertigen.[804] Der Wille des Gesetzgebers ist somit eine erste Anlaufstelle, auf die es mit überzeugend dogmatischen Mitteln aufzubauen gilt.

Diese Erkenntnis nimmt noch nicht das Ergebnis vorweg. Sie liefert jedoch die Tatsache, dass dem Für und Wider der Antragspflicht noch tiefgehender auf den Zahn zu fühlen ist. So weit es aber auch über den Tellerrand hinaus zu schauen gilt, fest steht, dass der Sinn und Zweck des § 15a Abs. 1 InsO in der rechtzeitigen Einleitung des Insolvenzeröffnungsverfahrens liegt, damit insolvente Gesellschaften nicht ohne insolvenzrechtlichen Schutz zu Lasten gegenwärtiger und zukünftiger Gläubiger fortgeführt werden.[805] Wie § 1 S. 1 InsO zeigt, dient das Insolvenzrecht und damit auch § 15a Abs. 1 InsO nämlich dem Gläubigerschutz in insolvenzrechtlicher und nicht in gesellschaftsrechtlicher Hinsicht.[806] Unterstrichen wird dieses Ergebnis dadurch, dass § 15a InsO ein Schutzgesetz i.S.v. § 823 Abs. 2 BGB darstellt,[807] wodurch die gläubigerschützende Funktion untermauert wird. Dieser Schutz muss auch den Gläubigern der Partnerschaft mit beschränkter Berufshaftung zugute kommen, sofern es um Verbindlichkeiten aus Berufsausübungsfehlern geht. Bei Ablehnung der Antragspflicht stünden diese schutzlos dar; der Schutz hinge dann nur noch vom Gutdünken der Partner hinsichtlich der Eröffnung des Insolvenzverfahrens ab.

Das spräche wiederum gegen den Sinn und Zweck der Schaffung der PartG mbB. Um der LLP die Stirn bieten zu können, bedarf es an Attraktivität in insolvenzrechtlicher Hinsicht, zumal die LLP haftungsrechtlich die Nase vorne hat, da die Haftungsbeschränkung hier für alle Verbindlichkeiten gilt. Dieses rechtspolitische Ergebnis lässt sich auch dogmatisch damit begründen, dass die Partnerschaft zum einen ausdrücklich von der Anwendung des § 15 Abs. 1 S. 2 InsO ausgeschlossen ist, und zum anderen nicht von der *ratio legis* umfasst wird. Die PartG mbB ist eine Partnerschaftsgesellschaft, für die ebenfalls § 1 S. 3 PartGG

803 *Huber,* in: Karlsruher Forum 2002, S. 140.

804 Vgl. *Larenz/Canaris,* Methodenlehre der Rechtswissenschaft, S. 165.

805 Vgl. *Klöhn,* in: MüKo InsO, § 15a Rn. 27. Sehr anschaulich geht *Klöhn* auf die dogmatische Bedeutung des Willens des Gesetzgebers ein und bietet eine methodisch überzeugende teleologische Auslegung des § 15a Abs. 1 InsO; vgl. Rn. 6-29.

806 *Klöhn,* in: MüKo InsO, § 15a Rn. 19.

807 Näher hierzu *Eckhoff,* Die Haftung der Geschäftsleiter gegenüber den Gläubigern der Gesellschaft wegen Insolvenzverschleppung, S. 134 ff.

gilt. Mitglieder können also nur natürliche Personen sein. Die Gesellschaft nun durch einen Kunstgriff anhand der Art der Verbindlichkeiten aufzuspalten, würde die Grenzen einer möglichen teleologischen Auslegung des § 15 Abs. 1 S. 2 InsO überschreiten. Dem Argument für eine Antragspflicht nach teleologischer Auslegung wird damit die Schlagkraft dadurch genommen, den Kunstgriff als systemwidrig abzuweisen. Immerhin spricht der Wortlaut des § 15a Abs. 1 S. 2 InsO klar gegen eine Antragspflicht der PartG mbB. Des Weiteren ist die *ratio legis* der Vorschrift nicht alleine im Gläubigerschutz zu sehen, sondern beschränkt sich auf den Adressatenkreis der in § 15a Abs. 1 InsO genannten Gläubiger. Nur die abschließend genannten Adressaten genießen und bedürfen eines insolvenzrechtlichen Schutzes. Der Grund hierfür liegt in der besonderen Schutzbedürftigkeit der Gläubiger, da diese einem beschränkten Haftungsfond gegenüberstehen. Und das ist der springende Punkt der Argumentation gegen die Antragspflicht. Die Gläubiger der Partnerschaftsgesellschaft sind hinreichend geschützt, indem der Mandantenvertrag durch versicherungstechnische Hilfsmittel abgesichert werden kann. Das insolvenzrechtliche Risiko wird damit durch die Versicherungslösung kompensiert. Schließlich ist es in der Praxis die Regel, dass hohe Schadensrisiken zusätzlich versichert oder durch individuelle Haftungsbeschränkungen gem. § 52 BRAO n.F. aufgefangen werden. Das ist eben der entscheidende Unterschied zu den in § 15a Abs. 1 InsO genannten Gesellschaften. Diese begnügen sich mit einem im Voraus begrenzten Fond, der nicht individuell durch eine Haftpflichtversicherung angepasst wird. Das Mindestkapital versichert aber nur seine Einbringung zum Zeitpunkt der Gründung. Es kann indes zu jeder Zeit aufgebraucht sein.[808] Die Partnerschaft mbB dagegen unterhält eine Versicherung mit einer Deckungssumme von mindestens 2,5 Mio. Euro. Es wird gerade nicht – wie das Mindestkapital einer Kapitalgesellschaft – zur Geschäftsführung „aufgebraucht".

Ferner können Die Gläubiger einer Partnerschaftsgesellschaft mit beschränkter Berufshaftung das Schadensrisiko im Rahmen des Mandantenvertrages hinreichend durch eine Excedentenversicherung abdecken. Auf der anderen Seite wird sich die Partnerschaftsgesellschaft mbB sowohl durch die Haftpflichtversicherung als auch durch eine individuell vereinbarte Haftungsbeschränkung in Höhe des Schadensrisikos absichern. Hinzu kommt, dass der Mandant aufgrund der versicherungsrechtlichen Kompensationslösung in der Regel sogar noch

808 *Rieder,* in: MüKo GmbHG, § 5a Rn. 16; *Schäfer,* in: Henssler/Strohn Gesellschaftsrecht, GmbHG, § 5a Rn. 15; *Miras,* NZG 2012, 486 (489 f.); *Veil,* GmbHR 2007, 1080 (1082).

besser gestellt wird, als wenn er einen Mandantenvertrag mit einer herkömmlichen Partnerschaftsgesellschaft schließt. Die Partnerschaftsgesellschaft ist von § 15a Abs. 1 S. 2 InsO ausgeschlossen, weil dem Gläubiger hier immer zumindest ein persönlich haftender Gesellschafter zur Verfügung steht. Aufgrund § 8 Abs. 2 PartGG beschränkt sich der Gläubigerschutz grundsätzlich aber auch auf nur eine Person, und zwar auf den handelnden Partner. Das Privatvermögen dieses Partners, welches dem Gläubiger nun zur persönlichen Befriedigung zur Verfügung steht, wird es in den meisten Fällen nicht mit der solventen Versicherung aufnehmen können. Der Mandant ist dann mit der Versicherungslösung besser bedient, als sich auf das Privatvermögen eines Partners zu beschränken. Darüber hinaus stellt es einen gesellschaftsrechtlichen Systembruch dar, würde eine Personengesellschaft anhand ihrer Verbindlichkeiten aufgespalten. Dogmatisch sprechen damit gesellschaftsrechtliche Aspekte gegen die Insolvenzantragspflicht der Partnerschaft mit beschränkter Berufshaftung. In dieser Hinsicht ist die Partnerschaftsgesellschaft mit beschränkter Berufshaftung insolvenzrechtlich privilegiert. Damit kommt dem rechtspolitischen Argument ein dogmatisches zur Hilfe.

In rein dogmatischer Hinsicht ist die Anwendung des § 15a Abs. 1 S. 2 InsO auf die Partnerschaft mit beschränkter Berufshaftung überzeugend. Allerdings sprechen ebenso gute – wenn nicht sogar bessere – Gründe gegen eine Insolvenzantragspflicht, weshalb eine eindeutige Parteiergreifung hier nicht vorgenommen werden kann. Um den deutschen Freiberuflern eine konkurrenzfähige Gesellschaftsform bieten zu können, wird eine Insolvenzantragspflicht in Zukunft abzulehnen sein, zumal der haftungsrechtliche Nachteil gegenüber der britischen LLP auszugleichen ist. Der insolvenzrechtliche Schutz der Partnerschaftsgläubiger ist auch durch gesellschaftsrechtliche Instrumente realisierbar, wodurch dem Sinn und Zweck des § 15a Abs. 1 InsO Folge geleistet wird. Die Ablehnung der Insolvenzantragspflicht ist damit durch teleologische Auslegung der Vorschrift festzustellen.

d) Insolvenzverschleppungshaftung de lege ferenda

Nach obiger Ausführung scheint eine Haftung der Partner einer PartG mbB wegen Insolvenzverschleppung gem. § 823 Abs. 2 BGB i.V.m. § 15a Abs. 1 InsO in Zukunft nicht zu erfolgen. Die Partnerschaft mit beschränkter Berufshaftung ist weder juristische Person im Sinne von § 15a Abs. 1 S. 1 InsO, noch gibt es bei ihr persönlich haftende Gesellschafter, die keine natürliche Person ist (§ 15a Abs. 1 S. 2 InsO). Entgegen *Römermann* und *Praß* bedarf es bei gegenteiliger Annahme indes keine Gesetzesänderung[809], da § 15a Abs. 1 S. 2 InsO

809 Für ein Tätigwerden des Gesetzgebers *Römermann/Praß*, NZG 2012, 601 (608).

mithilfe rechtswissenschaftlicher Instrumente teleologisch dahingehend auslegbar ist, dass auch die PartG mbB von dieser Vorschrift umfasst ist. Nicht ganz fernliegend – wenn im Ergebnis auch abzulehnen – ist die Behandlung der PartG mbB als juristische Person und damit die Bejahung einer Insolvenzantragspflicht nach § 15a Abs. 1 S. 1 InsO.

e) Zusammenfassung

Um einen gerechtfertigten Schutz der Mandanten einer Partnerschaftsgesellschaft mbB zu erreichen, kann neben den gesellschaftsrechtlichen Schutzinstrumenten auch eine insolvenzrechtliche Schutzkomponente hinzukommen. Ein derartiger Schutz ist durch eine Insolvenzantragspflicht und eine damit einhergehende Insolvenzverschleppungshaftung gem. § 823 Abs. 2 BGB i.V.m. § 15a Abs. 1 InsO *de lege lata* zu erreichen. Aufgrund fehlender Rechtspersönlichkeit fällt die Partnerschaftsgesellschaft mbB nicht unter die Antragspflicht nach § 15a Abs. 1 S. 1 InsO. Eine solche kann sich aber nach teleologischer Auslegung aufgrund § 15a Abs. 1 S. 2 InsO ergeben. Die Vorschrift kann dahingehend ausgelegt werden, dass der Gläubigerschutz eine Antragspflicht der PartG mbB zwingend gebietet. Wegen Schäden aufgrund fehlerhafter Berufsausübung kann der Mandant bei einem Schadenseintritt einer insolventen Partnerschaftsgesellschaft mbB gegenüberstehen, sollte die Berufshaftpflichtversicherung die Schäden nicht umfassend abdecken. Unterliege die Partnerschaft mbB nun nicht der Antragspflicht nach § 15a Abs. 1 S. 2 InsO, wäre der geschädigte Mandant auf das Gutdünken der Partner zur Eröffnung des Insolvenzverfahrens angewiesen.

Auf der anderen Seite kann die Antragpflicht aus mehreren Gründen abgelehnt werden. Zum einen spricht ein rechtspolitisches Argument – als Instrument der Rechtswissenschaft – gegen eine Insolvenzverschleppungshaftung der Partner. Die Partnerschaftsgesellschaft mbB soll als eine attraktive Alternative zur britischen LLP dienen. Da die LLP als juristische Person unter die Insolvenzantragspflicht nach § 15a Abs. 1 S. 1 InsO fällt, wäre die PartG mbB der LLP insolvenzrechtlich gleichgestellt, was der Attraktivität der neuen Partnerschaftsgesellschaft Einhalt gebietet. Zum anderen steht eine teleologische Auslegung gleichfalls der Anwendung des § 15a Abs. 1 S. 2 InsO auf die Partnerschaftsgesellschaft mbB im Weg. Der von dieser Vorschrift propagierte Gläubigerschutz lässt sich durch gesellschaftsrechtliche Instrumente gleichsam herstellen. Die Gläubiger einer PartG mbB bedürfen nicht den Schutz des § 15a InsO, zumal sie erstens nicht unter den Adressatenkreis der Norm fallen und zweitens aufgrund der Ausgestaltung der Gesellschaft ausreichend geschützt sind. Das Ausfallrisiko der Gläubiger wird durch eine versicherungsrechtliche Lösung kompensiert, indem das Risiko des fehlenden Haftungsfonds der Partnerschaft durch eine im

Einzelfall aushandelbare Berufshaftpflichtversicherung aufgefangen wird. Ein zusätzlicher Schutz durch eine Insolvenzverschleppungshaftung nach § 823 Abs. 2 BGB i.V.m. § 15a Abs. 1 S. 2 InsO ist nicht vonnöten. Es stehen damit dem Für und Wider der Antragspflicht dogmatisch und rechtspolitisch überzeugende Argumente gegenüber.

E. Abschließende Bewertung der Partnerschaft mbB

Zusammenfassend lässt sich die These aufstellen, dass die Partnerschaftsgesellschaft mbB eine gelungene Rechtsform für Freie Berufe ist. Ob sie hingegen eine echte Alternative zur britischen LLP bietet, steht auf einem anderen Blatt. Nur so viel soll im Voraus verraten werden, dass die PartG mbB längst nicht die Lösung des eigentlichen Problems darstellt; sie ist vielmehr der erste Schritt in die richtige Richtung. Die Untersuchung der Partnerschaft mbB deckte einige Probleme auf, die mit der hybriden Sonderform ans Tageslicht geraten; ebenso zeigte sich auch der entscheidende Vorteil: Die versicherungsrechtliche Lösung. Die Kompensation der persönlichen Haftung ist durch den Abschluss einer Berufshaftpflichtversicherung und dem Verweis auf die Regelungen der Pflichtversicherung als überzeugend und für alle Parteien vorteilhaft zu bewerten. Der geschädigte Vertragspartner hat aufgrund der Rechtsfolgenverweisung des § 8 Abs. 4 S. 2 PartGG auf § 115 VVG einen Direktanspruch gegen den Versicherer, sobald die Voraussetzungen des § 115 VVG vorliegen.[810] Gläubiger sind mit der Versicherungslösung besser bedient als mit einer Kapitalerhaltungsvorschrift. Das Mindestkapital versichert nämlich nur, dass es zum Zeitpunkt der Gründung eingebracht wurde. Es kann zu jeder Zeit aufgebraucht sein; die Partnerschaft mbB dagegen unterhält eine Versicherung mit einer Deckungssumme von mindestens 2,5 Mio. Euro. Es wird gerade nicht – wie das Mindestkapital einer Kapitalgesellschaft – zur Geschäftsführung „aufgebraucht". Die Vorteile der Gesellschafter liegen in der persönlichen Haftungsfreistellung für berufliche Fehler. Zwar wäre eine vollumfängliche Haftungsfreistellung begrüßenswert gewesen, um letzte Bedenken gegenüber der LLP auszuräumen. Der Attraktivität der PartG mbB nimmt diese zurückhaltende Haftungsbefreiung indes kaum an Wert ab. Das Hauptanliegen der Angehörigen Freier Berufe lag nämlich in der Haftungsfreistellung für berufliche Fehler. Sonstige Verbindlichkeiten stellen keine ernst zu nehmende Probleme dar. Sie sind vielmehr Ausfluss ordentlicher Geschäftsführung.

---

810 Das wird sich vor allem auf den Fall der Insolvenzeröffnung konzentrieren; vgl. *Henssler*, AnwBl 2014, 96 (100).

Zugleich geht hiermit der entscheidende „Nachteil" der Partnerschaft mbB einher. Die Abdeckung aller Schadensrisiken hat horrende Versicherungsbeiträge zur Folge. Allerdings wird hierdurch die vollumfängliche Freistellung persönlicher Haftung erkauft. Außerdem stehen kleineren Sozietäten, deren Streitwert weit unter der Mindestversicherungssumme liegen, auch weiterhin die GbR und Partnerschaft zur Verfügung. Es ist also eine Frage der Gegenrechnung, ob sich eine Neugründung oder Umwandlung finanziell lohnt. Nach der ursprünglichen Gesetzesbegründung sollten sich Mehrkosten von etwa 1750 Euro im Jahr pro Anwalt ergeben.[811] Konkrete Zahlen der einzelnen Versicherer sind bis dato noch nicht bekannt. Letztendlich hängt dies von den individuellen Interessen der einzelnen Kanzleien ab. Die Partnerschaftsregister verzeichneten jedenfalls bereit Ende April 2014 über 900 Anmeldungen der Partnerschaft mbB.[812]

Haftungsrechtlich stellt sie die bisherigen freiberuflichen Personengesellschaften auf alle Fälle in den Schatten. Im Vergleich zur Rechtsanwalts-GmbH ist die Partnerschaftsgesellschaft mbB dahingehend attraktiver, dass sie die Vorteile der Personengesellschaft mit den Vorteilen der Kapitalgesellschaft in einer Person vereint. Die PartG mbB ist nicht gewerbesteuerpflichtig, unterliegt keiner Buchhaltungs- und Bilanzierungspflicht und ist vor allem sehr Flexibel in der Ausgestaltung des Innenverhältnisses der Gesellschaft. Hinsichtlich interdisziplinären Berufsausübungsgesellschaften kommt der Partnerschaft mbB der entscheidende Vorteil zugute, dass bei ihr Wirtschaftsprüfer, Steuerberater und Rechtsanwälte zusammenarbeiten können, ohne dass es auf Kapitalmehrheiten oder Leitungsmachtmehrheiten ankäme[813]. Zwar gilt der Haftungsausschluss nur für Berufsausübungsfehler; diese stellen jedoch den größten Posten im Falle eines Schadens dar. Allerdings kann hierin auch gerade der entscheidende Nachteil der Partnerschaft mbB gesehen werden, denn die britische LLP bietet eine vollumfängliche Haftungsbeschränkung an. Bei einer Bewertung der Partnerschaftsgesellschaft mbB, losgelöst von jedwedem Vergleich, muss ihr jedenfalls ein innovativer Gehalt zugesprochen werden.

---

811 BT-Drucks. 17/10487, S. 12.

812 *Henssler*, NJW 2014, 1761 (1761). Zum Vergleich: Am 31.12.2013 waren es noch 361 eingetragene Partnerschaften mbB; siehe hierzu *Lieder/Hoffmann*, NZG 2014, 127 (128 f.).

813 § 59e Abs. 2 S. 1 BRAO bestimmt nämlich für die Rechtsanwalts-GmbH, dass die Mehrheit der Geschäftsanteile und der Stimmrechte Rechtsanwälten zustehen muss.

Vierter Teil: Rechtsvergleichende Analyse, konstruktive Kritik und Ausblick

A. Vorbemerkung

Wie sich im dritten Kapitel exponiert hat, stellt die neue Partnerschaftsgesellschaft mit beschränkter Berufshaftung eine innovative und gelungene Alternative zu den bisherigen deutschen Gesellschaftsformen für Freie Berufe dar. Auf diesem Ergebnis soll sich aber nicht ausgeruht werden. Es stellen sich auch darüber hinaus interessante Fragen und Probleme, auf die in diesem Kapitel eingegangen wird. Dass die PartG mbB auch neue Unstimmigkeiten mit sich bringt, wurde hier unlängst bewiesen. Ob sie die britische LLP vom deutschen Anwaltsmarkt verdrängen kann, wird sich erst in der Zukunft zeigen. Jedenfalls soll die LLP hier einem direkten Vergleich mit der Partnerschaft mbB unterzogen werden. Zudem wird ein Blick nach Österreich geworfen, da sich dort im freiberuflichen Gesellschaftsrecht bereits einiges bewegt hat. Damit einhergehend stellt sich nämlich die Frage, ob die Partnerschaft mbB ein voller Erfolg für das deutsche Gesellschaftsrecht für Freie Berufe darstellt, oder ob sie nur der erste Schritt in eine erfolgreiche Zukunft ist. Die Zukunft unterliegt einem immer rasanter werdenden Wandel; die Freien Berufe stehen diesem Wandel nicht außen vor. Aus diesem Grund muss ein Blick in die Zukunft geworfen werden, wie der freiberufliche Markt in 10 Jahren aussehen kann. In diesem Sinne darf es unter Umständen nicht bei der Schaffung einer haftungsbeschränkten Partnerschaft bleiben. Es muss an eine Öffnung des Zugangs in das volle Spektrum des deutschen Gesellschaftsrechts für Freie Berufe gedacht werden. Zumindest muss untersucht werden, ob das Recht der Freien Berufe wie wir es bisher kennen, immer noch der modernen Zeit standhält. Aufgrund drohender Uferlosigkeit kann jeweils nur begrenzt auf die zu untersuchenden Fragen eingegangen werden.

B. Rechtsvergleichende Analyse zur in Deutschland tätigen britischen *Limited Liability Partnership* (LLP)

Mit der Partnerschaftsgesellschaft mbB soll eine deutsche Alternative zur britischen LLP geschaffen werden.[814] Immer mehr deutsche Rechtsanwaltskanzleien

814 RefE vom 03.02.2012, S. 1.

flüchteten die letzten Jahre in die angelsächsische Rechtsform.[815] Dieser Trend ging sogar so weit, dass Kanzleien allein zu dem Zweck der Gründung und damit zur Erlangung der Rechtsform „LLP" nach England gingen, um anschließend nicht dort, sondern in Deutschland tätig zu werden.[816] Dieser Stein wurde durch einige bekannte Entscheidungen des Europäischen Gerichtshofs (Centros, Überseering, Inspire Art)[817] zur Niederlassungsfreiheit gem. Art. 49, 54 AEUV in der Europäischen Union ins Rollen gebracht. Danach dürfen Gesellschaften, die in einem Mitgliedsstaat wirksam gegründet wurden, auch nach einem Umzug in der EU ihren Gesellschaftsstatut beibehalten. Der EuGH hat sich somit gegen die in Deutschland herrschende Sitz- und für die Gründungstheorie entschieden.[818] Aber auch US-amerikanische LLPs können sich dank des Deutsch-Amerikanischen Freundschafts-, Handels- und Schifffahrtsvertrags von 1954[819] in Deutschland niederlassen.[820] Die britische LLP entstand im Jahr 2000 mit dem *Limited Liability Partnership Act* (LLPA).[821] Dieser *Act* trat am 06.04.2001 in Kraft;[822] seitdem können sich in England, Schottland und Wales Personen aller Berufsgruppen zu einer LLP zusammenschließen.[823] Der LLP *Act* beschränkt sich lediglich auf die grundlegenden Tatbestände, während der Großteil der anwendbaren Normen in anderen Gesetzen, hauptsächlich dem *Companies Act* (CA) 1985, dem *Partnership Act* (PA) 1890, dem *Insolvency Act* (IA) 1986 und dem CDDA 1986 zu finden sind.[824] Die Beweggründe dieses LLP-*Acts* schienen

815 Allerdings ist diese Flucht nicht voreilig überzubewerten. Nahezu alle der in Deutschland tätigen LLPs sind in England beheimatete Gesellschaften, die schon von ihrer Tradition her zu dieser Rechtsform und nicht zu deutschen Gesellschaftsformen neigen werden. Die LLPs mit rein deutschem Ursprung sind wohl an einer Hand abzuzählen. So jedenfalls *Grunewald*, ZIP 2012, 1115 (1116).

816 *Becker*, AnwBl 2011, 860 (860).

817 *EuGH*, NZG 2003, 1064 (1064 ff.) = NJW 2003, 3331 - Inspire Art; *EuGH*, NGZ 2002, 1164 (1164 ff.) = NJW 2002, 3614 - Überseering; *EuGH*, NZG 1999, 298 (298 ff.) = NJW 1999, 2027 - Centros.

818 *Becker*, AnwBl 2011, 860 (861).

819 BGBl. 1956 II, S. 487; in Kraft getreten am 14.07.1956; BGBl. 1956 II, S. 763.

820 *Fary*, Die US-amerikanische LLP im deutschen Rechtsverkehr, S. 92; *Henssler*, in: FS für Busse, S. 127 (143); *Henssler*, NJW 2014, 1761 (1763).

821 Abrufbar unter www.legislation.gov.uk/ukpga/2000/12/contents.

822 The Limited Liability Partnership Act 2000 (Commencement) Order 2000 – 2000 No. 3316 (C. 108); abrufbar unter www.legislation.gov.uk/uksi/2000/3316/introduction/made.

823 Nordirland ist davon nicht betroffen und hat einen eigenen LLP Act im Jahr 2002 erlassen. Vgl. *Whittaker/Machell*, The Law of Limited Liability Partnerships, S. 10.

824 *Whittaker/Machell*, The Law of Limited Liability Partnerships, S. 6.

zu jener Zeit die gleichen wie die der neu geschaffenen Partnerschaft mbB zu sein. Freiberufler, die sich zuvor in der Rechtsform der *Partnership* zusammengeschlossen hatten, standen dem Problem der persönlichen Haftung gegenüber. Das historische Leitbild des Freiberuflers war jedoch längst überholt, sodass sich Mitglieder der Freien Berufe zu großen und unüberschaubaren *partnerships* zusammenschlossen. Veranschaulicht wurde das Problem von *Lord Sharman* folgendermaßen dargestellt: „*The original form of partnership was based on the concept of up to 20 people sitting around a table, making decisions jointly*".[825] Hinzu kamen die Möglichkeiten der ausländischen Rechtsformwahl der US-amerikanischen LLP, der *Isle of Man* LLP und der *Jersey* LLP, da in Großbritannien die Gründungstheorie gilt.[826] Der britische Gesetzgeber wurde gewissermaßen zum Handeln gezwungen.

Auch in Deutschland wurde von dieser Rechtsform vermehrt Gebrauch gemacht. Die attraktive Unternehmensstruktur der LLP verleitete einige deutsche Rechtsanwaltskanzleien zum Rechtsformwandel und damit in eine – in Deutschland bisher unbekannte – attraktive Rechtsform für Freie Berufe. Dieser Flucht in die ausländische Rechtsform soll nun mit der PartG mbB ein Ende bereitet werden. Ob die Partnerschaft mbB der britischen LLP tatsächlich Paroli bieten kann, lässt sich erst nach einer rechtsvergleichenden Analyse feststellen. Aus diesem Grund sollen in der nachfolgenden Untersuchung die für die Freien Berufe wichtigen Merkmale miteinander verglichen werden.

I. Gesellschaftsrechtliche Wesensmerkmale

1. Die LLP in Deutschland

Die *limited liability partnership* ist eine juristische Person mit eigenständiger Rechtspersönlichkeit.[827] Aufgrund des Trennungsprinzips gelten für die LLP dieselben Grundsätze, wie für inländische Kapitalgesellschaften. Die britische LLP bringt indes eine für das deutsche Recht unbekannte Sonderheit mit sich. Während sich das Außenverhältnis nach dem Recht der Kapitalgesellschaften

---

825 *Kilian*, NZG 2000, 1008 (1009).

826 *Kilian*, in: Henssler/Streck, Handbuch Sozietätsrecht, S. 572 Rn. 78; *Bank*, Die britische LLP: Eine attraktive Organisationsform für Freiberufler?, S. 41 ff.; *Bettinger*, Englische LLP und Anwaltshaftung in Deutschland, S. 52 f.; *Kilian*, NZG 2000, 1008 (1009 f.).

827 Section 1 (2) LLPA: „A limited liability partnersip is a body corporate (with legal personality seperate from that of its members) which is formed by being incorporated under this Act".

richtet, ist das Innenverhältnis personengesellschaftsrechtlich organisiert.[828] Es kann also zu Recht gesagt werden, dass die LLP im Innenverhältnis eine Personen- und im Außenverhältnis eine Kapitalgesellschaft ist.[829] Obwohl die LLP eine hybride Rechtsform und damit eine Schnittstelle zwischen Personen- und Kapitalgesellschaft darstellt, entstammt der Großteil der auf die LLP anwendbaren Normen dem Kapitalgesellschaftsrecht.[830] Eindeutig dem Personengesellschaftsrecht sind nur die Organisations- und Verwaltungsstrukturen angelehnt. So lässt das Recht der LLP den Partnern weitestgehend freie Hand bei der Ausgestaltung von Geschäftsführung und Vertretung, Gewinnver- und Gewinnzuteilung, Übertragbarkeit der Gesellschaftsanteile oder Kapitalverfassung.[831] Es besteht für die LLP nämlich keine Kapitalaufbringungs- und Kapitalerhaltungsvorschrift; die Vermögens- und Mitgliedschaftsrechte sind frei übertragbar; bereits die Bezeichnung „*partnership*" legt eine Qualifizierung als Personengesellschaft nahe.[832] Der Eintritt neuer Gesellschafter und die Übertragung von Gesellschaftsanteilen unterliegen – wie bei den deutschen Personengesellschaften – der Zustimmung durch die Mitgesellschafter. Das Prinzip der Selbstorganschaft, hinsichtlich Geschäftsführung im Innenverhältnis und Vertretung im Außenverhältnis, verdeutlicht, dass die Gesellschafter als gleichberechtigte Partner und nicht als Kapitalgeber angesehen werden.[833] Bemerkenswert – da dem deutschen Recht unbekannt – ist die Freiheit in der Ausgestaltung der gesellschaftsrechtlichen Zusammenstellung. Die Gesellschafter können durch den Gesellschaftsvertrag selbst bestimmen, ob und in welchem Bereich kapitalgesellschaftliche oder personengesellschaftliche Elemente zur Rechtsformvariante gewählt werden.[834] Die Gesellschafter haben also die Wahl, wie sie die Gesellschaft strukturieren wollen, und haben entscheidenden Einfluss darauf, ob die LLP eine Kapitalgesellschaft oder eine der

828 *Bank*, Die britische LLP: Eine attraktive Organisationsform für Freiberufler?, S. 54; *Bettinger*, Englische LLP und Anwaltshaftung in Deutschland, S. 56 f.; *Linardatos*, VersR 2013, 1488 (1489).

829 So auch *Weller/Kienle*, DStR 2005, 1102 (1103).

830 Das sieht section 1 (5) LLPA ausdrücklich vor, vgl. *Bank*, Die britische LLP: Eine attraktive Organisationsform für Freiberufler?, S. 55.

831 *Kilian*, in: Henssler/Streck, Handbuch Sozietätsrecht, S. 572 f. Rn. 80; *Schnittker/Bank*, Die LLP in der Praxis, S. 3 f.

832 *Schnittker/Bank*, Die LLP in der Praxis, S. 18.

833 *Eilers*, IStR 2008, 22 (22).

834 Vgl. hierzu den ausführlichen Typenvergleich von *Schnittker* und *Bank*; *Schnittker/Bank*, Die LLP in der Praxis, S. 108 ff.

Partnerschaftsgesellschaft verwandten Personengesellschaft ist.[835] Sehr wichtig und zum Teil ausschlaggebend für den großen Anklang der Gesellschaftsform ist die steuerrechtliche Behandlung der LLP als Personengesellschaft.[836] Obgleich die LLP für jede Berufsgruppe frei zugänglich ist und im Grunde kapitalgesellschaftlich aufgestellt ist, ist sie mit der deutschen Partnerschaftsgesellschaft vergleichbar und daher nach dem Rechtstypenvergleich für die Zwecke des deutschen Steuerrechts im Regelfall als transparente Personengesellschaft einzuordnen.[837]

Erstaunlich – da die LLP eindeutig dem Recht der Kapitalgesellschaften entspricht – ist die erforderliche Anzahl von mindestens zwei Personen zur wirksamen Gründung[838], die ein Gründungsdokument (*incorporation document*) unterzeichnen und dieses anschließend beim Registeramt (*Registrar of Companies*) einreichen müssen.[839] Kapitalgesellschaften in Deutschland dagegen können aufgrund ihrer körperschaftlichen Struktur bereits von einer Person gegründet werden. Das unterstreicht wiederum den teilweise personengesellschaftlichen Charakter und die Wahlfreiheit bezüglich der näheren Ausgestaltung der LLP. Die Gründer können sowohl natürliche als auch juristische Personen sein. Gemäß *section* 4 (1) LLPA ist jede Person Gesellschafter der LLP, die auf dem *incorporation document* aufgelistet ist. Die Mindestanforderung bezüglich der Anzahl der Gründer beschränkt sich allerdings auch auf diese, was bedeutet, dass sie ihre Existenz nicht verliert, sobald im Laufe ihres Bestehens die Anzahl ihrer Gesellschafter unter zwei sinkt.[840] Auswirkungen hat die Einpersonen-Gesellschafterstellung aber auf die Haftungsbeschränkung des Gesellschafters. *Section* 24 CA 1985 sieht dann vor, dass der Alleingesellschafter persönlich und ab diesem Zeitraum als Gesamtschuldner mit der LLP haftet, wenn er die Gesellschaft in Kenntnis seiner Alleingesellschafterstellung länger als sechs Monate fortführt.[841] Zusätzlich sieht *section* 122 (1) (e) IA 1986 zwei Jahre ab dem Zeitpunkt des Absinkens der Mitgliederzahl unter zwei vor, dass das zuständige Gericht auf Antrag einer berechtigten Partei gem. *section* 124, 124A IA 1986 das Liquidationsverfahren über

835 *Schnittker/Bank*, Die LLP in der Praxis, S. 19; *Weller/Kienle*, DStR 2005, 1102 (1103).
836 Vgl. *Schnittker/Bank*, Die LLP in der Praxis, S. 4; *Becker*, AnwBl 2011, 860 (861).
837 *Henssler/Mansel*, in: FS für Horn, S. 403 (416 f.); *Eilers*, IStR 2008, 22 (22). Näher hierzu weiter unten.
838 Section 2 (1) (a) LLPA.
839 *Bettinger*, Englische LLP und Anwaltshaftung in Deutschland, S. 56.
840 *Bank*, Die britische LLP: Eine attraktive Organisationsform für Freiberufler?, S. 59 f.
841 *Whittaker/Machell*, The Law of Limited Liability Partnerships, S. 20.

die Gesellschaft eröffnen kann.[842] In demselben Satz der *section* 2 (1) (a) LLPA zeigt sich sodann wieder die kapitalgesellschaftsrechtliche Eigenart der LLP, da sie als Wirksamkeitsvoraussetzung auf Gewinn („*view of profit*“[843]) ausgerichtet sein muss. Erwähnenswert ist zuletzt, dass die LLP nicht nur Freiberuflern vorbehalten ist. Mitglieder einer LLP können Angehörige aller Berufsgruppen sein, auch wenn sie vordergründig auf Freiberufler zugeschnitten ist.[844]

Zusammengefasst bedarf es zur wirksamen Entstehung der LLP der Einhaltung folgender in *section* 2 (1) LLPA genannten Voraussetzungen[845]:

(1.) Es müssen sich mindestens zwei Personen zum Zweck der Betreibung eines erlaubten und auf Gewinn angelegten Geschäfts zusammenschließen und ein Gründungsdokument unterschreiben.

(2.) Die Gründungsurkunde muss im Original oder in Form einer vom „*Registrar of Companies*“ akzeptierten Kopie diesem ausgehändigt werden.

(3.) Dem *Registrar of Companies* muss ein *compliance statement* ausgehändigt werden, das bestätigt, dass die unter (1.) genannten Erfordernisse erfüllt wurden.

Sobald die Unterlagen bei dem *Registrar of Companies* eingetroffen sind, wird die Gesellschaft im *companies register* – welches dem Handelsregister entspricht – eingetragen; die Eintragung hat somit konstitutive Wirkung. Ihr wird sodann ein Zertifikat ausgestellt, das urkundlich belegt, dass die LLP durch Registrierung unter dem in der Gründungsurkunde genannten Namen entstanden ist.[846] Der Name der Gesellschaft muss auf „*limited liability partnership*“ oder der Abkürzung „llp“ bzw. „LLP“ enden.[847] Die missbräuchliche Verwendung des Rechtsformsatzes ist mit Strafe bewehrt.[848] Überdies ist die firmenrechtliche Ausgestaltung der LLP umfangreichen Regulierungen unterworfen.[849]

---

842 *Bank*, Die britische LLP: Eine attraktive Organisationsform für Freiberufler?, S. 60; *Schnittker/Bank*, Die LLP in der Praxis, S. 13 f.

843 Eingehend hierauf *Whittaker/Machell*, The Law of Limited Liability Partnerships, S. 15 ff.

844 *Weller/Kienle*, DStR 2005, 1060 (1062).

845 Vgl. hierzu *Whittaker/Machell*, The Law of Limited Liability Partnerships, S. 13; *Schnittker/Bank*, Die LLP in der Praxis, S. 13.

846 *Bank*, Die britische LLP: Eine attraktive Organisationsform für Freiberufler?, S. 65.

847 Paragraph 2 (1) (a), (b) schedule LLPA.

848 Paragraph 7 (1) schedule LLPA.

849 Da sich die Bearbeitung auf die wesentlichen Merkmale beschränken soll, kann hier nicht näher darauf eingegangen werden. Ausführlich dazu aber *Bank*, Die britische LLP: Eine attraktive Organisationsform für Freiberufler?, S. 62 f.

2. *LLP vs. PartG mbB*

Die LLP kann mit Recht als eine neue Gesellschaftsform eigener Prägung bezeichnet werden, die mehr als eine bloße unselbständige Variante der *limited company* darstellt.[850] Die Partnerschaftsgesellschaft mbB dagegen ist eine reine Erweiterung der ursprünglichen Partnerschaftsgesellschaft. Dennoch ist auch die PartG mbB eine in Deutschland bisher unbekannte Gesellschaftsform.[851] Es lassen sich zwar Parallelen zur GmbH & Co. KG ziehen, da auch diese eine Personengesellschaft ist, bei der die einzig persönlich haftende Gesellschafterin wiederum eine haftungsbeschränkte Gesellschaft ist. Bei beiden Personengesellschaften sind die Gesellschafter von der persönlichen Inanspruchnahme ausgenommen. Die PartG mbB kennzeichnet sich (wie auch die LLP) dadurch aus, dass die fehlende persönliche Inanspruchnahme nicht durch Kapitalaufbringungs- und Kapitalerhaltungsvorschriften, sondern durch eine Berufshaftpflichtversicherung ausgeglichen wird. Außerdem gilt die Haftungsbeschränkung nur für berufliche Fehler. Diese spezielle gesellschaftsrechtliche Ausgestaltung ist Deutschland neu. Folglich ist auch die Partnerschaftsgesellschaft mbB eine neue Gesellschaftsform eigener Prägung.

Ein wesentlicher Unterschied zwischen beiden Gesellschaften besteht darin, dass die LLP eine juristische Person und die PartG mbB eine Gesamthandsgesellschaft ist. Von Bedeutung ist diese Unterscheidung beispielsweise bei der Haftung wegen Insolvenzverschleppung.[852] Die LLP ist insolvenzantragspflichtig, die PartG mbB nach richtiger Auffassung dagegen nicht. Zudem ist die LLP in ihrem Bestand weitgehend unabhängig von dem wechselnden Bestand ihrer Mitglieder.[853] Die Partnerschaft mbB unterliegt hingegen weit strengeren Voraussetzungen (§ 9 PartGG, §§ 131 bis 144 HGB). Beispielsweise scheidet ein Partner mit dem Verlust seiner Berufszulassung automatisch aus der Partnerschaft aus (§ 9 Abs. 3 PartGG). Auch steht die LLP für alle Mitglieder offen, gleich welcher Berufsgruppe sie angehören. Mitglied einer Partnerschaftsgesellschaft mbB kann nur ein Angehöriger eines Freien Berufes sein; Mitglied einer LLP dagegen jeder Berufsträger. Damit unterscheiden sich beide Gesellschaften in ihrer gesellschaftsrechtlichen Charakteristika. Der Zugang zur LLP ist aufgrund der Gesellschafterstellung als „Kapitalgeber“ einfacher als bei Personengesellschaften und daher für größere Gesellschaften geeignet. Zugleich kommt den Gesellschaftern

850 *Schnittker/Bank*, Die LLP in der Praxis, S. 9.
851 Vgl. Dritter Teil, D., I.
852 Hierzu näher Dritter Teil, D., IV., 3.
853 *Weller/Kienle*, DStR 2005, 1060 (1063).

die Freiheit bei der näheren Ausgestaltung des Innenverhältnisses zugute, sodass sie hierbei die Vorteile einer Personengesellschaft nutzen können. Allerdings ist dieser Unterschied zur deutschen Partnerschaft verständlich, da die LLP allen Berufsgruppen offen steht. Die Partnerschaftsgesellschaft ist auf natürliche Personen und Angehörige Freier Berufe beschränkt. Andere Berufsgruppen haben in Deutschland die Wahl der GmbH & Co. KG, die ähnlich wie die LLP von der persönlichen Inanspruchnahme der Gesellschafter ausgeschlossen, aber dennoch eine Personengesellschaft ist.

II. Haftung

Mit der Besteuerung ist die Haftung wohl das entscheidende Kriterium, wenn es um die Frage der richtigen Rechtsformwahl für Freiberufler geht. Schließlich kann ein Berufsausübungsfehler unkalkulierbare und insolvenzauslösende Schadensersatzansprüche zur Folge haben. Die LLP bietet auch in Deutschland eine attraktive Form speziell für Rechtsanwälte, Steuerberater und Wirtschaftsprüfer. Allerdings ist die LLP eine angelsächsische Rechtsform, wodurch es zwischen britischem und deutschem Recht zu trennen gilt. Deshalb sollen zuerst die Grundzüge der Haftung der Gesellschafter einer LLP in Großbritannien dargestellt werden, um anschließend die Haftung in Deutschland zu durchleuchten.

1. Die Haftung der Partner einer LLP in Großbritannien

Da auch die Mandantenverträge in Großbritannien mit der Gesellschaft abgeschlossen werden, verbleibt für die Haftung der Gesellschafter (*members*) einer LLP nur eine potentielle persönliche, deliktische Haftung aus Delikt (*tort*).[854] Das britische Gesellschaftsstatut sieht eine persönliche Haftung der LLP-Gesellschafter nicht vor,[855] da der Vertrag mit der Gesellschaft abgeschlossen wird und nicht mit den Gesellschaftern persönlich. Nach den Grundsätzen der *assumption of responsibility*[856] (Übernahme persönlicher Verantwortung) kann ein Gesellschafter bereits dann aufgrund Fahrlässigkeit (*negligence*) gegenüber einem Dritten haften, wenn ihm eine persönliche Sorgfaltspflicht (*duty of care*) zukommt, obwohl er nicht unmittelbar Vertragspartei ist.[857] Und das gilt gerade

854 *Bettinger*, Englische LLP und Anwaltshaftung in Deutschland, S. 64.

855 *Becker*, AnwBl 2011, 860 (861).

856 Sehr schön dargestellt in *Bank*, Die britische LLP: Eine attraktive Organisationsform für Freiberufler?, S. 110 ff.; *Bettinger*, Englische LLP und Anwaltshaftung in Deutschland, S. 72 ff.

857 So hat es sich jedenfalls im Laufe der Jahre in der englischen Rechtsprechung herausentwickelt. Vgl. hierzu *Williams v. Natural Life Health Foods Ltd [1998] 1 W.L.R.*

auch für reine Vermögensschäden.[858] Es bedarf in diesen besonders gelagerten Fällen keines Vertrages, jedoch sind die Anforderungen an eine deliktische Haftung sehr eng gestrickt und an objektive Kriterien geknüpft. Für eine *duty of care* bedarf es (1) dass der Gesellschafter eine besondere persönliche Verantwortung übernommen hat (*assumption of responsibility*) und (2) dass sich der Vertragspartner auf die Verantwortungsübernahme verlassen hat und sich darauf auch verlassen durfte (*reasonable reliance on the assumption*).[859]

Mit diesem Hintergrund ist die Haftung von *solicitors* als *member* (Partner) der LLP erst Recht von Bedeutung. Der LLPA von 2000 enthält zwar Vorschriften bezüglich der Haftung aus *tort*, überlässt aber eine nähere Ausgestaltung der Rechtsprechung.[860] Bis dato[861] gibt es indes keine Rechtsprechung hinsichtlich der Haftung eines *solicitors* einer Anwalts-LLP, wodurch es bisher bei einer literarischen Auseinandersetzung mit diesem Thema verbleibt. Wie der Fall *Phelps v. Hillingdon LBC*[862] bereits gezeigt hat, entstehen durch besondere persönliche Qualifikationen erhöhte Anforderungen an die persönliche Sorgfaltspflicht. Das

---

830; Phelps v. Hillingdon LBC [2000] 3 W.L.R. 776. Im ersten Fall von 1998 ging es um die Haftung des *directors* der Natural Life Health Foods Ltd, die ein Franchise-System vermarktete und ihre Dienste mehreren Kunden anbot. In ihren Broschüren wurde den Kunden das Fachwissen des *directors* als Rat zur Seite gestellt. Allerdings geschah die Vermarktung im Namen der Gesellschaft, ein direkter Vertrag bzw. Kontakt zu dem *director* lag nicht vor. Als die Geschäfte nach mehreren Monaten aufgrund Verluste schließen mussten, verlangten die Kunden Schadensersatz vom *director*, da die Gesellschaft liquidiert wurde. Das oberste Gericht prüfte sodann ausführlich, ob eine *assumption of responsibility* vorlag, zumal kein direkter Kontakt zwischen Kunden und *director* vorhanden war. Im Ergebnis verneinte es eine Haftung, da die Voraussetzungen einer *assumption of responsibility* nicht vorlagen. In letzterem Fall von 2000 entschied das oberste Gericht, dass eine Psychologin eine *duty of care* gegenüber einem Kind zu erfüllen hat, auch wenn zwischen ihnen kein Vertrag besteht. Die Psychologin hatte – im Gegensatz zu ersterem Fall – eine persönliche Verantwortung übernommen und haftete somit aufgrund einer *assumption of responsibility*, da ihr aufgrund besonderer beruflicher Qualifikation eine Sorgfaltspflicht zukam.

858 *Bank*, Die britische LLP: Eine attraktive Organisationsform für Freiberufler?, S. 110.

859 *Henssler/Mansel*, in: FS für Horn, S. 403 (406 f.); *Schnittker/Bank*, Die LLP in der Praxis, S. 47; *Triebel/Otte/Kimpel*, BB 2005, 1233 (1235).

860 *Bettinger*, Englische LLP und Anwaltshaftung in Deutschland, S. 84.

861 Bis einschließlich April 2014.

862 Siehe Fn. 857. In diesem Fall wurde einer Psychologin aufgrund ihrer besonderen beruflichen Fähigkeit eine *duty of care* zugesprochen, sodass sie neben ihrem Arbeitgeber haftete.

gilt aufgrund der freiberuflichen Stellung erst Recht für den Rechtsanwalt, dessen Verhältnis zu seinem Mandanten von einem gesteigerten Vertrauen geprägt ist.[863] Dieses besondere Treueverhältnis (*fiduciary relationship*) ist durch die Übernahme persönlicher Verantwortlichkeit (*assumption of responsibility*) und das Entstehen einer besonderen Sorgfaltspflicht (*duty of care*) zwischen Rechtsanwalt und Mandant gekennzeichnet.[864] Aus diesem Grund ist in Großbritannien davon auszugehen, dass ein Partner einer Anwalts-LLP nach dem *tort of negligence* persönlich für fahrlässig falsche Rechtsberatung haftet.[865] Die Einzelheiten sind noch nicht geklärt, was zu einer Rechtsunsicherheit beiträgt, zumal die Frage nach der persönlichen Haftung eines Partners der LLP mit zunehmender Größe komplizierter wird.[866]

Erwähnenswert ist, dass ein gesellschaftsrechtlicher Haftungsdurchgriff nach der *doctrine of lifting the veil of incorporation* von der obergerichtlichen Rechtsprechung in Großbritannien so gut wie nie zugelassen wird.[867] Ein Haftungsdurchgriff kommt nur in einer ganz bestimmten Fallgruppe (sog. „*façade test*“) in Betracht. Hierfür muss es gerade für jedermann offensichtlich sein, dass die LLP als Vehikel missbraucht wurde, um mit dem Geschäftsbetrieb fremde, missbilligenswerte Zwecke zu verfolgen.[868] Der gesellschaftsrechtliche Haftungsdurchgriff ist deshalb von untergeordneter Bedeutung im britischen Gesellschaftsrecht.

2. *Die Haftung der Partner einer LLP in Deutschland*

Seit den entscheidenden Urteilen des EuGH (Centros, Überseering, Inspire Art)[869] steht fest, dass das Gesellschaftsrecht desjenigen Staates gilt, in dem die

---

863 *Schnittker/Bank*, Die LLP in der Praxis, S. 48; *Triebel/Silny*, NJW 2008, 1034 (1034).

864 *Schnittker/Bank*, Die LLP in der Praxis, S. 48 m.w.N.

865 *Schnittker/Bank*, Die LLP in der Praxis, S. 48; *Bettinger*, Englische LLP und Anwaltshaftung in Deutschland, S. 98; *Triebel/Silny*, NJW 2008, 1034 (1034). Dass die britischen Gerichte indes auch anders entscheiden können, verdeutlicht *Bank*; siehe *Bank*, Die britische LLP: Eine attraktive Organisationsform für Freiberufler?, S. 131 ff.

866 Näher hierzu *Schnittker/Bank*, Die LLP in der Praxis, S. 49; *Bank*, Die britische LLP: Eine attraktive Organisationsform für Freiberufler?, S. 135 ff.; *Kilian*, NZG 2000, 1008 (1013 f.).

867 *Schnittker/Bank*, Die LLP in der Praxis, S. 50; *Linardatos*, VersR 2013, 1488 (1496); *Triebel/Otte/Kimpel*, BB 2005, 1233 (1236).

868 *Schnittker/Bank*, Die LLP in der Praxis, S. 50; *Bank*, Die britische LLP: Eine attraktive Organisationsform für Freiberufler?, S. 152 f.

869 *EuGH*, NZG 1999, 298 = NJW 1999, 2027 - Centros; *EuGH*, NGZ 2002, 1164 = NJW 2002, 3614 - Überseering; *EuGH*, NZG 2003, 1064 = NJW 2003, 3331 - Inspire Art.

Gesellschaft gegründet wurde. Die Anwendung deutschen Gesellschaftsrecht widerspräche den Grundsätzen der Niederlassungsfreiheit nach Art. 49, 54 AEUV. Eine britische LLP als Zweigniederlassung in Deutschland unterliegt demnach dem britischen Gesellschaftsstatut.[870] Da die *members* der LLP in Großbritannien grundsätzlich nicht gesellschaftsrechtlich persönlich haften, verbleibt lediglich eine deliktische und vertragliche Haftung der LLP-Anwälte, die denselben Maßstäben für anwaltliche Pflichtverstöße – wie eine nach deutschem Recht gegründete Anwalts-Gesellschaft – unterliegt.[871] Für die Anwendung deutschen Vertragsrechts ist Art. 3 und Art. 4 Abs. 2 i.V.m. Art. 19 Abs. 2 Rom-I-VO und für die Anwendung des deutschen Deliktsrechts Art. 4 Abs. 2 i.V.m. Art. 23 Abs. 1 Rom-II-VO maßgeblich.[872] Und genau hier liegt das Problem begraben. Das deutsche Delikts- und Vertragsrecht basiert auf anderen Grundsätzen wie das britische. Das Haftungsinstitut des *tort of negligence* ist dem deutschen Deliktsrecht fremd. Deliktisch haftet ein Gesellschafter einer juristischen Person nur in seltenen Fällen. So bedarf es einer Verletzung eines Schutzgesetzes (§ 823 Abs. 2 BGB i.V.m. §§ 263, 266 StGB) oder einer vorsätzlichen sittenwidrigen Schädigung (§ 826 BGB).[873] Ein bloßer Vermögensschaden reicht für eine deliktische Inanspruchnahme nach § 823 Abs. 1 BGB nicht aus – in Großbritannien dagegen schon. Seit dem MoMiG 2008 wurde auch die Insolvenzverschleppungshaftung vom Gesellschaftsrecht in das Insolvenzrecht transferiert, womit ein Gesellschafter deliktisch gem. § 823 Abs. 2 BGB i.V.m. § 15a InsO wegen Insolvenzverschleppung haften kann. Vertraglich kommt eine Haftung des LLP-Partners nur nach den Grundsätzen der *culpa in contrahendo* (§§ 280 Abs. 1, 311 Abs. 3 S. 2 BGB) wegen Inanspruchnahme besonderen Vertrauens in Betracht.[874] Die Inanspruchnahme eines besonderen persönlichen Vertrauensverhältnisses ist – anders als im britischen Recht (*assumption of responsibility*) – in seltenen Fällen anzunehmen, da die deutschen Anwälte nicht bereits aufgrund ihrer Berufsträgerschaft eine besondere Leistungsverantwortung gegenüber ihren Mandanten übernehmen.[875] Eine persönliche Haftung des Gesellschafters einer

---

870 Vgl. *Schnittker/Bank*, Die LLP in der Praxis, S. 64; *Henssler/Mansel*, NJW 2007, 1393 (1395); *Triebel/Silny*, NJW 2008, 1034 (1034); *Weller/Kienle*, DStR 2005, 1102 (1105).

871 *Henssler/Mansel*, in: FS für Horn, S. 403 (413); *Henssler*, NJW 2014, 1761 (1763); *Becker*, AnwBl 2011, 860 (861).

872 *Becker*, AnwBl 2011, 860 (861).

873 Vgl. *Becker*, AnwBl 2011, 860 (861); *Triebel/Otte/Kimpel*, BB 2005, 1233 (1236).

874 *Becker*, AnwBl 2011, 860 (861).

875 *Henssler/Mansel*, NJW 2007, 1393 (1396); *Becker*, AnwBl 2011, 860 (861); *Triebel/Silny*, NJW 2008, 1034 (1035).

Körperschaft soll damit die Ausnahme bleiben. Sofern deutsches Vertragsrecht anwendbar ist, kann der Handelnde Partner der LLP auch gem. § 179 BGB analog nach den Grundsätzen der Rechtsscheinhaftung verantwortlich sein, wenn die Haftungsbeschränkung im Rechtsverkehr nicht kenntlich gemacht wird.[876]

Die LLP mit Zweigniederlassung in Deutschland unterliegt also gesellschaftsrechtlich dem britischen, vertrags- und deliktsrechtlich hingegen dem deutschen Recht. Das Problem ist leicht zu veranschaulichen: Die persönliche Haftung der LLP-Gesellschafter ist in Großbritannien nicht im Gesellschafts- oder Vertragsrecht sondern im Deliktsrecht verankert. Das Rechtsinstitut des *tort of negligence* (Haftung wegen fahrlässiger Vermögensschädigung) ist in Deutschland aber nicht anwendbar. In Deutschland ist die persönliche Haftung von Gesellschaftern oder Geschäftsführern gesellschaftsrechtlich ausgestaltet. Mit anderen Worten können die *members* der LLP weder nach deutschem Gesellschafts-, noch nach britischem Deliktsrecht belangt werden. Es verbleibt die lediglich schwache und mit hohen Anforderungen behaftete Haftung nach deutschem Delikts- und Vertragsrecht. Das Ergebnis ist eine haftungsrechtliche Besserstellung der LLP mit Zweigniederlassung in Deutschland, obwohl die LLP bereits in Großbritannien haftungsrechtlich gut ausgestattet ist.[877]

Aus diesem Grund ziehen *Henssler, Mansel,*[878] *Becker*[879] und *Bettinger*[880] die Anwendung des *tort of negligence* – als besondere Ausprägung des britischen Gesellschaftsstatuts – auch in Deutschland heran.[881] Der englische Gesetzgeber habe bei der Abfassung des LLPA ausdrücklich die deliktsrechtliche Haftung des sachbearbeitenden Partners in sein Haftungskonzept aufgenommen. Die persönliche Haftung des Gesellschafters stünde im Zusammenhang mit der Gesellschaft und könne daher als Gesellschaftsstatut angesehen werden.[882] Demzufolge konnte bei der Abfassung des LLPA auf eine gesellschaftsrechtliche Haftungskonstitution verzichtet werden. Dieses deliktsrechtliche Haftungsmodell würde aber umgangen werden, wenn bei einer in Deutschland tätigen LLP

---

876 *Triebel/Otte/Kimpel*, BB 2005, 1233 (1236).

877 *Henssler/Mansel*, in: FS für Horn, S. 403 (413).

878 *Henssler/Mansel*, in: FS für Horn, S. 403 (413 ff.); *Henssler*, NJW 2014, 1761 (1763 ff.); *Henssler/Mansel*, NJW 2007, 1393 (1395 ff.).

879 *Becker*, AnwBl 2011, 860 (862).

880 *Bettinger*, Englische LLP und Anwaltshaftung in Deutschland, S. 435. Eine ausführliche Diskussion beginnt auf S. 360 ff.

881 *Henssler* hat seine Meinung mit Einführung der PartG mbB mit guten Gründen geändert; vgl. *Henssler*, NJW 2014, 1761 (1764 f.).

882 *Becker*, AnwBl 2011, 860 (862).

englisches Gesellschafts- und deutsches Deliktsrecht angewandt würde. Deshalb müsse das englische Deliktsrecht als Bestandteil des Gesellschaftsstatuts der LLP zu betrachten sein, mit der Folge, dass die *tort of negligence* auch für in Deutschland tätige Anwälte einer LLP gälte.[883] Dogmatisch erfolge die Anwendung des *tort of negligence* im Wege der – im IPR anerkannten – Anpassung oder Angleichung.[884] Immerhin können solche Schwierigkeiten mit einem Blick auf die hinter den Vorschriften stehenden Gedanken vermieden werden. Die Frage, ob eine Regelung zum Gesellschaftsstatut gehöre, richte sich daher nach der Würdigung der Gesamtumstände.[885] Das Ergebnis sei auch mit der europäischen Niederlassungsfreiheit (Art. 49, 54 AEUV) vereinbar.[886]

Von anderen wird die Anwendung des englischen *tort of negligence* in Deutschland abgelehnt.[887] Zur Begründung werden im Wesentlichen vier Argumente herangezogen. Als erstes wird der bewusste Verzicht des englischen Gesetzgebers auf die gesetzliche Regelung einer persönlichen Haftung bezweifelt. Denn einziger Anknüpfungspunkt für die Haftung von Freiberuflern sei die freiberufliche Tätigkeit an sich. Ob diese Tätigkeit aber alleine oder in einer *partnership, limited partnership*, LLP oder *company* ausgeübt würde, sei hierfür ohne Belang. Die Ausgestaltung der LLP als juristische Person könne keineswegs als bewusster Verzicht auf die Regelung einer persönlichen Haftung der Gesellschafter verstanden werden.[888]Zweitens bestehe mangels haftungsrechtlicher Vergleichbarkeit von LLP und Partnerschaftsgesellschaft kein Normenmangel – wie von *Henssler* und *Mansel* behauptet.[889] In haftungsrechtlicher Hinsicht sei die Partnerschaftsgesellschaft gerade nicht mit der LLP vergleichbar, da der Regelfall bei der Partnerschaft § 8 Abs. 1 PartGG und damit die persönliche Haftung der Partner ausmache. Dagegen haften die Gesellschafter der LLP im Regelfall nicht persönlich.[890] Die Haftungsverfassung der LLP sei

883 *Becker*, AnwBl 2011, 860 (861 f.).

884 *Henssler/Mansel*, in: FS für Horn, S. 403 (414 ff.); *Henssler/Mansel*, NJW 2007, 1393 (1396).

885 *Becker*, AnwBl 2011, 860 (862).

886 *Henssler/Mansel*, in: FS für Horn, S. 403 (419).

887 *Schnittker/Bank*, Die LLP in der Praxis, S. 66 ff.; *Bank*, Die britische LLP: Eine attraktive Organisationsform für Freiberufler?, S. 404 ff.; *Linardatos*, VersR 2013, 1488 (1496); *Triebel/Silny*, NJW 2008, 1034 (1035 f.); *Leuering*, ZIP 2012, 1112 (1113); wohl auch *Weller/Kienle*, DStR 2005, 1102 (1106).

888 *Schnittker/Bank*, Die LLP in der Praxis, S. 67.

889 *Triebel/Silny*, NJW 2008, 1034 (1035).

890 *Triebel/Silny*, NJW 2008, 1034 (1035).

mit der deutschen GmbH oder AG, nicht jedoch mit der Partnerschaft vergleichbar.[891] Als dritter Grund wird angeführt, die Haftungsprivilegierung der LLP-Gesellschafter sei als Wertungsentscheidung des deutschen Gesetzgebers und der deutschen Rechtsprechung in Kauf genommen worden. Der deutsche Gesetzgeber habe die Rechtsform der LLP bewusst nicht ins deutsche Gesellschaftsrecht rezipiert.[892] Wertungsentscheidungen seien aber Teil der Rechtskultur eines Rechtssystems, müssen so hingenommen und dürfen nicht über das Instrument der Anpassung nivelliert werden.[893] Als viertes und letztes Argument verstoße die Übertragung der Grundsätze des *tort of negligence* gegen die Niederlassungsfreiheit gem. Art. 49 AEUV. Denn die Anwendung des *tort of negligence* würde ausländische Anwalt-LLPs gegenüber inländischen Rechtsanwaltsgesellschaften schlechter stellen, da das deutsche Deliktsrecht an strengere Anforderungen geknüpft ist.[894]

Es sprechen gute Argumente sowohl für als auch gegen das Instrument der Anpassung des *tort of negligence* im deutschen Recht. *Henssler* und *Mansel* ist dahingehend zuzustimmen, dass die Haftung der Partnerschaftsgesellschaft eben der LLP gleicht, da in beiden Gesellschaften die Partner – und nur diese – für Berufsausübungsfehler persönlich haften sollen. Auch wären die Gesellschafter einer in Deutschland niedergelassenen LLP besser gestellt als die LLP-Gesellschafter in Großbritannien. Vor allem ist das Argument von *Triebel* und *Silny* – der deutsche Gesetzgeber habe die Rechtsform der LLP bewusst nicht ins deutsche Gesellschaftsrecht rezipiert – mit der Schaffung der PartG mbB obsolet. Allerdings sprechen die wohl besseren Argumente gegen die Anwendung des *tort of negligence* im deutschen Recht. Die Anwendung ausländischen Deliktsrechts würde gegen internationales Privatrecht verstoßen, zumal Art. 4 Abs. 2 i.V.m. Art. 23 Abs. 1 Rom-II-VO eindeutig deutsches Deliktsrecht als anwendbar erklärt. Auch wäre es für deutsche Rechtsanwälte und Gerichte befremdlich englisches Deliktsrecht anzuwenden. Hierfür müsste eine umfassende Einarbeitung in das englische Deliktsrecht erfolgen. Dass es hierdurch zu einer Besserstellung von LLP-Anwälten in Deutschland führt, reicht für eine Anwendbarkeit nicht aus. Die Besserstellung fußt auf den Urteilen des EuGH (Centros, Überseering, Inspire Art) zur Niederlassungsfreiheit und ist unmittelbare Folge dieser Entscheidungen. Die Entscheidung im Nachhinein im Wege der Anpassung wieder

891 *Triebel/Silny*, NJW 2008, 1034 (1036).
892 *Triebel/Silny*, NJW 2008, 1034 (1036).
893 *Triebel/Silny*, NJW 2008, 1034 (1036).
894 *Schnittker/Bank*, Die LLP in der Praxis, S. 67; *Bank*, Die britische LLP: Eine attraktive Organisationsform für Freiberufler?, S. 409 ff.; *Triebel/Silny*, NJW 2008, 1034 (1036).

zu unterlaufen verstößt gegen die Grundsätze der Niederlassungsfreiheit. Die haftungsrechtliche Besserstellung muss als notwendige Folge hingenommen werden. Allerdings steht eine Entscheidung in diesem Fall noch offen. *Henssler* spricht sich neuerdings ebenfalls gegen die Anpassung des *tort of negligence* im deutschen Recht aus. Werde nunmehr im deutschen Recht eine Freiberuflerpersonengesellschaft ohne unmittelbare persönliche Berufshaftung der Gesellschafter als sachgerecht angesehen, entfalle damit auch der tragende Grund für eine Anpassung.[895] Umso mehr zeigt der Streit um die Anwendung britischen Deliktsrechts wieder die Notwendigkeit, die für eine deutsche Alternative zur britischen LLP bestand. Deutsche Freiberufler müssen sich in Zukunft nicht mehr mit den Rechtsunsicherheiten der angelsächsischen Rechtsform auseinandersetzen. Die Flucht in die Rechtsform „LLP" könnte seit dem Juli 2013 überflüssig geworden sein.

3. *LLP vs. PartG mbB*

Die Haftungsverfassung der LLP unterliegt grundlegenden Abweichungen gegenüber der deutschen PartG mbB – sogar gegenüber deutschen Kapitalgesellschaften. Die Voraussetzungen der persönlichen Inanspruchnahme von LLP-Gesellschaftern sind ausschließlich im Deliktsrecht (durch das Rechtsinstitut des *tort of negligence*) zu suchen. Eine persönliche Haftung ergibt sich grundsätzlich weder gesellschafts- noch vertragsrechtlich. Die persönliche Haftung der Mitglieder einer Partnerschaft mbB ergibt sich indessen sowohl aus Vertrag (c.i.c.), aus Delikt (§ 823 Abs. 2 BGB i.V.m. einem Schutzgesetz; § 826 BGB), als auch aus dem Gesellschaftsrecht (§ 8 Abs. 4 S. 1 PartGG; § 280 Abs. 1 BGB i.V.m. dem Gesellschaftsvertrag; Existenzvernichtungshaftung etc.). Allerdings steht die gesellschaftsrechtliche Inanspruchnahme im deutschen Recht an erster Stelle. Grundsätzlich befinden sich nämlich Haftungsnormen in den jeweiligen Spezialgesetzen (Bsp.: § 93 AktG, § 43 GmbHG, § 23 GenG). Die deliktische und vertragliche Haftung sind an strenge Voraussetzungen geknüpft und treten daher seltener ein. Das deutsche und englische Verständnis geht in dieser Frage also bedeutend auseinander.

Übereinstimmung besteht dagegen bei der Handelndenhaftung zwischen LLP und Partnerschaftsgesellschaft in der ursprünglichen Form. Bei beiden Gesellschaften haften diejenigen Partner mit ihrem Privatvermögen persönlich, die den Berufsausübungsfehler begangen haben (*tort of negligence* bzw. § 8 Abs. 2 PartGG). Aus diesem Grund wird die LLP als mit der Partnerschaftsgesellschaft

---

895 *Henssler*, NJW 2014, 1761 (1765).

vergleichbar angesehen. Die Vergleichbarkeit wird mit der Schaffung der PartG mbB auf eine neue Probe gestellt. Partner einer PartG mbB haften gerade für Berufsausübungsfehler nicht mehr persönlich. Die persönliche Haftung besteht nur noch für sonstige Verbindlichkeiten, die nicht solche wegen Schäden aus fehlerhafter Berufsausübung sind. Es gilt damit der umgekehrte Fall zur LLP. Hier haften die Partner gerade nur für fahrlässige Schäden aufgrund fehlerhafter Berufsausübung. Von sonstigen Verbindlichkeiten sind die LLP-Partner in persönlicher Hinsicht befreit. Und hier liegt einer der wesentlichen Vorteile der Partnerschaft mbB. Den größten – weil am schwierigsten zu kalkulierenden – Posten nehmen die Verbindlichkeiten aus Berufsausübungsfehlern ein. Die Partner einer LLP müssen hierfür persönlich und mit ihrem gesamten Vermögen gerade stehen. Bei einer Inanspruchnahme durch einen Mandanten kann dies existenzbedrohende Ausmaße annehmen. Diese Furcht besteht bei der PartG mbB dank des § 8 Abs. 4 PartGG nicht. Die erhöhten Versicherungsprämien erscheinen im Vergleich zu diesem Vorteil eher als sekundär und damit unbeachtlich. Die sonstigen Verbindlichkeiten, für welche die Partner persönlich einzustehen haben, werden keine existenzbedrohende Stellung einnehmen. Außerdem sind diese Verbindlichkeiten leicht vorhersehbar und dadurch kalkulierbar. Überdies sind mit der deutschen Versicherungslösung beide Parteien ausreichend zufrieden gestellt. Die Partner sind von der persönlichen Haftung ausgenommen; die Mandanten stehen einer solventen Versicherung als Schuldnerin gegenüber. Aus diesem Grund ist die Versicherungs- und Haftungslösung der PartG mbB weitaus attraktiver für Angehörige Freier Berufe. Sie ist eine optimale Lösung für beide Parteien. Ein weiterer Vorteil in haftungsrechtlicher Hinsicht ist die Ausnahme von einer Insolvenzantragspflicht. Partner einer LLP sind insolvenzantragspflichtig und haften bei Zuwiderhandlungen persönlich wegen Insolvenzverschleppungshaftung gem. § 823 Abs. 2 BGB i.V.m. § 15a InsO. Partner einer Partnerschaftsgesellschaft mbB hingegen – aufgrund fehlender Rechtspersönlichkeit – nicht. Nichtsdestotrotz ist die LLP auch mit der PartG mbB als wesensverwandt und damit substituierbar anzusehen. Eine Vergleichbarkeit herrscht trotz der haftungsrechtlichen Unterschiede weiterhin dahingehend, dass sowohl die Partner der in Deutschland tätigen LLP, als auch die der PartG mbB nicht für Berufsausübungsfehler haften. Weder das britische, noch das deutsche Gesellschaftsrecht sehen eine derartige Haftung vor. Zu Recht lässt sich damit behaupten, dass die in England tätige LLP der deutschen Partnerschaftsgesellschaft und die in Deutschland tätige LLP der PartG mbB am ähnlichsten ist.

Ein weiterer haftungsrechtlicher Vorteil der PartG mbB, speziell auf in Deutschland tätige LLPs bezogen, besteht in der soliden Rechtssicherheit. Es ist umstritten und noch ungeklärt, ob die LLP mit Haupt- oder Zweigniederlassung in Deutschland haftungsrechtlich besser gestellt ist als die in England tätige LLP. Würde englisches Deliktsrecht, genauer gesagt die Grundsätze des *tort of negligence*, als englisches Gesellschaftsstatut deklariert werden und mithilfe der Anpassung nach IPR-Recht in Deutschland für anwendbar erklären, wäre einer Besserstellung entgegengewirkt. Da es hierüber weder richterliche Entscheidungen, noch legislative Stellungnahmen gibt, bleibt eine Rechtsunsicherheit bestehen, die zu Lasten der in Deutschland tätigen LLPs fällt. Auch hier ist wiederum die PartG mbB von Vorteil. Mit besonderem Blick auf die herrschende Rechtsunsicherheit, sind deutsche Freiberufler im Hinblick auf die Haftungsfragen mit der Partnerschaftsgesellschaft mbB besser beraten. Die Versicherungslösung ist die bessere Alternative zum Deliktsrecht.

III. Handels- und Firmenrecht

1. Die LLP in Deutschland

a) Registerpflicht

Die britische LLP steht grundsätzlich allen Berufsgruppen offen und ist nicht wie die deutsche Partnerschaftsgesellschaft oder die ehemalige österreichische Eingetragene Erwerbsgesellschaft (EEG) auf eine bestimmte Berufsgruppe ausgerichtet und beschränkt.[896] Ist die LLP jedoch personengesellschaftlich ausgestaltet und wird sie von Freiberuflern geführt, wird eine Eintragung in das Partnerschaftsregister entsprechend den §§ 5 Abs. 2 PartGG, 13d HGB gefordert.[897] Der Ausschuss der Bundesrechtsanwaltskammer sieht ausdrücklich die Eintragung der LLP in das deutsche Partnerschaftsregister vor. Obgleich die Gesellschaft Wesensmerkmale einer inländischen Kapitalgesellschaft aufweist, ähnelt sie dennoch überwiegend der deutschen Partnerschaftsgesellschaft. Aus diesem Grund ist die LLP im Falle ihrer Niederlassung oder der Einrichtung einer Zweigstelle in Deutschland entsprechend den Vorschriften zur Partnerschaftsgesellschaft in das Partnerschaftsregister einzutragen, auch wenn sie mit dieser Gesellschaftsform nicht vollkommen übereinstimmt.[898] Sehr ausführlich wird eine Eintragung der LLP in das Partnerschaftsregister im Wege der Substitution von *Bettinger* gefolgert.[899] Nach gründlicher Untersuchung von *Bettinger*

896 *Kilian*, NZG 2000, 1008 (1009).

897 *Schnittker/Bank*, Die LLP in der Praxis, S. 19; *Henssler*, NJW 2014, 1761 (1762); *Lieder/Hoffmann*, NZG 2014, 127 (130); *Weller/Kienle*, DStR 2005, 1102 (1103 f.).

898 *BRAK*, BRAK-Mitt. 2005, 182 (183).

899 *Bettinger*, Englische LLP und Anwaltshaftung in Deutschland, S. 145–217.

sei die LLP funktional mit der Partnerschaft vergleichbar und deshalb in das Partnerschaftsregister einzutragen.[900]

Ungeklärt ist, ob die LLP auch als Rechtsanwaltsgesellschaft zugelassen und damit als solche eingetragen werden kann. Deutschland hat im Zuge der Umsetzung der Niederlassungsrichtlinie 98/5/EG durch das EuRAG darauf verzichtet, Sondervorschriften für ausländische Gesellschaften in Kraft zu setzen.[901] Dennoch halten einige Stimmen die Zulassung und Eintragung der LLP als Rechtsanwaltsgesellschaft für möglich, wenn sie hauptsächlich kapitalgesellschaftlich strukturiert ist. Die Wirksamkeitsvoraussetzungen richte sich dann nach §§ 59c ff. BRAO, die Eintragung erfolge in das Handelsregister Abschnitt B.[902] Im Zuge der Entscheidung des BGH vom 10.01.2005[903], in der über die Zulassung der Anwalts-AG entschieden wurde, ergebe sich der Hinweis darauf, wie ausländische anwaltliche Berufsausübungsgesellschaften in der Rechtsform der Kapitalgesellschaft hinsichtlich einer berufsrechtlichen Zulassung zu behandeln seien.[904] Dies wurde zwar nicht ausdrücklich in dem Urteil klargestellt. Aus der Begründung zur Zulassung der Rechtsanwalts-AG könne jedoch gefolgert werden, dass auch die LLP als Rechtsanwaltsgesellschaft zulassungsfähig ist, soweit sie die nötigen Voraussetzungen erfülle. Aus diesem Grund habe sich die ausländische LLP mit Sitz in Deutschland dem gleichen Zulassungsverfahren wie eine deutsche Kapitalgesellschaft zu unterziehen und müsse wie diese in das Handelsregister eingetragen werden.[905]

Der Ausschuss der Bundesrechtsanwaltskammer sieht das hingegen anders. Da die Rechtsnatur der LLP näher an der Partnerschaftsgesellschaft liegt, sieht der BRAK-Ausschuss ebenso wie bei der Partnerschaftsgesellschaft keine Notwendigkeit, eine Zulassung als Rechtsanwaltsgesellschaft nach den Vorschriften der §§ 59c ff. BRAO zu verlangen.[906] Die Eintragung richte sich vielmehr nach den Vorschriften über die Partnerschaftsgesellschaft.[907] Dieser Ansicht der

900 *Bettinger*, Englische LLP und Anwaltshaftung in Deutschland, S. 210.

901 *Henssler/Mansel*, NJW 2007, 1393 (1398).

902 *Schnittker/Bank*, Die LLP in der Praxis, S. 21; *Weller/Kienle*, DStR 2005, 1102 (1104); *Möller*, AnwZert HaGesR 11/2010, Anm. 2.

903 BGHZ 161, 376 = *BGH*, NJW 2005, 1568 (1568 ff.).

904 *Möller*, AnwZert HaGesR 11/2010, Anm. 2.

905 *Möller*, AnwZert HaGesR 11/2010, Anm. 2.

906 Diese Stellung hat der Ausschuss der BRAK 2008 bestätigt. Vgl. *BRAK*, BRAK-Mitt. 2005, 182 (183); *BRAK*, BRAK-Mitt. 2008, 17 (18).

907 Ebenso *Bettinger*, Englische LLP und Anwaltshaftung in Deutschland, S. 145–217; *Henssler*, NJW 2009, 3136 (3138).

BRAK ist zuzustimmen. Soll die Eintragung von der konkreten Ausgestaltung der LLP abhängig gemacht werden, würde die Entscheidung auf dem Rücken der Rechtssicherheit ausgetragen werden. Nach einer ausführlichen Substitution folgt der Schluss, dass die freiberufliche LLP der Partnerschaftsgesellschaft ähnelt. Der Ausschluss der persönlichen Haftung der LLP-Gesellschafter ändert daran nichts.[908]

Abschließend ist darauf hinzuweisen, dass sich die registerrechtliche Behandlung der LLP noch nicht endgültig geklärt hat. Es bleibt abzuwarten, wie die Rechtsanwalts-LLP in allen Einzelheiten in Deutschland behandelt wird. Das zeigt sich beispielsweise bei der Anwendung der §§ 3 Abs. 2, 5 Abs. 1 PartGG auf die LLP. Hiernach müssen Name, Vorname, der in der LLP ausgeübte Beruf, Wohnort, Geburtsdatum und Vertretungsmacht eines jeden Partners in das Partnerschaftsregister eingetragen werden. Zur Begrenzung des hiermit verbundenen erheblichen administrativen Aufwands, insbesondere für sehr große Kanzleien, wird vorgeschlagen, dass nur die an den deutschen Standorten tätigen „*members*" einer LLP in das Register eingetragen werden müssen.[909] Aufgrund solcher Rechtsunsicherheiten plant der eben genannte Ausschuss der Bundesrechtsanwaltskammer Vorschläge für eine einheitliche und praxisgerechte berufsrechtliche Behandlung der Anwalts-LLP auszuarbeiten und dem Gesetzgeber vorlegen zu lassen.[910] Bis heute hat sich jedoch noch keine Rechtssicherheit herstellen lassen. Wird die Registeranmeldung der LLP in Deutschland nicht vorgenommen, so kann sie durch Festsetzung eines Zwangsgeldes von bis zu 5.000 Euro erzwungen werden.[911] Obwohl die Nichtregistrierung einer LLP unter Sanktion steht, wird sie in der Praxis oftmals bewusst ignoriert.[912] Solange die Registerpflicht nicht höchstrichterlich geklärt ist, ist die Verhängung eines Zwangsgeldes gegen die Gesellschafter der LLP unwahrscheinlich.[913] Selbst die zuständigen Rechtsanwaltskammern verlangen bei freiberuflichen LLPs bislang aus berufsrechtlicher Sicht keine Anmeldung zu einem Register, obwohl der Ausschuss der BRAK eigens für eine derartige Registerpflicht plädiert.[914]

---

908 Vgl. auch *Kilian,* in: Henssler/Streck, Handbuch Sozietätsrecht, S. 577 Rn. 91.

909 *Kilian,* in: Henssler/Streck, Handbuch Sozietätsrecht, S. 578 Rn. 93; *Seibert*, DB 2013, 1710 (1714).

910 *Schnittker/Bank*, Die LLP in der Praxis, S. 21 f.

911 *Schnittker/Bank*, Die LLP in der Praxis, S. 22; *Bettinger*, Englische LLP und Anwaltshaftung in Deutschland, S. 217.

912 *Seibert*, DB 2013, 1710 (1714).

913 *Schnittker/Bank*, Die LLP in der Praxis, S. 22.

914 *Schnittker/Bank*, Die LLP in der Praxis, S. 22.

b) Postulationsfähigkeit / Prozessvollmacht

Damit Anwälte einer ausländischen Rechtsform Mandanten vor deutschen Gerichten vertreten können (§ 80 ZPO), müssen diese an dem jeweiligen Gericht zugelassen, mithin postulationsfähig sein (§ 78 ZPO). Fehlt einer Partei die Postulationsfähigkeit, sind die von ihr vorgenommenen Prozesshandlungen unwirksam.[915] Die Prozessvollmacht kann aber nicht nur an einen einzelnen Anwalt vergeben werden; das rechtsanwaltliche Berufs- und Gesellschaftsrecht sieht eine ausdrückliche Befähigung zur Prozessvollmacht sowohl für die Partnerschaftsgesellschaft (§ 7 Abs. 4 PartGG) als auch für die Rechtsanwaltsgesellschaft (§ 59l S. 1 BRAO) vor.[916] Da sich prozessrechtliche Fragen nach einem international-verfahrensrechtlichen Grundsatz nach der jeweiligen *lex fori* bemessen, muss die LLP ihre Prozessbevollmächtigung und Postulationsfähigkeit nach deutschem Recht erlangen.[917] Allerdings sind hierbei die Entscheidungen des EuGH zur Niederlassungsfreiheit (Centros, Überseering, Inspire Art) zu berücksichtigen, sodass die grundsätzlich auch in Deutschland agierenden ausländischen Gesellschaften nicht durch die Ablehnung ihrer Postulationsfähigkeit in ihrer Berufsausübung gehindert werden dürfen. Es widerspräche der Niederlassungsfreiheit, wenn der angelsächsischen LLP zwar die Niederlassung in Deutschland gewährt, die anwaltliche Berufsausübung hingegen aufgrund fehlender Postulationsfähigkeit verhindert würde.[918]

Welche Voraussetzungen im Einzelfall heranzuziehen sind, ist auch hier wieder umstritten. Wird die LLP nach richtiger Auffassung als Schwesterfigur zur Partnerschaftsgesellschaft anerkannt, richtet sich die Postulationsfähigkeit der LLP nach denselben Voraussetzungen wie die der Partnerschaftsgesellschaft (§ 7 Abs. 4 PartGG). Der Erwerb der Postulationsfähigkeit der Gesellschaft setzt damit lediglich das wirksame Entstehen derselben voraus[919], was wiederum von einer Eintragung im Partnerschaftsregister abhängt[920]. Zudem setzt die Postulationsfähigkeit sowohl der Partnerschaftsgesellschaft (vgl. § 7 Abs. 4 S. 2 PartGG) als auch der Rechtsanwaltsgesellschaft (vgl. § 59l S. 3 BRAO) voraus, dass die Gesellschaft jeweils durch einen selbst postulationsfähigen Rechtsanwalt handelt.[921] Wird nach dem Wesen der Gesellschaftsausgestaltung unterschieden, richtet

915 *Weller/Kienle*, DStR 2005, 1102 (1102).
916 Vgl. *Weller/Kienle*, DStR 2005, 1102 (1102).
917 *Weller/Kienle*, DStR 2005, 1102 (1102).
918 Vgl. auch *Weller/Kienle*, DStR 2005, 1102 (1103).
919 *Koch/Kilian*, Anwaltliches Berufsrecht, S. 244 f. Rn. 902.
920 *Kopp*, in: Henssler/Streck, Handbuch Sozietätsrecht, S. 343 Rn. 21.
921 *Henssler*, NJW 2009, 3136 (3136).

sich die Postulationsfähigkeit und Prozessbevollmächtigung entweder nach § 7 Abs. 4 PartGG oder nach § 59l BRAO.[922] Da die ausländische LLP hierzulande in der Regel nicht im Handels- oder Partnerschaftsregister eingetragen wird (siehe oben), besteht für die Anwälte der Gesellschaft die Möglichkeit, die Prozessvollmacht nicht auf die LLP-Gesellschaft in persona, sondern (auch!) auf den Namen einzelner oder aller LLP-Anwälte auszustellen. Voraussetzung hierfür ist lediglich, dass der handelnde Rechtsanwalt in Deutschland zugelassen ist. Der BGH hat dies ausdrücklich in einem Urteil vom 22.04.2009[923] als zulässig erklärt. In dem hiesigen Urteil ging es um die britische Rechtsanwalts-LLP „*DLL Piper UK LLP*", die weder im Partnerschaftsregister eingetragen, noch als Rechtsanwaltsgesellschaft gem. §§ 59c ff. BRAO zugelassen war. Die Folge ist eine Aufspaltung des Mandats – ähnlich wie im englischen Recht zwischen *Solicitor* und *Barrister*. Die LLP wird dann zwar mit dem Mandat beauftragt, prozessrechtlich tritt indessen der vor Gericht tätige Anwalt ins Mandantenverhältnis ein.[924]

Das Folgeproblem liegt auf der Hand: Nur die Postulationsfähigkeit erlaubt es, dass die Gesellschafter von den Haftungsprivilegien profitieren, die die jeweilige Rechtsform mit sich bringt.[925] Besitzt die Gesellschaft selbst keine Postulationsfähigkeit, müsste sie eine Substitution auf einen postulationsfähigen, typischerweise für sie als Gesellschafter tätigen, vornehmen, der aufgrund der Übernahme des Prozessmandats in die Gefahr der persönlichen Haftung geriete.[926] Aus diesem Grund muss eine Partnerschaftsgesellschaft mbB selbst postulationsfähig sein, um das Prozessmandat zu übernehmen, damit die Gesellschafter von den Haftungsprivilegien des § 8 Abs. 4 PartGG profitieren können. Diesem Grundsatz widerspricht der BGH in seinem Urteil dahingehend, dass die LLP selbst nicht postulationsfähig sein müsse, sondern lediglich ein in ihrem Namen handelnder zugelassener Rechtsanwalt. In dem zugrundeliegenden Urteil waren beide, sowohl die Gesellschaft als auch der handelnde Rechtsanwalt, als Prozessbevollmächtigte benannt. Dabei übersieht der BGH die nach den allgemeinen für Vertretungshandeln anerkannten Auslegungsgrundsätze, wonach im Zweifel im Namen der Gesellschaft gehandelt wird (sog. unternehmensbezogene Geschäfte).[927] Tritt ein Rechtsanwalt einer Partnerschaftsgesellschaft mbB

---

922 So *Weller/Kienle*, DStR 2005, 1102 (1103);

923 *BGH*, NJW 2009, 3162 (3162 ff.).

924 Vgl. *Weller/Kienle*, DStR 2005, 1102 (1104 f.).

925 *Koch/Kilian*, Anwaltliches Berufsrecht, S. 244 Rn. 900.

926 *Koch/Kilian*, Anwaltliches Berufsrecht, S. 244 Rn. 900; *Henssler*, NJW 2009, 3136 (3136).

927 *Henssler*, NJW 2009, 3136 (3137).

vor Gericht auf, tritt er damit stets im Namen der PartG mbB auf, denn diese wird grundsätzlich mit dem Mandat beauftragt. Diesen Grundsatz hat der BGH schlichtweg außer Acht gelassen. Er begründete sein Urteil mit dem Grundsatz, dass im Zweifel immer diejenige Auslegung zu wählen sei, die der Prozesshandlung auf jeden Fall zum Erfolg verhelfe.[928] Ergebnisorientiert – auch im Hinblick auf die Niederlassungsfreiheit – lässt sich dieses Urteil schön lesen. Dogmatisch widerspricht es aber den hierzulande geltenden Grundsätzen. Auch das trägt wieder nichts zur Rechtssicherheit herbei, zumal nicht sicher davon ausgegangen werden kann, dass die Rechtsprechung auch weiterhin so entscheidet.[929]

2. *LLP vs. PartG mbB*

Die Frage, in welches Register die LLP einzutragen ist, ist noch nicht abschließend geklärt, weil in Deutschland keine unmittelbar vergleichbare Gesellschaftsform existiert.[930] Zwar ist die LLP nach überzeugenderer Ansicht in das Partnerschaftsregister einzutragen; von der gängigen Praxis ist diese Auffassung leider noch nicht übernommen worden. Daran ändert auch die Tatsache nichts, dass die Nichtregistrierung unter Sanktion steht. Das Motto lautet also: „So lange es keine Regelung gibt und so lange keine Sanktionen verhängt werden, ist man mit der Nichtregistrierung auf der sichereren Seite". Die Bundesrechtsanwaltskammer arbeitet zwar an einer Lösung, bis dato liegt aber noch keine Regelung vor. Die Partnerschaftsgesellschaft mit beschränkter Berufshaftung ist als Rechtsformvariante zur herkömmlichen Partnerschaft wie gehabt registrierpflichtig (§§ 4, 5, 3 Abs. 2 PartGG). Als einzige besondere Voraussetzung sieht der neue Absatz 3 des § 4 PartGG vor, dass der Anmeldung einer Partnerschaft mit beschränkter Berufshaftung nach § 8 Absatz 4 eine Versicherungsbescheinigung gemäß § 113 Absatz 2 des Gesetzes über den Versicherungsvertrag beigefügt sein muss. Mit der Wahl der Partnerschaft mbB befindet man sich auch hier wieder auf der sicheren Seite.

Die LLP kann als Prozessbevollmächtigte mandatiert werden, wenn ihre deutsche Zweigniederlassung gem. § 5 Abs. 2 PartGG i.V.m. § 13d ff. HGB im Partnerschaftsregister eingetragen ist (§ 7 Abs. 4 PartGG). Sollte bereits die deutsche Partnerschaftsgesellschaft zur Postulationsfähigkeit im

928 *BGH*, NJW 2009, 3162 (3163).

929 Offenbar will der BGH diesen Grundsatz nur in Fällen anwenden, in denen „die Klärung der Postulationsfähigkeit einer Anwaltsgesellschaft ausländischen Rechts Schwierigkeiten bereitet"; *Henssler*, NJW 2009, 3136 (3137).

930 *Schnittker/Bank*, Die LLP in der Praxis, S. 22.

Partnerschaftsregister eingetragen sein müssen, kann für die partnerschaftsverwandte LLP nichts anderes gelten.[931] Allerdings scheint sich auch hier wieder die Praxis von der Theorie zu trennen. Die hierzulande tätigen LLPs lassen sich in der Regel nicht im Partnerschaftsregister registrieren. Aus diesem Grund lies es der BGH im Jahre 2009 genügen, dass zumindest der LLP-Anwalt als Rechtsanwalt in Deutschland zugelassen ist. Damit wurden die Mitglieder der in Deutschland tätigen LLP darin bestärkt, die Gesellschaft auch weiterhin nicht im Partnerschaftsregister eintragen zu lassen. Dennoch gilt dies laut BGH nur für solche Fälle, bei denen die Klärung der Postulationsfähigkeit einer Anwaltsgesellschaft ausländischen Rechts Schwierigkeiten bereitet.[932] Die in Deutschland tätigen LLPs sollten sich eher nicht auf dieses Urteil verlassen.[933] Es ist deshalb auch weiterhin von der Eintragung ins Partnerschaftsregister als Voraussetzung der Postulationsfähigkeit auszugehen. Nichts anderes gilt für die Partnerschaftsgesellschaft mbB. Für sie gilt weiterhin § 7 Abs. 4 PartGG mit dem Grundsatz, dass der Erwerb der Postulationsfähigkeit lediglich das wirksame Entstehen der Gesellschaft voraussetzt,[934] was wiederum die Eintragung ins Partnerschaftsregister mit sich bringt. Darüber hinaus müssen auch die im Prozess auftretenden Partner und Vertreter selbst als Rechtsanwalt zugelassen sein (§ 7 Abs. 4 S. 2 PartGG).

IV. Berufsrecht

1. Die LLP in Deutschland

a) Zulassungspflicht

Eine Rechtsanwaltsgesellschaft (GmbH/AG) muss ein bestimmtes berufsrechtliches Zulassungsverfahren gem. §§ 59c ff. BRAO durchlaufen, um als solche anerkannt zu werden. Freiberufliche Personengesellschaften unterliegen einer solchen Zulassungspflicht nicht, da für sie eine eigenständige Berufsrechtssubjektivität nicht vorgesehen ist. Berufsrechtlich angeknüpft wird bei ihnen nicht an die Gesellschaft, sondern an die in der Gesellschaft tätigen Berufsträger.[935] Bei der LLP ist die Frage nach der Zulassungspflicht, aufgrund ihrer hybriden Gesellschaftsstruktur, nicht einfach zu beantworten. Immerhin weist sie sowohl personen- als auch kapitalgesellschaftliche Strukturen auf. Wird der richtigen Ansicht

931 *Weller/Kienle*, DStR 2005, 1102 (1103).
932 *BGH*, NJW 2009, 3162 (3163).
933 So auch *Henssler*, NJW 2009, 3136 (3137).
934 *Koch/Kilian*, Anwaltliches Berufsrecht, S. 244 f. Rn. 902.
935 *Henssler/Mansel*, NJW 2007, 1393 (1398).

gefolgt, dass sie aufgrund der eindeutigen Nähe zur Partnerschaftsgesellschaft auch als solche zu behandeln ist, darf eine Zulassungspflicht für die LLP nicht angenommen werden. In diese Richtung argumentieren auch *Henssler* und *Mansel*, die eine Zulassungspflicht für die LLP ablehnen.[936] Es sei die seit langem geführte Diskussion über das anwaltliche Gesellschaftsrecht unklar in der Frage, welchen genauen Zweck die Zulassung einer Gesellschaft als Rechtsanwaltsgesellschaft überhaupt verfolge. Die Unterscheidung zwischen juristischer Person und rechtsfähiger Gesamthand spiele zwar eine dogmatisch wichtige Rolle im Gesellschaftsrecht; ihre Relevanz im Berufsrecht sei freilich weniger deutlich.[937] Auch der Ausschuss der Bundesrechtsanwaltskammer lehnt eine Zulassung der LLP als Rechtsanwaltsgesellschaft aufgrund ihrer verwandten Rechtsnatur mit der Partnerschaftsgesellschaft ab.[938] Zudem besitze sie keine eigene Berufsrechtssubjektivität; es wird wie bei der Partnerschaftsgesellschaft an die Gesellschafter als Mitglieder der Rechtsanwaltskammer angeknüpft.[939]

Wie oben bereits dargestellt[940], sind einige Stimmen in der Literatur der Ansicht, dass die LLP als Rechtsanwaltsgesellschaft zugelassen werden kann und auch als solche zulassungspflichtig ist, wenn sie überwiegend kapitalgesellschaftliche Wesensmerkmale aufweist.[941] Entscheidend ist dieser Ansicht nach wieder, wie die LLP gesellschaftsvertraglich geprägt ist. Allerdings ist die Rechtslage auch bezüglich der Zulassungspflicht offen, wodurch eine unangenehme Rechtsunsicherheit herrscht.

b) Versicherungspflicht

Die Rechtsunsicherheit kennt auch bei der Versicherungspflicht keine Grenzen. Ein immenser Beitrag hierzu leistet die hybride Gesellschaftsstruktur der LLP, denn einerseits ist sie als Schwesterfigur zur Partnerschaftsgesellschaft nicht zulassungspflichtig und andererseits ist die persönliche Haftung der Partner – wie bei den Rechtsanwaltsgesellschaften – grundsätzlich ausgeschlossen. Die Partnerschaftsgesellschaft per se ist nicht versicherungspflichtig, die

936 *Henssler/Mansel*, NJW 2007, 1393 (1398).

937 *Henssler/Mansel*, NJW 2007, 1393 (1398). Freilich gehen *Henssler* und *Mansel* von einer persönlichen Haftung des Mandatsbearbeiters nach dem *tort of negligence* aus. Entscheidend ist aber, dass sie auf die personalistische Struktur der LLP abstellen.

938 *BRAK*, BRAK-Mitt. 2005, 182 (183); *BRAK*, BRAK-Mitt. 2008, 17 (18).

939 *Schnittker/Bank*, Die LLP in der Praxis, S. 21.

940 Siehe oben: Vierter Teil, B., II., 1., a).

941 *Weller/Kienle*, DStR 2005, 1102 (1104); *Möller*, AnwZert HaGesR 11/2010, Anm. 2; *Sassenbach*, AnwBl 2007, 293 (295).

Rechtsanwaltsgesellschaft hingegen schon (§ 59j BRAO). Die hohe Mindestversicherungssumme in Höhe von 2,5 Mio. Euro nach § 59j Abs. 2 S. 1 BRAO soll einen Ausgleich dafür bieten, dass dem Mandaten kein persönlich haftender Partner zur Verfügung steht. Die Haftungsfreistellung wird sich sozusagen „erkauft“. Dasselbe Anliegen besteht hingegen auch bei der LLP, denn hier haftet ebenso kein Partner mit seinem Privatvermögen – mit Ausnahme deliktischer Handlungen. Es stellt sich also die Frage, ob die LLP versicherungsrechtlich wie eine Rechtsanwaltsgesellschaft behandelt werden muss. Auch hierzu gibt es kein eindeutiges Statement, weder gesetzlicher noch judikativer Natur.

Henssler, Mansel[942] und *Sassenbach*[943] sprechen sich für eine Versicherungspflicht der LLP-Gesellschaft aus. Aufgrund des Ausschlusses der persönlichen Haftung durch Vertrag sei sie im Hinblick auf die Versicherungspflicht wie Gesellschaften ohne akzessorische Haftung der Gesellschafter für Vertragsverletzungen zu behandeln. Als juristische Person mit beschränkter Haftung sei sie also wie eine Rechtsanwaltsgesellschaft zu behandeln.[944] Die LLP sei zwar nach englischem Recht in Höhe von 3 Mio. GBP versicherungspflichtig.[945] Diese Pflichtversicherung reiche gem. § 8 Abs. 2 S. 2 i.V.m. § 7 EuRAG für ein Tätigwerden in Deutschland aber nur aus, wenn sie einer Berufshaftpflichtversicherung nach der BRAO gleichwertig ist.[946] Das sei bei der englischen LLP gerade nicht der Fall. Im englischen Versicherungsrecht gelte nicht der Verstoßzeitpunkt als Anknüpfungspunkt des Versicherungsschutzes, sondern das claim-made-Prinzip, das bedeutet, dass sich der Versicherungsschutz nach dem Zeitpunkt der Geltendmachung von Schadensersatzansprüchen des Anspruchsstellers gegen den Versicherungsnehmer richtet.[947] Das sei ein bedeutender Unterschied zum deutschen Prinzip des Verstoßzeitpunkts, denn im englischen Recht müsse zum Zeitpunkt der Geltendmachung eines Schadensersatzanspruchs Versicherungsschutz bestehen, wohingegen in Deutschland auch Ansprüche nach Versicherungsbeendigung geltend gemacht werden können, solange die Versicherung

942 *Henssler/Mansel*, NJW 2007, 1393 (1399).

943 *Sassenbach*, AnwBl 2007, 293 (296).

944 *Henssler/Mansel*, NJW 2007, 1393 (1399).

945 Siehe Ziffer 3.5 der „*Professional indemnity insurance*“ von 2013, abrufbar unter www.lawsociety.org.uk/advice/practice-notes/professional-indemnity-insurance/ (zuletzt abgerufen am 06.05.2014). Zur Versicherungspflicht des *Solicitor* und *Barrister* siehe *van Bühren*, Die Berufshaftpflichtversicherung der Rechtsanwälte, S. 89 ff.

946 *Sassenbach*, AnwBl 2007, 293 (296).

947 *Grams*, AnwBl 2003, 299 (300 f.).

zum Zeitpunkt der Pflichtverletzung vorlag.[948] Aus diesem Grund sei die englische Berufshaftpflichtversicherung nicht „gleichwertig“ im Sinne der BRAO, wodurch sie für ein Tätigwerden in Deutschland nicht ausreiche. Die Rechtsanwalt-LLP bedürfe somit für die Berufsausübung in Deutschland einer eigenen Berufshaftpflichtversicherung. Diese habe sich gem. § 8 Abs. 2 S. 1 EuRAG an den Voraussetzungen des § 59j BRAO zu orientieren.[949]

Hiergegen wendet sich *Bettinger*[950] mit dem Argument, dass die §§ 59c ff. BRAO aufgrund fehlender Substituierbarkeit nicht auf die LLP anwendbar seien und damit auch nicht die Versicherungspflicht nach § 59j BRAO. Da in der partnerschaftsäquivalenten LLP die handelnden Rechtsanwälte persönlich aus *negligence* haften, entspreche es der Handelndenhaftung in der Partnerschaftsgesellschaft gem. § 8 Abs. 2 PartGG und damit seien auch dessen Versicherungsregeln anzuwenden mit der Folge, dass weder die Partnerschaft noch die LLP per se eine Versicherungspflicht treffe.[951] Außerdem sei aus § 8 Abs. 2 EuRAG keine Versicherungspflicht abzuleiten, denn die Versicherungspflicht bestünde nur bei Ausschluss der Handelndenhaftung, mithin durch Nutzung einer Kapitalgesellschaft.[952] § 8 EuRAG betreffe überdies nicht die in Deutschland niedergelassene LLP, sodass § 8 Abs. 2 EuRAG nicht herangezogen werden könne.[953]

Seltsamerweise kommen *Bettinger* und *Henssler/Mansel* zu einem unterschiedlichen Ergebnis, obwohl beide die Anwendung des *tort of negligence* mithilfe der Anpassung nach IPR-Recht bejahen. Wenn die Anwendung des *tort of negligence* auf in Deutschland tätige Anwälte einer LLP bejaht wird, führt dies zu einer ähnlichen Haftungsfolge wie § 8 Abs. 2 PartGG. LLP-Anwälte würden für fahrlässig verursachte Vermögensschäden aufgrund Berufsausübungsfehler persönlich haften. Dann wäre die Anwendung des § 59j BRAO überflüssig, ja sogar widersprüchlich. *Henssler* und *Mansel* argumentieren mit der körperschaftlichen Gesellschaftsstruktur und lassen die Handelndenhaftung der LLP-Partner nach dem *tort of negligence* außen vor; sie konzentrieren sich damit auf den Ausschluss der persönlichen Haftung für vertragliche Ansprüche. Konsequenter ist *Bettinger*, da sie ebenfalls die Anwendung der §§ 59c ff. BRAO ablehnt und eine Versicherungspflicht aufgrund der Vergleichbarkeit mit der Partnerschaftsgesellschaft ablehnt. Allerdings überzeugen beide Parteien nicht. Zwar ist

948 *Grams*, AnwBl 2003, 299 (301).
949 *Sassenbach*, AnwBl 2007, 293 (296).
950 *Bettinger*, Englische LLP und Anwaltshaftung in Deutschland, S. 275–279.
951 *Bettinger*, Englische LLP und Anwaltshaftung in Deutschland, S. 275.
952 *Bettinger*, Englische LLP und Anwaltshaftung in Deutschland, S. 275.
953 *Bettinger*, Englische LLP und Anwaltshaftung in Deutschland, S. 223.

zuzustimmen, dass die LLP nicht unter die Vorschriften der §§ 59c ff. BRAO fällt. Auch wenn die Grundsätze des *tort of negligence* nach richtiger Auffassung nicht in Deutschland anwendbar sind, so ist die LLP doch sehr der Partnerschaftsgesellschaft angenähert. Beide Gesellschaften sehen eine persönliche Inanspruchnahme wegen Berufsausübungsfehlern vor. Dass englisches Deliktsrecht nicht in Deutschland anwendbar ist, ändert an dieser Tatsache nichts. Immerhin vertreten beide Parteien die Ansicht, die §§ 59c ff. BRAO seien nicht auf die LLP anwendbar. Warum plötzlich § 59j BRAO doch anwendbar sein soll, leuchtet nicht ein. Die Struktur der LLP als juristische Person überzeugt alleine noch nicht. Zudem ist § 8 EuRAG offensichtlich nur auf europäische Anwälte anwendbar und nicht auf deutsche Anwälte, die sich in einer ausländischen Rechtsform zusammengeschlossen haben.

Die Einführung der Partnerschaft mit beschränkter Berufshaftung erleichtert diese Diskussion auf den ersten Blick nicht. Zwar gilt für die PartG mbB eine Versicherungspflicht nach § 8 Abs. 4 S. 1 PartGG i.V.m. § 51a BRAO. Die Versicherungspflicht dient allerdings der Kompensation für die fehlenden Kapitalerhaltungsvorschriften und dem Wegfall der persönlichen Haftung für Berufsausübungsfehler. Verglichen mit der LLP gilt damit ein umgekehrtes Haftungsprinzip, da die Partner der PartG mbB für vertragliche Verbindlichkeiten weiterhin persönlich haften, für Schäden wegen fehlerhafter Berufsausübung dagegen nicht. Bei der LLP ist es gerade umgekehrt. Für die weitaus höheren Schäden wegen Berufsausübungsfehlern bleiben die Partner weiterhin persönlich verantwortlich. Doch gilt dies nur für die LLP-Partner in Großbritannien und nicht für die in Deutschland tätige LLP. Englisches Deliktsrecht – und damit der Grundsatz des *tort of negligence* – ist in Deutschland nicht anwendbar (Art. 4 Abs. 2 i.V.m. Art. 23 Abs. 1 Rom-II-VO). Die LLP mit Berufsausübung in Großbritannien ist damit der Partnerschaftsgesellschaft aufgrund § 8 Abs. 2 PartGG angenähert. Die in Deutschland tätige LLP hingegen der Partnerschaft mbB, da die Partner beider Gesellschaftsformen nicht für Berufsausübungsfehler persönlich haften.[954] Und darauf kommt es bei dem Sinn und Zweck der Berufshaftpflichtversicherung an. Die fehlende Kapitalerhaltungsvorschrift wird mit einer Versicherungspflicht kompensiert. Überdies fällt das Gesellschaftsvermögen von freiberuflichen Gesellschaften in der Regel gering aus. Daraus muss eine Versicherungspflicht für die in Deutschland tätige LLP gefolgert werden. Aus welcher Rechtsgrundlage sich die Versicherungspflicht ableiten soll, ist fraglich. Es bliebe eine analoge Anwendung des § 59j BRAO oder des § 8 Abs. 4 PartGG i.V.m.

954 Siehe oben: Vierter Teil, B., II., 3.

§ 51a BRAO, wobei letztere überzeugender ist. Die hier herrschende Rechtsunsicherheit ist mittlerweile kaum noch erwähnungsbedürftig. Allerdings betont *Seibert*, dass eine Mindestversicherungsregelung für in Deutschland tätige LLPs beizeiten nachgeholt wird.[955] Ob hierfür mit der Einführung der PartG mbB überhaupt noch Bedarf besteht, ist zweifelhaft.

2. LLP vs. PartG mbB

Die LLP ist nach überzeugender Ansicht – ebenso wenig wie die Partnerschaftsgesellschaft – zulassungspflichtig. Dasselbe gilt für die Partnerschaftsgesellschaft mbB, da sie eine Rechtsformvariante der Partnerschaftsgesellschaft darstellt. Die Haftungsbeschränkung auf das Gesellschaftsvermögen begründet keine Zulassungspflicht gem. § 59c ff. BRAO. Der Vorteil der PartG mbB gegenüber der LLP liegt wiederum darin, dass die Zulassungspflicht der LLP nicht abschließend geklärt ist und damit keine Rechtssicherheit herrscht.

Nach richtiger Auffassung besteht sowohl für die LLP per se als auch für die in der LLP tätigen Rechtsanwälte eine Pflicht zum Abschluss einer Berufshaftpflichtversicherung. Die Vorschriften hierzu sind aus dem Recht über die Partnerschaftsgesellschaft zu entnehmen, da die LLP am ehesten mit der Partnerschaftsgesellschaft vergleichbar ist. Die in Deutschland agierende LLP ist mit der Partnerschaftsgesellschaft mbB vergleichbar[956], sodass auch die Gesellschaft einer Versicherungspflicht gemäß den Anforderungen des § 51a BRAO in Höhe von mindestens 2,5 Mio. Euro pflichtig ist.

V. Besteuerung

1. Die LLP in Deutschland

Obwohl die LLP in Großbritannien als Körperschaft (*body corporate*) qualifiziert wird, wird sie steuerrechtlich wie eine *partnership* behandelt.[957] Ein Partner einer LLP ist nur dann unbeschränkt in Großbritannien steuerpflichtig, wenn er dort ansässig ist. Liegt keine Ansässigkeit in Großbritannien vor, unterliegt das Einkommen nur insoweit der britischen Besteuerung, als es aus britischen Quellen stammt.[958] Damit unterliegt das Einkommen eines in Deutschland

---

955 *Seibert*, DB 2013, 1710 (1714).

956 Siehe oben: Vierter Teil, B., II., 3.

957 *Schnittker/Bank*, Die LLP in der Praxis, S. 101; *Triebel/Otte/Kimpel*, BB 2005, 1233 (1239).

958 *Schnittker/Bank*, Die LLP in der Praxis, S. 102.

tätigen LLP-Anwalts nicht dem britischen Steuerrecht, wenn er ausschließlich in Deutschland tätig ist. Auch in Deutschland wird die LLP steuerrechtlich wie eine Personengesellschaft behandelt, wenn sie gesellschaftsvertraglich als solche ausgestaltet ist. Das gilt zumindest seit dem durch das Bundesfinanzministerium (BMF) erlassenen Verwaltungsschreiben zur „Steuerliche(n) Einordnung der nach dem Recht der Bundesstaaten der USA gegründeten Limited Liability Company“ vom 19.03.2004.[959] Denn hierdurch wurden konkrete Merkmale für einen Typenvergleich bereitgestellt, sodass auch die LLP, nach Durchführung eines an das vom BMF erlassenen Schreibens, als Personengesellschaft im Sinne des Steuerrechts angesehen werden konnte.[960] Allerdings ist auch weiterhin zu prüfen, ob die gesellschaftsvertragliche Regelung der LLP, für die Zwecke der deutschen Besteuerung, eine hiervon abweichende Einordnung veranlassen könnte.[961] Denn maßgeblich für die Besteuerung ist stets die Gesamtbetrachtung der Gesellschaft, das heißt, ob die LLP eher einer Personen- oder einer Kapitalgesellschaft ähnelt. Danach richtet sich die Besteuerung hierzulande. Freiberufliche LLPs sind aufgrund ihrer persönlichen Gesellschafterbeziehung untereinander ihrer Natur nach als Personengesellschaft geeignet, da sie nur auf diesem Weg vollumfänglich freie Hand bei der Ausgestaltung der Organisations- und Verwaltungsstruktur haben. Nur so können die Gesellschafter auch die Vorteile einer personengesellschaftsrechtlichen Besteuerung nutzen. Die in Deutschland tätige LLP wird daher regelmäßig wie eine Rechtsanwalts-GbR und Partnerschaftsgesellschaft besteuert.

2. LLP vs. PartG mbB

Sowohl die in Deutschland auftretende LLP als auch die Partnerschaftsgesellschaft mbB werden nach den Regeln für Personengesellschaften besteuert. Bei der PartG mbB ergibt sich das bereits aus ihrer Rechtsnatur. Die LLP hingegen bedarf einer genaueren Betrachtung, da die steuerrechtliche Behandlung von der näheren Ausgestaltung der Gesellschaftsstruktur abhängt. Sie kann unter Umständen ebenso als Kapitalgesellschaft besteuert werden, wobei dies aufgrund der Vorteile einer Personengesellschaft für Freiberufler unwahrscheinlich ist.

---

959 BMF v. 19.03.2004 – IV B 4 – S 1301 USA - 22/04 = BStBl. I 2004, 411 ff.

960 Vgl. SenFin Berlin Erlass v. 19.01.2007 III A – S 1301 GB – 2/2006 = DStR 2007, 1034.

961 Vgl. SenFin Berlin Erlass v. 19.01.2007 III A – S 1301 GB – 2/2006 = DStR 2007, 1034 a.E. Ausführlich zum Typenvergleich siehe *Schnittker/Bank*, Die LLP in der Praxis, S. 108 ff.

VI. Zusammenfassende Analyse

Obwohl die LLP eine juristische Person (*body corporate*) ist, wird sie in Deutschland als Personengesellschaft ähnlich wie die Partnerschaftsgesellschaft behandelt. Grund hierfür ist die Freiheit der LLP-Gesellschafter in der gesellschaftsvertraglichen Ausgestaltung des Innenverhältnisses. Die Gesellschafter einer LLP können das Innenverhältnis vertraglich wie eine Personengesellschaft modellieren. Deshalb ist bei der Behandlung der LLP in berufs- und handelsrechtlichen Fragen das Recht der Partnerschaftsgesellschaften heranzuziehen. Da die Partnerschaftsgesellschaft mbB ein „update" zur herkömmlichen Partnerschaftsgesellschaft darstellt, wird die LLP damit wie die PartG mbB behandelt. Das spiegelt sich beispielsweise bei der Registerpflicht, Postulationsfähigkeit, Zulassungspflicht, Versicherungspflicht und Besteuerung wider. Die in Deutschland tätige LLP muss sich nämlich hierzulande in das Partnerschaftsregister eintragen lassen; sie erlangt ihre Postulationsfähigkeit mit wirksamer Entstehung der Gesellschaft, was wiederum ihre Eintragung ins Partnerschaftsregister voraussetzt; als zu behandelnde Personengesellschaft unterliegt sie keiner Zulassungspflicht gem. §§ 59c ff. BRAO; dennoch ist sie als Gesellschaft selbst entsprechend § 51a Abs. 2 BRAO in Höhe von 2,5 Mio. Euro versicherungspflichtig; sie wird steuerrechtlich wie eine Personengesellschaft behandelt.

Nichtsdestoweniger muss bei der Frage der Haftung dahingehend unterschieden werden, ob die LLP in Großbritannien oder Deutschland berufstätig ist. In Großbritannien gilt der Grundsatz des *tort of negligence*, was bedeutet, dass Gesellschafter persönlich für Berufsausübungsfehler aus Delikt haften. Die persönliche Haftung steht damit § 8 Abs. 2 PartGG gleich. Ein Vergleich der Partnerschaft mbB mit der in Großbritannien tätigen LLP fällt zu Gunsten der deutschen Partnerschaft mbB aus, da die Partner hier nicht für – oft insolvenzauslösende – Berufsausübungsschäden haften, wohingegen die LLP-Gesellschafter persönlich für solche Pflichtverletzungen einzustehen haben (*tort of negligence*). Da in Deutschland nicht englisches, sondern deutsches Deliktsrecht gilt, haften die Partner nicht aus „*professional negligence*", sondern nur nach § 823 Abs. 2 BGB i.V.m. einem Schutzgesetz und/oder § 826 BGB. Die Voraussetzungen sind weitaus höher als die der englischen Deliktshaftung wegen Inanspruchnahme persönlichen Vertrauens. Zudem verbleibt eine vertragliche Haftung wegen Inanspruchnahme persönlichen Vertrauens gem. §§ 280 Abs. 1, 311 Abs. 3 S. 2 BGB. Die Voraussetzungen sind aber auch hier strenger als die des englischen Deliktsrechts. Daher tritt für die in Deutschland berufstätige LLP eine ähnliche Haftungssituation auf, wie es die neue Partnerschaft mbB mit § 8 Abs. 4 PartGG vorsieht. Die persönliche Haftung der Partner für Berufsausübungsfehler ist ausgeschlossen. Es verbleibt lediglich eine Haftung aus deutschem Delikts- und Vertragsrecht. Allerdings sind die Anforderungen an die persönliche Inanspruchnahme von LLP-Gesellschaftern hierzulande sehr hoch gesteckt. Für die LLP gelten die strengeren Voraussetzungen der §§ 823 Abs. 2, 826, 280 Abs. 1, 311 Abs. 3 S. 2 BGB. Die besonderen inländischen Haftungstatbestände aus Gesellschaftsrecht können hierzulande nicht auf die LLP angewendet werden, da für sie englisches Gesellschaftsrecht gilt. Die im dritten Teil unter „D." dargestellten Haftungsgrundsätze gelten daher nicht für die Partner der LLP. Allerdings besteht für die Partner der LLP eine Insolvenzantragspflicht, wodurch sie sich durch Nichtbeachtung gem. § 823 Abs. 2 BGB i.V.m. § 15a InsO persönlich haftbar machen. Die Partner der PartG mbB sind von dieser Pflicht befreit. Ferner sind die Anforderungen an eine persönliche Inanspruchnahme der PartG mbB-Gesellschafter ebenfalls sehr hoch anzusetzen. Nach der hier vertretenen Ansicht können Partner einer haftungsbeschränkten Partnerschaftsgesellschaft nur bei Vorsatz persönlich in Anspruch genommen werden.[962]

Im Ergebnis sprechen bessere Gründe für die Bevorzugung der Partnerschaft mbB in Deutschland. Trotz der Anerkennung der LLP als Rechtsanwaltskanzlei in Deutschland ist sie immer noch mit einigen Rechtsunsicherheiten behaftet, sodass ihre Vorteile noch nicht gewohnheits- oder richterrechtlich anerkannt sind.[963] Es ist daher noch unklar, ob die LLP überhaupt Vorteile bietet.[964] Darüber hinaus richtet sich die Anerkennung im Detail nach der gesellschaftsrechtlichen Ausgestaltung, sodass zur rechtlichen Einordnung immer eine genauere Prüfung vonnöten ist. Bereits aus diesen Gründen stellt die Rechtsform der Partnerschaft mbB an sich eine echte und attraktive Gesellschaftsform für Freie Berufe dar. Sie steht der LLP – mit Ausnahme der Haftung für sonstige Verbindlichkeiten, die nicht aus Berufsfehlern stammen – in nichts nach. Das Gegenteil ist der Fall, denn aufgrund der genannten Rechtsunsicherheiten ist die PartG mbB die attraktivere Rechtsform für Freiberufler in Deutschland.[965] Ungeachtet dessen ist die Partnerschaft mbB auch losgelöst von Rechtsunsicherheiten die attraktivere Rechtsform, da die Versicherungslösung – trotz persönlicher Haftung für sonstige Verbindlichkeiten, die nicht aus der Berufsausübung stammen – eine für die Freien Berufe optimal zugeschnittene Antwort ist. Für fahrlässig verursachte Berufsausübungsschäden haften die Partner zukünftig nicht mehr persönlich. Aufgrund des Eintritts einer liquiden Versicherungsgesellschaft sind

962 Vgl. oben: Dritter Teil, D., III. und IV.
963 Ebenso *Linardatos*, VersR 2013, 1488 (1497).
964 Ebenso *Grunewald*, ZIP 2012, 1115 (1116).
965 Ebenso *Grunewald*, GWR 2013, 393 (394); wohl auch *Salger*, DB 2012, 1794 (1796).

beide Parteien bestmöglich zufrieden gestellt. Die LLP erreicht kein anderes Ergebnis. Einzig und alleine die Höhe der Versicherungsleistungen kann der Partnerschaft mbB ihre Attraktivität absprechen. Das hängt wiederum von den individuellen Vorstellungen der einzelnen Kanzleien ab.

Es lässt sich mit Recht sagen, dass das Ziel des Gesetzgebers, „eine echte Alternative zur britischen LLP zu schaffen", mit der PartG mbB gelungen ist. Es liegt allerdings weitestgehend in der Hand des deutschen Gesetzgebers, ob dies auch noch in Zukunft gilt. *Henssler* macht in einem neueren Aufsatz – auch wenn er zum gegenteiligen Ergebnis gelangt – auf das Problem aufmerksam.[966] Aufgrund fehlender Regelungen können sich in Deutschland niedergelassene LLPs ihre Vorteile selbst herausnehmen. Obwohl eine Versicherungspflicht besteht und eine Registereintragung verlangt wird, setzen sich die LLPs über deutsche Regelungen hinweg. Und warum? Weil der deutsche Gesetzgeber nicht tätig wird! Das mag an der Angst vor dem Europäischen Gerichtshof liegen oder schlicht an mangelndem Interesse; fest steht, dass der deutsche Gesetzgeber selbst die Attraktivität der PartG mbB in der Hand hat. Aus diesem Grund ist dem Fazit von *Henssler* – ein der LLP überlegenes Modell bietet die neue Variante der Partnerschaft nicht[967] – nur bedingt zuzustimmen. Denn eins steht fest: Rechtsunsicherheit ist unattraktiv! Daher besteht dringender Handlungsbedarf in berufsrechtlicher Hinsicht. Ein weiterer wesentlicher Nachteil der LLP, der in der hiesigen Bearbeitung nicht angesprochen wurde, ist die Bilanzierungs- und Publizitätspflicht der LLP, die für die PartG mbB nicht gilt. Damit geht wieder das Problem der Rechtsunsicherheit einher, wenn die LLP der Bilanzierungs- und Publizitätspflicht in England nicht nachkommt.[968] Denn ein Verstoß hat die Löschung der LLP aus dem Register und ihre Auflösung zur Folge.[969]

Ob die Partnerschaftsgesellschaft mbB von der deutschen Freiberuflerpraxis angenommen wird, steht auf einem anderen Blatt. Vielmehr zeigen aktuelle Statistiken, dass bereits einige Anmeldungen zu verzeichnen sind.[970] Allerdings ist zu bezweifeln, dass bestehende LLPs die neue Rechtsform annehmen, zumal alle weltweit operierenden LLPs in England oder den USA beheimatet sind, die schon von ihrer Tradition her zu dieser Rechtsform neigen. Die rein deutschen LLPs lassen sich an einer Hand abzählen. In Deutschland ist die Partnerschaft

966 *Henssler*, NJW 2014, 1761 (1761 ff.).
967 *Henssler*, NJW 2014, 1761 (1765).
968 *Linardatos*, VersR 2013, 1488 (1496 f.).
969 *Linardatos*, VersR 2013, 1488 (1496).
970 Bis Ende April 2014 waren es bereits über 900 Anmeldungen, vgl. *Henssler*, NJW 2014, 1761 (1761).

mbB also eine konkurrenzfähige Gesellschaftsform. Um eine wirkliche Alternative zur britischen LLP zu bieten, müssen jedoch weitere Schritte gegangen werden. Diese Schritte werden im Folgenden dargestellt.

C. Liberalisierung durch Deregulierung der Freien Berufe

Nun wurde die Partnerschaftsgesellschaft mit beschränkter Berufshaftung eingehend untersucht und der britischen *limited liability partnership* rechtsvergleichend gegenübergestellt. Das Ergebnis spricht für die Partnerschaft mbB. Gleichwohl soll sich auf diesem Ergebnis nicht ausgeruht werden. Im Folgenden wird daher untersucht, ob auch andere – vielleicht sogar innovativere – Alternativen und Lösungsansätze für das Gesellschaftsrecht der Freien Berufe vorhanden sind. Schließlich schreitet der Wandel der Zeit außerordentlich schnell voran. Es wäre fatal, würde sich die deutsche Jurisprudenz auf der Partnerschaft mbB ausruhen. Eine zu untersuchende Alternative ist die Kommerzialisierung der Freien Berufe, was bedeutet, dass sie zukünftig keiner Sonderbehandlung unterliegen und zu allen Gesellschaftsformen Zugang erhalten. Die Folge wäre eine strikte Trennung zwischen Gesellschaftsrecht und Berufsrecht. Das wäre dann zu bejahen, wenn es nicht mehr zeitgemäß ist, den Freien Berufe besondere Privilegien zuzusprechen.[971] Immerhin deuten überzeugende Merkmale darauf hin, dass der Freie Beruf nicht mehr eindeutig von der Gewerbsmäßigkeit abgrenzbar ist. Die Bezeichnung als „Freiberufler" ist zwar auch heute noch gerechtfertigt,[972] steht einer Gewerbsmäßigkeit unter Umständen aber nicht entgegen. Verständlich wird dieser Paradigmenwechsel dann, wenn die Berufsausübung der Freien Berufe genauer betrachtet wird. So kann zu Recht bezweifelt werden, dass der Rechtsanwalt in einer Großkanzlei nicht gewerblich – das heißt auf Gewinn ausgerichtet – tätig ist. Dasselbe gilt für den Steuerberater und Wirtschaftsprüfer, aber auch für den Arzt, der für ein wirtschaftlich agierendes Krankenhaus tätig ist. Schließlich hat sich im Recht der Freien Berufe in den letzten zwanzig Jahren einiges verändert. Vor 1989 war es nicht einmal denkbar, dass Sozietäten überörtlich zusammen arbeiten.[973] In diesem Sinne wird der Begriff des Freien Berufes[974] herangezogen und ein Blick zu unserem Nachbarn nach

---

971 Im Ergebnis auch *Kämmerer*, NJW-Beil. 2010, 105 (109).

972 Vgl. Erster Teil, B., V., 2., a), ee).

973 BGHZ 108, 290 = *BGH*, NJW 1989, 2890 (2890 f.). Für die heutige Zeit ist es selbstverständlich, dass Kanzleien deutschlandweit und international vertreten sind. 1989 musste diese Selbstverständlichkeit erst durch den BGH entschieden werden.

974 Hierzu bereits oben: Erster Teil, B.

Österreich geworfen, da die Öffnung aller Gesellschaftsformen für die Freien Berufe dort bereits 2007 stattgefunden hat.

I. Der BGH zur Rechtsanwalts-GmbH § Co. KG

Angehörige Freier Berufe können sich nicht in jeder beliebigen Rechtsform zur beruflichen Zusammenarbeit organisieren. Erst kürzlich (2011) hat der Bundesgerichtshof[975] entschieden, dass es mit dem Grundgesetz vereinbar sei, eine Rechtsanwaltsgesellschaft in der Rechtsform der GmbH & Co. KG für unzulässig zu erklären. Eine im Handelsregister eingetragene Kommanditgesellschaft begehrte die Zulassung als Rechtsanwaltsgesellschaft GmbH & Co. KG im Rahmen der §§ 59c ff. BRAO. Gemäß § 161 Abs. 1 HGB ist eine Gesellschaft, deren Zweck auf den Betrieb eines Handelsgewerbes (...) gerichtet ist, eine Kommanditgesellschaft (...). Genau aus diesem Grund sprach der BGH der Rechtsanwalts GmbH & Co. KG ihre Gültigkeit ab. Eine Rechtsanwaltsgesellschaft beabsichtige nicht den Betrieb eines Handelsgewerbes, sondern wolle zwecks Besorgung fremder Rechtsangelegenheiten durch die Übernahme von Anwaltsaufträgen zur Beratung und Vertretung in rechtlichen Angelegenheiten zugelassen werden. Dies widerspreche aber § 2 BRAO, denn der Rechtsanwalt übe einen freien Beruf aus (§ 2 Abs. 1 BRAO) und betreibe kein Gewerbe (§ 2 Abs. 2 BRAO).[976] Des Weiteren entspreche diese Aussage auch den §§ 6 Abs. 1 GewO, 1 Abs. 2 PartGG, denn die Gewerbeordnung finde keine Anwendung auf die Tätigkeit der Rechtsanwälte und § 1 Abs. 2 PartGG bestimme in Abgrenzung des Freien Berufs zum Handelsgewerbe (§ 1 Abs. 1 S. 1, 2 PartGG), dass zur Ausübung eines Freien Berufs die selbstständige Tätigkeit der Mitglieder der Rechtsanwaltskammer gehöre. Der Gründung einer Rechtsanwalts-KG fehle es damit bereits an einer gültigen Rechtsgrundlage.[977]

Das „Gebot der funktionalen Interpretation von Normen“ führe zu keinem abweichenden Ergebnis. Anwaltliche Tätigkeit könne nicht als gewerbliche Arbeit im Sinne des HGB angesehen und gleichzeitig im Sinne der BRAO abgelehnt werden. Eine solche Annahme widerspreche dem in mehreren Gesetzen einheitlichen Sprachgebrauch und dem Willen des Gesetzgebers, der ausdrücklich im Zusammenhang mit der Neuregelung des Kaufmanns- und Firmenrechts im HGB zum Vorschein kam.[978] Schließlich unterstütze auch

975 *BGH*, NZG 2011, 1063 (1063 ff.).
976 *BGH*, NZG 2011, 1063 (1063).
977 *BGH*, NZG 2011, 1063 (1063).
978 *BGH*, NZG 2011, 1063 (1063).

die einhellige Auffassung in der Literatur die Ansicht des BGH, dass der Beruf des Rechtsanwalts kein Handelsgewerbe darstellt.[979] Ob der Zweck der Gesellschaft überwiegend die schwerpunktmäßige Ausübung solcher gewerblicher Tätigkeiten ist, die von Rechtsanwälten üblicherweise ausgeübt werden (z.B.: Treuhandtätigkeiten, Testamentsvollstreckungen, Insolvenzverwaltungen etc.), sei hinzuzufügen, dass es nicht darauf ankomme, was der Gesellschaftsvertrag vorsieht, sondern entscheidend für die Einstufung als Handelsgewerbe sei, welche konkreten Tätigkeiten von der Gesellschaft ausgeübt werden und damit ihr Erscheinungsbild prägen.[980] Der Verweis auf §§ 161 Abs. 2, 105 Abs. 2 HGB, wonach eine Gesellschaft auch dann eine KG ist, wenn sie nur eigenes Vermögen verwaltet und im Handelsregister eingetragen wurde, könne nicht auf Gesellschaften übertragen werden, in denen sich Rechtsanwälte als Angehörige Freier Berufe zusammengeschlossen haben.[981]

Diese Ansicht verstoße des Weiteren auch nicht gegen die Berufsfreiheit gem. Art. 12 Abs. 1 GG. Es fehle bereits an einem Eingriff in die Freiheit der Berufsausübung der Gesellschafter, denn „ein verfassungsverbürgtes Recht, einen Beruf in jedweder Rechtsform betreiben zu können, auch soweit diese vom Gesetzgeber dafür nicht vorgesehen ist, mit der Folge, dass die die Rechtsform beschreibenden gesetzlichen Regelungen einen Eingriff in die Berufsausübungsfreiheit darstellen, gibt es nicht".[982] Zwar sei es richtig, dass aus Art. 12 Abs. 1 GG in der Vergangenheit abgeleitet wurde, dass eine GmbH oder AG als Rechtsanwaltsgesellschaft zugelassen werden kann. Der Grund hierfür sei aber die fehlende Zweckgebundenheit jener Gesellschaftsformen. So könne eine GmbH gem. § 1 GmbHG „zu jedem gesetzlich zulässigen Zweck" und damit auch zu nicht-gewerblichen Zwecken gegründet werden.[983]

Zuletzt führte der BGH in seiner Entscheidung aus, dass ein Verweis auf die Wirtschaftsprüfer und Steuerberater, die ihrerseits die Rechtsform der GmbH & Co. KG wählen dürften, ohne Erfolg bleibt.[984] Die §§ 27 Abs. 1, 28 Abs. 1 S. 2 WPO und §§ 49 Abs. 1, 50 Abs. 1 S. 3 StBerG sehen ausdrücklich die Möglichkeit einer Wirtschaftsprüfungs- und/oder Steuerberatungsgesellschaft GmbH & Co. KG vor. Zwar lenkt der BGH Ähnlichkeiten der Berufe der Rechtsanwälte, Wirtschaftsprüfer und Steuerberater Ähnlichkeiten ein; dennoch seien die Berufe

---

979 *BGH*, NZG 2011, 1063 (1063) mit weiteren Literaturhinweisen.
980 *BGH*, NZG 2011, 1063 (1064).
981 *BGH*, NZG 2011, 1063 (1064).
982 *BGH*, NZG 2011, 1063 (1065).
983 *BGH*, NZG 2011, 1063 (1065).
984 *BGH*, NZG 2011, 1063 (1065 f.).

unterschiedlich, was wiederum zu einer unterschiedlichen Behandlung führe. Das werde dadurch unterstrichen, dass sich Wirtschaftsprüfer und Steuerberater schon seit jeher als Handelsgesellschaft firmieren können.[985] Schließlich sei auch für Wirtschaftsprüfer und Steuerberater der Zusammenschluss in der Rechtsform der OHG/KG nur dann möglich, wenn sie wegen ihrer Treuhandtätigkeit als Handelsgesellschaft in das Handelsregister eingetragen worden sind (§§ 27 Abs. 2 WPO, 49 Abs. 2 StBerG). Die Eintragung ins Handelsregister könne folglich alleine durch die Treuhandtätigkeit begründet werden. Schließlich entspreche die treuhänderische Verwaltung – anders als bei Rechtsanwälten – der deutschen Rechtstradition und Rechtspraxis sowie dem dadurch geprägten Berufsbild des Steuerberaters und Wirtschaftsprüfers. Ein Verstoß gegen Art. 3 Abs. 1 GG komme deshalb nicht in Betracht.[986]

Zusammenfassend sieht der BGH keine Möglichkeit für Rechtsanwälte, sich in der Rechtsform der GmbH & Co. KG zu organisieren, da dies bereits dem Wesen des Berufsbildes des Rechtsanwalts zuwider läuft. Als Freiberufler betreibt er bereits begrifflich kein Gewerbe und fällt deshalb nicht unter die Vorschriften des Handelsgesetzbuchs – so der BGH. Obgleich die Gesellschaft – auch für Rechtsanwälte übliche – gewerbliche Tätigkeiten (wie beispielsweise Treuhandtätigkeiten, Testamentsvollstreckungen, Insolvenzverwaltungen) ausübe, komme es auf das Gesamtbild der Gesellschaft und damit auf die Haupttätigkeitsfelder der Gesellschaft an. Rechtsanwaltsgesellschaften üben ihrer Natur nach freiberufliche und nicht-gewerbliche Tätigkeiten i.S.d. § 2 Abs. 1, 2 BRAO aus. Ein Rechtsanwalt führe also kein Handelsgewerbe.

II. Das BVerfG zur GmbH & Co. KG für Freie Berufe

Am 06.12.2011 bekam auch das Bundesverfassungsgericht[987] die Möglichkeit, zur Entscheidung des BGH zur Unzulässigkeit der Rechtsanwaltsgesellschaft GmbH & Co. KG Stellung zu nehmen. Die Verfassungsbeschwerde der Kommanditgesellschaft richtete sich gegen die Ablehnung der Zulassung einer Rechtsanwaltsgesellschaft in der Rechtsform einer GmbH & Co. KG zur Rechtsanwaltschaft.[988] In ihrer Entscheidung bestätigte das BVerfG die Auffassung des

---

985 *BGH*, NZG 2011, 1063 (1065). Tatsächlich können sich Wirtschaftsprüfer bereits – zumindest einheitlich – seit 1961 und Steuerberater einheitlich seit 1975 als Wirtschafts- bzw. Steuerberatungsgesellschaft in Form eines Handelsgewerbes zusammenschließen.

986 *BGH*, NZG 2011, 1063 (1065 f.).

987 *BVerfG*, NZG 2012, 343 (343 ff.).

988 *BVerfG*, NZG 2012, 343 (343).

BGH zur Vereinbarkeit des Verbots mit Art. 3 Abs. 1, 12 Abs. 1 GG. Jedenfalls konnte die Beschwerdeführerin nicht hinreichend deutlich machen, inwieweit er durch die Maßnahme der Zulassungsverweigerung in seinem Grundrecht verletzt sein könnte.[989] Es war bereits unklar, gegen welche Maßnahme der öffentlichen Gewalt sich die Beschwerde richtete. Zudem fehlte es laut BVerfG an einer Auseinandersetzung mit den angegriffenen Entscheidungen im Hinblick auf die Anforderungen, die das Berufsrecht generell an Rechtsanwaltsgesellschaften stellt. So fehlten beispielsweise Angaben zu den Gesellschafter- und Gesellschaftsstrukturen fast vollständig, obwohl die hierfür geltenden berufsrechtlichen Anforderungen tragender Bestandteil des angegriffenen Bescheids der Rechtsanwaltskammer waren.[990] Für eine Beanstandung der Beschränkungen der Rechtsformwahlfreiheit, die verfassungsrechtlich nicht ohne weiteres zu kritisieren sind, bedarf es einer ausführlichen Begründung. Diese fehlte aber laut Bundesverfassungsgericht, sodass es ein Grundrechtsverstoß nicht angenommen werden konnte.[991] Ohnehin bedürfe es für die Zulassung einer Rechtsanwaltsgesellschaft der Einhaltung der Voraussetzungen der §§ 59c ff. BRAO. Da die Beschwerdeführerin keinen näheren Aufschluss für die angestrebte gesellschaftsrechtliche Konstruktion gebe, sei nicht nachvollziehbar, ob die angestrebte Rechtsform den §§ 59c ff. BRAO genüge. Im Gegenteil deuteten sogar Anhaltspunkte dafür, dass dies nicht der Fall sei.[992]

Auch eine verfassungswidrige Ungleichbehandlung gegenüber der Limited, der AG und der GmbH konnte die Beschwerdeführerin nicht substantiiert darlegen. Es fehlte an einer Auseinandersetzung mit dem Umstand, dass diese Gesellschaftsformen – anders als die KG – nicht auf den Betrieb eines Handelsgewerbes gerichtet sein müssen. Aufgrund der Wesensverschiedenheit der KG wäre darzulegen gewesen, ob und wieso eine vergleichbare Lage zu den genannten Gesellschaftsformen dennoch gegeben sei. Die Beschwerdeführerin führte hierzu lediglich vor, dass das Argument der Zweckbestimmung nicht weiter führe und nach ihrer Auslegung des § 105 Abs. 2 S. 1 HGB ein Handelsgewerbe nicht mehr zwingend erforderlich sei. Das reichte dem Bundesverfassungsgericht nicht aus, um das Urteil des BGH zu kippen.[993] Dasselbe gilt für die verfassungswidrige Ungleichbehandlung gegenüber Wirtschaftsprüfern und Steuerberatern. Auch

989 *BVerfG*, NZG 2012, 343 (343 f.).
990 *BVerfG*, NZG 2012, 343 (344).
991 *BVerfG*, NZG 2012, 343 (344).
992 *BVerfG*, NZG 2012, 343 (344).
993 *BVerfG*, NZG 2012, 343 (344).

diesbezüglich waren die Darlegungen der Beschwerdeführerin nicht ausreichend begründet.

Zu guter Letzt hat die Beschwerdeführerin auch die Verletzung der Berufsfreiheit (Art. 12 Abs. 1 GG) nicht hinreichend begründet. Bei ihrer Behauptung, es fehle bereits an einer gesetzlichen Grundlage für die Versagung der Zulassung, verkenne die Beschwerdeführerin, dass der BGH seine Auffassung auf die gesetzlichen Grundlagen der §§ 161 Abs. 1 HGB, 2 BRAO stützte.[994] Des Weiteren fehlte eine hinreichende Begründung, wonach der Eingriff die Berufsfreiheit nicht gerechtfertigt sei. Jedenfalls greife die Rechtsansicht der Beschwerdeführerin, dass ihr völlige Freiheit der freiberuflichen Berufsausübung zukomme und sie auch in ihrer Anwaltskanzlei ausschließlich gewerblich tätig werden könne, zu weit.[995] Weitere Argumente waren die unstreitig unbestimmte Abgrenzung zwischen Gewerbe und Freiem Beruf und die weitgehende Annäherung der Tätigkeit von Rechtsanwälten und anderen Gewerbetreibenden in den letzten Jahrzehnten. Das Bundesverfassungsgericht wurde durch diese Behauptungen nicht umgestimmt. Jedenfalls führte die Beschwerdeführerin diese Sichtweise nicht genügend aus. Unterschiede oder Gemeinsamkeiten gewerblicher und freiberuflicher Tätigkeiten wären näher darzulegen gewesen.[996] Schließlich stellte das Bundesverfassungsgericht schon einmal die Besonderheit der Freien Berufe in einer Entscheidung dar.[997]

Die Begründung des Bundesverfassungsgerichts zeigt sehr deutlich, dass nicht die materielle Rechtslage den Grund der Entscheidung zu Ungunsten der Beschwerdeführerin ausmachte, sondern die Tatsache, dass die Verfassungsbeschwerde schlichtweg mangelhaft begründet war. Die Beschwerdeführerin ist ihrer ausführlichen Darlegungs- und Begründungspflicht (§§ 23 Abs. 1 S. 2 HS. 1, 92 BVerfGG) nicht hinreichend nachgekommen. Dabei sprach das BVerfG den Anträgen der Beschwerdeführerin nicht generell die Erfolgsaussichten ab. Immer wieder betonte das oberste Verfassungsorgan, die Möglichkeit einer Grundrechtsverletzung sei nicht hinreichend deutlich gemacht worden. Diese Hinweise belegen damit gleichzeitig, dass das Bundesverfassungsgericht der Zulassung einer Rechtsanwalts-GmbH & Co. KG vermutlich nicht abgeneigend gegenübersteht. Die Äußerungen des Bundesverfassungsgerichts lassen sich sogar dahingehend deuten, dass ein Verstoß gegen Art. 3 Abs. 1, 12 Abs. 1 GG angenommen werden kann, sofern die Begründung überzeugend vorgetragen

---

994 *BVerfG*, NZG 2012, 343 (345).
995 *BVerfG*, NZG 2012, 343 (345).
996 *BVerfG*, NZG 2012, 343 (345).
997 BVerfGE 120, 1 = *BVerfG*, NVwZ 2008, 1102 (1106).

wird.[998] Die Verfassungsmäßigkeit der Ungleichbehandlung Freier Berufe kann im Rahmen dieser Untersuchung nicht geprüft werden, da dies den Rahmen sprengen und den Bearbeitungsschwerpunkt verschieben würde. Im Ergebnis muss jedenfalls die Verfassungswidrigkeit der Ausschlusstatbestände der Berufsrechte angenommen werden, die eine Gewerblichkeit der klassischen Freien Berufe ausschließt.[999] Jede Einschränkung ist verfassungsrechtlich legitimierungsbedürftig. Die Sonderbehandlung der Freien Berufe hält einer verfassungsrechtlichen Überprüfung nicht Stand.[1000]

III. Die Liberalisierung in Österreich

1. Geschichtliche Entwicklung des Liberalisierungsprozesses

Österreich hat den Schritt zur Reformierung des Kaufmannsbegriffs und damit des Handelsgesetzbuches bereits 2007 gewagt. Von 1991 bis 2006 wurden die Freien Berufe – wie in Deutschland heute noch – von den Handelsgesellschaften getrennt behandelt. In dieser Zeit standen den Angehörigen Freier Berufe lediglich die eingetragenen Erwerbsgesellschaften OEG (offene Erwerbsgesellschaft) und KEG (Kommandit-Erwerbsgesellschaft) zur Verfügung. Dabei definierte § 1 des Erwerbsgesellschaftengesetzes (EGG)[1001] die eingetragene Erwerbsgesellschaft wie folgt:

> *„Eine Gesellschaft, die auf einen gemeinsamen Erwerb oder auf die Nutzung und Verwaltung eigenen Vermögens unter gemeinsamer Firma gerichtet ist, zu deren Zweck jedoch eine offene Handelsgesellschaft oder eine Kommanditgesellschaft nicht gegründet werden kann, ist*
>
> *1. eine offene Erwerbsgesellschaft, wenn bei keinem der Gesellschafter die Haftung gegenüber den Gesellschaftsgläubigern beschränkt ist, und*
>
> *2. eine Kommandit-Erwerbsgesellschaft, wenn bei einem oder bei einigen Gesellschaftern die Haftung gegenüber den Gesellschaftsgläubigern auf den Betrag einer bestimmten Vermögenseinlage beschränkt ist (Kommanditisten), während bei dem anderen Teil*

---

998 Bejahend und ausführlich hierzu *Henssler*, NZG 2011, 1121 (1123 ff.); ebenfalls bejahend *Neuner*, ZHR 157 (1993), 243 (286 ff.).

999 Hierzu zählen: Rechtsanwälte (§ 2 Abs. 2 BRAO), Patentanwälte (§ 2 Abs. 2 PAO), Notare (§ 2 S. 3 BNotO), Wirtschaftsprüfer (§ 1 Abs. 2 WPO), Steuerberater (§ 32 Abs. 2 StBerG), Ärzte (§ 1 Abs. 2 BÄO), Zahnärzte (§ 1 Abs. 4 ZahnheilkundeO), Tierärzte (§ 1 Abs. 1 TierärzteO) und öffentlich bestellte Vermessungsingenieure; vgl. *Körber*, in: Oetker HGB, § 1 Rn. 36.

1000 Hierzu weiter unten: Vierter Teil, C., IV., 3., b).

1001 BGBl. Nr. 257/1990 (Für die Republik Österreich).

der Gesellschafter eine Beschränkung der Haftung nicht stattfindet (persönlich haftende Gesellschafter).“[1002]

Da die OHG und KG nur Vollkaufleuten zugänglich war, stand die Erwerbsgesellschaft minderkaufmännischen Unternehmen, Freiberuflern und Unternehmen, die auf die Nutzung und Verwaltung eigenen Vermögens beschränkt waren, zur Verfügung.[1003] Das Gesetz war mit nur 11 Paragraphen sehr kurz gefasst. Der Grund dafür lag in einer Globalverweisung in § 4 EGG auf das gesamte Gesellschaftsrecht der OHG und KG.[1004] Das übrige Handelsrecht fand mangels vollkaufmännischer Qualifikation der Erwerbsgesellschaft keine Anwendung.[1005] Mit anderen Worten war das Erwerbsgesellschaftengesetz (EGG) darauf fixiert, die Rechtsformen der OHG und KG für diejenigen Bereiche zu öffnen, denen die Personenhandelsgesellschaften mangels Kaufmannseigenschaften bisher verschlossen waren.[1006] Für Angehörige Freier Berufe gab es allerdings eine Einschränkung. Der § 6 Abs. 1 EGG enthielt einen Berufsrechtsvorbehalt und bestimmte, dass die freiberufliche Berufsausübung nur in Einklang mit den berufsrechtlichen Vorschriften erfolgen durfte. Für Rechtsanwälte bedeutete dies, dass sie nur offene Erwerbsgesellschaften (OEGs), nicht jedoch Kommandit-Erwerbsgesellschaften (KEGs) gründen durften. Denn § 21c der österreichischen Rechtsanwaltsordnung (RAO) bestimmte zu dieser Zeit noch,[1007] dass Rechtsanwälte Gesellschaften zur Ausübung der Rechtsanwaltschaft nur als persönlich haftende Gesellschafter angehören dürfen. Damit schied die Kommanditgesellschaft – auch die GmbH & Co. KEG – für Rechtsanwälte aus.[1008]

Die Kontroverse um die Behandlung der Freien Berufe bestand bereits im Rahmen der Diskussion um die Einführung der Erwerbsgesellschaft gegen Ende der 1980er-Jahre. Ursprünglich stand der Entwurf eines Gesetzes über die Partnerschaft für Freie Berufe (Partnerschaftsgesetz) in Rede. Dieser Entwurf war indes heftiger Kritik in der Literatur ausgesetzt, vor allem seitens *Krejci*[1009] und *Karsten Schmidt*[1010]. Daraufhin hat sich der österreichische Gesetzgeber im

1002 *Nowotny*, Gesellschaftsrecht, S. 55.
1003 *Nowotny*, Gesellschaftsrecht, S. 55.
1004 *Roth*, ZHR 155 (1991), 24 (26).
1005 *Roth*, ZHR 155 (1991), 24 (26).
1006 *Donath*, ZHR 156 (1992), 134 (158).
1007 Der heutige § 21c RAO sieht eine Erlaubnis einer Rechtsanwalts GmbH & Co. KG ausdrücklich vor.
1008 *Donath*, ZHR 156 (1992), 134 (158).
1009 *Krejci*, Verhandlungen des 10. Österreichischen Juristentages 1988, S. 72 ff., 127 ff.
1010 *K. Schmidt*, JBl 1988, 745 (745 ff.).

Jahre 1990 von diesem Entwurf verabschiedet und das Bundesgesetz über eingetragene Erwerbsgesellschaften (EEG) hervorgebracht.[1011] Damit sollte nicht nur den Bedürfnissen der Freiberufler Rechnung getragen werden, sondern den gesamten Unternehmenstätigkeiten unterhalb des vollkaufmännischen Gewerbes.[1012] Aber auch dieses Gesetz konnte den fortwährenden Kritiken nicht Stand halten. Nach einer Tagung der Wirtschaftskammer Österreich im April 2001, nahm eine bedeutende Handelsrechtsnovelle, wieder von *Krejci* und *Karsten Schmidt* angeführt, unhaltbar seinen Lauf und endete in der Abschaffung der Erwerbsgesellschaft zum 31.12.2006 durch das Handelsrechts-Änderungsgesetz (HaRÄG).[1013] Seit dem 01.01.2007 gilt nun das neue Unternehmensgesetzbuch (UGB)[1014], das den Platz des Handelsgesetzbuchs (HGB) eingenommen hat. Dieser Schritt, sich vom unbestimmten und zu höchst schwierigen Abgrenzungsfragen führenden Kaufmannsbegriff des HGB zu verabschieden, war, soweit es um den Abschied vom gegliederten Kaufmannsbegriff ging, auf nahezu einhelligen Beifall gestoßen. Nur galt dieser Beifall nicht für die Einbeziehung der Freien Berufe und Land- und Forstwirte. Dessen Interessenvertreter legten indes entscheidenden Wert darauf vom Anwendungsbereich des UGB ausgeklammert zu bleiben.[1015] Die Handelsrechtsreform ist also auch in Österreich nicht auf einhelligen Zuspruch gestoßen. In Deutschland ist dieses Problem nur allzu gut bekannt.

2. *Die Handelsrechtsreform auf den Punkt gebracht*

Der Geltungsbereich des Handelsgesetzbuchs war unmittelbar mit dem Begriff des Kaufmanns nach den §§ 1 ff. HGB verbunden.[1016] Die Vorschriften des damaligen Handelsgesetzbuchs wurden zwar grundsätzlich beibehalten, jedoch in wesentlichen Belangen geändert. Die weitreichenden Eingriffe der Novelle in das bisherige Handelsrecht zwangen den Gesetzgeber, den Namen des HGB zu ändern. Es hieß fortan nicht mehr HGB, sondern Unternehmensgesetzbuch (UGB).[1017] Doch nicht nur namentlich, auch inhaltlich hat das neue UGB weitreichende Modifizierungen erlebt. Die Umänderung von „Handelsgesetzbuch"

1011 *K. Schmidt*, ZIP 1993, 633 (636).
1012 *Roth*, ZHR 155 (1991), 24 (29).
1013 *Dehn/Krejci*, in: SWK-Das neue UGB, S. 14; *Krejci*, ZHR 170 (2006), 113 (116).
1014 BGBl I Nr. 120/2005 (Für die Republik Österreich).
1015 *Krejci*, in: SWK-Das neue UGB, S. 20.
1016 *Zib/Verweijen*, Das neue Unternehmensgesetzbuch, S. 20.
1017 *Dehn/Krejci*, in: SWK-Das neue UGB, S. 16.

in „Unternehmensgesetzbuch" hat ihren Ursprung bereits in der Abschaffung des Kaufmannsbegriffs gem. §§ 1 ff. HGB und der hieraus folgenden Übernahme des in § 1 Konsumentenschutzgesetz (KSchG) definierten Begriffs des „Unternehmers". Das UGB knüpft im Gegensatz zum HGB also nicht mehr an den Begriff des Kaufmanns, sondern an den des Unternehmers an. § 1 Abs. 1, 2 UGB zufolge ist ein Unternehmer, wer ein Unternehmen als eine auf Dauer angelegte Organisation selbständiger wirtschaftlicher Tätigkeit betreibt, mag sie auch nicht auf Gewinn gerichtet sein. Normadressat des Sonderprivatrechts ist damit nicht mehr der Kaufmann, sondern der Unternehmer.[1018] Wo die Unternehmensgröße eine Rolle für die Eintragung ins Firmenbuch spielt, verabschiedet sich das UGB vom Tatbestand des Erfordernisses eines nach Art und Umfang kaufmännisch eingerichteten Geschäftsbetriebes, und knüpft an einen Jahresumsatzerlös von 400.000 Euro an.[1019] Liegt der Umsatz eines Unternehmens im Jahr über 400.000 Euro, ist eine Eintragung nicht mehr nur fakultativ, sondern obligatorisch (§§ 8 Abs. 1 S. 1 i.V.m. § 189 Abs. 1 Nr. 2 UGB). Wichtig ist in diesem Zusammenhang, dass die OG/KG generell erst mit Eintragung in das Firmenbuch entsteht; vorher gibt es keine rechtsfähige Vorgesellschaft.[1020]

Das Resultat der Akzentuierung auf den Unternehmerbegriff hatte weitreichende Konsequenzen für das freiberufliche Gesellschaftsrecht. Aus der Offenen Handelsgesellschaft (OHG) wurde die Offene Gesellschaft (OG). Die eingetragenen Personengesellschaften stehen als OG und KG für jedweden (!) erlaubten Zweck zur Verfügung.[1021] Das UGB führt damit die OHG/KG des Handelsgesetzbuchs und die bisherige OEG/KEG des Erwerbsgesellschaftengesetzes zu einer einheitlichen Rechtsform, nämlich zur OG/KG zusammen; die firmenrechtlichen Besonderheiten für Freie Berufe bleiben indessen erhalten.[1022] Für die bestehenden Erwerbsgesellschaften gelten seit dem 01.01.2007 im Verhältnis zwischen den Gesellschaftern sowie zu Dritten die für eine Offene Gesellschaft (§§ 105–160 UGB) sowie Kommanditgesellschaften (§§ 161–177 UGB) geltenden Bestimmungen (§ 907 Abs. 2 UGB).[1023] Eine Unterscheidung zwischen großen und kleinen Unternehmen ist dadurch obsolet geworden, womit es auch den Minderkaufmann nicht mehr gibt. Damit geht Österreich einen

1018 *Kalss*, NZG 2012, 161 (164).
1019 *Krejci*, ZHR 170 (2006), 113 (118).
1020 *Krejci*, ZHR 170 (2006), 113 (119).
1021 *Dehn/Krejci*, in: SWK-Das neue UGB, S. 17.
1022 *Dehn/Krejci*, in: SWK-Das neue UGB, S. 17 f.
1023 *Fritz*, GmbHR 2007, 34 (35).

entscheidenden Schritt weiter als Deutschland im Zuge des Handelsrechtsreformgesetzes 1998.[1024]

§ 2 UGB bestimmt die Unternehmen kraft Rechtsform. Hierzu gehören die AG, GmbH, Erwerbs- und Wirtschaftsgenossenschaften, Versicherungsvereine auf Gegenseitigkeit, Sparkassen, Europäische wirtschaftliche Interessenvereinigungen (EWIV), Europäische Gesellschaften (SE) und Europäische Genossenschaften (SCE). Die OG und KG gelten also nicht als Unternehmer kraft Rechtsform; sie sind nur bei entsprechender Geschäftstätigkeit Unternehmer. Daher gelten für sie nicht die Vorschriften des Dritten Buches über die Rechnungslegung.[1025] Schließlich gilt gem. § 3 UGB auch als Unternehmer, wer zu Unrecht im Firmenbuch eingetragen ist und unter seiner Firma handelt (Unternehmer kraft Eintragung). Für Angehörige Freier Berufe sieht § 4 Abs. 2 UGB vor, dass sie von der Anwendung der folgenden Abschnitte des Ersten Buches ausgenommen sind. Sie können sich jedoch durch Eintragung in das Firmenbuch freiwillig dem Ersten Buch unterstellen, sofern dem keine berufsrechtlichen Sonderbestimmungen entgegenstehen.[1026] Aber auch ohne Eintragung unterfallen die Feien Berufe dem Zweiten und Vierten Buch des UGB. Dagegen gelten für sie – auch trotz Eintragung – nicht die Rechnungslegungsvorschriften des Dritten Buches.[1027] Das Recht der rechtsfähigen Personengesellschaften fußt seit der Reform also – im Gegensatz zu Deutschland – auf dem Normativsystem, womit die OG und KG erst mit Eintragung in das Firmenbuch entstehen.[1028]

Eine sehr weitreichende Liberalisierung hat das Firmenrecht erfahren. Seit dem 01.01.2007 können im Firmenbuch eingetragene Unternehmen Personen-, Sach-, und Fantasiefirmen bilden. Durch die nunmehr zulässige Verwendung von Geschäftsbezeichnungen im Firmenkern eignet sich die Firma künftig auch verstärkt als Werbeträger.[1029] Ein wesentlicher Unterschied entstand dadurch zu den freiberuflichen Personengesellschaften in Deutschland. In Österreich kann eine Rechtsanwalts-OG nun jeden Firmennamen wählen und muss nicht den Namen mindestens eines Partners enthalten – wie es beispielsweise § 2 Abs. 1 S. 1 PartGG für die Partnerschaftsgesellschaft vorsieht. Begrenzt wird die freie

---

1024 *Fritz*, GmbHR 2007, 34 (35).

1025 *Fritz*, GmbHR 2007, 34 (35).

1026 Kritisch hierzu *K. Schmidt*, JBl 2004, 31 (33 ff.).

1027 *Krejci*, ZHR 170 (2006), 113 (117).

1028 *Dehn/Krejci*, in: SWK-Das neue UGB, S. 18; *Fritz*, GmbHR 2007, 34 (35); kritisch hierzu wieder *K. Schmidt*, JBl 2004, 31 (38 f.).

1029 *Fritz*, GmbHR 2007, 34 (35).

Firmenbildung durch das Verbot der Irreführung und dem Gebot, jedenfalls den Rechtsformsatz zu führen.[1030]

3. *Rechtsvergleichende Analyse*

Im Folgenden gilt es herauszukristallisieren, welche bedeutenden Änderungen die Handelsrechtsreform in Österreich für die hiesige Untersuchung und damit für die Freien Berufe mit sich gebracht hat. Damit sei die erste sehr wichtige Novellierung des UGB zu nennen: Eine Personengesellschaft kann zu jedem erlaubten Zweck errichtet werden und steht damit nicht mehr bloß für vollkaufmännische Tätigkeiten zur Verfügung. Sie ist damit nicht einmal mehr auf eine unternehmerische Tätigkeit beschränkt.[1031] Bereits der 1990 geschaffenen eingetragenen Erwerbsgesellschaft (EEG) standen alle Tätigkeiten, ausgenommen vollkaufmännische Tätigkeiten, offen, während die Partnerschaftsgesellschaft auch heute noch nur für bestimmte Freie Berufe zugänglich ist.[1032] Durch das UGB wurden die KEG und OEG von der OG und KG, die jeden Zweck verfolgen dürfen, absorbiert.[1033] Gemäß § 1 Abs. 1, 2 UGB ist ein Unternehmer jemand, der eine auf Dauer angelegte Organisation selbständiger wirtschaftlicher Tätigkeit betreibt. Dass auch Freiberufler selbständig erwerbstätig sind, mag niemand zu bezweifeln.[1034] Dem UGB unterfallen damit alle Organisationen, die irgendwie auf Dauer und mit Erwerbsabsicht angelegt sind. Rechtsanwälte können sich in Österreich somit auch in der Rechtsform der Kommanditgesellschaft oder GmbH & Co. KG zusammenschließen. Das ist in Deutschland, in Anbetracht des jüngsten Urteils des BGH[1035], zuweilen unvorstellbar.

Zwar sind die Freien Berufe gem. § 4 Abs. 2 UGB grundsätzlich aus dem Anwendungsbereich des Ersten Buches des UGB ausgenommen, da dies auf Wunsch der Interessenvertreter der Freien Berufe noch vor der Verabschiedung des Gesetzes durchgesetzt wurde. Als Kompromiss sieht § 4 Abs. 2 S. 2 UGB jedoch vor, dass sich freiberufliche Unternehmen in das Firmenbuch eintragen lassen und sich damit den Regelungen des UGB unterstellen können.[1036] Aber auch nach Eintragung gehen gem. § 4 Abs. 2 S. 2 HS 2 UGB die berufsrechtlichen Sonderbestimmungen vor. Solange sie sich nicht eintragen lassen, gelten für sie

1030 *Kalss*, NZG 2012, 161 (164).
1031 *Kalss*, NZG 2012, 161 (164).
1032 *Kalss*, NZG 2012, 161 (164).
1033 *Kalss*, NZG 2012, 161 (164).
1034 Vgl. auch *Krejci*, in: SWK-Das neue UGB, S. 20.
1035 Vgl. oben: Vierter Teil, C., I.
1036 *Krejci*, in: SWK-Das neue UGB, S. 21.

nur jene Bestimmungen des UGB, auf welche das UGB entsprechend verweist; und das sind die Vorschriften des Zweiten und Vierten Buches des UGB, da sich das Zweite Buch auf die OG und KG bezieht und das Vierte Buch gem. § 343 Abs. 1 UGB alle „Unternehmer“ betrifft. Eine Ausnahme gilt jedoch für die Rechnungslegungspflicht (Drittes Buch), sofern sie sich nicht in der Rechtsform einer Kapitalgesellschaft oder GmbH & Co. KG zusammenschließen. Denn diese gilt auch nach Eintragung nicht für die freiberufliche Personengesellschaft.[1037] Mit anderen Worten haben Angehörige Freier Berufe die Wahl, ob sie sich dem UGB unterstellen oder nicht. Die Entscheidung wird durch die Eintragung in das Firmenbuch manifestiert. Nichtsdestotrotz hat sich an der besonderen Stellung der Freien Berufe auch nach der Reform nichts geändert. Dem Berufs- und Standesrecht kommt auch weiterhin vorrangige Stellung zu. Zu beachten gilt dabei, dass dies nur für „verkammerte“ Freie Berufe gilt.[1038]

Dagegen steht Freiberuflern in Deutschland bei der Wahl der richtigen Rechtsform nur ein eingeschränktes Repertoire zur Verfügung. Sie können sich – im Gegensatz zu Österreich – nicht in der Form der OHG/KG und GmbH & Co. KG zusammenschließen. Das verhindert das geltende Handelsgesetzbuch, indem es die Vorschriften des HGB von der Kaufmannseigenschaft und damit vom Unterhalten eines Handelsgewerbes abhängig macht. Eine freiberufliche Gesellschaft betreibt schon nach dem Verständnis des Berufsbildes „Freier Beruf“ kein Handelsgewerbe und kann sich daher nicht im Handelsregister eintragen lassen. Der Zweck einer Offenen Handelsgesellschaft/Kommanditgesellschaft ist auf den Betrieb eines Handelsgewerbes gerichtet (§§ 105 Abs. 1, 161 Abs. 1 HGB). Das ist der entscheidende Punkt, an dem Freiberufler an der aktuellen Gesetzeslage scheitern. Aus diesem Grund wurde in Österreich die Offene Handelsgesellschaft in „Offene Gesellschaft“ (OG) umbenannt. Damit wird bereits begrifflich dementiert, dass die Rechtsformwahl nicht mehr von dem Betrieb eines Handelsgewerbes abhängt, sondern jedweder Zweck dazu legitimiert. § 105 UGB sieht nach österreichischem Recht für die OG vor, dass „eine Offene Gesellschaft eine unter eigener Firma geführte Gesellschaft ist, bei der die Gesellschafter gesamthandschaftlich verbunden sind und bei keinem der Gesellschafter die Haftung gegenüber den Gesellschaftsgläubigern beschränkt ist.“ Aufgrund dieser weiten Definition steht auch Freiberuflern die Tür zur OG und KG[1039] in Österreich offen. Das Handelsrecht gilt fortan als Unternehmensrecht.

1037 *Krejci*, in: SWK-Das neue UGB, S. 21.

1038 *Krejci*, in: SWK-Das neue UGB, S. 21.

1039 § 161 Abs. 1 UGB definiert die Kommanditgesellschaft wie folgt: „Eine Kommanditgesellschaft ist eine unter eigener Firma geführte Gesellschaft, bei der die

Damit entfallen in Österreich auch die schwierigen Abgrenzungsprobleme, die sich insbesondere im Hinblick auf den bisherigen § 1 Abs. 2 HGB ergeben. Desgleichen erspart das UGB Erwägungen darüber, wann ein Unternehmen nach Art und Umfang einen kaufmännisch eingerichteten Geschäftsbetrieb erfordert.[1040] Der Zentrale Punkt der Reform lag allerdings darin, dass der Tatbestand der Kaufmannseigenschaft den Blick auf das Bild eines Kaufmanns, wie es zum Ende des 19. Jahrhunderts in einem von Warenhandel geprägten Wirtschaftsleben Berechtigung hatte, inzwischen aber längst von den Veränderungen des modernen Geschäftslebens überholt wurde, verengt hatte; die Dienstleistungsbranchen fanden nämlich in § 1 Abs. 2 HGB keine angemessene Berücksichtigung.[1041] Ein weiterer Vorteil der Heranziehung des Unternehmers als zentrale Gestalt des ehemaligen HGB liegt in der Tatsache, dass der Begriff des Unternehmers zwischenzeitig im Zentrum zahlreicher EU-Richtlinien steht.[1042] Ihn gleichsam ins Zentrum des österreichischen Handelsrechts zu stellen vereinfacht die Übertragung der europarechtlichen Richtlinien ungemein. Nach alledem lohnt es sich auch für den deutschen Gesetzgeber das derzeitige Handelsrecht zu überdenken und sich vielleicht dem österreichischen Vorbild anzuschließen. Jedenfalls gilt es im Folgenden das aktuelle freiberufliche Gesellschaftsrecht dahingehend zu untersuchen.

IV. Öffnung aller Gesellschaftsformen für Freie Berufe in Deutschland?

Eine Kommerzialisierung der Freien Berufe ist in facettenreichen Varianten und Umfängen denkbar. Die entscheidende Variable ist dabei der Anknüpfungspunkt des Prozesses. So lässt sich der Versuch unternehmen, den Berufsstand „Freier Beruf" unter den Begriff „Gewerbe" zu subsumieren. Mit noch weitreichenderen Folgen wäre an die Abschaffung des Berufsethos „Freier Beruf" zu denken. Andererseits ist es auch möglich der Handelsrechtsreform in Österreich von 2006 dahingehend zu folgen, dass das Handelsgesetzbuch zu einem Unternehmensgesetzbuch abgeändert wird. Eine weitere Möglichkeit läge in der speziellen berufsrechtlichen Regelung, wie es beispielsweise das Steuerberatungsgesetz in

Haftung gegenüber den Gesellschaftsgläubigern bei einem Teil der Gesellschafter auf einen bestimmten Betrag (Haftsumme) beschränkt ist (Kommanditisten), beim anderen Teil dagegen unbeschränkt (Komplementäre)." § 161 Abs. 2 UGB verweist im Übrigen auf das Recht der OG gem. § 105 ff. UGB.

1040 *Krejci*, in: SWK-Das neue UGB, S. 19; *Zib/Verweijen*, Das neue Unternehmensgesetzbuch, S. 20.

1041 *Zib/Verweijen*, Das neue Unternehmensgesetzbuch, S. 20.

1042 *Zib/Verweijen*, Das neue Unternehmensgesetzbuch, S. 21.

§§ 49 Abs. 1, 50 Abs. 1 S. 3 StBerG und die Wirtschaftsprüfungsordnung in §§ 27 Abs. 1, 28 Abs. 1 S. 2 WPO spezialgesetzlich vorsehen. Die Bundesrechtsanwaltsordnung könnte ausdrücklich die Zulässigkeit der Rechtsanwaltsgesellschaft in der Form der GmbH & Co. KG vorsehen. Um die Öffnung aller Gesellschaftsformen für Freie Berufe zu untersuchen, muss zunächst eine Lösung *de lege lata* gesucht werden. Im Anschluss werden weitere Möglichkeiten *de lege ferenda* diskutiert. Im Folgenden soll daher untersucht werden, ob die Schaffung der Partnerschaft mbB ausreichend ist, um den Bedürfnissen der Angehörigen Freier Berufe gerecht zu werden, oder ob dies nur als „innovativer Zwischenschritt" in eine entwicklungsreiche Zukunft angesehen werden kann.

1. Der derzeitige Problemstand in Deutschland

Der Schrei nach einer Öffnung aller Gesellschaftsformen für Freiberufler hallt bereits seit Jahren durch den deutschen Rechtsraum. So propagierte beispielsweise *Karsten Schmidt* bereits vor der Einführung der Partnerschaftsgesellschaft für die Zulassung der Kommanditpartnerschaft[1043] und insgesamt für die Anwendung des HGB auch für Angehörige Freier Berufe[1044]. Er betont zugleich, dass aus gesellschaftsrechtlicher Sicht kein Anlass zur Etablierung eines Sonderrechts der Freien Berufe bestehe. Das Gesellschaftsrecht habe eine allgemeingültige Rahmenordnung zur Verfügung zu stellen; das Berufsrecht habe sodann zu entscheiden, in welchem Umfang Berufsangehörige von dieser Rahmenordnung Gebrauch machen dürfen.[1045] Ob den Überlegungen von *Karsten Schmidt* zu folgen ist, ist unter anderem Thema der folgenden Abschnitte. Zuerst soll jedoch dargestellt werden, wie es derzeit um die Freien Berufe in Deutschland steht.

Freiberufler genießen seit jeher eine Sonderstellung im deutschen Recht.[1046] Das bedeutet aber nicht, dass damit nur positive Folgen verknüpft sind. Mit der Sonderstellung sind die besonderen berufsrechtlichen Anforderungen gemeint, die speziell für jede Berufsgruppe gesondert normiert sind.[1047] So sieht

---

1043 *K. Schmidt*, ZIP 1993, 633 (649); ebenso *Grunewald*, ZIP 2012, 1115 (1117); *Schüppen*, BB 2012, 783 (784). Für die Öffnung aller Gesellschaftsformen für Freiberufler auch *Donath*, ZHR 156 (1992), 134 (166).

1044 *K. Schmidt*, DB 1994, 515 (515 ff.).

1045 *K. Schmidt*, JBl 1988, 745 (750).

1046 Siehe hierzu bereits oben: Erster Teil, B.

1047 Für die Ärzte: Bundesärzteordnung (BÄO); Zahnärzte: Gesetz über die Ausübung der Zahnheilkunde (ZHG); Tierärzte: Bundes-Tierärzte-Ordnung (BTÄO); Heilpraktiker (HeilprG); Masseure und Physiotherapeuten: Masseur- und Physiotherapeutengesetz (MPhG); Hebammen: Gesetz über den Beruf der Hebamme und

beispielsweise § 1 Abs. 3 PartGG für das freiberufliche Gesellschaftsrecht ausdrücklich den Geltungsvorbehalt berufsrechtlicher Regelungen vor. Des Weiteren führen Freiberufler nach wohl absolut vorherrschender Meinung keinen Gewerbebetrieb, wodurch die Anwendbarkeit des HGB für sie grundsätzlich gesperrt ist. Infolgedessen ist ihnen der Zugang zur OHG und KG versperrt, da hierfür eine Gesellschaft vonnöten ist, deren Zweck auf den Betrieb eines Handelsgewerbes gerichtet ist (§§ 105 Abs. 1, 161 Abs. 1 HGB). Das wurde jüngst insbesondere durch die Nichtzulassung einer Rechtsanwalts-GmbH & Co. KG durch den BGH verdeutlicht.[1048] Angehörigen Freier Berufe steht nur eine gewisse Auswahl an Gesellschaften zur Verfügung. Sie können sich als Gesellschaft bürgerlichen Rechts, Partnerschaftsgesellschaft – seit neustem auch mit beschränkter Berufshaftung –, Gesellschaft mit beschränkter Haftung und Aktiengesellschaft zusammenschließen. Der Gesetzgeber hatte diesen Willen erneut durch die Handelsrechtsreform gestärkt, indem § 1 HGB auch nach der Reform an den Begriff des Handelsgewerbes anknüpfte.[1049] In der gesamten Diskussion um die Schuldrechtsmodernisierung hat der Gesetzgeber zu keinem Zeitpunkt ernsthaft erwogen, das Kaufrecht neu zu überdenken.[1050]

Umso mehr soll das geltende Handelsgesetzbuch – insbesondere mit Bezug auf den Kaufmannsbegriff – unter die Lupe genommen werden. Es drängt sich nämlich die Frage auf, warum die KG und OHG für die Freien Berufe versperrt ist aber gleichsam eine hybride Rechtsform erschaffen wird.[1051] Das Bundesverfassungsgericht zeigte in einer neueren Entscheidung bereits[1052], dass die Zulassung einer Rechtsanwalts GmbH & Co. KG noch nicht endgültig vom Tisch ist.[1053] Ohnehin sind freiberufsspezifische Schranken gem. Art. 12 Abs. 1 GG nur haltbar, wenn zwingende Gründe der Gemeinwohlerforderlichkeit dafür sprechen.[1054] Die Aufrechterhaltung des Berufsrechts in der geltenden Form ist

---

des Entbindungspflegers (HebG); Diplom-Psychologen: Gesetz über die Berufe des Psychologischen Psychotherapeuten und des Kinder- und Jugendlichenpsychotherapeuten (PsychThG); Rechtsanwälte: Bundesrechtsanwaltsordnung (BRAO); Patentanwälte: Patentanwaltsordnung (PAO); Wirtschaftsprüfer: Wirtschaftsprüferordnung (WPO); Steuerberater: Steuerberatungsgesetz (StBerG).

1048 Vgl. oben: Vierter Teil, C., I.

1049 *Micklitz*, in: MüKo BGB, Vorb. §§ 13, 14 Rn. 53.

1050 *Micklitz*, in: MüKo BGB, Vorb. §§ 13, 14 Rn. 53.

1051 Vgl. auch *Römermann*, AnwBl 2012, 288 (291); *Grunewald*, ZIP 2012, 1115 (1117).

1052 *BVerfG*, NZG 2012, 343 (343 ff.). Siehe auch oben: Vierter Teil, C., II.

1053 Vgl. hierzu oben: Vierter Teil, C., II.

1054 Vgl. hierzu bereits die wegweisende Entscheidung des Bundesverfassungsgerichts zu den Standesrichtlinien; BVerfGE 76, 196 = *BVerfG*, NJW 1988, 194 (194 ff.).

aufgrund dessen vehement zu bezweifeln, zumal hauptsächlich Tradition und Ideologie hinter der Fassade der Befürworter des Berufsrechts stecken.[1055] Das Berufsrecht – besser gesagt das alte Standesrecht – muss hinter der freien Berufsausübung aller Freiberufler zurücktreten. Das ergibt sich bereits aus Art. 12 Abs. 1 GG und erst recht aus der Weiterentwicklung des deutschen Freiberuflerrechts. Erst dann erfährt § 2 Abs. 1 BRAO – „Der Rechtsanwalt übt einen freien Beruf aus" – eine völlig neue Bedeutung und zwar, dass die Berufsausübung der Freiberufler wirklich „frei" ist.

Auch auf europäischer Ebene wird der Druck auf die Mitgliedstaaten immer größer.[1056] Anstoß hierzu bot eine Rede des ehemaligen Wettbewerbskommissars Mario Monti im Rahmen der Mitgliederversammlung der Bundesrechtsanwaltskammer im März 2003. Mario Monti forderte darin die freie Berufsausübung zu gewährleisten und im Berufsrecht nur dann wettbewerbshemmende Regeln aufzustellen, wenn sie zwingend erforderlich sind, um die ordnungsgemäße Berufsausübung zu gewährleisten.[1057] Die EU-Kommission hat bereits Deutschland und einige andere Länder mit einer Klage vor den EuGH gebracht, um dem europarechtswidrigen Zugangsrecht zum Notariat und gleichsam dem gesamten tradierten Notarrecht in den Mitgliedsländern entgegen zu wirken.[1058] Aber nicht nur das Notarrecht, sondern das gesamte Berufsrecht der Freien Berufe steht auf dem Prüfstand der EU-Kommission und des EuGH.[1059] Grundsätzlich kann die Ausübung einer selbständigen Tätigkeit von der Betrachtung bestimmter durch das Allgemeininteresse gerechtfertigter Rechts- und Verwaltungsvorschriften, wie der Vorschriften über Organisation, Qualifikation, Standespflichten, Kontrolle und Haftung abhängig gemacht werden.[1060] Die Beschränkung der Dienst- und Niederlassungsfreiheit von Rechtsanwälten ist nach der Rechtsprechung des EuGH nur dann rechtmäßig, wenn folgende vier Voraussetzungen vorliegen: keine diskriminierende Anwendung; Rechtfertigung aus zwingenden Gründen des Allgemeininteresses; Eignung, die Verwirklichung des verfolgten Zieles zu gewährleisten und Beschränkung auf das, was zur Erreichung dieses Zieles erforderlich ist.[1061] Als maßgebliche Gemeinwohlaspekte kommt bei rechts- und

---

1055 Ebenso *Kleine-Cosack*, AnwBl 2010, 537 (538).

1056 Ausführlich hierzu *Hommerich*, Die Freien Berufe und das Vertrauen in die Gesellschaft, S. 51 ff.

1057 *Mann*, AnwBl 2010, 551 (553).

1058 *Kleine-Cosack*, AnwBl 2010, 537 (538).

1059 Zum Wettbewerbsrecht siehe *Kluth*, JZ 2010, 844 (847 f.).

1060 EuGH, Urteil v. 28.04.1977 - Rs. 71/76 - Thieffry = *EuGH*, NJW 1977, 1582 (1582 ff.).

1061 EuGH, Urteil v. 30.11.1995 - Rs. C-55/94 - Gebhard = *EuGH*, NJW 1996, 579 (581).

steuerberatenden Berufen die Funktionsfähigkeit der Rechtspflege, vor allem das Interesse der Rechtssuchenden in Betracht.[1062] Diese Belange sind in der Regel nur berührt, soweit es um den Kernbereich der Berufsausübung geht. Gemeinwohlirrelevant sind dagegen bloße Randbereiche des Berufsrechts, wie es beispielsweise beim freiberuflichen Gesellschaftsrecht der Fall ist.[1063] Es stellt sich damit die Frage, ob die freiberuflichen Regulierungsvorschriften diesen Rechtmäßigkeitsvoraussetzungen gerecht werden.[1064]

2. *Lösung de lege lata*

a) Die Anwendbarkeit des HGB auf Freiberufler de lege lata

Bevor jedoch an den geltenden gesetzlichen Regelungen Hand angelegt wird, muss geprüft werden, ob Freie Berufe nicht bereits *de lege lata* unter das Handelsgesetzbuch zu subsumieren sind. Bekanntester Verfechter dieser Annahme ist sicherlich *Karsten Schmidt*[1065], der § 105 Abs. 2 HGB als Auffangtatbestand für die nicht schon unter § 105 Abs. 1 HGB fallenden Gesellschaften ansieht, mit der Folge, „dass jede zu einem gesetzlich zulässigen Zweck gebildete rechtsfähige Personengesellschaft als OHG oder KG eingetragen werden kann".[1066] Aufgrund § 105 Abs. 2 HGB sei der Kaufmannsbegriff seit der Handelsrechtsreform anders aufzufassen. Denn auch Formkaufleute (Aktiengesellschaften, Kommanditgesellschaften auf Aktien, Gesellschaften mit beschränkter Haftung, eingetragene Genossenschaften und Europäische Wirtschaftliche Interessenvereinigungen) sind Kaufleute, ohne dass es auf den Betrieb eines Handelsgewerbes ankäme. Für die OHG und KG müsse aufgrund § 105 Abs. 2 HGB dasselbe gelten: Sie alle sind Kaufleute, ohne dass es auf den Betrieb eines Handelsgewerbes ankommt. In der Praxis stehe deshalb nicht das Handelsgewerbe, sondern die Eintragung im Handelsregister im Vordergrund.[1067]

Unterstrichen wird diese Ansicht mit dem Wortlautargument und der teleologischen Auslegung des § 105 Abs. 2 HGB nach dem objektiven Sinn und Zweck

---

1062 *Kleine-Cosack*, AnwBl 2013, 570 (576).

1063 So auch *Kleine-Cosack*, AnwBl 2013, 570 (576).

1064 Kritisch *Kämmerer*, NJW-Beil. 2010, 105 (106 ff.); bejahend *Redeker*, NJW 2004, 2799 (2801); *Stürner/Bormann*, NJW 2004, 1481 (1489 f.).

1065 *K. Schmidt*, in: MüKo HGB, § 105 Rn. 58; *K. Schmidt*, Gesellschaftsrecht, § 46 I 1 c bb, S. 1358 f.; *K. Schmidt*, NJW 1998, 2161 (2165 f.); K. *Schmidt*, DB 1998, 61 (62); a.A. *Schön*, DB 1998, 1169 (1174); *Röthel*, in: Henssler/Strohn Gesellschaftsrecht, HGB, § 105 Rn. 31; *Weitemeyer*, in: Oetker HGB, § 105 Rn. 26.

1066 *K. Schmidt*, in: MüKo HGB, § 105 Rn. 58 m.w.N.

1067 *K. Schmidt*, in: MüKo HGB, § 1 Rn. 10.

der Vorschrift. Eine „Gesellschaft (…) die nur eigenes Vermögen verwaltet", bedeute demnach nichts anderes als jede Gesellschaft, „die nicht-gewerblich tätig ist". Das Wort „nur" stünde nicht für ausschließlich, sondern für „lediglich".[1068] Darüber hinaus spreche der Sinn und Zweck der Vorschrift für diese weite Auslegung, da die Handelsrechtsreform von 1998 auch nicht-gewerblichen Unternehmen den „legalen" Weg in das Handelsregister ermöglichen wollte. Dieses Ziel sei aber nur dann erreicht worden, wenn „jede als Außengesellschaft rechtsfähige (§ 14 Abs. 2 BGB) und folglich vermögensfähige Personengesellschaft für die Eintragungsfähigkeit genüge".[1069] Nach Ansicht von *Karsten Schmidt* ist dadurch fast jede Personengesellschaft als OHG oder KG im Handelsregister eintragungsfähig. Insbesondere die für diese Untersuchung wichtigen Freiberufler-Personengesellschaften wären von § 105 Abs. 2 HGB betroffen. Ob eine Freiberufler-KG dann zugelassen werden soll, bliebe eine Frage des Berufsrechts – so jedenfalls *Karsten Schmidt*.[1070]

Die Ansicht von *Karsten Schmidt* hat sich indes nicht durchgesetzt. Noch heute können sich Freiberufler nicht in der Form der OHG oder KG zusammenschließen; daran ändert auch § 105 Abs. 2 Fall 2 HGB nichts. Bereits damals wurde gegen diese Ansicht vorgebracht, dass der Gesetzgeber auch nach der Reform an dem grundsätzlichen Konzept festhalte, „Gewerbe", „Kaufmann" und „Handelsgewerbe" in den Mittelpunkt der gesetzlichen Systematik des Handelsrechts zu stellen. Mit der Aufnahme der vermögensverwaltenden Gesellschaften seien die Freien Berufe bereits aus historischen Gründen von § 105 Abs. 2 HGB ausgenommen.[1071] Politisch beabsichtige die Neuregelung aber nur die Besserstellung vor allem der Immobilien- und Holdinggesellschaften. Als erklärte Ziele wurden die Register- und Firmenfähigkeit einerseits, die Zulassung kommanditgesellschaftlicher Haftungsbeschränkung andererseits genannt.[1072]

Tatsächlich deutete der Gesetzgeber auf das besondere Interesse für Vermögensverwaltungsgesellschaften wie Immobilienverwaltungs-, Objekt- und Besitzgesellschaften nach Betriebsaufspaltung sowie Holdings hin.[1073] Die Freien Berufe wurden allerdings nicht explizit von dem Anwendungsbereich des § 105 Abs. 2 HGB ausgeschlossen. Darüber hinaus ist die Gesetzesbegründung nicht das Maß aller Dinge, wenn es um die teleologische Auslegung einer Norm geht.

1068 *K. Schmidt*, in: MüKo HGB, § 105 Rn. 60.
1069 *K. Schmidt*, in: MüKo HGB, § 105 Rn. 61.
1070 *K. Schmidt*, DB 1998, 61 (62).
1071 *Schön*, DB 1998, 1169 (1174).
1072 *Schön*, DB 1998, 1169 (1169).
1073 BT-Drucks. 13/8444, S. 40.

Wagner formuliert es mit den Worten, dass es kein Ruhmesblatt für die deutsche Rechtsdogmatik sei, wenn sie ihre Energie nicht den normativen Sachfragen, sondern einer Hermeneutik der Bundestags-Drucksachen widmete.[1074] Bei der Auslegung einer Norm nach dem Sinn und Zweck gilt es den regelungstechnischen Kern der Norm herauszukristallisieren, um der Funktion dieser Norm bestmöglich gerecht zu werden.[1075] Zweifellos sind die Gesetzesmaterialien ein erster Anlaufpunkt, um die Bedeutung einer Norm herauszukristallisieren. Darüber hinaus muss umfassend nach dem Sinn und Zweck einer Norm gefragt werden, nur so lässt sich eine methodologisch saubere Auslegung rechtfertigen.[1076] Der Wille des Gesetzgebers ist somit eine erste Anlaufstelle, auf die es mit überzeugend dogmatischen Mitteln aufzubauen gilt. Eine wortlautgetreue Auslegung des § 105 Abs. 2 Fall 2 HGB führt – entgegen der Ansicht von *Karsten Schmidt* – nicht zu einer Anwendung auf die Freien Berufe. Eine Gesellschaft die „nur eigenes Vermögen verwaltet" ist eben „nur" eine Gesellschaft, die nicht anders in Erscheinung tritt, als ihr eigenes Vermögen zu verwalten. Daraus kann aber nicht interpretiert werden, dass sie „nur nicht gewerblich tätig ist". Eine derartige Lesart geht zu weit. Auch eine historische Auslegung spricht gegen die Einbeziehung der Freien Berufe, da diese seit jeher eine Sonderstellung im deutschen Recht einnehmen.[1077] Sie plötzlich dem Recht des Handelsgesetzbuchs zu unterstellen, wiederspräche dem historischen Bild der Freien Berufe, unabhängig davon, ob dem historischen Bild heute noch zuzustimmen ist.

Einzig und alleine eine weite Auslegung könnte den Einzugsbereich des § 105 Abs. 2 Fall 2 HGB auf die Freien Berufe ausweiten. Das ist aber nur dann der Fall, wenn das Telos der Norm kein anderes Ergebnis zulässt, mit anderen Worten, wenn sich eine Einbeziehung der Freien Berufe in den Adressatenkreis der Norm geradezu aufdrängt. Dass mit der Handelsrechtsreform nunmehr Kleinunternehmern und Vermögensverwaltungsgesellschaften der legale Weg in das Handelsregister geebnet werden sollte, ist nicht zu bezweifeln. Ebenso wenig ist aber auch zu bezweifeln, dass der Reformgesetzgeber die Freien Berufe in den Adressatenbereich mit einbeziehen wollte.[1078] Auch stünde eine abweichende Auslegung außerhalb desjenigen, was noch vertretbarer Weise unter die Norm

---

1074 *Wagner*, JZ 2002, 1092 (1093); vgl. hieru auch *Thiessen*, in: Mysterium „Gesetzesmaterialien", S. 49.

1075 *Larenz/Canaris*, Methodenlehre der Rechtswissenschaft, S. 165.

1076 Vgl. *Larenz/Canaris*, Methodenlehre der Rechtswissenschaft, S. 165.

1077 Vgl. oben: Erster Teil, B.

1078 Das ergibt sich jedenfalls daraus, dass die Freien Berufe mit keinem Wort erwähnt wurden. Vgl. hierzu BT-Drucks. 13/8444, S. 40 f.

subsumiert werden könnte. „Jedenfalls nicht gewerblich" aus der Formulierung „nur eigenes Vermögen verwalten" zu schlussfolgern, liegt außerhalb einer vertretbaren teleologischen Auslegung. Auch aus dem Sinn und Zweck kann kein gegenteiliges Ergebnis angenommen werden. Mit Sicherheit – und in diesem Ergebnis ist *Karsten Schmidt* zuzustimmen – gehören die Freien Berufe in den Anwendungsbereich der §§ 105 ff. HGB. Eine Einbeziehung durch § 105 Abs. 2 HGB ist nach geltendem Recht – jedenfalls *de lege lata* – nicht umsetzbar. Ein Lösungsansatz käme deshalb nur in Form einer Klarstellung in § 105 Abs. 2 HGB, dass auch Freiberuflern die Rechtsformen der OHG und KG offenstehen.[1079]

b) Deregulierung durch Abschaffung des Berufsstandes „Freier Beruf"?

Eine weitere Möglichkeit, um auch Freiberuflern den Weg in alle Gesellschaftsformen zu ermöglichen, liegt schlicht in der Abschaffung des Sonderstatuts „Freier Beruf" als weitreichendste Form der Deregulierung. Ein Gewerbebetrieb liegt nach herrschender Meinung vor, wenn eine auf Dauer angelegte wirtschaftliche Tätigkeit am Markt selbständig in der Absicht betrieben wird, Gewinne oder jedenfalls Entgelte zu erzielen.[1080] Die Anforderungen an den Betrieb eines Gewerbes sind damit sehr niedrig gehalten. Wohl jeder berufstätige Freiberufler erfüllt die Tatbestandsmerkmale des Gewerbebetriebs.[1081] Das hindert die – wohl noch – herrschende Ansicht in Rechtsprechung und Literatur indes nicht daran, freiberufliche sowie wissenschaftliche und künstlerische Tätigkeiten dennoch von dem Gewerbebegriff auszuklammern.[1082]

Der Status quo des Freien Berufes stiftet seit jeher Unruhe. Das beweist bereits die unterschiedliche Begriffsdefinition in § 1 Abs. 2 S. 2 PartGG und § 18 EStG.[1083] Darüber hinaus ist der vom handelsrechtlichen Gewerbebegriff abzugrenzende Kreis der „Freien Berufe" enger als der rein steuerliche Katalog des

---

1079 Ebenfalls *Tersteegen*, NZG 2010, 651 (655).

1080 BGHZ 33, 321 = *BGH*, NJW 1961, 725 (726); *K. Schmidt*, in: MüKo HGB, § 1 Rn. 27 ff.; *Hopt*, in: Baumbach/Hopt, HGB, § 1 Rn. 12; *Kindler*, in: Ebenroth/Boujong/Joost/Strohn, HGB, § 1 Rn. 20 ff.; *Roth*, in: Koller/Roth/Morck, HGB, § 1 Rn. 4; *Körber*, in: Oetker HGB, § 1 Rn. 12; *Schön*, DB 1998, 1169 (1171) m.w.N.

1081 Mehr hierzu weiter unten: Vierter Teil, C., IV., 2., b). Vgl. auch *Kindler*, in: Ebenroth/Boujong/Joost/Strohn, HGB, § 1 Rn. 38; *Körber*, in: Oetker HGB, § 1 Rn. 35; *Michalski*, Der Begriff des freien Berufs im Standes- und im Steuerrecht, S. 38 ff.

1082 *BGH*, NZG 2011, 1063 (1063); BVerfGE 120, 1 = *BVerfG*, NVwZ 2008, 1102 (1106); *Kindler*, in: Ebenroth/Boujong/Joost/Strohn, HGB, § 1 Rn. 38; kritisch hierzu *Roth*, in: Koller/Roth/Morck, HGB, § 1 Rn. 12; *Hopt*, in: Baumbach/Hopt, HGB, § 1 Rn. 19; vgl. hierzu vor allem *K. Schmidt*, in: MüKo HGB, § 1 Rn. 32 ff.

1083 Hierzu auch *Kämmerer*, NJW-Beil. 2010, 105 (106).

§ 18 EStG, was bedeutet, dass er nur die herkömmlich kammergebundenen oder ihnen berufsrechtlich gleichgesellten Berufe umfasst. Die anderen „Freien Berufe“ sind im handelsrechtlichen Sinne gewerblich tätig und fallen daher unter die §§ 1 ff. HGB.[1084] Daraus folgt, dass einige in § 1 Abs. 2 S. 2 PartGG und § 18 EStG genannte Freie Berufe gewiss auch als Handelsgesellschaft fungieren können. Freilich können sich beispielsweise Fahrlehrer, Sprachschulen und Tanzschulen in das Handelsregister eintragen lassen, auch wenn ihr Unternehmen einen in kaufmännischer Weise eingerichteten Geschäftsbetrieb nicht erfordert (§§ 2, 105 Abs. 2 HGB).[1085] Diese Unstimmigkeiten innerhalb verschiedener Gesetze beruhen auf der nur schwer greifbaren Begrifflichkeit des Freien Berufes.

Eine völlige Loslösung von der Sonderstellung der Freien Berufe würde allerdings über das Ziel hinausschießen. So sehr die Öffnung aller Gesellschaftsformen zu befürworten ist, so viele negative Folgen würde die Abschaffung des Berufsstatuts mit sich bringen. Wie oben bereits ausführlich dargestellt wurde, sind die althergebrachten Charakteristika des Freien Berufs auch heute noch zum größten Teil auf die jeweiligen Berufsträger übertragbar.[1086] Der moderne Wandel ist dabei stetiger Begleiter wenn es um die Anpassung der freiberuflichen Charakteristika im Laufe der Zeit geht. Da die Bezeichnung „Freiberufler“ auch heute noch angemessen ist, spricht umso mehr gegen die einfache Abschaffung des Status quo. Fernerhin ist fraglich, was unter einer Abschaffung des Berufsstandes genau zu verstehen wäre. Wären das Berufsrecht und die jeweiligen Berufskammern auch von dem Umschwung betroffen? Sicherlich wäre das ein kaum gangbarer Weg, zumal zumindest die ursprünglich verkammerten Berufe in besonderem öffentlichen Interesse stehen. Demzufolge sind beispielsweise Rechtsanwälte gem. § 1 BRAO „Organe der Rechtspflege“ die nach § 26 BRAO einen Eid auf die Verfassung schwören.[1087] Überdies wäre die Öffnung aller Gesellschaftsformen für Freiberufler dann nur *de lege ferenda* möglich, müsste doch zuerst das gesamte freiberufliche Gebilde wie beispielsweise die Kammern und das Berufsrecht geändert werden.

Kleine-Cosack trifft den Nagel auf dem Kopf und stellt das Problem des „Sonderstatus der Freiberufler auf den Prüfstand“.[1088] Der Sonderstatus der Freien Berufe ist ein Relikt vergangener Zeit und wurde immer wieder vehement von

1084 *K. Schmidt*, DB 1998, 61 (62).
1085 Vgl. auch *K. Schmidt*, DB 1998, 61 (62).
1086 Vgl. Erster Teil, B., VI.
1087 *Kleine-Cosack*, AnwBl 2010, 537 (537).
1088 Siehe zur ausführlichen Problemdarstellung des freiberuflichen Sonderstatus *Kleine-Cosack*, AnwBl 2010, 537 (537 ff.).

den Kammern verteidigt.[1089] Insbesondere die Rechtsanwaltschaft akzeptierte die völlig veralteten Standesrichtlinien, welche von einigen älteren Herren im Arkanum der Bundesrechtsanwaltskammer beschlossen wurden.[1090] Erst auf Drängen von *Kleine-Cosack* hin,[1091] sowie die von ihm erwirkte Entscheidung zur Kassation der Standesrichtlinien vom Bundesverfassungsgericht am 14.07.1987[1092], führte zu einer ersten wesentlichen Auflockerung des anwaltlichen Berufs- und Standesrechts.[1093] Allerdings gelangt *Kleine-Cosack* zu dem radikalen Ergebnis, sowohl die Kammern, die Satzungsversammlung als auch die Berufsgerichtsbarkeiten – zumindest für die steuer- und rechtsberatenden Berufe – abzuschaffen.[1094] Den Gründen hierfür ist an dieser Stelle zuzustimmen; die Folge geht indessen zu weit.[1095]

Gewiss sind alle bestehenden Berufsrechte überreguliert und hindern damit die freie Entfaltung der Berufsstände im Hinblick auf den Wandel der Zeit. Auch die Berufskammern tragen ihren Teil zur Liberalisierungsbremse bei.[1096] Das Problem an der Berufsgerichtsbarkeit und Selbstverwaltung soll anhand folgenden aktuellen Beispiels verdeutlicht werden: Am 26.06.2014 hatte das Verwaltungsgericht München[1097] über einen Transplantationsstreit zu entscheiden. Eine Patientin der Universitätsklinik München wurde von der Warteliste für eine Spenderniere gestrichen, weil „das Vertrauensverhältnis zwischen ihnen und der Patientin sowie ihres Mannes zerstört gewesen sei". Auslöser sei eine E-Mail des Ehemannes gewesen. Darin hatte der sich vehement über einen nicht durchgeführten Bluttest beschwert und damit gedroht, die Klinikleitung zu konsultieren. Entscheidendes Kriterium der Ablehnung der Aufnahme auf die Warteliste war also, dass das „Vertrauensverhältnis" zwischen Patientin und Ärzten zerstört gewesen sei. Die nähere Ausgestaltung des Begriffs „Vertrauensverhältnis" obliegt der Bundesärztekammer. Dabei steht hiervon nicht einmal etwas in den

1089 *Kleine-Cosack*, AnwBl 2010, 537 (537).

1090 *Kleine-Cosack*, AnwBl 2010, 537 (537 f.).

1091 *Kleine-Cosack*, AnwBl 1986, 505 (505 ff.).

1092 BVerfGE 76, 171 = *BVerfG*, NJW 1988, 191 (191 ff.).

1093 Vgl. *Kleine-Cosack*, AnwBl 2010, 537 (538).

1094 *Kleine-Cosack*, in: FS für Busse, S. 215 (222 ff.); *Kleine-Cosack*, AnwBl 2010, 537 (543); *Kleine-Cosack*, AnwBl 2006, 368 (371 f.).

1095 Ausführlich hierzu *Hommerich*, Die Freien Berufe und das Vertrauen in die Gesellschaft, S. 235 ff.; zustimmend wohl *Redeker*, NJW 2004, 2799 (2800); *Kluth*, JZ 2010, 844 (851 f.).

1096 Ausführlich zu den Aufgaben der Rechtsanwaltskammern, vgl. *Ehlers/Lechleitner*, AnwBl 2006, 361 (361 ff.).

1097 VG München, Urteil v. 26.06.2014 – Az. M 17 K 13/808.

Transplantationsrichtlinien der Bundesärztekammer. Die Bundesärztekammer nimmt sich offensichtlich Selbstverwaltungskompetenzen heraus, die ihr gar nicht zustehen.[1098]

Nichtsdestotrotz erfüllen das Berufsrecht und die Kammern auch eine sinnvolle Funktion.[1099] Immerhin dient das Berufsrecht zumindest dem Schutz des Mandanten und damit jedem Rechtssuchenden.[1100] Ebenso wenig kann auf die Regulierung des Berufsmarkts, beispielsweise die Regelung der Berufszulassung, insbesondere der Zulassung von Rechtsanwaltsgesellschaften, verzichtet werden. Klar ist auch, dass die wesentlichen Regulierungsprozesse von irgendeiner Institution überwacht und vorgenommen werden müssen.[1101] Eine Auflösung der Berufskammern würde bloß zu einer „Umschichtung" verwaltungsrechtlicher Kompetenzen führen. Die Aufgaben der Berufskammern müssten an andere hoheitliche Organe oder Anstalten des öffentlichen Rechts neu verteilt werden. Der Nutzen der Kammern wird daher in der hiesigen Auffassung nicht bezweifelt. Umso mehr werden aber die Kompetenzen der jeweiligen Berufskammern in Frage gestellt. Berufskammern kommt ein weitreichendes Selbstverwaltungsrecht – was sich insbesondere in der Kammergerichtsbarkeit widerspiegelt – zugute.

Zur Lösung des bestehenden Problems muss genau dort angesetzt werden. Den Kammern sollen lediglich „Kernaufgaben" überlassen bleiben, die sie in Form von Auftragsangelegenheiten anstatt Selbstverwaltungsangelegenheiten erledigen. Zu den Kernaufgaben gehören beispielsweise die Bereiche der Berufszulassung und Kammerverwaltung. Die Hauptaufgabe soll damit in der Qualitätssicherung der Freien Berufe liegen. Alles andere wird sich auf dem Markt von selbst regulieren. Dadurch könnte die Bundesrechtsanwaltsordnung um den größten Teil ihrer Normen erleichtert werden. Als Vorbild können die zwei Entscheidungen des Bundesverfassungsgerichts 1987 herangezogen werden, in denen die Standesrichtlinien ihre Gültigkeit abgesprochen bekamen.[1102]

1098 *Höfling* im Interview mit *Kornmeier*, in: LTO, Beitrag vom 16.07.2014. Abrufbar unter: www.lto.de/recht/hintergruende/h/organspende-transplantation-warteliste-bundesaerztekammer/2/ (zuletzt abgerufen am 25.07.2014).

1099 Ebenso *Henssler*, AnwBl 2003, 394 (400).

1100 Ausführlich hierzu *Hommerich*, Die Freien Berufe und das Vertrauen in die Gesellschaft, S. 174 ff.; vgl. auch *Redeker*, NJW 2004, 2799 (2800); *Mann*, AnwBl 2010, 551 (555); *Kämmerer*, NJW-Beil. 2010, 105 (106 f.); *Hellwig*, BRAK-Mitt. 2008, 92 (96).

1101 Im Ergebnis auch *Hommerich*, Die Freien Berufe und das Vertrauen in die Gesellschaft, S. 239 f.

1102 Siehe hierzu Erster Teil, A., II.

Die Standesrichtlinien leben aber in weiten Teilen in den Regelungen des Berufsrechts weiter. Von eben jenen veralteten Regelungen gilt es sich endgültig zu verabschieden.[1103] Das Institut für Höhere Studien (IHS) aus Wien hat – wenn auch nicht unumstritten[1104] – herausgefunden, dass eine negative Auswirkung der Deregulierung der Freien Berufe auf die Qualität der Dienstleistungen nicht nachweisbar sei, weshalb die Regulierungsdichte abzubauen sei.[1105] Eine totale Abschaffung aller freiberuflichen Sonderheiten ginge indessen zu weit. Würde der Freie Beruf mit all seiner Regulierung aufgelöst, ginge die Kontrolle darüber verloren, wer im Beratungs- oder Heilberuf auf Anbieterseite auftritt. Es liegt indes im Interesse der Allgemeinheit, dass nur zugelassene Ärzte, deren Zulassung auch durch eine Kammer geprüft wurde, als Ärzte tätig werden dürfen. Dasselbe gilt für Rechtsanwälte, Steuerberater und Wirtschaftsprüfer.

Im Mittelpunkt muss letztendlich unter anderem die Trennung von Gesellschafts- und Berufsrecht stehen. Das Gesellschaftsrecht soll das „ob" bestimmen, während das Berufsrecht über das „wie" entscheidet.[1106] Gleichwohl gilt das wiederum nur für die „wesentlichen" Fragen des Berufsrechts der Freien Berufe. Und damit ist wieder auf *Kleine-Cosack* zurück zu kommen, der bei der Bereichsdifferenzierung nach dem Kern- und dem Randbereich unterscheidet.[1107] Die Unterscheidung ist auch hinsichtlich der Europarechtskonformität deutscher Regulierungsvorschriften von wesentlicher Bedeutung.[1108] Denn nur der Kernbereich des Berufsrechts bedarf einer Regulierung, aber auch nur dieser. So sind Berufseinschränkungen im Randbereich nicht zu rechtfertigen. Darunter zählen insbesondere das Werberecht, Vergütungsrecht und das Gesellschaftsrecht.[1109] Die Vorschriften hierzu stammen aus einem weit überholten Standesrecht, das heute nicht mehr zeitgemäß ist. Auf den Punkt gebracht ist allein der spezifische Bezug zum Gemeinwohl alleinige Besonderheit des Berufsbildes, die eine rechtliche Sonderbehandlung der Freien Berufe rechtfertigt und rechtfertigen kann.[1110]

1103 Vgl. auch *Kluth*, JZ 2010, 844 (846).

1104 Vgl. *Mann*, AnwBl 2010, 551 (553) m.w.N.

1105 COMP/2006/D3/003. Abrufbar unter: http://ec.europa.eu/comm/competition/sectors/professional_services/studies/studies.html (zuletzt abgerufen am 14.06.2014).

1106 Vgl. auch *K. Schmidt,* in: BMJ, Gutachten und Vorschläge zur Überarbeitung des Schuldrechts, S. 507.

1107 *Kleine-Cosack*, AnwBl 2010, 537 (539).

1108 Vgl. hierzu bereits oben: Vierter Teil, C., IV., 1.

1109 So auch *Kleine-Cosack*, AnwBl 2010, 537 (539).

1110 Ebenso *Mann*, AnwBl 2010, 551 (555).

Im Ergebnis bedarf es einer radikalen Restrukturierung des Mythos „Freier Beruf".[1111] Darunter fällt nicht nur das Berufsrecht; auch die mit den zur Durchsetzung des Berufsrechts legitimierten Einrichtungen auf der Ebene der Verwaltung und Justiz sind grundlegend neu zu organisieren. Der freiberufliche Markt muss grundsätzlich frei gestaltet werden und nicht umgekehrt.[1112] Im Übrigen würde eine Auflösung des Sonderstatus nichts an dem hiesigen Problem ändern. Das vorliegende Problem liegt nämlich darin, dass ein Arzt oder Rechtsanwalt kein Gewerbe betreibt und damit nicht unter die §§ 1, 105, 161 HGB fällt. Denn die klassischen Freien Berufe sind durch das Berufsrecht *ex lege* vom Gewerbebegriff ausgenommen.[1113] Die Freiberuflichkeit schließt den Betrieb eines Gewerbes ferner nicht aus.[1114] Würde der Sonderstatus abgeschafft, könnten sich Rechtsanwälte gleichwohl nicht in der Form einer Rechtsanwalts GmbH & Co. KG zusammenschließen. Hiergegen würde auch weiterhin das Erfordernis des Tatbestandsmerkmals „Gewerblichkeit" sprechen. Richtiger Anknüpfungspunkt ist damit der Gewerbebegriff des Handelsgesetzbuchs und die jeweiligen Normierungen in den Berufsordnungen. *De lege lata* lässt sich im Ergebnis also keine Lösung finden. Nichtsdestoweniger spielt die Deregulierung des Freien Berufs auch außerhalb der hiesigen Untersuchung eine wichtige Rolle und darf deshalb nicht aus den Augen verloren werden.

c) Ergebnis zu 2

De lege lata lässt sich der Weg für Freiberufler in alle Gesellschaftsformen nicht öffnen.[1115] § 105 Abs. 2 HGB kann nicht derart weit ausgelegt werden, dass jedermann ein Handelsgewerbe anmelden kann. Der Wortlaut und insbesondere der Sinn und Zweck der Norm sprechen gegen eine solch weite Auslegung. Auch durch die Abschaffung der Sonderstellung der Freien Berufe würde kein besseres Ergebnis erzielt werden. Das Berufsrecht der klassischen Freien Berufe sieht ausdrücklich vor, dass die Angehörigen dieser Berufsgruppen kein Gewerbe

1111 So auch *Hellwig*, BRAK-Mitt. 2008, 92 (97).

1112 So auch *Hellwig*, BRAK-Mitt. 2008, 92 (96).

1113 Hierzu zählen: Rechtsanwälte (§ 2 Abs. 2 BRAO), Patentanwälte (§ 2 Abs. 2 PAO), Notare (§ 2 S. 3 BNotO), Wirtschaftsprüfer (§ 1 Abs. 2 WPO), Steuerberater (§ 32 Abs. 2 StBerG), Ärzte (§ 1 Abs. 2 BÄO), Zahnärzte (§ 1 Abs. 4 ZahnheilkundeO), Tierärzte (§ 1 Abs. 1 TierärzteO) und öffentlich bestellte Vermessungsingenieure; vgl. *Körber*, in: Oetker HGB, § 1 Rn. 36.

1114 Siehe oben: Vierter Teil, C., IV., 2.

1115 So auch *Henssler*, NZG 2011, 1121 (1121); *Henssler*, ZHR 161 (1997), 13 (25). A.A. *Römermann*, AnwBl 2008, 609 (609 ff.); *Leuering/Rubner*, NJW-Spezial 2010, 591 (591 f.).

betreiben.[1116] Aus diesem Grund verhilft auch eine analoge Anwendung handelsrechtlicher Normen zu keinem anderen Ergebnis, da es bereits an einer planwidrigen Regelungslücke mangelt. Richtiger Angriffspunkt ist demnach das geltende Berufsrecht; es verbleibt damit nur eine Lösung *de lege ferenda*.

3. *Lösung de lege ferenda*

Eine Problemlösung *de lege ferenda* besteht in unterschiedlicher Intensität. Die wohl am wenigsten einschneidende Lösung besteht in der Aufnahme der OHG und KG in die jeweiligen Berufsrechtsordnungen. Eine weitreichendere Option liegt in der Streichung der Absätze, die den jeweiligen Freien Beruf ausdrücklich als nicht-gewerblichen deklarieren[1117] und die damit einhergehende Anerkennung der Gewerblichkeit aller Freien Berufe. Die wohl umfangreichste und gravierendste Lösung ist in der Abschaffung des Kaufmannsbegriffs und der gleichzeitigen Schaffung eines allgemeinen Unternehmens(träger)rechts zu sehen. Bei dieser Untersuchung stehen wieder die Freien Berufe im Mittelpunkt, so dass nicht auf alle Probleme des Handelsrechts eingegangen werden kann.

a) Die Aufnahme der OHG/KG in die BRAO

Die GmbH & Co. KG ist aufgrund ihrer gesellschaftsrechtlichen Flexibilität bei gleichzeitiger Haftungsbeschränkung sowie in steuerlicher Hinsicht auch für Rechtsanwälte eine äußerst interessante Gesellschaftsform.[1118] Wirtschaftsprüfer und Steuerberater können sich in der Rechtsform der OHG und KG – und damit in der für Rechtsanwälte interessanten GmbH & Co. KG – zusammenschließen, wenn sie wegen ihrer Treuhandtätigkeit als Handelsgesellschaften in das Handelsregister eingetragen worden sind. Trotz der gewerbefeindlichen Vorschriften der §§ 1 Abs. 2 WPO, 32 Abs. 2 StBerG sehen das die Berufsrechte ausdrücklich in §§ 27 Abs. 2 WPO, 49 Abs. 2 StBerG vor. Voraussetzung ist, dass die Gesellschaft zum Zwecke von Treuhandtätigkeiten gegründet wurde. Selbst wenn die

---

1116 Hierzu zählen: Rechtsanwälte (§ 2 Abs. 2 BRAO), Patentanwälte (§ 2 Abs. 2 PAO), Notare (§ 2 S. 3 BNotO), Wirtschaftsprüfer (§ 1 Abs. 2 WPO), Steuerberater (§ 32 Abs. 2 StBerG), Ärzte (§ 1 Abs. 2 BÄO), Zahnärzte (§ 1 Abs. 4 ZahnheilkundeO), Tierärzte (§ 1 Abs. 1 TierärzteO) und öffentlich bestellte Vermessungsingenieure; vgl. *Körber*, in: Oetker HGB, § 1 Rn. 36.

1117 Rechtsanwälte (§ 2 Abs. 2 BRAO), Patentanwälte (§ 2 Abs. 2 PAO), Notare (§ 2 S. 3 BNotO), Wirtschaftsprüfer (§ 1 Abs. 2 WPO), Steuerberater (§ 32 Abs. 2 StBerG), Ärzte (§ 1 Abs. 2 BÄO), Zahnärzte (§ 1 Abs. 4 ZahnheilkundeO), Tierärzte (§ 1 Abs. 1 TierärzteO) und öffentlich bestellte Vermessungsingenieure.

1118 Vgl. hierzu *Henssler*, NZG 2011, 1121 (1125 f.); *Karl*, BB 2011, 2583 (2583).

Wirksamkeit der Rechtsanwalts-GmbH & Co. KG aufgrund eines Rückschlusses auf die Berufsrechte der Wirtschaftsprüfer und Steuerberater teilweise *de lege lata* begründet wird,[1119] muss aufgrund der eindeutigen Rechtslage der Schluss gezogen werden, dass eine Rechtsanwalts-GmbH & Co. KG nur *de lege ferenda* zu rechtfertigen ist.[1120] Eine der §§ 27 WPO, 49 StBerG vergleichbare Vorschrift gibt es in der Bundesrechtsanwaltsordnung nicht. Eine Zulassung nach §§ 59c ff. BRAO scheidet ebenfalls aus, da Rechtsanwalts-Personengesellschaften von der für den Kanzleisitz zuständigen Rechtsanwaltskammer nicht in einem berufsrechtlichen Verfahren zugelassen werden. Ihre Wirksamkeit entsteht bereits mit Gründung, nur die Gesellschafter können Mitglied der Rechtsanwaltskammer werden.[1121] Somit steht § 2 Abs. 2 BRAO der Wirksamkeit der Rechtsanwalts-GmbH & Co. KG *de lege lata* entgegen.

Es verbleibt damit lediglich die ausdrückliche Aufnahme der OHG/KG in die BRAO. Aufgrund des Gebots der Einheit der Rechtsordnung kann dies allerdings nur auf bestimmte Tätigkeitsgebiete beschränkt werden. Die generelle Aufnahme der OHG/KG würde § 2 Abs. 2 BRAO widersprechen, sodass die Bundesrechtsanwaltsordnung mit zwei sich widersprechenden Normen versehen wäre. Es kann in ein und demselben Gesetz nicht die Gewerbetätigkeit untersagt und zugleich eine Unternehmensform zugelassen werden, die auf den Betrieb eines Handelsgewerbes ausgerichtet ist. Möglich wäre damit die Aufnahme einer Norm in der BRAO, die alle in Betracht kommenden Rechtsformen aufzählt. So könnte – angelehnt an die §§ 27 WPO, 49 StBerG – § 59a BRAO um einen Absatz 4 erweitert werden. Die Norm könnte dann wie folgt aussehen:

> *§ 59a. Berufliche Zusammenarbeit; Rechtsform*
>
> *(1) (...)*
>
> *(2) (...)*
>
> *(3) (...)*
>
> *(4) Offene Handelsgesellschaften und Kommanditgesellschaften können als Rechtsanwaltsgesellschaften anerkannt werden, wenn Sie wegen Tätigkeiten wie Insolvenzverwaltung, Forderungsinkasso, Zwangsverwaltung, Testamentsvollstreckung oder Treuhandtätigkeiten als Handelsgesellschaften in das Handelsregister eingetragen worden sind.*[1122]

1119 *Römermann*, AnwBl 2008, 609 (609 ff.); *Sproß*, AnwBl 1996, 201 (201 ff.).

1120 So auch *Henssler*, NZG 2011, 1121 (1123).

1121 Vgl. auch *Henssler*, NZG 2011, 1121 (1123).

1122 Zum Problem der Gewerblichkeit der genannten Tätigkeiten siehe *Römermann*, AnwBl 2011, 750 (752 f.).

Allerdings wäre diese Lösung nur unbefriedigend, da eine Rechtsanwalts-GmbH & Co. KG rein aufgrund der genannten Tätigkeiten gegründet werden könnte. Die Rechtsberatung dürfte dann nicht im Vordergrund stehen, wodurch dem eigentlichen Anliegen, der vollständigen Öffnung aller Rechtsformen für Freie Berufe, nicht gedient wäre. Es führt kein Weg daran vorbei, die gewerbefeindlichen Vorschriften aus den Berufsordnungen zu streichen. Erst dann kann die Deregulierung in gesellschaftsrechtlicher Hinsicht von einem Erfolg sprechen. Aus diesem Grund soll hier nicht näher auf die Aufnahme der OHG/KG in die Bundesrechtsanwaltsordnung eingegangen werden. Das gleiche gilt für die von einigen Stimmen propagierte Kommanditpartnerschaft.[1123] Die Aufnahme der Kommanditgesellschaft in das Partnerschaftsgesellschaftsgesetz würde auf halbem Wege der Problembeseitigung Halt machen. Sinnvoller ist es das Problem an der Wurzel zu packen und endgültig zu beseitigen. Hierzu muss bei den gewerbefeindlichen Vorschriften in den jeweiligen Berufsordnungen angesetzt werden und/oder das kaufmannsinfizierte Handelsgesetzbuch neu überdacht werden.

b) Der Freie Beruf als (Handels-)Gewerbe

aa) Problemdarstellung

Eine weitere Möglichkeit des Kommerzialisierungsprozesses besteht in dem längst überfälligen Schritt, den „Freien Beruf“ unter den Gewerbebegriff zu subsumieren. Würde der Freie Beruf ebenso als Gewerbetätigkeit deklariert werden, stünde Angehörigen Freier Berufe der Weg in die OHG und KG *de lege ferenda* offen. Bereits der zentrale Punkt der Reform in Österreich lag darin, dass der Tatbestand der Kaufmannseigenschaft den Blick auf das Bild eines Kaufmanns, wie es zum Ende des 19. Jahrhunderts in einem von Warenhandel geprägten Wirtschaftsleben Berechtigung hatte, inzwischen aber längst von den Veränderungen des modernen Geschäftslebens überholt wurde, verengt hatte. Die Dienstleistungsbranchen fanden nämlich in § 1 Abs. 2 im HGB keine angemessene Berücksichtigung. Der „Kaufmann“ tritt heute nicht mehr in der gleichen Form in Erscheinung, wie noch beispielsweise vor 100 Jahren.[1124] Dieses Dilemma ist nicht erst seit heute bekannt. Bereits vor über 100 Jahren hat *Otto von Gierke*[1125] auf die Schwächen des Kaufmannbegriffs aufmerksam gemacht.

1123 Vgl. hierzu *Schüppen*, BB 2012, 783 (784).

1124 *Zib/Verweijen*, Das neue Unternehmensgesetzbuch, S. 20; *Henssler*, ZHR 161 (1997), 13 (14).

1125 *Von Gierke*, ZHR 45 (1896), 441 (452).

Sogar dessen Verfassungswidrigkeit steht aufgrund Art. 3 Abs. 1 GG in Rede.[1126] Das Dienstleistungsgewerbe ist in den letzten 100 Jahren enorm gewachsen und damit auch der Gesamtumsatz in der Dienstleistungsbranche.[1127] Gerade auch Dienstleistungsanbieter sind reine Gewerbetreibende, denn ein Gewerbebetrieb im handelsrechtlichen Sinne ist nach herrschender Meinung gegeben, wenn eine auf Dauer angelegte wirtschaftliche Tätigkeit am Markt selbständig in der Absicht betrieben wird, Gewinne oder jedenfalls Entgelte zu erzielen.[1128] Klassische Dienstleister sind aber ebenfalls Angehörige der Freien Berufe. Nur eben diese Berufe sind von dem Anwendungsbereich des HGB ausgeschlossen, da sie nach wohl vorherrschender Meinung – und das gilt noch immer in Österreich[1129] – kein Gewerbe betreiben.[1130] Grund hierfür ist weniger die fehlende Gewinnerzielungsabsicht[1131] als eine bloß historische Erklärung.[1132] Obwohl Freiberufler alle Voraussetzungen des Gewerbetreibenden erfüllen, werden sie aufgrund tradierter Rechtsprechung hiervon ausgeschlossen.[1133] Eine überzeugende Begründung

1126 *Neuner*, ZHR 157 (1993), 243 (286 ff.).

1127 Vgl. hierzu die Zahlen des statistischen Bundesamts. Abrufbar unter: https://www.destatis.de/DE/ZahlenFakten/Wirtschaftsbereiche/Dienstleistungen/Dienstleistungen.html (zuletzt abgerufen am 08.06.2014).

1128 BGHZ 33, 321 = *BGH*, NJW 1961, 725 (726); *K. Schmidt*, in: MüKo HGB, § 1 Rn. 27 ff.; *Hopt*, in: Baumbach/Hopt, HGB, § 1 Rn. 12; *Kindler*, in: Ebenroth/Boujong/Joost/Strohn, HGB, § 1 Rn. 20 ff.; *Roth*, in: Koller/Roth/Morck, HGB, § 1 Rn. 4; *Körber*, in: Oetker HGB, § 1 Rn. 12; *Schön*, DB 1998, 1169 (1171) m.w.N.

1129 *Zib/Verweijen*, Das neue Unternehmensgesetzbuch, S. 25.

1130 *BGH*, NZG 2011, 1063 (1063); BVerfGE 120, 1 = *BVerfG*, NVwZ 2008, 1102 (1106); *Kindler*, in: Ebenroth/Boujong/Joost/Strohn, HGB, § 1 Rn. 38; kritisch hierzu *K. Schmidt*, in: MüKo HGB, § 1 Rn. 32 ff.; *Emmerich*, in: Heymann/Emmerich, § 1 Rn. 18; *Roth*, in: Koller/Roth/Morck, HGB, § 1 Rn. 12; *Hopt*, in: Baumbach/Hopt, HGB, § 1 Rn. 19; *Raisch*, in: FS für Rittner, S. 471 (471); *Michalski*, Der Begriff des freien Berufs im Standes- und im Steuerrecht, S. 38 ff.; *Canaris*, Handelsrecht, § 2 I Rn. 8 ff.

1131 Denn diese kann heute nicht mehr bestritten werden. Vgl. hierzu oben: Erster Teil, B., V., 2., a), aa).

1132 Die Regierungsbegründung der Handelsrechtsreformgesetzgeber geht auf das Problem des überkommenen Kaufmannsbegriffs zwar ein, sieht aber von einer konsequent unternehmensrechtlichen Generalrevision ab. Vgl. hierzu BT-Drucks. 13/8444, S. 22 f., 33.

1133 Vgl. *Roth*, in: Koller/Roth/Morck, HGB, § 1 Rn. 13b; *Michalski*, Der Begriff des freien Berufs im Standes- und im Steuerrecht, S. 42 f.; *Henssler*, ZHR 161 (1997), 13 (20 f.); *Neuner*, ZHR 157 (1993), 243 (288).

wird allerdings vergeblich gesucht.[1134] Dabei unterscheiden sie sich vom „normalen" Dienstleistungserbringer in vielerlei Hinsicht nicht mehr signifikant, denn sie operieren oft grenzüberschreitend, in überstaatlichen Netzwerken und arbeitsteilig organisierten Großeinheiten, die zum Teil über die Berufsgrenzen hinausgehen.[1135]

Dass einige Freiberufler auch gewerblich tätig sein können, weist umso mehr auf die Schwachstellen des Status quo hin. Denn nur die klassischen Freien Berufe sind durch das Berufsrecht *ex lege* vom Gewerbebegriff ausgenommen.[1136] Andere in § 1 Abs. 2 PartGG genannte Freiberufler können sich daher im Handelsregister eintragen lassen und ein Handelsgewerbe betreiben. So können sich beispielsweise Fahrlehrer, Sprachschulen und Tanzschulen in das Handelsregister eintragen lassen, auch wenn ihr Unternehmen einen in kaufmännischer Weise eingerichteten Geschäftsbetrieb nicht erfordert (§§ 2, 105 Abs. 2 HGB).[1137] Diese Unstimmigkeiten innerhalb verschiedener Gesetze beruhen auf der nur schwer greifbaren Begrifflichkeit des Freien Berufes. Die begriffliche Schwierigkeit beweist bereits das Gesetz selbst, indem § 1 Abs. 2 PartGG nur „im allgemeinen" die Eigenschaften der Freien Berufe aufzeigt.[1138] Auch gemischte Betriebe, in denen sowohl freiberufliche als auch kommerzielle Zwecke verfolgt werden, tragen zu dem hiesigen Problem nur noch mehr Unruhe bei. Die Freien Berufe aus dem Gewerbebegriff herauszunehmen sorgt somit nur für mehr Unsicherheit als sie eigentlich vermeiden soll.

bb) Problemlösung

Auf den Punkt gebracht können nur die klassischen Freien Berufe kein Gewerbe betreiben und das nur, weil das jeweilige Berufsrecht das ausdrücklich vorgibt. Warum Freiberufler aber kein Gewerbe betreiben können, ist unverständlich und im weiteren Verlauf dogmatisch sowie rechtspolitisch zu hinterfragen. Es ist an der Zeit, diese tradierte Denkweise und die damit verbundene Angst um die Folgen ad acta zu legen, denn die Angst ist – wie im Folgenden bewiesen

---

1134 *Raisch*, in: FS für Rittner, S. 471 (471).

1135 *Kämmerer*, NJW-Beil. 2010, 105 (106).

1136 Hierzu zählen: Rechtsanwälte (§ 2 Abs. 2 BRAO), Patentanwälte (§ 2 Abs. 2 PAO), Notare (§ 2 S. 3 BNotO), Wirtschaftsprüfer (§ 1 Abs. 2 WPO), Steuerberater (§ 32 Abs. 2 StBerG), Ärzte (§ 1 Abs. 2 BÄO), Zahnärzte (§ 1 Abs. 4 ZahnheilkundeO), Tierärzte (§ 1 Abs. 1 TierärzteO) und öffentlich bestellte Vermessungsingenieure; vgl. *Körber*, in: Oetker HGB, § 1 Rn. 36.

1137 Vgl. auch *K. Schmidt*, DB 1998, 61 (62).

1138 Vgl. *Römermann*, AnwBl 2011, 750 (750).

wird – unberechtigt.[1139] Warum Freie Berufe auch heute noch aus dem HGB ausgeklammert werden, hat folgende Gründe:

- Tradition – vor allem in der Rechtsprechung.[1140]
- Teilweise wird vertreten, es fehle die für Betreiber eines Gewerbes nicht hinwegzudenkende Gewinnerzielungsabsicht.[1141]
- Systematische Gefahren aufgrund der Liberalisierung für die anwaltlichen Grundwerte Unabhängigkeit und Verschwiegenheit.[1142]

Die Gründe für das Ausklammern der Freien Berufe überzeugen nicht. „Der Rechtsanwalt ist unabhängiges Organ der Rechtspflege" (§ 1 BRAO). Dieser Leitsatz handelt von der Stellung des Rechtsanwalts im System der Rechtspflege. Er enthält indes keine Vorgabe für ein konkretes anwaltliches Berufsbild und schließt einen Wandel des Berufsbildes nicht grundsätzlich aus.[1143] Obendrein hat der Strukturwandel auf den Rechtsberatungsmärkten schon dazu geführt, dass der Rechtsanwalt nicht mehr als Angehöriger eines „Standes" und als Organ der Rechtspflege, sondern als „ganz normaler" Dienstleistungsanbieter anzusehen ist.[1144] Bereits mit der Schaffung von Selbstverwaltungsträgern wie den Berufskammern sollte die Loslösung vom Staat manifestiert werden. Das Ergebnis war jedoch nur eine „Kompetenzumschichtung" von einer zur anderen staatlichen Stelle. Der erste Schritt in die richtige Richtung waren zwei Entscheidungen des Bundesverfassungsgerichts, die die Standesordnungen kassierten.[1145] Weiter heißt es beispielsweise in § 2 Abs. 2 BRAO, dass die anwaltliche Tätigkeit kein Gewerbe sei. Nur leider wurde an dieser Feststellung noch nicht zu rütteln versucht. Es ist aber längst an der Zeit, dass die verstaubten Berufsrechtsordnungen, die zum großen Teil aus den kassierten Standesordnungen bestehen, hinterfragt werden. Die Tradition muss den Platz für zukunfts-, insbesondere wettbewerbsorientierte Berufsrechtsinterpretationen frei machen. Übrigens ist es ein weit verbreiteter Irrglaube, dass Freiberufler auf eine jahrhundertlange

---

1139 So auch *Hellwig*, BRAK-Mitt. 2008, 92 (95 ff.); a.A. *Henssler*, ZHR 161 1997, 13 (27, 33 f.).

1140 *BGH*, NZG 2011, 1063 (1063 ff.); BVerfGE 120, 1 = *BVerfG*, NVwZ 2008, 1102 (1106); *Roth*, in: Koller/Roth/Morck, HGB, § 1 Rn. 13b; *Raisch*, in: FS für Rittner, S. 471 (471); *Henssler*, ZHR 161 (1997), 13 (20 f.).

1141 Vgl. hierzu *Raisch*, in: FS für Rittner, S. 471 (471).

1142 *Stürner/Bormann*, NJW 2004, 1481 (1485 ff.).

1143 *Hellwig*, BRAK-Mitt. 2008, 92 (96).

1144 Vgl. *Donath*, ZHR 156 (1992), 134 (165).

1145 Siehe hierzu Erster Teil, A., II.

Tradition zurückblicken können. Selbst die traditionsreichsten Freien Berufe der Ärzte und Rechtsanwälte sind im vorgeschriebenen Sinne der Tradition und Rechtsprechung erst Mitte des 19. Jahrhunderts entstanden. Für Ingenieure, Architekten, Steuerberater und Wirtschaftsprüfer kann lediglich bis in die Nachkriegszeit zurückgegangen werden.[1146]

Nicht nur in den gesellschaftsrechtlichen Kooperationsmöglichkeiten, auch in der Preiskalkulation und in den Werbemöglichkeiten unterliegen die Freien Berufe weiterhin erheblichen Restriktionen, die ihre völlige Gleichstellung mit Gewerbetreibenden verfehlt erscheinen lassen.[1147] Die richtige Frage lautet doch warum gerade Freie Berufe vom Gewerbebegriff *ex lege* ausgenommen sind. Obgleich die Tradition ein grundsätzlich wirkungsvolles Argument darstellt, so findet auch dieses Argument irgendwann seine Grenze – und diese Grenze heißt „Fortschritt". Natürlich sind Traditionen äußerst wichtig, aber sinnvoll sind Traditionen nur dann, wenn sie nicht dazu missbraucht werden, die Angst vor der Ungewissheit zu umhüllen. Selbst das starke Instrument „Tradition" bedarf einer daseinsberechtigten Erklärung. Es lediglich als Deckmantel tradierter Auffassungen zu missbrauchen, würde die Daseinsberechtigung in Zweifel ziehen. Der Freie Beruf ist gesellschaftlichen Wandlungen unterworfen. Normativ lassen sich diese Bilder und Vorstellungen heute nicht mehr ableiten. In den fast 150 Jahren seit dem Erlass der Rechtsanwaltsordnung haben sich die normativen Grundlagen, aber sicher auch die gesellschaftlichen Voraussetzungen, wesentlich geändert.[1148] Umso lauter hallt der Schrei der Frage warum Freiberufler kein Gewerbe betreiben. Die Tradition bietet damit kein überzeugendes Argument für die Aufrechterhaltung der Ausklammerung Freier Berufe von Gewerbetätigkeiten.

Dass Freiberufler nicht in erster Linie dem Gewinnstreben dienen, ist überholt und heute nicht mehr vertretbar. Das gilt sogar für die klassischen Freien Berufe.[1149] Angeblich betreiben Rechtsanwälte – ebenso wenig wie Wirtschaftsprüfer und Steuerberater – kein Handelsgewerbe. Allerdings weisen auch diese Berufsgruppen bei Tätigkeiten wie Insolvenzverwaltung, Forderungsinkasso, Zwangsverwaltung oder Testamentsvollstreckung, einen schwerpunktmäßig gewerblichen Handlungscharakter auf, die ebenso eine Eintragung ins Handelsregister ermöglicht. Rechtsanwälte üben Inkassotätigkeiten oft sogar in großem Umfang aus.[1150] Die Grenzziehung ist in diesem Bereich nur schwer

1146 *Kluth*, JZ 2010, 844 (845).
1147 Vgl. *Henssler*, ZHR 161 (1997), 13 (26).
1148 Vgl. auch *Henssler*, NZG 2011, 1121 (1127); *Redeker*, NJW 2004, 2799 (2800).
1149 Vgl. oben: Erster Teil, B., V., 2., a), aa).
1150 *Karl*, BB 2011, 2583 (2584).

vorzunehmen. Dass diese Berufsgruppen aber de facto handelsgewerbliche Tätigkeiten ausüben, scheint kaum jemanden zu stören. Der Aufschrei erfolgt erst dann, wenn dieser Fakt normativen Niederschlag erfahren soll. Des Weiteren ist es nicht mehr von der Hand zu weisen, dass es heute wohl mehr angestellte als frei praktizierende Rechtsanwälte und Ärzte gibt.[1151] Stimmt das Verhältnis von angestellten zu den Partnern in größeren Kanzleien nicht mehr, arbeiten beispielsweise drei bis vier *Associates* einem Partner zu, spricht viel dafür, dass der Partner seine freiberufliche Tätigkeit nicht mehr persönlich erbringt und die Leistung durch den *Associate* somit nur der Gewinnmaximierung dient und damit gewerblich ist.[1152] Dennoch ist die gewerbliche Tätigkeit mit der Sonderstellung des Freiberuflers vereinbar, denn das freiberufliche Begriffsmerkmal „altruistisch und nicht gewinnorientiert" kann in einer modernen Begriffsbestimmung keinen Platz mehr einnehmen.[1153] Das Merkmal ist ein Relikt vergangener Zeit und passt nicht mehr zu dem modernen Freiberufler. Selbst wenn an dem tradierten Begriff des Freien Berufes festgehalten werden will, hindert die Gewinnorientierung nicht die Erfüllung aller Begriffsmerkmale des Freien Berufes. Altruistisch und nicht gewinnorientiert kann dann jedenfalls nur so verstanden werden, dass gegenteilige Motive nicht an vorderster Stelle stehen.

Mit anderen Worten muss das Streben nach Gewinn hinter der altruistischen Ausrichtung des Freiberuflers zurücktreten. Altruismus und Gewinnstreben schließen sich aber nicht gegenseitig aus. Schließlich müssen auch Freiberufler kostendeckend wirtschaften und wollen ihren Lebensunterhalt angemessen bestreiten. Dass ein Rechtsanwalt oder Arzt nach jahrelangem Studium nicht knapp über dem Existenzminimum leben will, ist wohl kaum erwähnenswert. Wichtig ist daher in erster Linie, dass die als nicht-gewerblich bezeichneten Freiberufler ihre Tätigkeit sorgfältig und mit bestem Gewissen ausüben. Sie müssen den besonders hohen Anforderungen an ihre Berufsausübung gerecht werden. Die Gewinnerzielungsabsicht ist von dem Kriterium des Altruismus – welches ein Merkmal des Begriffs des Freiberuflers ausmacht – folglich zu trennen. Im Ergebnis fehlen daher überzeugende Argumente, die den normativen Niederschlag in den §§ 2 Abs. 2 BRAO, 2 Abs. 2 PAO, 2 S. 3 BNotO, 1 Abs. 2 WPO,

1151 So auch *Redeker*, NJW 2004, 2799 (2799). Gleichzeitig sagt *Redeker* auch, dass die Kommerzialisierung erst dann negativ wird, wenn sie zur Gewinnmaximierung ausartet, vgl. auf Seite 2801. Auch das ist heute nicht mehr zu verhindern, wo es doch gerade um den Wettbewerb auf dem freiberuflichen Markt geht.

1152 Ebenso *Vossebürger*, in: BRAO Kommentar, Teil 1 BRAO, § 2 Rn. 6.

1153 Vgl. dazu oben: Erster Teil, B., V., 2., a), aa).

32 Abs. 2 StBerG, 1 Abs. 2 BÄO, 1 Abs. 4 ZahnheilkundeO, 1 Abs. 1 TierärzteO rechtfertigen.[1154]

Weiterhin birgt die Kommerzialisierung und Deregulierung der Freien Berufe keine Gefahren für die Sonderstellung des Berufsträgers. Die Leistung des Freiberuflers bleibt eine solche der höheren Geistigkeit. Die Gewerblichkeit schließt die höhere Art der geistigen Tätigkeit nicht aus. Ebenso wenig die Gewinnorientierung keine negative Auswirkung auf das Gemeinwohl hat, steht auch die Gewerblichkeit den Faktoren „Unabhängigkeit" und „Verschwiegenheit" nicht entgegen.[1155] Schließlich lassen sich Unabhängigkeiten im menschlichen Zusammenleben niemals ausschließen; die §§ 1 und 3 Abs. 1 BRAO sprechen lediglich von der Unabhängigkeit im Zusammenhang mit der Organstellung in der Rechtspflege und der Beratung und Vertretung in allen Rechtsangelegenheiten, das heißt im Mandat.[1156] Desto weniger ist die anwaltliche Unabhängigkeit bei angestellten Rechtsanwälten in Großkanzleien ein Thema. *Associates* in großen Kanzleien werden gut bezahlt und wer dort ausscheidet, findet durchweg rasch eine neue Anstellung.[1157] Das gilt überdies für jeden angestellten Freiberufler. Die Anstellung ist lediglich ein Zwischenstadium auf dem Weg zu einer eigenen selbständigen Tätigkeit.[1158] Wenn die persönliche und wirtschaftliche Unabhängigkeit in Frage gestellt wird, muss eher bei denjenigen Freiberuflern angesetzt werden, die alleine oder in kleinen Bürogemeinschaften tätig sind und damit den Mythos des Freien Berufes leben. Der Arbeitsmarkt steht für Rechtsanwälte und Ärzte lang nicht mehr so gut dar, wie er noch vor Jahrzehnten stand. Erst recht dann, wenn ein Rechtsanwalt oder Arzt „nehmen muss was kommt", ist an der persönlichen und wirtschaftlichen Unabhängigkeit zu zweifeln.[1159] Die Unabhängigkeit endet folglich nicht dort, wo die Gewerblichkeit anfängt. Warum die anwaltliche Verschwiegenheitspflicht in Gefahr sein soll ist schlichtweg unverständlich.[1160]

Zu guter Letzt ist der Schutz der Mandanten gewahrt, da sie durch einen strengen Pflichtenkatalog der Berufsausübenden geschützt sind.[1161] Ob ein Rechtsanwalt seine Dienstleistung als Gewerbetreibender ausführt oder nicht, hat keine

1154 Skeptisch *Stürner/Bormann*, NJW 2004, 1481 (1485 f.).
1155 A.A. *Stürner/Bormann*, NJW 2004, 1481 (1485).
1156 *Hellwig*, BRAK-Mitt. 2008, 92 (95).
1157 *Hellwig*, BRAK-Mitt. 2008, 92 (95).
1158 Ausführlich hierzu oben: Erster Teil, B., V., 2., a), bb).
1159 So auch *Hellwig*, BRAK-Mitt. 2008, 92 (95).
1160 Eingehend hierauf *von Falkenhausen*, AnwBl 2012, 889 (894).
1161 *Henssler*, ZHR 161 (1997), 13 (26 f.).

Auswirkungen auf den Schutz des Mandanten. Die Gewerblichkeit hat lediglich zur Folge, dass sich Freiberufler dem HGB unterwerfen können. Die Anwendung des HGB hat indessen keine negativen Auswirkungen auf den Schutz des Mandanten. Schließlich bleibt das Berufsrecht mit all seinem Schutz bestehen. Nur die negativen Einschränkungen für den Freiberufler sind aus den Berufsordnungen zu streichen. Faktisch gehen wohl die meisten Freiberufler einem Gewerbebetrieb nach. Der normativen Kraft des Faktischen steht allerdings die Norm selbst im Weg. Damit sind die Absätze der jeweiligen Berufsordnungen gemeint, die den jeweiligen Freien Beruf ausdrücklich als nicht-gewerblichen deklarieren.[1162] Wie eben gezeigt wurde, stehen die Wesensmerkmale des Freien Berufes mit der Gewerblichkeit im Einklang. Durch die Streichung der jeweiligen gewerbeuntersagenden Vorschriften stünde es jedem Freiberufler frei, ob er den gewerblichen Weg in das HGB wählt, oder ob er an der freiberuflichen Stellung festhält. Gerade für kleinere Kanzleien, Ärztegemeinschaften usw. lohnt sich die Eintragung ins Handelsregister nicht. Die Öffnung des Gewerbes für Freie Berufe wäre auch keine „alles-oder-nichts-Lösung". Es soll eben jedem Berufsausübenden selbst überlassen werden, in welcher Form er seinen Beruf ausübt.

Durch eine Beibehaltung der strengen Regulierung des Berufsrechts Freier Berufe würde der deutsche Gesetzgeber dieselben Fehler begehen, die er bereits vor der Schaffung der PartG mbB begangen hat. Der Europäisierung des Gesellschaftsrechts konnte das deutsche Recht nicht mehr standhalten.[1163] Strenge Regulierung bedeutet zugleich Wettbewerbsunfähigkeit deutscher Freiberufler. Mit Ausspruch der europäischen Dienst- und Niederlassungsfreiheit (Centros, Überseering, Inspire Art) überrannten britische und angelsächsische *law firms* den deutschen Rechtsanwaltsmarkt. Die PartG mbB ist zwar ein erster Fortschritt; um wettbewerbsfähig zu bleiben, bedarf es indes mehr als lediglich die Partnerschaft mit beschränkter Berufshaftung. Schließlich halten sich die Amerikaner und Briten bei der Weiterentwicklung des Rechts der Freien Berufe auch in Zukunft nicht zurück. Es ist nur eine Frage der Zeit, bis sich deutsche Kanzleien wieder in England oder Amerika umschauen. Die Deregulierung des verstaubten Berufsrechts sollte deshalb so schnell wie möglich vorangetrieben werden.[1164]

1162 Rechtsanwälte (§ 2 Abs. 2 BRAO), Patentanwälte (§ 2 Abs. 2 PAO), Notare (§ 2 S. 3 BNotO), Wirtschaftsprüfer (§ 1 Abs. 2 WPO), Steuerberater (§ 32 Abs. 2 StBerG), Ärzte (§ 1 Abs. 2 BÄO), Zahnärzte (§ 1 Abs. 4 ZahnheilkundeO), Tierärzte (§ 1 Abs. 1 TierärzteO) und öffentlich bestellte Vermessungsingenieure.

1163 Vgl. auch *Henssler*, NZG 2011, 1121 (1121 f.).

1164 Ebenso kritisch *Henssler*, NZG 2011, 1121 (1129).

c) Loslösung vom Kaufmannsbegriff im HGB

aa) Der Streit um den Kaufmannsbegriff

Zuletzt soll die Abkehr vom subjektiven Kaufmannsbegriff und damit die Konzentration des geltenden Gesetzbuchs auf Handelsgesellschaften (HGB) diskutiert werden. Steht die Anwendbarkeit der §§ 105 ff., 161 ff. HGB nicht mehr unter der Voraussetzung des (Handels-) Gewerbebetriebs, ist die obige Diskussion über die Subsumtion des Freien Berufes unter den Gewerbebegriff obsolet. Denn ob Freie Berufe ein Gewerbe betreiben oder nicht, spielt keine Rolle, wenn offene Handelsgesellschaften und Kommanditgesellschaften von jedweder unternehmenstragenden Gesellschaft gegründet werden können. Die gewerbefeindlichen Vorschriften in den Berufsordnungen stünden der Gründung einer GmbH & Co. KG nicht mehr im Wege. Wie oben bereits dargestellt wurde, ist der Kaufmannsbegriff seit jeher kritisiert worden.[1165] Aus diesem Grund soll hierauf nicht weiter eingegangen werden. Österreich hat den Schritt bereits zum 01.01.2007 gewagt und das Handelsgesetzbuch in ein Unternehmensgesetzbuch (UGB) umgewandelt.[1166] Auch in Österreich wurde vor Einführung des Unternehmensgesetzbuchs die Behauptung aufgeworfen, die Einbeziehung der Freien Berufe in das UGB erwecke den Anschein einer zunehmenden Kommerzialisierung der Freien Berufe. Dies widerspreche aber den hohen ethischen Anforderungen dieser Berufe.[1167] Nichtsdestotrotz hat der österreichische Gesetzgeber den Kritikern die Stirn geboten und den Schritt in ein gegenwartsorientiertes Unternehmensgesetzbuch gewagt. Damit ist er vor allem dem Drängen von *Krejci* und *Karsten Schmidt* nach einer Tagung der Wirtschaftskammer Österreich im April 2001 gefolgt.[1168] Dieser Weg könnte nun auch in Deutschland gegangen werden.

Den Auftakt zu dieser Diskussion in Deutschland machte bereits *Raisch* in den 60er-Jahren, der damals schon den historisch überkommenen Kaufmannsbegriff anprangerte.[1169] Sein Vorschlag lief darauf hinaus, das kaufmannsgeprägte Handelsgesetzbuch in ein unternehmensfixiertes Gesetzbuch umzuändern. Ebenso stellte *Raisch* die für einen Unternehmer wichtigen Merkmale dar. Ein Unternehmer müsse selbständig sein, sein Angebot an die Allgemeinheit richten, das

---

1165 Siehe hierzu oben: Vierter Teil, C., IV., 3., b).

1166 Siehe hierzu oben: Vierter Teil, C., III., 2.

1167 *Zib/Verweijen*, Das neue Unternehmensgesetzbuch, S. 26.

1168 *Dehn/Krejci*, in: SWK-Das neue UGB, S. 14; *Krejci*, ZHR 170 (2006), 113 (116).

1169 *Raisch*, Geschichtliche Voraussetzungen, Dogmatische Grundlagen und Sinnwandlung des Handelsrechts, S. 179 ff.; Ebenso *Raiser*, Das Unternehmen als Organisation, S. 166 ff.

Angebot müsse eine wirtschaftlich werthafte Leistung beinhalten, es müsse eine organisierte Wirtschaftseinheit vorhanden sein und das alles auf Dauer gerichtet.[1170] Nicht erforderlich hingegen seien beispielsweise die Gewinnabsicht oder ein spezifisches Berufs- und Fachwissen.[1171] Zusammenfassend könne man den Unternehmer wie folgt definieren: „*Unternehmer im Sinne des Handelsrechts ist, wer selbständig mittels einer auf Dauer angelegten organisierten Wirtschaftseinheit anderen Marktteilnehmern wirtschaftlich werthafte Leistungen anbietet*".[1172] Diese Definition ist fast identisch mit der des österreichischen Unternehmensgesetzbuchs in § 1 Abs. 2 UGB. Aufschlussreich und zutreffend ist die Kritik von *Raisch* bezüglich des Ausschlusses der Freien Berufe aus dem Begriff des Handelsgewerbes.[1173] Bei der näheren Prüfung der Anwendung eines Teils der handelsrechtlichen Vorschriften auf Freie Berufe mit „unternehmerischem" Einschlag, gelangt *Raisch* allerdings zu dem bescheidenen Ergebnis, dass die Einbeziehung der Freien Berufe in das Handelsrecht nicht für alle Freien Berufe allgemein bejaht oder verneint werden könne, weil die Berufe untereinander zu verschieden seien.[1174] Wie gleich dargelegt wird, ist die Anknüpfung an einzelne Berufe aber der falsche Weg, wenn es um die Anwendbarkeit des Handelsrechts auf Freie Berufe geht.

Obgleich der Gesetzgeber mit der Handelsrechtsreform von 1998 wichtige Fragen des Handelsrechts, darunter die Änderung der §§ 2, 105 HGB, geklärt hat, bleiben noch einige offene Fragen im Raum stehen. Auch heute ist die Diskussion um den Kaufmannsbegriff noch aktuell. Wohl beharrlichster Verfechter eines Unternehmensgesetzbuchs ist *Karsten Schmidt*, der bereits 1983[1175] erste Lösungsvorschläge anbot.[1176] Er plädierte in seinem Gutachten zur Überarbeitung des Schuldrechts von 1983 unter anderem für einen neuen § 732 BGB,

---

1170 *Raisch*, Geschichtliche Voraussetzungen, Dogmatische Grundlagen und Sinnwandlung des Handelsrechts, S. 181–186.

1171 *Raisch*, Geschichtliche Voraussetzungen, Dogmatische Grundlagen und Sinnwandlung des Handelsrechts, S. 186–192.

1172 *Raisch*, Geschichtliche Voraussetzungen, Dogmatische Grundlagen und Sinnwandlung des Handelsrechts, S. 193. Kritisch hierzu *Bydlinski*, Handels- oder Unternehmensrecht als Sonderprivatrecht, S. 22.

1173 *Raisch*, Geschichtliche Voraussetzungen, Dogmatische Grundlagen und Sinnwandlung des Handelsrechts, S. 210.

1174 *Raisch*, Geschichtliche Voraussetzungen, Dogmatische Grundlagen und Sinnwandlung des Handelsrechts, S. 215.

1175 *K. Schmidt*, in: BMJ, Gutachten und Vorschläge zur Überarbeitung des Schuldrechts, S. 496 ff.

1176 Ebenso ausführlich *K. Schmidt*, DB 1994, 515 (515 ff.).

der die Mitunternehmer-Gesellschaft und damit auch die Freien Berufe erfassen sollte. Die Vorschrift sollte auf das Recht der OHG/KG verweisen.[1177] Aber auch andere namhafte Stimmen in der Literatur schlossen sich dem Ruf nach einem Unternehmensgesetzbuch an.[1178] Als letzte zu untersuchende Lösung *de lege ferenda* bleibt damit die wohl umfangreichste – und zwar die Loslösung vom Kaufmannsbegriff.

bb) Die Lösung: Ein Unternehmensgesetzbuch (UGB)

Eine für alle Interessen gerechte Problembeseitigung ist die Ablösung des geltenden Kaufmannsbegriffs durch den des Unternehmensträgers.[1179] Würden alle Unternehmensträger gleichgestellt, wären alle Gesellschaften mit unternehmerischem Hauptzweck mit einem Federstrich zu offenen Handelsgesellschaften oder Kommanditgesellschaften erklärt. Dabei sollte vor allem das österreichische Unternehmensgesetzbuch als Vergleich dienen. Die oftmals propagierte analoge Anwendung einzelner HGB-Vorschriften auf Nichtkaufleute vermag das hiesige Problem nicht adäquat zu lösen.[1180] Es muss nach einer umfassenden und mit Rechtssicherheit versehenen Umsetzung gesucht werden. Die analoge Anwendung einzelner Vorschriften zollt dem eigentlichen Problem nicht den ausreichenden Respekt zu. Der unternehmensträgerbasierte Lösungsansatz dagegen lässt sich im Folgenden sowohl rechtspolitisch als auch dogmatisch begründen.

Für eine sorgfältige Untersuchung muss zuerst ein einheitlicher Begriff des „Unternehmens" herauskristallisiert werden, da dieser Rechtsbegriff noch nicht zu einer klar definierten Figur geworden ist. Es existieren unterschiedliche Unternehmensbegriffe, die sich teilweise nur in winzigen Nuancen unterscheiden.[1181] Eine stichhaltige Definition bietet sich wie folgt an:

> *„Ein Unternehmen ist jede auf Dauer angelegte, als anbietend am Markt in Erscheinung tretende und wirtschaftlich organisierte Einheit."*[1182]

1177 *K. Schmidt,* in: BMJ, Gutachten und Vorschläge zur Überarbeitung des Schuldrechts, S. 498 ff.

1178 Eine Darstellung des Meinungsstandes würde indes den Rahmen der Untersuchung sprengen.

1179 Kritisch hierzu *Henssler*, ZHR 161 (1997), 13 (27).

1180 Vgl. hierzu ausführlich *K. Schmidt*, Handelsrecht, § 2 IV 3, S. 64 ff.

1181 Vgl. auch *K. Schmidt*, Handelsrecht, § 3 I 2 a, S. 76.

1182 Vgl. die ähnliche Definition von *Karsten Schmidt*; *K. Schmidt*, Handelsrecht, § 3 I 2 a, S. 76. Nur wurde das Merkmal „ein Mindestmaß an sachlichen und persönlichen Mitteln" durch die „Dauerhaftigkeit" ersetzt, da die Dauerhaftigkeit von einem Verbraucher abheben soll.

Auch hier können die einzelnen Merkmale nicht bis ins kleinste Detail diskutiert werden, da der Fokus auf der Einbeziehung der Freien Berufe liegt. Nichtsdestoweniger sind die Tatbestandsmerkmale des Unternehmens notwendig und zugleich ausreichend. Der Unternehmensbegriff muss im Ergebnis diejenigen Akteure benennen, die einem spezifischen Außenprivatrecht für Unternehmen unterworfen werden sollen.[1183] Und das ist mit dieser Definition gegeben, auch wenn die Rechtsunsicherheit damit nicht aus der Welt geschafft ist. Die optimale Definition ist immer dann unmöglich, wenn unbestimmte Rechtsbegriffe im Spiel sind. Das Ziel ist deshalb, der Perfektion so nahe wie möglich zu kommen. Einige Leser fragen sich vielleicht, ob das Merkmal „Selbständigkeit" vergessen wurde. Dies kann getrost verneint werden, denn Ziel des Unternehmensgesetzbuchs ist es, das klassische Modell des Handelsgeschäfts durch dasjenige des Unternehmens zu ersetzen. Hierzu bedarf es aber vor allem der Loslösung von der natürlichen Person, das heißt vom Unternehmer hin zum Unternehmen. Denn „Unternehmer" ist jeder Inhaber und Betreiber eines „Unternehmens".[1184] Das ist ein wichtiger Unterschied zur österreichischen Lösung, da das österreichische Unternehmensgesetzbuch den Unternehmer als Bezugspunkt heranzieht, aber diesen gleichzeitig in eine akzessorische Abhängigkeit zum Unternehmen setzt.[1185] Richtiger Anknüpfungspunkt und damit zukünftige Zentralfigur des Geschehens ist deshalb der Unternehmensträger, wodurch die (Unternehmer-) Selbständigkeit keine Rolle spielt.

Die Tätigkeit „auf Dauer" soll den unternehmenstätigen Anbieter am Markt vom bloßen Verbraucher abgrenzen. Das Handelsgesetzbuch als „Sonderprivatrecht für Kaufleute" mit subjektiver Ausprägung wird zum „Sonderprivatrecht für Unternehmensträger", was bedeutet, dass die speziellen Vorschriften für alle wirtschaftlich und auf gewisse Dauer am Markt tätigen Unternehmen Geltung erlangen. Es ändert sich also lediglich der subjektive Anknüpfungspunkt, weil der Unternehmensträger selbst Rechtssubjekt ist. Der Grund für das Sonderprivatrecht, dass erfahrene „Kaufleute" (= Unternehmer) besonderen Regeln und Handelsbräuchen unterliegen, bleibt auch weiterhin unverändert bestehen.[1186] Der Verbraucher muss davon jedoch ausgeklammert werden.

1183 Ebenso *K. Schmidt*, JuS 1985, 249 (254).

1184 Vgl. auch *K. Schmidt*, Handelsrecht, § 3 I 2 a, S. 76.

1185 § 1 Abs. 1 UGB besagt, dass „Unternehmer ist, wer ein Unternehmen betreibt". Absatz 2 definiert sodann das Unternehmen. Absatz 1 ist demnach überflüssig, da ein Unternehmensgesetzbuch bereits dem Wortlaut nach nicht „übers Eck" an einen Unternehmer geknüpft werden muss.

1186 Vgl. hierzu *K. Schmidt*, JuS 1985, 249 (253 f.).

Die Dauerhaftigkeit ist das hierfür bestmögliche Abgrenzungskriterium. Ähnliches gilt für das „anbietende Auftreten am Markt". Nicht der auf Dauer nachfragende Verbraucher, sondern nur das auf Dauer anbietende Unternehmen soll von dem Unternehmensgesetzbuch angesprochen werden. Die „wirtschaftliche organisierte Einheit" soll gleichzeitig die Erfahrenheit des Unternehmens widerspiegeln; es muss damit ein Mindestmaß an Organisation vorhanden sein, damit sich eine Organisation als „Unternehmen" charakterisieren kann und darf.

Übertragen auf die Freien Berufe bedeutet dies, dass auch Freiberufler ein Unternehmen betreiben und somit dem Handelsrecht unterfallen. Auch sie sind dauerhaft am Dienstleistungsmarkt anbietend tätig und als wirtschaftliche Einheit organisiert. Dasselbe gilt für Kleingewerbetreibende (§ 2 HGB) und die Unternehmen der Land- und Forstwirtschaft (§ 3 HGB). Der Freie Beruf fällt sowohl in Deutschland als auch in Österreich einhellig nicht unter den Begriff des Gewerbes. Dagegen ist der Unternehmensbegriff auch auf Freiberufler anzuwenden, da die für die Unternehmensdefinition maßgeblichen Eigenschaften auch auf sie zutreffen.[1187] Zwar bringt auch der Unternehmensbegriff Abgrenzungsschwierigkeiten mit sich. Diese sind aber kaum größer, im Gegenteil sogar geringer als die Grenzfälle des Kaufmanns- und Gewerbebegriffs.[1188] Der Unternehmensbegriff enthält nämlich keine Merkmale, die nicht auch im Gewerbebegriff enthalten sind.[1189] Die verwirrende Unterscheidung zwischen Ist- und Kannkaufmann wäre hinfällig. Des Weiteren würde zukünftig das Geflecht der §§ 1–7 HGB gekürzt und damit durchschaubarer gemacht werden können. Um dies zu verdeutlichen, sollen die §§ 1–5 HGB in der neuen Form aufgezeigt werden:

§ 1. Unternehmen

(1) Dieses Gesetzbuch gilt für alle Unternehmen und deren Träger.

(2) Ein Unternehmen ist jede auf Dauer angelegte, als anbietend am Markt in Erscheinung tretende und wirtschaftlich organisierte Einheit.

1187 Vgl. *K. Schmidt,* in: BMJ, Gutachten und Vorschläge zur Überarbeitung des Schuldrechts, S. 505; *Zib/Verweijen*, Das neue Unternehmensgesetzbuch, S. 25.

1188 *K. Schmidt,* in: BMJ, Gutachten und Vorschläge zur Überarbeitung des Schuldrechts, S. 502; *K. Schmidt*, DB 1994, 515 (517); *K. Schmidt*, JuS 1985, 249 (254 f.); *Bydlinski*, Handels- oder Unternehmensrecht als Sonderprivatrecht, S. 23 f.; a.A. *Zöllner*, ZGR 1983, 82 (84).

1189 *K. Schmidt*, Handelsrecht, § 9 II 1, S. 348.

§ 2. Unternehmen kraft Rechtsform
Körperschaften, mit Ausnahme der eingetragenen Vereine, der Versicherungsvereine auf Gegenseitigkeit und der Körperschaften öffentlichen Rechts, sind Unternehmen kraft Rechtsform.

§ 3. Unternehmen kraft Eintragung
Unternehmen, die zu Unrecht in das Handelsregister eingetragen sind, gelten als Unternehmen kraft Eintragung.

§ 4. Anwendungsbereich
(1) Das Erste und Fünfte Buch ist auf Unternehmen im Sinne der §§ 1–3 anzuwenden.
(2) Der Anwendungsbereich des Zweiten Buches ergibt sich aus den §§ 105, 161 und 230.
(3) Der Anwendungsbereich des Dritten Buches bestimmt sich nach § 238.
(4) Der Anwendungsbereich des Vierten Buches bestimmt sich nach § 343.

§ 5. Öffentlich rechtliche Bestimmungen
Durch Vorschriften des öffentlichen Rechtes, nach denen die Befugnis zur unternehmerischen Tätigkeit ausgeschlossen oder von gewissen Voraussetzungen abhängig gemacht ist, wird die Anwendung dieses Gesetzbuchs nicht berührt.

Selbstverständlich ist es mit den §§ 1–5 UGB-Vorschlag noch nicht getan. Jede Norm, die den Kaufmannsbegriff oder das Handelsgeschäft zum Inhalt hat, muss durch den Begriff „Unternehmen" substituiert werden. Die Umsetzbarkeit zeigt sich im österreichischen Unternehmensgesetzbuch, denn auch dort gab es keine Probleme bei der Substitution. So lässt sich beispielsweise das Vierte Buch über die Handelsgeschäfte (§§ 343 ff. HGB) auf Unternehmen i.S.v. §§ 1–3 UGB-Vorschlag sowie auf juristische Personen des öffentlichen Rechts anwenden.[1190] Die spezialgesetzlichen Vorschriften der Kaufleute kraft Rechtsform (§§ 3 AktG, 278 Abs. 3 AktG, 13 Abs. 3 GmbHG, 17 Abs. 2 GenG) können ersatzlos gestrichen werden. § 2 UGB-Vorschlag verweist automatisch auf alle Körperschaften mit Ausnahme der dort aufgeführten Verbände. Des Weiteren wird die Unterscheidung zwischen Kann- und Istkaufmann hinfällig. Jedes Unternehmen, welches die Voraussetzungen des § 1 HGB erfüllt, kann sich in das Handelsregister eintragen lassen. Die Eintragung im Handelsregister hat damit konstitutive Wirkung – unabhängig von der Gesellschaftsform.[1191] Dessen ungeachtet ist die Eintragung in das Handelsregister fakultativ. Ein Unternehmen kann, muss sich aber nicht im Handelsregister eintragen lassen und fällt bei Nichteintragung

1190 Vgl. § 343 Abs. 1 UGB-Österreich.
1191 Ebenso wie die Eintragung der Partnerschaftsgesellschaft, vgl. *Henssler*, PartGG Kommentar, § 7 Rn. 2.

dann nicht unter die Regeln des Unternehmensgesetzbuchs. Jedoch muss auch hier eine Grenze gezogen werden, bei der die Eintragung in das Handelsregister obligatorisch wird. Im Gegensatz zu dem kryptischen § 1 Abs. 2 HGB erfolgt die Abgrenzung zwischen Personenhandelsgesellschaften und Personengesellschaften aber nicht nach einem schwer abgrenzbaren Katalog. Ebenso wie in Österreich ist auch hier eine Orientierung an einem Gesamtumsatzerlös per anno vorzugswürdig.

Im Gegensatz zu Österreich ist ein Gesamtumsatzerlös von 400.000 Euro unter Umständen zu niedrig angesetzt. Wie hoch der Jahresumsatz letztendlich angesetzt werden soll, lässt sich aber nur durch eine genauere Untersuchung herauskristallisieren. Kleinere freiberufliche Berufsausübungsgesellschaften und vor allem allein tätige Freiberufler sollen nicht in den Zwang einer Handelsregistereintragung „rutschen". Freiberuflern, Kleinunternehmern und Unternehmen aus Land- und Forstwirtschaft soll das Unternehmensrecht nicht aufgezwungen werden. Sie können sich in das Handelsregister eintragen lassen, müssen aber nicht. Deshalb ist der Umsatz-Schwellenwert wohl höher anzusetzen. Aus diesem Grund soll auch keine opt-in-Lösung – wie es Österreich mit § 4 UGB vorgezogen hat – mit aufgenommen werden. Die opt-in-Lösung ist zugegebener Maßen auf den ersten Blick ein feiner Ansatz. Freiberufler und Land- und Forstwirte können ihre Sonderstellung dadurch wahren, indem sie sich niemals in das Handelsregister eintragen. Sie sind generell von der Eintragungspflicht ausgenommen. Das Hauptargument gegen die opt-in-Lösung ist aber das „alles-oder-nichts-Prinzip".[1192] Freie Berufe lassen sich heute nicht mehr von Gewerbetreibenden unterscheiden. Lediglich „kleine" Freiberufler, die nicht gewerblich organisiert sind, beispielsweise der Hausarzt, der Rechtsanwalt oder Steuerberater „ums Eck", sind heute wie früher noch klassisch freiberuflich tätig. Für diese soll die Sonderstellung beibehalten werden. Für alle anderen muss die Gleichstellung vollends durchgeführt werden. Die Gleichstellung mit Gewerbetreibenden wäre banalisiert, würde die Privilegierung – wie in Österreich – durch die Hintertür wieder aufleben. Es gilt sich endgültig von der tradierten Sonderstellung im Gesellschaftsrecht zu verabschieden. Sonderbehandlungen gehören in das Berufsrecht und nicht ins Gesellschaftsrecht. Dort können maßgeschneiderte Berufsausübungsregeln normiert werden, da eine Pauschalisierung aller Freiberufler unmöglich ist, zumal jeder Freie Beruf individuelle geistige Leistungen höherer Art vollbringt.

1192 Ebenso kritisch *K. Schmidt*, JBl 2004, 31 (33 f.).

Rechtspolitisch wurde dieses Lösungskonzept bereits oben[1193] ausreichend gerechtfertigt. Der Kaufmannsbegriff ist heute nicht mehr angemessen und gehört der Rechtsgeschichte zugeordnet. Methodologisch lässt sich dieser Umbruch damit begründen, dass die handelsrechtlichen Regelungen weder vom sprachgebräuchlichen noch vom gesetzlich definierten Kaufmannsbegriff abhängen. Sie treffen vielmehr immer dann zu, wo jemand dauerhaft Leistungen am Markt anbietet, so dass er umfassende Geschäftserfahrung sammelt und es typischerweise zu vielen und weitgehend gleichartigen Geschäften kommt.[1194] Das ist eben naturgemäß bei Unternehmen jedweder Art – sei es auch freiberuflicher Natur – der Fall. Es sind damit weniger metaphysische, rein aus Vernunftgründen erschlossene Begriffe, sondern mehr die eigenen Leitmaximen des geltenden Handelsrechts, die bei konsequenter Anwendung eine grundsätzliche Erstreckung des Anwendungsbereichs der handelsrechtlichen Regeln auf Unternehmen überhaupt fordern.[1195] Wird das Handelsgesetzbuch auf die eigentliche *ratio* der Vorschriften reduziert, so folgt, dass es die Unternehmen sind, die ein Sonderprivatrecht benötigen, welches auf die Bedürfnisse des täglichen Unternehmensgeschäfts ausgerichtet ist. Das Handelsgesetzbuch lässt sich somit auf das Unternehmen und nicht auf den Kaufmann reduzieren. Diesem Umstand gilt es Rechnung zu tragen. Das geltende Handelsrecht kann mit einer Substituierung des Kaufmanns- und Handelsgewerbebegriffs durch den Unternehmensbegriff wie gewohnt fortgeführt werden. Im Übrigen ist die dogmatische Struktur des Handelsrechts bereits dadurch unterbrochen, dass einige Vorschriften an das Unternehmen und nicht an den Kaufmann anknüpfen (Bsp: §§ 15 ff., 291 ff. AktG, Art. 101, 102 AEUV, das GWB, das UWG, § 1 MitbestG).[1196] Das Unternehmen soll in Zukunft Zentralfigur jedweden gewerblichen Handels werden. Fakt ist, dass die Vorschriften des Handelsgesetzbuchs an das Unternehmen gerichtet sind; die normative Kraft des Faktischen soll gesetzlich manifestiert werden.

Obendrein ist die *ratio* der als notwendig propagierten Abgrenzung Freier Berufe von Handelsgesellschaften dahingehend fraglich, dass die freiberufliche Partnerschaftsgesellschaft weitgehend wie die OHG behandelt und sogar als Schwesterfigur bezeichnet wird.[1197] Die Erklärung liegt wohl alleine in der

1193 Vgl. oben: Vierter Teil, C., IV., 3., b).

1194 Vgl. *Bydlinski*, Handels- oder Unternehmensrecht als Sonderprivatrecht, S. 18.

1195 *Bydlinski*, Handels- oder Unternehmensrecht als Sonderprivatrecht, S. 19.

1196 Vgl. *K. Schmidt*, Handelsrecht, § 3 I 1 a, S. 73 f.; *Raiser*, Das Unternehmen als Organisation, S. 166.

1197 Ähnlich auch *Roth*, ZHR 155 (1991), 24 (44).

Angst vor der Deregulierung der Freien Berufe. Es ist dabei aber fraglich, welche Partei vor einer Deregulierung geschützt werden soll. Sind es die Mandanten und Patienten, die unter einer Gleichstellung aller Unternehmen leiden, oder sind es die Angehörigen Freier Berufe selbst? Die Mandanten und Patienten werden nach der Öffnung aller Gesellschaftsformen dieselbe Leistung wie zuvor erhalten. Gegenteiliges könnte nur dann befürchtet werden, wenn das Berufsrecht abgeschafft werden würde – und nicht mal das ist sicher. Der Schutz der Mandanten wird durch zahlreiche Normen in der Bundesrechtsanwaltsordnung sichergestellt. Das zeigt bereits die Pflicht zum Abschluss einer Berufshaftpflichtversicherung oder die Anknüpfung der Zulassung an zwei Staatsexamina. Hinsichtlich Freier Berufe spricht alleine der Rechtsformzwang für die Benachteiligung, wohingegen die Wahlfreiheit dagegen spricht. Klassisch freiberuflich tätige Rechtsanwälte und Ärzte werden schon durch die fakultative Eintragung vor den Nachteilen unternehmerischen Handelns geschützt. Unternehmerisch tätige Freiberufler, die über der Jahresumsatzgrenze wirtschaften, haben den Schutz ebenso wenig wie (Handels-) Unternehmen verdient.

d) Zusammenfassung und Rechtsfolgen

De lege ferenda lässt sich die Einbeziehung der Freien Berufe in die Unternehmenswelt auf verschiedene Wege begründen. Die beiden sinnvollsten Varianten sind zum einen die Gleichstellung der freiberuflichen mit der gewerblichen Tätigkeit und zum anderen die Abkehr vom tradierten Kaufmannsbegriff hin zu einem gegenwartsgerechten Unternehmensgesetzbuch. Die Rechtsfolgen sind in beiden Fällen dieselben. Auch den verkammerten Freien Berufen stünde der Weg in das Handelsgesetzbuch offen, mit der Folge, dass alle Unternehmen gesellschaftsrechtlich gleich behandelt würden. Den Berufskammern stünde mithilfe des Berufsrechts weiterhin frei, notwendige berufsspezifische Regelungen zu treffen, mit dem Unterschied, dass sie fortan nur den Kernbereich des Freien Berufes regeln dürften.

Damit der Freie Beruf dem Gewerbe gleichgestellt werden kann, bedarf es der Streichung der gewerbefeindlichen Vorschriften aus den jeweiligen Berufsordnungen. Hierzu gehören: Rechtsanwälte (§ 2 Abs. 2 BRAO), Patentanwälte (§ 2 Abs. 2 PAO), Notare (§ 2 S. 3 BNotO), Wirtschaftsprüfer (§ 1 Abs. 2 WPO), Steuerberater (§ 32 Abs. 2 StBerG), Ärzte (§ 1 Abs. 2 BÄO), Zahnärzte (§ 1 Abs. 4 ZahnheilkundeO), Tierärzte (§ 1 Abs. 1 TierärzteO) und die öffentlich bestellten Vermessungsingenieure. Als Schlussfolgerung wären Freie Berufe nicht mehr vom Gewerbebegriff *ex lege* ausgenommen. §§ 105, 161 HGB könnten ebenfalls auf Freie Berufe angewendet werden, womit vor allem die GmbH & Co. KG jedweder unternehmenstätigen Organisation offen stünde. Kleinere, noch klassisch freiberuflich tätige Berufsausübungsgesellschaften, allein tätige Rechtsanwälte, Steuerberater, Wirtschaftsprüfer und Ärzte jedweder Art würden dem HGB nicht automatisch als Handelsgesellschaft aufgezwungen werden, da für sie stets § 2 HGB gälte.[1198] Freiberufliche Kannkaufmänner könnten, müssten sich aber nicht in das Handelsregister eintragen lassen. Sie wären damit vor den besonderen Vorschriften für Kaufleute – insbesondere den §§ 343 ff. HGB – „geschützt". Damit einhergehend können auch die jeweiligen Berufsrechte um einige Vorschriften gekürzt werden. Hinter dem Gedanken der Modernisierung der Freien Berufe steckt gleichzeitig der des Deregulierungsprozesses. Strenge Regulierung bedeutet zugleich Wettbewerbsunfähigkeit. Das ist in Zeiten der Niederlassungsfreiheit und Europäisierung des Gesellschaftsrechts fatal.

Die umfassendere Lösungsvariante ist die Emanzipation des Unternehmensträgers und die damit verbundene Abnabelung des Kaufmanns und Handelsgewerbes. Das HGB würde sich fortan an den eigentlichen Adressaten richten, und zwar dem Unternehmen. Denn die *ratio* der Vorschriften bezieht sich auf die auf Dauer am Markt anbietend in Erscheinung tretenden und wirtschaftlich organisierten Einheiten. Somit lässt sich auch der Handelsgewerbebegriff getrost durch den Unternehmensbegriff wie folgt ablösen: *Ein Unternehmen ist jede auf Dauer angelegte, als anbietend am Markt in Erscheinung tretende und wirtschaftlich organisierte Einheit.* Übertragen auf die Freien Berufe bedeutet das, dass auch Freiberufler ein Unternehmen betreiben und somit dem Handelsrecht unterfallen. Auch sie sind dauerhaft am Dienstleistungsmarkt anbietend tätig und als wirtschaftliche Einheit organisiert. Freie Berufe könnten sich jeder Organisationsform bedienen, die das Unternehmensgesetzbuch bereitstellt. Letztendlich könnte das Gesellschaftsrecht – ebenso wie das Berufsrecht – seiner Aufgabe nachgehen. Berufsspezifische Regulierung Freier Berufe bliebe dem jeweiligen Berufsrecht überlassen. Letztendlich wäre auch der Schutz kleinerer, noch klassisch freiberuflich tätiger Berufsausübungsgesellschaften, allein tätiger Rechtsanwälte, Steuerberater, Wirtschaftsprüfer und Ärzte jedweder Art gewährleistet, da die Eintragung – und damit die Anwendung des Unternehmensgesetzbuchs – erst ab einer gewissen Größe obligatorisch würde, wobei sich die Bemessungsgrenze nach dem Jahresgesamtumsatz richtet.

Auf das Folgeproblem der Gewerbesteuerpflicht einer Freiberufler-GmbH & Co. KG kann hier nur hingedeutet werden. Das Finanzgericht Düsseldorf (Urteil v. 12.08.2010[1199]) hat im Einklang mit dem BMF-Schreiben vom 16.11.2007

1198 Vgl. hierzu auch *Raisch*, in: FS für Rittner, S. 471 (481).

1199 *FG Düsseldorf*, DStRE 2011, 99 (99 ff.).

jedenfalls zum ersten Mal entschieden, dass eine freiberuflich in der Rechtsform einer GmbH & Co. KG tätige Gesellschaft der Gewerbesteuer unterliegt.[1200] Dieses Urteil entspricht wiederum dem oben angesprochenen „alles-oder-nichts-Prinzip".[1201] Die Aufgabe der Sonderstellung der Freien Berufe bedeutet zugleich die völlige Akzeptanz der Rechtsfolgen. Allerdings könnte trotz allem an den Ausschluss Freier Berufe von der Gewerbesteuerpflicht gedacht werden.

4. Ergebnis zu C.

Der BGH hat die Rechtsanwalts-GmbH & Co. KG zwar für unzulässig erklärt. Das Urteil spiegelt aber lediglich die geltende Rechtslage wider. Klassische Freiberufler betreiben bereits kraft Gesetz kein (Handels-) Gewerbe. Dieses Urteil kann indessen nur zum Anlass genommen werden, die geltende Rechtslage dahingehend anzupassen, eine gegenwartsgerechte Lösung zu entwickeln und anschließend normativ umzusetzen. Bereits das darauffolgende Urteil des Bundesverfassungsgerichts offenbarte, dass sich die geltende Sonderbehandlung der Freien Berufe als nicht mehr verfassungskonform herausstellen könnte. Zur endgültigen Klärung bedarf es „lediglich" einer hinreichend begründeten Verfassungsbeschwerde. Österreich hat den entscheidenden Schritt zur Deregulierung bereits zum 01.01.2007 gewagt, indem das österreichische Handelsgesetzbuch – welches nebenbei dem deutschen HGB entsprungen ist – zu einem Unternehmensgesetzbuch umgewandelt wurde. In Deutschland ist die Öffnung aller Gesellschaftsformen für Freie Berufe *de lege lata* nicht möglich. Vorschriften einiger Berufsrechte stellen ausdrücklich auf die Nichtgewerblichkeit der jeweiligen Freien Berufe ab. Das Handelsgesetzbuch, insbesondere die §§ 105, 161 HGB sind damit auf sie nicht anwendbar. Die einzige Möglichkeit liegt in der Deregulierung und Umstrukturierung *de lege ferenda*. Dabei geht es weniger um die Kommerzialisierung als um die Deregulierung und Anpassung der Freien Berufe an den heutigen Stand. Das Berufsrecht ist strikt vom Handels- und Gesellschaftsrecht zu trennen. Das Selbstverwaltungsrecht und die Kammergerichtsbarkeit ist bis auf ein Minimum zu reduzieren, wenn nicht sogar abzuschaffen. Der Bestand der Kammern wird aufgrund wichtiger Aufgaben – wie beispielsweise die Prüfung der Berufszulassung – nicht in Frage gestellt.

Eine jedenfalls halbe Lösung des hiesigen Problems liegt in der Aufnahme der OHG/KG in die Bundesrechtsanwaltsordnung oder in das Partnerschaftsgesellschaftsgesetz. Damit wäre das Kernproblem aber noch nicht gelöst. Aus

---

1200 Eingehend hierauf *Karl*, BB 2011, 2583 (2584 ff.).

1201 Siehe oben: Vierter Teil, C., IV., 3., c), bb).

diesem Grund gelangt die hiesige Untersuchung zu dem Ergebnis, dass sogar zwei Lösungswege parat stehen. Zum einen ist die Gleichstellung der freiberuflichen mit der gewerblichen Tätigkeit zu nennen. Daraufhin müssten die gewerbefeindlichen Vorschriften in den jeweiligen Berufsordnungen ersatzlos gestrichen werden. Zum anderen ist die Abkehr vom tradierten Kaufmannsbegriff hin zu einem gegenwartsgerechten Unternehmensgesetzbuch aufzuführen. Die Rechtsfolgen wären in beiden Fällen dieselben. Auch den verkammerten Freien Berufen stünde der Weg in das Handelsgesetzbuch offen, mit der Folge, dass alle Unternehmen gesellschaftsrechtlich gleich behandelt würden.

D. Interdisziplinäre Partnerschaften mbB

Komplizierte Rechtsfragen erfordern nicht selten fachübergreifendes Spezialwissen. Für die sachgerechte Wahrnehmung verschiedener Bedürfnisse der Mandanten benötigen Rechtsanwälte Zugriff auf das Fachwissen anderer Disziplinen.[1202] Der Zusammenschluss von Angehörigen diverser Freier Berufe nennt sich interdisziplinäre/interprofessionelle Zusammenarbeit. Der Anteil der auf dem Rechtsberatungsmarkt tätigen interdisziplinären Sozietäten und Partnerschaften ist nicht zu unterschätzen. Es drängt sich daher die Frage nach der versicherungsrechtlichen Lösung in gemischten Sozietäten auf. Für Rechtsanwälte sieht § 51a Abs. 2 BRAO eine Mindestversicherungssumme von 2,5 Mio. Euro vor.[1203] Für Steuerberater bleibt nach wie vor die Angemessenheitsklausel in § 67 Absatz 1 StBerG bestehen. Erstaunlicherweise hat sich der Gesetzgeber kurz vor Verkündung des Gesetzes für eine summenmäßige Festsetzung der Versicherungshöhe entschieden.[1204] Die Mindestversicherungssumme schreibt jetzt § 67 Abs. 2 StBerG in Höhe von 1 Mio. Euro vor. Bei den Wirtschaftsprüfern bleibt alles beim Alten. Gemäß § 54 Abs. 1 Satz 2 WPO i.V.m. § 323 Abs. 2 Satz 1 HGB liegt die Mindestversicherungssumme nach wie vor bei 1 Mio. Euro.

Neben einer einheitlichen Versicherungshöhe bei interdisziplinären Partnerschaften, lässt sich des Weiteren das Problem des eingegrenzten Adressatenkreises bei interprofessionellen Zusammenschlüssen aufwerfen. Gemäß § 59a Abs. 1 BRAO dürfen sich Rechtsanwälte nämlich nur mit Mitgliedern

1202 *Peitscher*, Anwaltsrecht, S. 116 Rn. 275.

1203 BT-Drucks. 17/10487, S. 7.

1204 Ausschlaggebend waren die Änderungsvorschläge des Rechtsausschusses am 12.06.2013, kurz bevor das Gesetz in Kraft trat. Der Gesetzgeber folgte diesem Vorschlag, vgl. BT-Drucks. 17/13944, S. 22.

einer Rechtsanwaltskammer und der Patentanwaltskammer, mit Steuerberatern, Steuerbevollmächtigten, Wirtschaftsprüfern und vereidigten Buchprüfern zur gemeinschaftlichen Berufsausübung im Rahmen der eigenen beruflichen Befugnisse verbinden. Im Lichte der vorangegangenen Untersuchungsergebnisse kann diese Regelung nicht mehr aufrechterhalten werden.

I. Die Versicherungshöhe bei interdisziplinären Partnerschaften mbB

Interdisziplinäre Partnerschaften sind solche, in denen sich Angehörige verschiedener Freier Berufe zur gemeinsamen Berufsausübung zusammenschließen. In ein und derselben Partnerschaft befinden sich Angehörige Freier Berufe mit jeweils unterschiedlichem Berufsrecht. Nun stellt sich die Frage, wie eine interdisziplinäre Partnerschaft mbB in Zukunft versichert werden muss. Für Rechtsanwälte sieht § 51a Abs. 2 BRAO-E eine Mindestversicherungssumme von 2,5 Mio. Euro vor.[1205] Für Steuerberater bleibt nach wie vor die Angemessenheitsklausel in § 67 Absatz 1 StBerG bestehen, allerdings mit einer summenmäßigen Festsetzung von 1 Mio. Euro nach § 67 Abs. 2 StBerG. Für Wirtschaftsprüfer gilt gem. § 54 Abs. 1 Satz 2 WPO i.V.m. § 323 Abs. 2 Satz 1 HGB die Mindestversicherungssumme von 1 Mio. Euro.

Welche Regelung zur Versicherung maßgeblich sein soll, ist unklar. Insoweit kommen mehrere Varianten in Betracht. Eine Möglichkeit liegt darin, die summenmäßig höchste Versicherung als Maßstab anzusetzen. So lautet jedenfalls der Vorschlag des Deutschen Anwaltvereins und des Rechtsausschusses zur Beschlussempfehlung.[1206] In der Empfehlung des Rechtsausschusses heißt es hierzu: „In der Diskussion ist die Frage der Mindestversicherungssumme in interprofessionellen Sozietäten aufgekommen. Der Gesetzesentwurf der Bundesregierung hat davon Abstand genommen, eine ausdrückliche Regelung zu dieser Frage zu treffen. Dem liegt die Überlegung zugrunde, dass einem allgemeinen berufsrechtlichen Grundsatz zufolge im Falle von divergierenden berufsrechtlichen Anforderungen stets die strengsten gelten. Somit ist die höchste Mindestversicherungssumme maßgeblich".[1207] Schließen sich Rechtsanwälte, Steuerberater

1205 BT-Drucks. 17/10487, S. 7.

1206 Vgl. Deutscher Anwaltverein, Stellungnahme Nr. 21/12, S. 4. Abrufbar unter: www.anwaltverein.de/interessenvertretung/stellungnahmen (zuletzt abgerufen am 21.07.2014); BT-Drucks. 17/13944, S. 21.

1207 BT-Drucks. 17/13944, S. 21; kritisch diesbezüglich *Linardatos*, VersR 2013, 1488 (1491 f.).

und Wirtschaftsprüfer in einer Partnerschaft mbB zusammen, läge der Mindestversicherungsschutz bei 2,5 Mio. Euro.

Ferner kann der Durchschnitt aller Versicherungen der Partner – unter Berücksichtigung des jeweiligen Berufsrechts – als Grundlage heranzuziehen sein. Schließen sich ein Rechtsanwalt und ein Steuerberater zusammen, läge die Mindestversicherungssumme dann bei 1,75 Mio. Euro. Problematisch dabei ist nur, dass sich die Haftpflichtsumme mit jedem Hinzutreten oder Ausscheiden eines Partners ändert. Zudem gibt es oft Rechtsanwälte, die zugleich Steuerberater und/oder Wirtschaftsprüfer sind. Das ausschlaggebende Argument gegen diese Lösung liegt in folgendem Beispielfall: 10 Rechtsanwälte gründen eine Partnerschaftsgesellschaft mbB mit einer Versicherung in Höhe von 2,5 Mio. Euro. Nun holen sich die 10 Rechtsanwälte 10 Steuerberater und 10 Wirtschaftsprüfer ins Boot. Die Mindestversicherungssumme würde sich sodann wieder auf 1,75 Mio. Euro belaufen. Begeht in der Folge ein Rechtsanwalt einen Berufsausübungsfehler, stünde der Mandant haftungsrechtlich und versicherungstechnisch schlechter dar, als er noch vor der Aufnahme der Steuerberater und Wirtschaftsprüfer stand. Der Durchschnitt unter Berücksichtigung der jeweiligen Berufsträger ist daher abzulehnen. Eine weitere Möglichkeit besteht darin, auf die Art der jeweiligen konkreten Tätigkeit der interprofessionellen Partnerschaft mbB abzuheben, wobei sich auch hier wieder die Schwierigkeit ergibt, dass Rechtsanwälte zugleich steuerberatend und Steuerberater und Wirtschaftsprüfer in Grenzen auch rechtsberatend tätig sein dürfen.[1208] Auch sie ist aus diesem Grund abzulehnen.

Linardatos schlägt vor, die Versicherungshöhe nach der konkreten Risikostruktur der Gesellschaft zu bestimmen; entscheidendes Kriterium sei dabei der Angemessenheitsvorbehalt, wie es § 67 Abs. 1 StBerG vorsehe.[1209] Dieser Vorschlag überzeugt aus mehreren Gründen nicht. *Linardatoś* Argumentationsbasis beruht auf der Angemessenheitsklausel, die lediglich für Steuerberater gilt. Hierbei ist bereits fraglich, ob sich die Angemessenheitsklausel mit Einfügung des zweiten Absatzes in § 67 StBerG nicht relativiert hat. Demnach erfüllen Steuerberater-Partnerschaftsgesellschaften mbB die Voraussetzungen nach § 8 Abs. 4 S. 1 PartGG, wenn sie eine Berufshaftpflichtversicherung unterhalten, deren Mindestversicherungssumme 1 Mio. Euro beträgt. Somit ist auch für Steuerberater zumindest eine Richtlinie hinsichtlich der

---

1208 So auch Deutscher Anwaltverein, Stellungnahme Nr. 21/12, S. 4. Abrufbar unter: www.anwaltverein.de/interessenvertretung/stellungnahmen (zuletzt abgerufen am 21.07.2014).

1209 *Linardatos*, VersR 2013, 1488 (1493).

Mindestversicherungssumme vorgegeben. Warum die Angemessenheitsklausel nun auf interdisziplinäre Partnerschaften mbB angewandt werden soll, ist schleierhaft. Vielmehr treten hierdurch weitere Rechtsunsicherheiten auf. Partner interprofessioneller Partnerschaften mbB könnten die Höhe der „angemessenen Versicherung" selbst festlegen. *Linardatos* wendet hiergegen ein, dass die Partner aus eigener Risikoscheu heraus die Versicherungssumme im pflichtgemäßen Ermessen auswählen und tendenziell etwas höher anlegen, um Haftungsgefahren zu vermeiden.[1210] Diesem Gedanken muss aber bei großen interdisziplinären Partnerschaften widersprochen werden. Das Haftungsrisiko variiert von Mandat zu Mandat. Selbst bei kleinen Partnerschaften sind Haftungsgefahren nur schwer einheitlich vorherzusehen. Das gilt erst recht für große Partnerschaften, in denen Mandate verschiedenster Art angenommen werden. Eine Schadensprognose lässt sich hier nur für den jeweiligen Einzelfall erstellen. Eine allgemeingültige antizipierte Feststellung des Schadensrisikos ist nahezu unmöglich.[1211] Zudem stellt sich dieses Problem der „Überversicherung" nicht bei großen gemischten Partnerschaften, da diese ohnehin jenseits der 2,5 Mio. Euro versichert sind.[1212]

Bei gemischten Partnerschaften mit beschränkter Berufshaftung bietet sich daher an, die summenmäßig höchste Versicherung als Maßstab anzusetzen. Großen interdisziplinären Partnerschaften mbB wird die Mindestversicherungssumme von 2,5 Mio. Euro „kein Bein stellen". Im Hinblick auf die mögliche Innenhaftung der Partner kraft unzureichender Berufshaftpflichtversicherung,[1213] ist eine höhere Deckungssumme ohnehin ratsam. Kleinere gemischte Sozietäten können sich bei niedrigem Haftungsrisiko ebenso gut in der Rechtsform der GbR oder Partnerschaft in der Grundform zusammenschließen. Schließlich darf bei der ganzen Diskussion nicht außer Betracht gelassen werden, dass mit den erhöhten Versicherungskosten gleichzeitig die persönliche Inanspruchnahme kompensiert wird. Nichtsdestotrotz ist im Interesse der Rechtssicherheit der neuen PartG mbB eine ausdrückliche Regelung – beispielsweise in § 8 Abs. 4 PartGG[1214] – wünschenswert, sodass der Streit letztendlich nicht von den

---

1210 Vgl. *Linardatos*, VersR 2013, 1488 (1492).

1211 Vgl. hierzu bereits oben: Dritter Teil, D., III., 1., b).

1212 Vgl. hierzu *Kilian*, AnwBl 2013, 110 (111).

1213 Siehe hierzu Dritter Teil, D., III., 1., d), bb).

1214 So schlägt beispielsweise auch die Bundesrechtsanwaltskammer vor, in § 8 Abs. 4 PartGG zu regeln, dass bei interdisziplinären Partnerschaften die jeweils betragsmäßig höchste Berufshaftpflichtversicherung abzuschließen sei; vgl. Bundesrechtsanwaltskammer, Stellungnahme Nr. 13/2012, S. 5. Abrufbar unter: www.brak.de/

Gerichten ausgetragen werden muss. Das gleiche gilt übrigens für Haftungsbegrenzungen durch Individualvertrag oder vorformulierter Bedingungen. Auch hier kann sinngemäß nur die summenmäßig höchste Mindestversicherung als Maßstab für Haftungsbegrenzungsvereinbarungen herangezogen werden.[1215]

Derartige Dissonanzen lassen sich wiederum vermeiden, wenn dem obigen Vorschlag gefolgt wird, dass die Berufsrechte im Rahmen eines Deregulierungsprozesses bis auf ein Minimum reduziert werden.[1216] Einheitliche Mindestversicherungssummen lassen sich ebenso gut in § 8 Abs. 4 PartGG regeln. Überregulierungen schaffen mehr Probleme als sie zu lösen gewillt sind. Das gilt insbesondere für ein fortschrittliches freiberufliches Gesellschaftsrecht.

II. Haftung der Mitglieder einer interdisziplinären PartG mbB

Zweifellos bringt die Partnerschaft mbB im interprofessionellen Hinblick einen deutlichen Vorteil mit sich. Mit Urteil vom 10.05.2012 hat der BGH nämlich klargestellt, dass in einer interprofessionellen Sozietät für einen Regressanspruch wegen Verletzung anwaltlicher Beratungspflichten auch diejenigen Sozien persönlich haften, die selbst nicht Anwälte sind.[1217] In der hiesigen Entscheidung haftete ein Steuerberater akzessorisch gesamtschuldnerisch für einen Beratungsfehler, den ein sozietätsangehöriger Rechtsanwalt begangen hatte. Aufgrund der Rechtsprechung des BGH zur Außen(teil)rechtsfähigkeit der GbR überrascht dieses Urteil freilich nicht. Allerdings müssen sich die Angehörigen der verschiedenen Freien Berufe über eine persönliche Inanspruchnahme für Beratungsfehler keine Sorgen mehr machen, sofern sie sich in der Rechtsform der Partnerschaftsgesellschaft mbB zusammenschließen.

III. Die Interdisziplinäre PartG mbB mit Angehörigen jedweden Freien Berufes

Rechtsanwälte dürfen sich nicht mit Jedermann zwecks beruflicher Zusammenarbeit in einer Organisationsform zusammenschließen. Dabei spielt es keine Rolle, welche Rechtsform hierfür gewählt werden soll, denn § 59a BRAO regelt

---

zur-rechtspolitik/stellungnahmen-pdf/stellungnahmen-deutschland/2012 (abgerufen am 21.07.2014).

1215 Eingehend hierauf und auf weitere Probleme *Gladys*, DStR 2014, 445 (445 ff.).

1216 Vgl. oben: Vierter Teil, C., 2., b).

1217 BGHZ 193, 193 = *BGH*, NJW 2012, 2435 (2435 ff.). Hierzu auch *Dahns*, NJW-Spezial 2012, 510 (510 f.); *Posegga*, DStR 2009, 2391 (2391 ff.).

die berufliche Zusammenarbeit von Rechtsanwälten generell.[1218] Rechtsanwälten ist es daher berufsrechtlich verwehrt, eine Gesellschaft zusammen mit Angehörigen Freier Berufe – oder sonstigen Berufen – zu gründen, die nicht Mitglieder der Patentanwaltskammer, Steuerberater, Steuerbevollmächtigte, Wirtschaftsprüfer oder vereidigte Buchprüfer sind (§ 59a Abs. 1 S. 1 BRAO). Und hier liegt das Problem begraben. Das Berufsrecht beweist wieder einmal, dass es einem wettbewerbsfähigen freiberuflichen Gesellschaftsrecht im Wege steht. Großbritannien und die USA machen es uns vor, indem die LLP für jedweden Beruf offen steht. Rechtsanwälte dürfen sich in dieser Gesellschaftsform mit jedem beliebigen Beruf zusammenschließen. Das Berufsrecht der Freien Berufe muss dringend liberalisiert werden. Am 16.05.2013 hatte der BGH über folgenden Sachverhalt zu entscheiden, der einen weiteren Schritt in Richtung Liberalisierung darstellen könnte:

Ein Rechtsanwalt hat sich mit einer Ärztin, die zugleich Apothekerin ist, zu einer Partnerschaftsgesellschaft zusammengeschlossen. Sie meldeten diese mit dem Namen „Dr. jur. *WWH*, Rechtsanwalt, Prof. Dr. med. Dr. rer. nat. *MVA*, Ärztin und Apothekerin, interprofessionelle Partnerschaft für das Recht des Arztes und des Apothekers“ beim Amtsgericht zur Eintragung ins Partnerschaftsregister an. Zum Gegenstand nach § 3 Abs. 2 Nr. 3 PartGG hieß es in der Anmeldung: „Gegenstand der Partnerschaft ist die Ausübung des selbstständigen Berufs des Rechtsanwalts durch den Partner Dr. *WWH* und der Ärztin und Apothekerin durch die Partnerin Dr. Dr. *MVA*. Die Partnerin Dr. Dr. *MVA* wird jedoch nur gutachterlich und beratend tätig; sie übt in der Partnerschaft weder die Heilkunde am Menschen aus noch betreibt sie in der Partnerschaft eine Apotheke.“ Das Amtsgericht hat die Anmeldung mit der Begründung zurückgewiesen, der Eintragung stehe die abschließende Regelung des § 1 Abs. 3 PartGG i.V.m. § 59a BRAO entgegen. Das OLG Bamberg hat die Beschwerde zurückgewiesen und die Rechtsbeschwerde zugelassen.[1219]

Der II. Zivilsenat des BGH hat der Rechtsbeschwerde des Antragstellers am 16.05.2013 vorläufig stattgegeben und reichte einen Vorlagebeschluss gem. Art. 100 GG beim Bundesverfassungsgericht zur Prüfung der Verfassungsmäßigkeit von § 59a Abs. 1 BRAO ein. Der II. Zivilsenat bewertete darin die Beschränkung der Rechtsanwälte in § 59a Abs. 1 BRAO auf eine Sozietät nur mit Angehörigen der darin genannten Berufe als verfassungswidrig. Das Verfahren ist damit bis zur Entscheidung des BVerfG ausgesetzt. Zugleich stellt er

1218 Vgl. *Böhnlein,* in: BRAO Kommentar, Teil 1 BRAO, § 59a Rn. 8.
1219 *BGH*, NJW 2013, 2674 (2674).

weitere gesellschaftsrechtliche Beschränkungen speziell für Rechtsanwälte – beispielsweise das Fremdbesitzverbot oder die §§ 59c ff. BRAO – endlich auf den verfassungsrechtlichen Prüfstand. Angesichts der nach Wortlaut, Entstehungsgeschichte und gesetzgeberischem Willen abschließenden Regelung in § 59a Abs. 1 BRAO vermochte der Senat die Vorschrift nicht erlaubniserweiternd bzw. verbotseinschränkend so auszulegen, dass sie einer beruflichen Verbindung zur gemeinschaftlichen Berufsausübung von Rechtsanwälten mit Ärzten und Apothekern nicht entgegenstünde, ohne gegen die Verfassung oder des Rechts der Europäischen Union zu verstoßen.[1220] Eine Vorlage an den EuGH nach Art. 267 Abs. 3 AEUV sei im Hinblick auf Art. 101 Abs. 1 S. 2 GG nicht zwingend und stünde der Vorlage an das BVerfG nicht entgegen, da § 59a Abs. 1 BRAO keine staatliche Rechtsvorschrift zur Umsetzung von Art. 25 DienstleistungsRL sei.[1221] Weiterhin legte der II. Senat ausführlich dar, weshalb § 59a Abs. 1 BRAO mit Art. 12 Abs. 1, Art. 9 Abs. 1 und Art. 3 Abs. 1 GG unvereinbar sei.[1222] Ein derart weitreichendes Verbot, wie es in § 59a Abs. 1 BRAO normiert ist, sei zur Verfolgung legitimer Gemeinwohlzwecke, insbesondere auch in Bezug auf Ärzte und Apotheker, erst gar nicht erforderlich, um in die Berufsausübung nach Art. 12 Abs. 1 GG einzugreifen.[1223] Die Vereinigungsfreiheit gem. Art. 9 Abs. 1 GG werde dadurch ungerechtfertigt verletzt, indem es bereits an einem Eingriff in kollidierendes Verfassungsrecht fehle.[1224] Die Differenzierung zwischen den in § 59a Abs. 1 BRAO genannten Berufsgruppen und den Berufsgruppen der Ärzte und Apotheker verletze den allgemeinen Gleichheitssatz des Art. 3 Abs. 1 GG, da es keine sachlichen Gründe gäbe, die die ungleichen Rechtsfolgen – auch im Hinblick auf § 44b Abs. 1 WPO – rechtfertigen können.[1225]

Der vorläufige Beschluss des II. Zivilrechtssenats des BGH überzeugt auf der ganzen Linie. Die Unvereinbarkeit berufsrechtlicher Regelungen mit Art. 12 Abs. 1 GG, 3 Abs. 1 GG ist auch kein Novum, betrachtet man einmal die massiven Beschränkungen alleine im gesellschaftsrechtlichen Bereich. Hierzu zählt vor allem die Nichtzulassung der Rechtsanwalts-GmbH & Co. KG[1226] und das Fremdbesitzverbot.[1227] Allerdings lässt der BGH mit seinem Beschluss moderne

1220 *BGH*, NJW 2013, 2674 (2677).
1221 *BGH*, NJW 2013, 2674 (2679).
1222 *BGH*, NJW 2013, 2674 (2679 ff.).
1223 *BGH*, NJW 2013, 2674 (2681 f.).
1224 *BGH*, NJW 2013, 2674 (2683).
1225 *BGH*, NJW 2013, 2674 (2683).
1226 Siehe oben: Vierter Teil, C., I. und II.
1227 Hierzu auch *Kleine-Cosack*, AnwBl 2013, 570 (576).

freiberufliche Aktivisten nicht „aus allen Wolken fallen". Der Regierungsentwurf eines Gesetzes zur Neuregelung des Rechtsberatungsrechts vom 30.11.2006 sah in § 59a Abs. 4 BRAO schon einmal eine Erweiterung der beruflichen Zusammenarbeit von Rechtsanwälten mit „Angehörigen vereinbarer Berufe" vor.[1228] Auf Empfehlung des Rechtsausschusses[1229] wurde diese Regelung in § 59a Abs. 4 BRAO im Laufe des Gesetzgebungsverfahrens aber wieder gestrichen.[1230] Der Beschluss des II. Senats ist daher Ausprägung einer längst überfälligen Liberalisierung des anwaltlichen Gesellschaftsrechts.

Der hier vertretene Standpunkt geht sogar noch einen Schritt weiter, sodass die berufliche Zusammenarbeit von Rechtsanwälten nicht nur auf „Angehörige vereinbarer Berufe" ausgeweitet werden soll. Vielmehr darf Rechtsanwälten nicht gesetzlich vorgeschrieben werden, mit wem sie eine gesellschaftsrechtliche Bindung eingehen. An vorderster Front werden stets die Belange der Rechtssuchenden aufgelistet, wenn es um die Rechtfertigung interprofessioneller Beschränkungen geht. Das Gegenteil ist aber der Fall; denn Rechtssuchende können von freiberuflichen Zusammenschlüssen – beispielsweise von Rechtsanwälten und Ärzten – auch profitieren.[1231] Das Dienstleistungsangebot kann so gebündelt und interessengerecht optimiert werden. Und das dient gerade dem Interesse des Rechtssuchenden. Der Schutz lässt sich mithilfe allgemeiner zivil- und strafgesetzlicher Normen und Grundsätze gewährleisten.[1232] England und Wales haben das Fremdbesitzerverbot bereits aufgegeben, sodass sich sogar kommerzielle Anbieter auf den Rechtsberatungsmarkt begeben können.[1233]

E. Ausblick

Die Untersuchung hat das wohl wichtigste Anliegen an das Berufsrecht der Freien Berufe aufgezeigt, welches sich im Kern sogar in nur einem Wort ausdrücken lässt: „Liberalisierung". Wie sich das Berufsrecht der Freien Berufe in Zukunft entwickeln wird – oder ob es bis dahin überhaupt noch existiert – kann aus heutiger Sicht nur erahnt werden. Mit Recht lässt sich behaupten – und das

---

1228 BT-Drucks. 16/3655, S. 15; hierzu auch *BGH*, NJW 2013, 2674 (2677).

1229 Vgl. BT-Drucks. 16/6634, S. 54.

1230 *Kleine-Cosack*, AnwBl 2013, 570 (571).

1231 Wohl auch *Henssler*, AnwBl 2003, 394 (397).

1232 Der *BGH* lehnte aus diesem Grund die „Erforderlichkeit" eines weitreichenden Verbots – wie es § 59a Abs. 1 BRAO vorsieht – i.R.d. Art. 12 Abs. 1 GG ab, vgl. *BGH*, NJW 2013, 2674 (2681 f.); siehe auch *Henssler*, AnwBl 2003, 394 (397).

1233 Vgl. auch *Henssler*, AnwBl 2003, 394 (398); *Kleine-Cosack*, AnwBl 2013, 570 (576).

bereits aus dem Grund, weil der Gesetzgeber tätig werden muss –, dass es in einigen Jahren nicht mehr in dem heutigen Umfang bestehen wird. Ob es in der Zukunft eine europäische Freiberufler-Gesellschaft geben wird, ist im Hinblick auf einen bereits gescheiterten Versuch in diese Richtung fragwürdig. Die EG-Kommission bereitete Anfang der 90er-Jahre eine supranationale Gesellschaft „sui generis" für Angehörige Freier Berufe vor.[1234] Bemerkenswert ist dabei die geplante Ausgestaltung dieser EG-Freiberuflergesellschaft. Haftungsrechtlich sollte die EG-Gesellschaft nämlich wie die Partnerschaftsgesellschaft mit beschränkter Berufshaftung verfasst werden. Es sollte ebenso zwischen „Schulden beruflicher Art" und „Schulden nicht beruflicher Art" unterschieden werden.[1235] Für die damalige Zeit war dies ein überaus liberaler Ansatz freiberuflicher Innovation. Ob dieser Ansatz in Zukunft noch einmal aufgegriffen wird, ist fraglich, denn aufgrund der Niederlassungsfreiheit bietet sich in Europa ein ausgewogenes Spektrum an zur Verfügung stehenden Gesellschaften für Freie Berufe. Schließlich ist das Vorhaben damals schon an den verschiedenen Vorstellungen der Interessenverbände und Länder gescheitert.

Demgegenüber ist es wahrscheinlicher, dass sich die Liberalisierungsforderungen in den einzelnen Ländern durchsetzen werden. England und Wales haben bereits weitreichende Berufsrechtsreformen vorgenommen, mitunter ist auch das Fremdbesitzerverbot weggefallen.[1236] Infolgedessen können nun auch Nichtjuristen Gesellschafter einer Rechtsanwaltsgesellschaft werden (sog. *Alternative Business Structure* (ABS)), von denen mittlerweile über 150 Kanzleien auf dem englischen Markt tätig sind.[1237] Als mitunter einer der bekanntesten „ABS" bietet die Supermarktkette *„co-operative"* seit Neuestem Rechtsberatungsdienstleistungen, darunter hauptsächlich Telefon- und Online-Beratungen, an.[1238]

Über die Vor- und Nachteile eines Fremdbesitzerverbots lässt sich gewiss streiten. Groß ist die Angst freiberuflicher Kammern und Interessenvertretern derselben. Die Qualität der Rechtsberatung und der damit ersuchte Schutz der Rechtssuchenden wird ängstlich umsorgt. Unzweifelhaft hinterlässt die Idee, dass Supermarktketten, Versicherungen oder andere kommerzielle Anbieter Scheidungsbeistand anbieten, einen faden Beigeschmack. Gang und gäbe wird diese Vorstellung aber mit Sicherheit nicht. Jeder Markt reguliert sich von selbst; das gilt auch für den Rechtsberatungsmarkt. Die Angst davor, dass die

1234 *Seibert*, WiR 1993, 185 (185 f.); *Henssler*, NJW 1993, 2137 (2143).
1235 Hierzu *Henssler*, NJW 1993, 2137 (2134).
1236 *Von Daniels*, AnwBl 2013, 437 (437); *Kleine-Cosack*, AnwBl 2013, 570 (576).
1237 Vgl. *Daniels*, AnwBl 2013, 437 (437).
1238 *Henssler*, AnwBl 2003, 394 (398); *Daniels*, AnwBl 2013, 437 (437).

Rechtsanwaltstätigkeit in Zukunft zu einem „Massenprodukt von der Stange" mutiert, ist daher unbegründet. Schließlich gelten auch in Zukunft die Zulassungsvoraussetzungen für Rechtsanwälte, sodass sich an der Qualität der Rechtsberatung nichts ändert. Alleine die Art und Weise der am Markt angebotenen Rechtsberatung würde sich dadurch ändern. Der entscheidende Vorteil einer Aufgabe des Fremdbesitzerverbots muss sich dagegen auch der Kritiker und konservative Berufsrechtsvertreter eingestehen: Durch gewerbliche Beteiligungen an Rechtsberatungsgesellschaften fließt neues Eigenkapital in das „Unternehmen". Zugleich stehen den Rechtssuchenden solvente Schuldner gegenüber, sodass kostspielige Berufsausübungsfehler nicht unmittelbar zum Insolvenzeröffnungsantrag führen. Ein weiterer Vorteil wurde bereits im Rahmen der interdisziplinären Partnerschaft mbB erwähnt. Durch berufsfremde Beteiligungsmöglichkeiten treten neue Perspektiven auf das Beratungsprogramm. Für spezielle Probleme vor allem aus dem technischen, medizinischen und naturwissenschaftlichen Bereich müssen Rechtsanwälte oft Gutachter einschalten, die der rechtlichen Bewertung den nötigen technischen Schliff verleihen. Hierdurch entstehen zusätzliche Kosten, die in der Regel von den Mandanten getragen werden. Durch gemischte Beteiligungen lässt sich dieses Problem verhindern. Rechtsanwälte könnten sich mit Ingenieuren und Ärzten zusammenschließen, um dem rechtssuchenden Publikum die bestmögliche Vertretung zu gewährleisten.

Aufgrund der europäischen Niederlassungsfreiheit und dem modernen Berufsrecht der Engländer, sieht sich der deutsche Gesetzgeber einem starken Wettbewerb gegenüber. Es ist also nur noch eine Frage der Zeit, bis er tradierte Berufsrechtshürden liberalisiert, sodass sich das deutsche Recht der Freien Berufe in Europa sehen lassen kann. Die hiermit verbundene Angst ist unbegründet, solange der Beruf des Rechtsanwalts an strenge Qualitäts- und Zulassungshürden gekoppelt ist. Schließlich darf nicht vergessen werden, dass der Rechtsanwaltsmarkt, wie er heute besteht, vor 30 Jahren noch undenkbar war. Das gleiche wird auch in einigen Jahren über die heutige Zeit gesagt werden. Eins ist dabei aber sicher: Es wird keine 30 Jahre dauern!

Fünfter Teil: Gesamtergebnis und Zusammenfassung der wichtigsten Ergebnisse der Untersuchung

I. Gesamtergebnis

Die Partnerschaftsgesellschaft mit beschränkter Berufshaftung ist eine gelungene Rechtsform für Freie Berufe. Insbesondere die hybride Sonderstellung als „beschränkt" juristische Person und zugleich Gesamthandsgesellschaft überzeugt. Die Versicherungslösung ist eine für beide Vertragsparteien vorteilhafte Situation, denn die Partner haften nicht für Berufsausübungsfehler und die Rechtssuchenden können sich im Falle eines Schadens an eine liquide Versicherung wenden. Wünschenswert wäre eine vollumfängliche Haftungsfreistellung für alle Verbindlichkeiten der Gesellschaft gewesen. Nichtsdestotrotz ist mit der nur teilweisen Haftungsbeschränkung der wichtigste Posten abgedeckt. Im Hinblick auf das Gebot der gewissenhaften Geschäftsführung hat die persönliche Verantwortung für sonstige Verbindlichkeiten lediglich den Charakter einer selbstverständlichen Einstandspflicht für eine unwirtschaftliche Geschäftsleitung. Die persönliche Inanspruchnahme für sonstige Verbindlichkeiten darf deshalb nicht überbewertet werden. Aus haftungsrechtlicher Sicht stellt die PartG mbB eine echte Verbesserung im Vergleich zu den sonstigen Personengesellschaften dar, die für Freiberufler zugänglich sind. Im Vergleich zu den Rechtsanwalts-Körperschaften ist die Partnerschaftsgesellschaft mbB dahingehend attraktiver, dass sie die Vorteile der Personengesellschaft mit den Vorteilen der Kapitalgesellschaft in einer Person vereint. Sogar der britischen *Limited Liability Partnership* (LLP) kann die Partnerschaftsgesellschaft mit beschränkter Berufshaftung die Stirn bieten. Die Vor- und Nachteile der LLP lassen sich allerdings noch nicht abschließend benennen. Bereits aus dem Grund der Rechtsunsicherheit ist die PartG mbB eine attraktive Variante. Von der Rechtsunsicherheit einmal abgesehen sprechen gleichwohl gute Argumente für die PartG mbB. An erster Stelle ist hier die fehlende Insolvenzantragspflicht gem. § 15a Abs. 1 InsO anzuführen.

Der Gesetzgeber darf sich auf diesem Ergebnis indes nicht ausruhen. Die PartG mbB ist sicherlich vorübergehend eine zufriedenstellende Lösung. Sie erhält die Konkurrenzfähigkeit deutschen freiberuflichen Gesellschaftsrechts jedoch nur für kurze Zeit aufrecht. Großbritannien hat seit Neuestem das Fremdbesitzerverbot aufgegeben, sodass sich nun auch Nicht-Juristen als Gesellschafter an Rechtsanwaltskanzleien beteiligen können. Und damit ist Großbritannien im Recht der Freien Berufe Deutschland wieder einmal (mindestens) eine Nasenlänge voraus. Die Liberalisierung in Form der PartG mbB darf somit lediglich als Anstoß für eine weitere Welle der Deregulierung Freier Berufe angesehen werden. Es ist an der Zeit tradierten Standesrichtlinien in Form normativer Niederschläge in den Berufsordnungen den Kampf anzusagen. Kompetenzen gilt es neu zu verteilen und zukunftsschädliche Regulierungen müssen abgeschafft werden. Der erste notwendige Schritt ist die Abschaffung der Selbstverwaltungskompetenz der Berufskammern und deren Berufsgerichtsbarkeit. Die Berufskammern sind zum größten Teil konservative Interessensvertreter, die einer Liberalisierung aufgrund von Existenzängsten im Wege stehen.

Damit steht der deutsche Gesetzgeber vor einem langen und steinigen Liberalisierungsprozess, denn durch die Restrukturierung der Berufsordnungen hat sich das Problem noch nicht gelöst. Die Freien Berufe müssen in das Handelsgesetzbuch eingegliedert werden. *De lege lata* ist dieses Vorhaben nicht umsetzbar, zumal die Berufsordnungen der verkammerten Berufe ausdrücklich festhalten, dass die jeweiligen Berufe kein Gewerbe ausüben. Es verbleiben somit zwei Lösungen *de lege ferenda*. Erstens ist die Subsumtion des Freien Berufes unter die Gewerbetätigkeit und damit die Streichung der gewerbefeindlichen Vorschriften aus den Berufsordnungen zu nennen. Freie Berufe könnten dadurch in das geltende HGB eingegliedert werden, indem sie als Gewerbebetrieb deklariert würden. Zweitens ist die Abkehr vom tradierten Kaufmannsbegriff hin zu einem gegenwartsgerechten Unternehmensgesetzbuch zu nennen. Österreich hat es im Jahr 2007 bereits vorgemacht. Diese Alternative ist die umfangreichste aber zugleich begrüßenswerteste, da sie rechtspolitisch und dogmatisch konsequent ist. In rechtspolitischer Hinsicht ist der Kaufmannsbegriff ein bloßes Relikt vergangener Zeit, das von konservativen Interessensvertretern aufrecht zu erhalten versucht wird. Die Vorstellung des Kaufmanns im heutigen HGB rührt von einem Verständnis von vor über 100 Jahren. Trotzdem ist es immer noch von diesem Kaufmannsbegriff abhängig. Aus dogmatischer Sicht bezieht sich die *ratio* der Vorschriften des HGB auf die auf Dauer am Markt anbietend in Erscheinung tretenden und wirtschaftlich organisierten Einheiten. Das HGB ist vielmehr unternehmensrechtlich als kaufmannsrechtlich ausgerichtet. Adressat der Vorschriften ist richtigerweise der Unternehmer und nicht der Kaufmann. Da Freiberufler unstreitig unternehmerisch tätig sind, fallen auch sie unter den Normbereich des HGB. Das Handelsgesetzbuch soll daher in ein Unternehmergesetzbuch umgewandelt werden. Angehörigen Freier Berufe stünden somit alle Unternehmensformen zur Verfügung und damit vor allem die attraktive GmbH & Co. KG.

II. Wichtigste Einzelergebnisse

(Erster Teil:)

1. Im Jahr 1987 hat das Bundesverfassungsgericht den Meilenstein für die überörtliche Zusammenarbeit von Rechtsanwälten gleich mit zwei Entscheidungen gelegt. Die tradierten anwaltlichen Standesrichtlinien wurden in diesen Entscheidungen kassiert, sodass der Weg in eine moderne Berufstätigkeit gepflastert wurde. Der Fortschritt nahm von da an seinen unaufhaltsamen Lauf. Den Beginn machten zugleich zwei Gesellschaftsformen für Angehörige Freier Berufe. 1994 wurde die Partnerschaftsgesellschaft (PartG) – eine Gesellschaftsform, die ausschließlich Freiberuflern vorenthalten ist – ins Leben gerufen. Im gleichen Zeitraum wurde der Rechtsberatungsmarkt auch für Gesellschaften mit beschränkter Haftung (GmbH) geöffnet. Wenige Jahre darauf konnten sich Rechtsanwälte sogar in der Rechtsform der Aktiengesellschaft (AG) zusammenschließen. Rechtsanwälten stand fortan nicht mehr nur die Gesellschaft bürgerlichen Rechts (GbR) zur Zusammenarbeit zur Verfügung. Im Jahr 2013, also 13 Jahre nach dem Zugang zur Aktiengesellschaft (AG), wagte der deutsche Gesetzgeber einen weiteren Schritt in Richtung Liberalisierung und „schuf" die Partnerschaftsgesellschaft mit beschränkter Berufshaftung (PartG mbB).
2. Der Begriff des Freien Berufes ist nicht eingrenzend klassifizierbar, wird jedoch durch folgende Charakteristika gekennzeichnet: Gemeinwohlorientierung; Altruismus (d.h. nicht gewinnorientiert); persönliche, wirtschaftlich unabhängige geistige Leistungen; persönliche Leistungserbringung aufgrund besonderer Begabung und Befähigung; besonderes Vertrauensverhältnis und Verschwiegenheitspflicht; Organisation in Berufskammern. Trotz des rapiden gesellschaftlichen Wandels bleiben die Charakteristika, die den Status des Freiberuflers entscheidend prägen, auch mit dem Gang der Zeit erhalten. Grundvoraussetzung dafür ist, dass der starre und konservative Blick auf die Institution „Freiberufler" abgelegt und für moderne – den heutigen Bedürfnissen gerecht werdende – Blickwinkel geöffnet wird. Denn das Bild des Freiberuflers hat sich gewandelt. Der klassische Freiberufler ist zum Unternehmer geworden. Das ändert jedoch nichts an der Institution „Freier Beruf".

(Zweiter Teil:)

3. Die klassische Partnerschaftsgesellschaft kann ihre Haftung für alle Verbindlichkeiten vertraglich beschränken. Eine Haftungsbegrenzung ist sowohl durch Individualvereinbarung als auch anhand vorformulierter Vertragsbedingungen möglich. Das gilt auch für die Verpflichtung der Partnerschaft als

Rechtssubjekt. Auch diese kann eine Berufshaftpflichtversicherung gem. § 51 BRAO abschließen, wodurch sie selbst von § 51a BRAO a.F. erfasst wird.

4. Das Gesetz zur Einführung der PartG mbB war dringend notwendig und von vielen Vertretern der Freien Berufe gefordert. Die klassische Partnerschaftsgesellschaft konnte mit der Handelndenhaftung gem. § 8 Abs. 2 PartGG nicht mehr überzeugen, obwohl diese als das Flaggschiff dieser Rechtsform galt. Der Bundesgerichtshof hat diesem Flaggschiff jedoch den Wind aus den Segeln genommen, indem er die Haftung neu eintretender Partner auch auf schon vor deren Eintritt begangene Bearbeitungsfehler, die in Folge eine Haftung nach § 8 Abs. 2 PartGG auslösten, ausweitete. Nichtsdestotrotz bietet die klassische Partnerschaftsgesellschaft eine haftungsrechtliche Besserstellung im Vergleich zur Gesellschaft bürgerlichen Rechts, da diese keine Handelndenhaftung kraft Gesetz kennt.

(Dritter Teil:)

5. Die Partnerschaftsgesellschaft mbB ist keine neue Gesellschaftsform, sondern eine Variante – sozusagen ein „Upgrade" – zur klassischen Partnerschaftsgesellschaft. Nichtsdestoweniger stellt die PartG mbB ein gesellschaftsrechtliches Novum dar, da sie als Personengesellschaft mit teilweise verbandsrechtlichem Charakter als ein für das deutsche Gesellschaftsrecht bisher unbekannter Hybrid anzusehen ist. Insbesondere die Kompensation der persönlichen Haftungsfreistellung durch eine Berufshaftpflichtversicherung – wohlgemerkt nur für Schäden aus fehlerhafter Berufsausübung – betritt gesellschaftsrechtliches Neuland. Bisher wurde die persönliche Haftungsfreistellung stets mit Kapitalerhaltungsvorschriften aufgefangen. Die Partnerschaftsgesellschaft mbB zeigt einmal mehr, dass die Rechtspersönlichkeit der Gesamthandsgesellschaft immer mehr in die Verkehrsfähigkeit rückt.
6. Die Haftungsbegrenzung auf das Gesellschaftsvermögen ist an bestimmte Voraussetzungen geknüpft. Die Partnerschaftsgesellschaft mbB muss als solche zunächst wirksam zustande gekommen sein. Hierzu ist die Eintragung in das Partnerschaftsregister vonnöten; die Eintragung ist damit konstitutiver Natur. Der neue Absatz 3 des § 4 PartGG sieht vor, dass der Anmeldung einer Partnerschaft mit beschränkter Berufshaftung nach § 8 Absatz 4 eine Versicherungsbescheinigung gemäß § 113 Absatz 2 des Gesetzes über den Versicherungsvertrag (VVG) beigefügt sein muss. Die Berufshaftpflichtversicherung muss mit einer Mindestdeckungssumme von 2,5 Mio. Euro abgeschlossen worden sein (§ 51a Abs. 2 BRAO). Sie ist keine Pflichtversicherung aber zwingende Voraussetzung für das Eingreifen der Haftungskonzentration nach § 8 Abs. 4 PartGG. Der Name der Partnerschaft muss den Zusatz „mit beschränkter Berufshaftung"

oder die Abkürzung „mbB“ oder eine andere allgemein verständliche Abkürzung dieser Bezeichnung enthalten (§ 8 Abs. 4 S. 3 HS 1 PartGG).

7. Die Rechtsform der PartG mbB kann auf unterschiedlichen Wegen erreicht werden; das hängt von der Zusammenarbeit in der vorherigen Gesellschaftsform ab. Selbstverständlich kann sie neu gegründet werden. Hierbei gelten die allgemeinen Grundsätze der Neugründung einer Partnerschaft mit den besonderen Voraussetzungen zur Erreichung der Haftungsbeschränkung. Eine klassische Partnerschaftsgesellschaft muss den Haftungsbeschränkungszusatz beim Partnerschaftsregister anmelden und den Abschluss einer Berufshaftpflichtversicherung nach § 51a BRAO durch Vorlage einer Versicherungsbescheinigung (§ 113 Abs. 2 VVG) belegen. Eine Rechtsanwaltsgesellschaft kann durch Formwechsel gem. §§ 226 ff. UmwG in eine PartG mbB umgewandelt werden (§ 228 Abs. 2 UmwG). Die Sozietät kann dagegen nicht in eine PartG mbB i.S.d. UmwG umgewandelt werden. Ihr steht nur die Neugründung zur Verfügung. Gemäß § 191 Abs. 1 UmwG kann eine Gesellschaft bürgerlichen Rechts nämlich nicht formwechselnder Rechtsträger sein. Eine „Umwandlung“, die nicht streng i.S.d. UmwG verstanden wird, kann dennoch durch Änderung des Gesellschaftsvertrags unter Beachtung der Anforderungen des § 3 PartGG sowie der nach § 7 Abs. 1 PartGG konstitutiv wirkenden Eintragung in das Partnerschaftsregister vollzogen werden. Es liegt dann streng genommen keine Umwandlung, sondern eine Neugründung vor. Im Ergebnis ist das ein rein sprachliches Problem, zumal § 2 Abs. 2 PartGG ausdrücklich die „Umwandlung“ einer GbR in eine Partnerschaft vorsieht, § 191 Abs. 1 UmwG dagegen nicht.
8. Die Beschränkung der Haftung auf das Gesellschaftsvermögen gilt nur für Berufsausübungsfehler. Es gilt damit dasselbe wie für die Handelndenhaftung nach § 8 Abs. 2 PartGG. Für deliktische Ansprüche gilt die Haftungsbeschränkung indes nicht.
9. Die Höhe der Mindestversicherung (2,5 Mio. Euro) ist in Anbetracht der Haftungsfreistellung für Berufsausübungsfehler angemessen. Hinsichtlich der Mindestversicherungssumme ist in der Anwaltschaft überwiegend Akzeptanz festzustellen, da es eine Haftungsbeschränkung anerkanntermaßen nicht „umsonst“ geben kann. Auch bei kleineren Sozietäten führt die Mindestversicherungssumme in Höhe von 2,5 Mio. Euro faktisch zu keiner spürbaren Beeinträchtigung, da bereits heute nur wenige vergesellschaftet tätige Rechtsanwälte lediglich zu den gesetzlichen Mindestanforderungen nach § 51 BRAO oder zu einem Betrag im sechsstelligen Bereich versichert sind. Ob sich der Rechtsformwechsel finanziell lohnt, hängt von den individuellen Bedürfnissen der einzelnen Kanzleien ab.

10. Nach der „Umwandlung“ in eine PartG mbB ergibt sich eine seltsame Folge für Altmandate. Obwohl die Haftungsbeschränkung nicht für Altmandate gilt, kommt ihnen der Versicherungsschutz nach § 8 Abs. 4 S. 2 PartGG, insbesondere auch der Direktanspruch gegen den Versicherer nach § 115 VVG, zugute, soweit der Berufsausübungsfehler nach der „Umwandlung“ geschieht. Denn der Versicherungsschutz richtet sich nach dem Zeitpunkt der Pflichtverletzung (Verstoßprinzip) und orientiert sich nicht daran, zu welcher Zeit das Vertragsverhältnis begründet wurde. Folglich genießt der Altgläubiger doppelten Schutz, da er sich zwischen beiden Haftungssubjekten (kumulativ) entscheiden kann. Das alte Haftungsmodell dauert nach der „Umwandlung“ aber nicht bis in alle Ewigkeit fort. In zeitlicher Hinsicht ist die persönliche Haftung gem. § 8 Abs. 1, 2 PartGG auf 5 Jahre – nach Eintragung der Namensänderung im Partnerschaftsregister – beschränkt. Methodologisch stützt sich diese Erwägung auf der analogen Anwendung der §§ 160 HGB i.V.m. § 10 Abs. 2 PartGG, 225a, 225c, 224 Abs. 2 UmwG.
11. Die Haftung neu eintretender Partner richtet sich nach dem Haftungsregime des Mandantenverhältnisses. Aufgrund des Verstoßprinzips gilt auch hier das zur (Nach-) Haftung für Altverbindlichkeiten Gesagte, und zwar, dass die Berufshaftpflichtversicherung bei neu eintretenden Partnern in jedem Fall eintritt und der Mandant die Wahl hat, ob er sich an den Partner hält, oder die Befriedigung direkt von der Versicherung besorgt.
12. Bezüglich der Rechtsscheinhaftung gilt weiterhin § 15 Abs. 1 HGB. Im Falle eines Regressanspruchs gegen die Partnerschaft mbB gewinnt dieses Problem aber nur dann an Bedeutung, wenn der Schaden über der Deckungssumme der Berufshaftpflichtversicherung liegt. Hinsichtlich des im Geschäftsverkehr fehlenden Hinweises auf die Haftungsbeschränkung und die damit von der Rechtsprechung und Literatur entwickelte Rechtsscheinhaftung analog § 179 BGB macht bei der Partnerschaft mbB wenig Sinn. Es fehlt bereits an einem zu schützenden Vertrauen des Geschäftspartners, da dieser nach der „Umwandlung“ einer solventen Partnerschaft – abgesichert durch eine Berufshaftpflichtversicherung – gegenüber steht. Die entwickelte Rechtsprechung zur Rechtsscheinhaftung bezieht sich auf haftungsbeschränkte Gesellschaften, die mit Kapitalerhaltungsvorschriften ausgestattet sind. Im Unterscheid zu einer herkömmlichen Kapitalgesellschaft kann das Gesellschaftsvermögen und damit die Haftungsmasse einer PartG mbB nicht aufgebraucht werden. Der Vollständigkeit halber ist auch die dogmatische Schwäche der analogen Anwendung des § 179 BGB zu nennen. Hierdurch kann zwar das negative Interesse des Mandanten geschützt werden; eine Erfüllungshaftung (positives Interesse) geht damit aber nicht

einher. Schließlich wird der Unternehmensträger wirksam nach § 164 BGB vertreten, womit kein Platz für eine analoge Anwendung des § 179 BGB ist.

13. Trotz des Wesensmerkmals einer haftungsbeschränkten Partnerschaft besteht für geschädigte Mandanten die Möglichkeit, mittelbar auf das Privatvermögen der Partner zuzugreifen. Sobald der Schaden des Mandanten die Deckungssumme der Berufshaftpflichtversicherung und das Partnerschaftsvermögen der Höhe nach übersteigt, kann er – durch Pfändung des Innenanspruchs – einen zusätzlichen Schuldner gewinnen, solange dieser seine Pflichtverletzung vorsätzlich (!) begangen und die Partnerschaft auf den Innenanspruch nicht verzichtet hat. Die anspruchsauslösende Pflichtverletzung liegt in der Verletzung der Loyalitätspflicht – genauer gesagt der Schadensabwendungspflicht – des Partners gegenüber der Partnerschaft und den anderen Partnern. Es ist daher jeder Partnerschaftsgesellschaft zu empfehlen, unbedingt eine gesellschaftsvertragliche Regelung des Innenanspruchs und die dazugehörige Freistellung in den Gesellschaftsvertrag mit aufzunehmen.
14. Auch eine unmittelbare Inanspruchnahme der ansonsten haftungsbefreiten Partner ist denkbar. In diesem Sinne ist der existenzvernichtende Eingriff (sog. Existenzvernichtungshaftung) zu nennen. Im Falle einer drohenden Inanspruchnahme – durch einen oder mehrere Gläubiger – können die Gesellschafter der Partnerschaft das Gesellschaftsvermögen entziehen, sodass die Gläubiger einer „vermögensentleerten“ Partnerschaft gegenüberstehen. Bei einer Abweisung der Insolvenz mangels Masse sprechen die überzeugenderen Argumente für die Ausgestaltung der Existenzvernichtungshaftung – zumindest auch – als Außenhaftung – entgegen dem BGH. Zusammenfassend gibt es drei schadensersatzauslösende Pflichtverletzungen bei einem existenzvernichtenden Eingriff: 1. Verletzung der Loyalitätspflicht aus § 280 Abs. 1 BGB; 2. Schädigung der Gesellschaft nach § 826 BGB; 3. Schädigung von Gläubigern nach § 826 BGB. Eine für alle Parteien befriedigende Lösung bestünde in einer „sowohl-als-auch-Lösung“, indem sowohl eine Innenhaftung nach § 280 Abs. 1 BGB als auch eine Außenhaftung nach § 826 BGB angenommen wird. Die Pflichtverletzung i.S.v. § 826 BGB – nachweisbare Schädigungsabsicht – deckt sich im Innen- und Außenverhältnis miteinander. Im Innenverhältnis liegt zugleich ein vorsätzlicher Treueverstoß vor, der unter Umständen leichter nachgewiesen werden kann.
15. Das Rechtsinstitut der Insolvenzverschleppungshaftung gem. § 15a Abs. 1 InsO ist nicht auf die Partner einer PartG mbB anwendbar. Zum einen spricht ein rechtspolitisches Argument – als Instrument der Rechtswissenschaft – gegen eine Insolvenzverschleppungshaftung der Partner, zum anderen steht

eine teleologische Auslegung der Anwendung des § 15a Abs. 1 S. 2 InsO auf die Partnerschaftsgesellschaft mbB im Weg. Das Ausfallrisiko der Gläubiger wird durch eine versicherungsrechtliche Lösung kompensiert, indem das Risiko des fehlenden Haftungsfonds der Partnerschaft durch eine im Einzelfall aushandelbare Berufshaftpflichtversicherung aufgefangen wird. Ein zusätzlicher Schutz durch eine Insolvenzverschleppungshaftung nach § 823 Abs. 2 BGB i.V.m. § 15a Abs. 1 S. 2 InsO ist nicht vonnöten.

(Vierter Teil:)

16. Im Ergebnis sprechen bessere Gründe für die Bevorzugung der Partnerschaft mbB im Gegensatz zur britischen LLP. Trotz der Anerkennung der LLP als Rechtsanwaltskanzlei im deutschen Rechtsraum ist sie immer noch mit einigen Rechtsunsicherheiten behaftet, sodass ihre Vorteile noch nicht gewohnheits- oder richterrechtlich anerkannt sind. Es ist daher noch unklar, ob die LLP überhaupt Vorteile bietet. Und eins ist sicher: Rechtsunsicherheit ist unattraktiv. Aufgrund fehlender Regelungen können sich in Deutschland niedergelassene LLPs ihre Vorteile selbst herausnehmen. Obwohl eine Versicherungspflicht besteht und eine Registereintragung verlangt wird, setzen sich die LLPs über deutsche Regelungen hinweg. Und warum? Weil der deutsche Gesetzgeber nicht tätig wird. Das mag an der Angst vor dem Europäischen Gerichtshof liegen oder schlicht an mangelndem Interesse; fest steht, dass der deutsche Gesetzgeber selbst die Attraktivität der PartG mbB in der Hand hat. Ungeachtet dessen ist die Partnerschaft mbB auch losgelöst von Rechtsunsicherheiten die attraktivere Rechtsform, da die Versicherungslösung – trotz persönlicher Haftung für sonstige Verbindlichkeiten, die nicht aus der Berufsausübung stammen – eine für die Freien Berufe optimal zugeschnittene Antwort ist.
17. Obwohl die Partnerschaft mbB der britischen LLP die Stirn bieten kann, darf sich der deutsche Gesetzgeber nicht auf ihr ausruhen. Großbritannien hat seit Neuestem das Fremdbesitzerverbot aufgegeben, sodass sich nun auch Nicht-Juristen als Gesellschafter an Rechtsanwaltskanzleien beteiligen können. Und damit ist Großbritannien im Recht der Freien Berufe Deutschland wieder einmal (mindestens) eine Nasenlänge voraus. Die Liberalisierung in Form der PartG mbB darf somit lediglich als Anstoß für eine weitere Welle der Deregulierung Freier Berufe angesehen werden. Das Ziel der Liberalisierung liegt in der Öffnung aller Gesellschaftsformen für Freie Berufe. Notwendiger Schritt hierfür ist zuallererst die Abschaffung der Selbstverwaltungskompetenz der Berufskammern und deren Berufsgerichtsbarkeit. Die Berufskammern sind zum größten Teil konservative

Interessensvertreter, die einer Liberalisierung aufgrund von Existenzängsten im Wege stehen.

18. Eine Liberalisierung *de lege lata* ist aufgrund geltender Gesetzesvorschriften nicht durchsetzbar. Die Berufsordnungen sehen ausdrücklich vor, dass die jeweiligen Freien Berufe kein Gewerbe betreiben. Die Vorschriften stehen einer Anwendung des HGB nach geltendem Recht damit entgegen. Der § 105 Abs. 2 HGB kann nicht derart weit ausgelegt werden, dass jedermann ein Handelsgewerbe anmelden kann. Ebenso wenig würde durch die Abschaffung der Sonderstellung der Freien Berufe ein besseres Ergebnis erzielt werden.
19. *De lege ferenda* lässt sich die Liberalisierung auf zwei Wegen mit unterschiedlicher Intensität fortschreiten. Erstens ist die Subsumtion des Freien Berufes unter die Gewerbetätigkeit und damit die Streichung der gewerbefeindlichen Vorschriften aus den Berufsordnungen zu nennen. Freie Berufe könnten dadurch in das geltende HGB eingegliedert werden, indem sie als Gewerbebetrieb deklariert würden. Zweitens ist die Abkehr vom tradierten Kaufmannsbegriff hin zu einem gegenwartsgerechten Unternehmensgesetzbuch zu nennen. Diese Alternative ist die umfangreichste aber zugleich begrüßenswerteste, da sie rechtspolitisch und dogmatisch konsequent ist. In rechtspolitischer Hinsicht ist der Kaufmannsbegriff ein bloßes Relikt vergangener Zeit, das von konservativen Interessensvertretern aufrecht zu erhalten versucht wird. Aus dogmatischer Sicht bezieht sich die *ratio* der Vorschriften des HGB auf die auf Dauer am Markt anbietend in Erscheinung tretenden und wirtschaftlich organisierten Einheiten. Das HGB ist vielmehr unternehmensrechtlich als kaufmannsrechtlich ausgerichtet. Adressat der Vorschriften ist richtigerweise der Unternehmer und nicht der Kaufmann. Da Freiberufler unstreitig unternehmerisch tätig sind, fallen auch sie unter den Normbereich des HGB. Das Handelsgesetzbuch soll daher in ein Unternehmergesetzbuch umgewandelt werden. Angehörigen Freier Berufe stünden somit alle Unternehmensformen zur Verfügung und damit vor allem die attraktive GmbH & Co. KG.

Literaturverzeichnis

Altmeppen, Holger: Irrungen und Wirrungen um den täuschenden Rechtsformzusatz und seine Haftungsfolgen, NJW 2012, S. 2833–2839.

–: Abschied vom „Durchgriff“ im Kapitalgesellschaftsrecht, NJW 2007, S. 2657–2660.

Bachmayer, Christian: Abschied von der Gesamthand im Gesellschaftsrecht? - Mögliche Konsequenzen aus der BGH-Rechtsprechung zur Rechtsfähigkeit der GbR, NotBZ 2010, S. 161–172.

Bamberger, Heinz Georg/Roth, Herbert (Hrsg.): Beck´scher Online-Kommentar BGB, Edition: 28, München 2013 (Zit.: *Bearbeiter*, in: Beck´scher Online-Kommentar BGB).

Bank, Stephan: Die britische Limited Liability Partnership: Eine attraktive Organisationsform für Freiberufler? Eine rechtsvergleichende Untersuchung des britischen und deutschen Rechts unter besonderer Berücksichtigung der europäischen Niederlassungsfreiheit, Diss. jur., Berlin 2006 (Zit.: *Bearbeiter*, Die britische LLP: Eine attraktive Organisationsform für Freiberufler?).

Baumbach, Adolf (Hrsg.): Beck´sche Kurz-Kommentare, Handelsgesetzbuch, 36. Aufl., München 2014 (Zit.: *Bearbeiter*, in: Baumbach/Hopt, HGB).

Baumbach, Adolf/Hueck, Alfred (Hrsg.): Beck´sche Kurz-Kommentare GmbHG - Gesetz betreffend die Gesellschaften mit beschränkter Haftung, 20. Aufl., München 2013 (Zit.: *Bearbeiter*, in: Baumbach/Hueck GmbHG).

Becker, Georg: Haftung und Deckung bei der englischen Anwalts-LLP in Deutschland, AnwBl 2011, S. 860–862.

Bergmann, Andreas: Die fremdorganschaftlich verfasste offene Handelsgesellschaft, Kommanditgesellschaft und BGB-Gesellschaft als Problem des allgemeinen Verbandsrechts - Ein Beitrag zur Überwindung des Dualismus von Personengesellschaften und Körperschaften, Diss. jur., Berlin 2002 (Zit.: *Bearbeiter*, Die fremdorganschaftlich verfasste OHG, KG und GbR).

Bernütz, Stefan/ Kreusch, Holger/ Loll, Dietrich: Infektion, Abfärbung, Vervielfältigung: Rechtsanwaltssozietäten und die Gefahren der Gewerblichkeit, BRAK-Mitt. 2009, S. 146–150.

Bettinger, Nicole: Englische LLP und Anwaltshaftung in Deutschland, Diss. jur., Baden-Baden 2009 (Zit.: *Bearbeiter*, Englische LLP und Anwaltshaftung in Deutschland).

Bick, Daniela/ Esskandari, Manzur: Erweiterter Versicherungsschutz für Sozietäten durch neues Deckungskonzept der Berufshaftpflichtversicherung, NJW 2011, S. 3191–3195.

Blattner, Jessica: Risikomanagement durch Haftungsvereinbarungen im Anwaltsvertrag – Möglichkeiten und Voraussetzungen der individualvertraglichen Beschränkung der Anwaltshaftung, AnwBl 2013, S. 300–308.

Borgmann, Brigitte: Die Rechtsprechung des BGH zum Anwaltshaftungsrecht bis April 2010, NJW 2010, S. 1924–1933.

Bösert, Bernd: Das Gesetz über Partnerschaftsgesellschaften Angehöriger Freier Berufe (PartGG), ZAP 1994, S. 137–152.

BRAK: Empfehlungen zur Frage der Behandlung europäischer Rechtsanwaltsgesellschaften, BRAK-Mitt. 2008, S. 17–19.

–: Empfehlungen des Ausschusses Internationale Sozietäten, BRAK-Mitt. 2005, S. 182–183.

Braun, Anton: Berufshaftpflichtversicherungen, BRAK-Mitt. 2002, S. 150–154.

Buchda, Gerhard: Geschichte und Kritik der deutschen Gesamthandlehre, Marburg 1936.

Bühren, Martin van: Die Berufshaftpflichtversicherung der Rechtsanwälte, Diss. jur., Bonn 2004 (Zit.: *Bearbeiter*, Die Berufshaftpflichtversicherung der Rechtsanwälte).

Bundesministerium der Justiz (Hrsg.): Gutachten und Vorschläge zur Überarbeitung des Schuldrechts, Köln 1983 (Zit.: *Bearbeiter*, in: BMJ, Gutachten und Vorschläge zur Überarbeitung des Schuldrechts).

Burger, Christian/ Chab, Bertin/ Grams, Holger/ Jungk, Antje: Pflichten und Haftung des Anwalts, BRAK-Mitt. 2003, S. 262–265.

Busse, Felix: Deutsche Anwälte - Geschichte der deutschen Anwaltschaft 1945–2009, Berlin 2010.

Bydlinski, Franz: Handels- oder Unternehmensrecht als Sonderprivatrecht, Berlin/New York 1990.

Canaris, Claus-Wilhelm: Zinsberechnungs- und Tilgungsverrechnungsklauseln beim Annuitätendarlehen. Zugleich ein Beitrag zur Abgrenzung von § 8 und § 9 AGB-Gesetz, NJW 1987, S. 609–617.

–: Handelsrecht, 24. Aufl., München 2006.

Chab, Bertin: Die Sozienklausel in der Berufshaftpflichtversicherung - Die Regelungen in den AVB-RSW – oder: Der häufig verkannte § 12 AVB, AnwBl 2012, S. 190–191.

–: Vertragliche Haftungsbeschränkungen - Fluch oder Segen?, AnwBl 2006, S. 205–207.

Dahns, Christian: Persönliche Haftung aller Partner in einer interprofessionellen Sozietät, NJW-Spezial 2012, S. 510–511.

–: Partnerschaftsgesellschaft mit beschränkter Berufshaftung, NJW-Spezial 2012, S. 190–190.

–: Die englische LLP als Rechtsform für die anwaltliche Berufsausübung, NJW-Spezial 2005, S. 333–334.

Dallwig, Florian: Versicherungsrechtliche Konsequenzen des Gesetzes zur Einführung einer Partnerschaftsgesellschaft mit beschränkter Berufshaftung für die Vermögensschadenhaftpflichtversicherung für Rechtsanwälte, VersR 2014, S. 19–27.

Daniels, Justus von: Kanzlei goes business - Der Blick nach England im Jahr 2013 könnte einen Blick in die deutsche Zukunft 2030 sein, AnwBl 2013, S. 437–439.

Dauner-Lieb, Barbara: Die Existenzvernichtungshaftung als deliktische Innenhaftung gemäß § 826 BGB, ZGR 2008, S. 34–47.

Dehn, Wilma/Krejci, Heinz (Hrsg.): SWK-Sonderheft - Das neue UGB, Wien 2005 (Zit.: *Bearbeiter*, in: SWK-Das neue UGB).

Donath, Roland: Rechtsberatungsgesellschaften, ZHR 156 (1992), S. 134–173.

Ebenroth, Carsten Thomas/Boujong, Karlheinz/Joost, Detlev/Strohn, Lutz (Hrsg.): Handelsgesetzbuch: HGB, Band 1: §§ 1–342e, 2. Aufl., München 2009 (Zit.: *Bearbeiter*, in: Ebenroth/Boujong/Joost/Strohn, HGB).

Eckhoff, Frank: Die Haftung der Geschäftsleiter gegenüber den Gläubigern der Gesellschaft wegen Insolvenzverschleppung, Diss. jur., Baden-Baden 2009 (Zit.: *Bearbeiter*, Die Haftung der Geschäftsleiter gegenüber den Gläubigern der Gesellschaft wegen Insolvenzverschleppung).

Ehlers, Dirk/ Lechleitner, Marc: Die Aufgaben der Rechtsanwaltskammern - Ausgewählte Ergebnisse eines Gutachtens, AnwBl 2006, S. 361–367.

Eilers, Stephan: Der Weg in die LLP, IStR 2008, S. 22–23.

Falkenhausen, Joachim Frhr. von: Die anwaltliche Beratung der Aktiengesellschaft - Der Anwalt im Spannungsfeld zwischen Vorstand und Aufsichtsrat, AnwBl 2012, S. 889–894.

–: Brauchen die Rechtsanwälte ein Partnerschaftsgesetz?, AnwBl 1993, S. 479–481.

Fary, Armin: Die US-amerikanische Limited Liability Partnership im deutschen Rechtsverkehr: eine Untersuchung gesellschafts- und steuerrechtlicher Aspekte sowie eine rechtsvergleichende Gegenüberstellung der Partnerschaftsgesellschaft, Diss. jur., Hamburg 2012 (Zit.: *Bearbeiter*, Die US-amerikanische LLP im deutschen Rechtsverkehr).

Feuerich, Wilhelm E./Weyland, Dag/Vossebürger, Albert/Böhnlein, Gregor/Brüggemann, Rüdiger (Hrsg.): Bundesrechtsanwaltsordnung : Berufsordnung, Fachanwaltsordnung, Partnerschaftsgesellschaftsgesetz, Recht für Anwälte aus dem Gebiet der Europäischen Union, Patentanwaltsordnung; Kommentar, 8. Aufl., München 2012 (Zit.: *Bearbeiter*, in: BRAO Kommentar).

Filges, Axel C.: Die PartG mbB - gut, aber es geht besser, BRAK-Mitt. 2012, S. 45–45.

Fleischer, Holger (Hrsg.): Mysterium „Gesetzesmaterialien“ - Bedeutung und Gestaltung der Gesetzesbegründung in Vergangenheit, Gegenwart und Zukunft, Tübingen 2013 (Zit.: *Bearbeiter*, in: Mysterium „Gesetzesmaterialien“).

Fleischer, Holger/Goette, Wulf (Hrsg.): Münchener Kommentar zum GmbHG, Band 1, §§ 1–34 GmbHG, 1. Aufl., München 2010 (Zit.: *Bearbeiter*, in: MüKo GmbHG).

– (Hrsg.): Münchener Kommentar zum GmbHG, Band 2, §§ 35–52 GmbHG, 1. Aufl., München 2012 (Zit.: *Bearbeiter*, in: MüKo GmbHG).

– (Hrsg.): Münchener Kommentar zum GmbHG, Band 3, §§ 53–85 GmbHG, 1. Aufl., München 2011 (Zit.: *Bearbeiter*, in: MüKo GmbHG).

Flume, Werner: Gesellschaft und Gesamthand, ZHR 136 (1972), S. 177–207.

–: Allgemeiner Teil des Bürgerlichen Rechts I/1, Die Personengesellschaft, Berlin/Heidelberg/New York 1977.

Fritz, Christian: Vom Handelsgesetzbuch zum Unternehmensgesetzbuch in Österreich - Die wichtigsten Änderungen durch die große HGB-Reform für GmbH und GmbH & Co., GmbHR 2007, S. 34–37.

Ganster, Günther: Freier Beruf und Kapitalgesellschaft - das Ende der freien Professionen? : eine umfassende juristische Analyse zum scheinbar unaufhaltsamen Siegeszug der Kapitalgesellschaften in den freien Professionen, Berlin/New York 2000.

Geißler, Markus: Die Anspruchsverfolgung der Gesellschaftsgläubiger bei Existenzvernichtung der GmbH, DZWIR 2013, S. 395–402.

Gierke, Otto von: Der Entwurf des neuen Handelsgesetzbuches, ZHR 45 (1896), S. 441–540.

–: Geschichte des deutschen Genossenschaftsbegriffs, Berlin 1873.

Gladys, Paul-Franz: Die interprofessionelle PartG mbB und die Anforderungen des strengsten Berufsrechts, DStR 2014, S. 445–448.

–: Die Partnerschaftsgesellschaft mit beschränkter Berufshaftung - Anmerkungen zum Regierungsentwurf aus Sicht der Berufshaftpflichtversicherung, DStR 2012, S. 2249–2252.

Gräfe, Jürgen/Brügge, Michael: Vermögensschaden-Haftpflichtversicherung - Die Berufshaftpflichtversicherung für Rechtsanwälte, Steuerberater, Wirtschaftsprüfer und Notare, 2. Aufl., München 2013.

Grams, Holger: Verstoß- und Claims-made-Prinzip in der Berufshaftpflichtversicherung der rechts- und wirtschaftsberatenden Berufe, AnwBl 2003, S. 299–303.

Grigoleit, Hans Christoph: Gesellschafterhaftung für interne Einflussnahme im Recht der GmbH - Dezentrale Gewinnverfolgung als Leitprinzip des dynamischen Gläubigerschutzes, München 2006.

Grunewald, Barbara: Die Partnerschaftsgesellschaft mit beschränkter Berufshaftung, GWR 2013, S. 393–395.

–: Die Partnerschaftsgesellschaft mit beschränkter Berufshaftung - sinnvolle Ergänzung des PartGG oder systemwidrige Privilegierung einiger Weniger?, ZIP 2012, S. 1115–1117.

–: Scheinsozietäten als besondere Form der Scheingesellschaft, in: Festschrift für Peter Ulmer zum 70. Geburtstag am 2. Januar 2003, Berlin 2003, S. 141–150.

Grunewald, Barbara/Maier-Reimer, Georg/Westermann, Harm Peter (Hrsg.): Bürgerliches Gesetzbuch - Handkommentar mit AGG, EGBGB (Auszug), ErbbauRG, HausratsVO, LPartG, ProdHaftG, UKlaG, VAHRG und WEG, 13. Aufl., Köln 2011 (Zit.: *Bearbeiter*, in: Ermann/Westermann BGB).

Grunewald, Barbara/ Müller, Hans-Friedrich: Ausländische Rechtsberatungsgesellschaften in Deutschland, NJW 2005, S. 465–469.

Habersack, Mathias: Trihotel - Das Ende der Debatte?, ZGR 2008, S. 533–559.

Hahn, Christopher/ Naumann, Daniel: Rechts- und Auslegungsfragen der Haftungskonzentration nach § 8 Abs. 2 PartGG, WM 2012, S. 1756–1762.

Hartung, Wolfgang: Das anwaltliche Berufsrecht in der Rechtsprechung des BVerfG seit 1987 - Ein Überblick über die wesentlichen Entscheidungen der letzten 15 Jahre, NJW 2003, S. 261–264.

Hasenkamp, Annabel: Die formularvertragliche Haftungsbeschränkung bei der Gesellschaft bürgerlichen Rechts, BB 2004, S. 230–237.

Heintzen, Markus: Die überörtliche Rechtsanwaltssozietät - Eine Standesrechtliche Untersuchung, Stuttgart 1990.

Hellwig, Hans-Jürgen: PartG mbB: Sinnvolle Modernisierung, AnwBl 2012, S. 345–347.

–: Haftpflichtversicherung statt Handelndenhaftung bei der Partnerschaftsgesellschaft, NJW 2011, S. 1557–1559.

–: Die Anwaltschaft zwischen Rechtspflege und kommerziellem Wettbewerb - „Privatautonomie in der transnationalen Marktgesellschaft" - Chancen und Gefahren -, BRAK-Mitt. 2008, S. 92–98.

Henssler, Martin: Die PartGmbB - großer Wurf oder (zu) kleine Lösung? - Die Antwort „made in Germany" auf die angelsächsische LLP - eine erste Bilanz, AnwBl 2014, S. 96–106.

–: Die LLP die bessere Alternative zur PartG mbB?, NJW 2014, S. 1761–1766.

–: Keine Organisationsfreiheit für Rechtsanwälte - Das Verbot der Rechtsanwalts-GmbH & Co. KG, NZG 2011, S. 1121–1130.

–: Die Postulationsfähigkeit ausländischer Anwaltsgesellschaften, NJW 2009, S. 3136–3139.

–: Anforderungen an ein modernes Anwaltsrecht – Blick ins Jahr 2030, AnwBl 2003, S. 394–400.

–: Grundlagen des US-amerikanischen Berufsrechts der Rechtsanwälte, AnwBl 2002, S. 557–566.

–: Gewerbe, Kaufmann und Unternehmen, ZHR 161 (1997), S. 13–51.

–: Die Rechtsanwalts-GmbH - Zulässigkeit und Satzungserfordernisse, ZHR 161 (1997), S. 305–331.

–: Der Gesetzesentwurf zur Regelung der Rechtsanwalts-GmbH, ZIP 1997, S. 1481–1491.

–: Haftungsrisiken anwaltlicher Tätigkeit, JZ 1994, S. 178–188.

–: Anwaltsgesellschaften, NJW 1993, S. 2137–2145.

–: Die Rechtsanwalts-GmbH, JZ 1992, S. 697–710.

–: Partnerschaftsgesellschaftsgesetz Kommentar, 2. Aufl., München 2008.

–: Die Haftung der Partnerschaft und ihrer Gesellschafter - Ein haftungsrechtlicher Vergleich mit der Kooperationsform der Gesellschaft bürgerlichen Rechts, in: Festschrift für Ralf Vieregge zum 70. Geburtstag am 6. November 1995, S. 361–379.

–: Die Zulassung ausländischer Anwaltsgesellschaften in Deutschland, in: Rechtspolitik und Berufspolitik - Felix Busse zum 65. Geburtstag, München 2005, S. 127–153.

–: Die „Limited Liability Partnership" des US-amerikanischen Rechts - Denkanstöße zur Fortentwicklung des Rechts der Partnerschaftsgesellschaft und der OHG, in: Festschrift für Herbert Wiedemann: zum 70. Geburtstag, München 2002, S. 907–934.

Henssler, Martin/ Mansel, Heinz-Peter: Die Limited Liability Partnership als Organisationsform anwaltlicher Berufsausübung, NJW 2007, S. 1393–1400.

–: Internationalrechtliche Haftungsfragen beim Auftreten einer anwaltlich tätigen Limited Liability Partnership (LLP) englischen Rechts in Deutschland, in: Festschrift für Norbert Horn zum 70. Geburtstag, Berlin 2006, S. 403–424.

Henssler, Martin/Prütting, Hanns (Hrsg.): Bundesrechtsanwaltsordnung: mit EuRAG, Eignungsprüfungsverordnung, Berufs- und Fachanwaltsordnung, Rechtsdienstleistungsgesetz, Partnerschaftsgesellschaftsgesetz und CCBE-Berufsregeln; Kommentar, 3. Aufl., München 2010 (Zit.: *Bearbeiter*, in: Henssler/Prütting BRAO Kommentar).

Henssler, Martin/Streck, Michael (Hrsg.): Handbuch Sozietätsrecht, 2. Aufl., Köln 2011 (Zit.: *Bearbeiter*, in: Henssler/Streck, Handbuch Sozietätsrecht).

Henssler, Martin/Strohn, Lutz (Hrsg.): Gesellschaftsrecht - BGB, HGB, PartGG, GmbHG, AktG, UmwG, GenG, IntGesR, 2. Aufl., München 2014 (Zit.: *Bearbeiter*, in: Henssler/Strohn Gesellschaftsrecht).

Herberger, Maximilian/Martinek, Michael/Rüßmann, Helmut/Weth, Stephan (Hrsg.): juris PraxisKommentar BGB, Schuldrecht (§§ 631 bis 853), 5. Aufl., Saarbrücken 2010 (Zit.: *Bearbeiter*, in: JurisPK-BGB).

Hinne, Dirk: Das „neue" Berufsbild des Rechtsanwalts, in: Festschrift zum 125-jährigen Bestehen der Rechtsanwaltskammer für den Oberlandesgerichtsbezirk Hamm, Hamm 2004, S. 435–449.

Hommerich, Christoph: Die Freien Berufe und das Vertrauen in die Gesellschaft, 1. Aufl., Baden-Baden 2009.

Hommerich, Christoph/ Kilian, Matthias: Sozietätsanwälte, AnwBl 2009, S. 444–444.

Horn, Norbert (Hrsg.): Handelsgesetzbuch Kommentar, Band 1, Einleitung; §§ 1–104, 2. Aufl., Berlin/New York 1995 (Zit.: *Bearbeiter*, in: Heymann/ Emmerich).

Huber, Ulrich: Die Praxis des Unternehmenskaufs im System des Kaufrechts, AcP 202 2002, S. 179–242.

Hueck, Alfred: Das Recht der offenen Handelsgesellschaft, 4. Aufl., Berlin/ New York 1971.

Hüffer, Uwe/Koch, Jens: Gesellschaftsrecht, 8. Aufl., München 2011.

Hüffer, Uwe: Die Gesamthandsgesellschaft in Prozeß, Zwangsvollstreckung und Konkurs, in: Festschrift für Walter Stimpel zum 68. Geburtstag am 29. November 1985, Berlin/New York 1985, S. 165–186.

Jauernig, Othmar (Hrsg.): Bürgerliches Gesetzbuch mit Allgemeinen Gleichbehandlungsgrundsatz (Auszug), 14. Aufl., München 2011 (Zit.: *Bearbeiter*, in: Jauernig BGB Kommentar).

Jawansky, Martin: Haftung und Vertrauensschutz bei Berufsausübung in der Partnerschaftsgesellschaft, DB 2001, S. 2281–2285.

–: Haftung und Haftungskonzentration bei der Partnerschaftsgesellschaft, Diss. jur., Aachen 1997 (Zit.: *Bearbeiter*, Haftung und Haftungskonzentration bei der PartG).

Joussen, Jacob: Der Sorgfaltsmaßstab des § 43 Abs. 1 GmbHG, GmbHR 2005, S. 441–447.

Jungk, Antje: Die Haftung des Rechtsanwalts in der Partnerschaftsgesellschaft, AnwBl 2005, S. 283–284.

Kalss, Susanne: Das österreichische Gesellschaftsrecht im Spiegel der Entwicklung des deutschen Rechts, NZG 2012, S. 161–168.

Kämmerer, Axel: Die Zukunft der Freien Berufe zwischen Deregulierung und Neuordnung, NJW-Beil. 2010, S. 105–109.

–: Die Zukunft der Freien Berufe zwischen Deregulierung und Neuordnung, in: Verhandlungen des 68. Deutschen Juristentages - Berlin 2010, Band I Gutachten, München 2010, S. H 1 – H 123.

Karl, Roland: Ist die Rechtsanwaltsgesellschaft mbH & Co. KG eine zulässige, aber gewerbesteuerpflichtige Gesellschaftsform?, BB 2011, S. 2583–2588.

Kesseler, Christian: Das Insolvenzverfahren über das Vermögen einer Partnerschaftsgesellschaft, Köln 2004.

Kilian, Matthias: Die Partnerschaftsgesellschaft mit beschränkter Berufshaftung, MDR 2013, S. 1137–1142.

–: Risikomanagement durch Versicherungsschutz, AnwBl 2013, S. 110–112.

–: Die Partnerschaftsgesellschaft mit beschränkter Berufshaftung, AnwBl 2013, S. 14–15.

–: Risikomanagement durch Rechtsformwahl: Die Partnerschaftsgesellschaft - Empirische Ergebnisse: Warum Anwälte an der Gesellschaft bürgerlichen Rechts festhalten, AnwBl 2012, S. 895–897.

–: Überwiegend Akzeptanz in der Anwaltschaft für eine PartG mbB - Zuspruch für Beschränkung der Berufshaftung - Kritik von Einzelanwälten in Umfrage, AnwBl 2012, S. 957–960.

–: Die limited liability partnership - Eine neue Gesellschaftsform im britischen Recht, NZG 2000, S. 1008–1015.

Kirchhof, Hans-Peter/Eidenmüller, Horst/Stürner, Rolf (Hrsg.): Münchener Kommentar zur Insolvenzordnung, Band 1, §§ 1–79 InsO, InsVV, 3. Aufl., München 2013 (Zit.: *Bearbeiter*, in: MüKo InsO).

Kleine-Cosack, Michael: Durchbruch zur interprofessionellen Anwaltssozietät? Entmythologisierung des Rechtsanwaltsberufs im Vorlagebeschluss des BGH, AnwBl 2013, S. 570–576.

–: Sonderstatus der Freiberufler auf dem Prüfstand, AnwBl 2010, S. 537–543.

–: Kammer und Verein - Eine unheilige deutsche Allianz, AnwBl 2006, S. 368–372.

–: Antiquierte Standesrichtlinien, AnwBl 1986, S. 505–512.

–: Bundesrechtsanwaltsordnung mit Berufs- und Fachanwaltsordnung - Kommentar, 6. Aufl., München 2009.

–: Kammer und Verein - Eine unheilige deutsche Allianz, in: Rechtspolitik und Berufspolitik - Felix Busse zum 65. Geburtstag, München 2005, S. 215–226.

Kluth, Winfried: Recht und Ethos der Freien Berufe, JZ 2010, S. 844–852.

Knauer, Christoph/ Wolf, Christian: 20 Jahre „Bastille-Entscheidung" des Bundesverfassungsgerichts - Von der Liberalisierung und Kommerzialisierung des Anwaltsberufs, BRAK-Mitt. 2007, S. 142–147.

Koch, Ludwig/Kilian, Matthias: Anwaltliches Berufsrecht, München 2007.

Kohler, Josef: Die offene Handelsgesellschaft als juristische Person, ZHR 74 1913, S. 456–469.

Koller, Ingo/Roth, Wulf-Henning/Morck, Winfried (Hrsg.): Handelsgesetzbuch Kommentar, 7. Aufl., München 2011 (Zit.: *Bearbeiter*, in: Koller/Roth/Morck, HGB).

Konzen, Horst: Geschäftsführung, Weisungsrecht und Verantwortlichkeit in der GmbH und GmbH & Co KG, NJW 1989, S. 2977–2987.

Kraus, Stefan/Kunz, Jürgen/Nerlich, Jörg/Peres, Holger/Schmid, Jürgen/Senft, Klaus/ Stuber, Manfred (Hrsg.): Sozietätsrecht - Handbuch für rechts-, steuer- und wirtschaftsberatende Gesellschaften, 2. Aufl., München 2006 (Zit.: *Bearbeiter*, in: Sozietätsrecht).

Krejci, Heinz: Unternehmensgesetzbuch statt HGB - Skizzen zur österreichischen Handelsrechtsreform, ZHR 170 (2006), S. 113–143.

–: Verhandlungen des zehnten Österreichischen Juristentages Wien 1988 Band I 1. Teil, Wien 1988.

Krenzler, Michael: Die Zukunft der Freien Berufe zwischen Deregulierung und Neuordnung - Referat, in: Verhandlungen des 68. Deutschen Juristentages - Band II/1 Sitzungsberichte - Referate und Beschlüsse Teil Q, München 2011, S. Q 11 - Q 23.

Kreße, Bernhard: Die neue Partnerschaftsgesellschaft mit beschränkter Berufshaftung im Kontext der Rechtsanwaltshaftung, NJ 2013, S. 45–50.

Krieger, Gerd/Schneider, Uwe H. (Hrsg.): Handbuch Managerhaftung, Köln 2007 (Zit.: *Bearbeiter*, in: Krieger/Schneider, Handbuch Managerhaftung).

Langheid, Theo/Wandt, Manfred (Hrsg.): Münchener Kommentar zum Versicherungsvertragsgesetz, Band 2, §§ 100–191 VVG, 1. Aufl., München 2011 (Zit.: *Bearbeiter*, in: MüKo VVG).

Larenz, Karl/Canaris, Claus-Wilhelm: Methodenlehre der Rechtswissenschaft, 3. Aufl., Berlin/Heidelberg/New York 1995.

Laufs, Adolf/Katzenmeier, Christian/Lipp, Volker: Arztrecht, 6. Aufl., München 2009.

Laufs, Adolf/Kern, Bernd-Rüdiger (Hrsg.): Handbuch des Arztrechts, 4. Aufl., München 2010 (Zit.: *Bearbeiter,* in: Laufs/Kern Handbuch des Arztrechts).

Lerch, Klaus/ Lerch, Verena/ Junkov, Alexander: Die neue PartG mbB als Konkurrenzmodell zur Rechtsanwalts-GmbH, GmbHR 2012, S. R329–R330.

Leuering, Dieter: Die Partnerschaft mit beschränkter Berufshaftung, NZG 2013, S. 1001–1006.

–: Auf dem Weg zur Partnerschaftsgesellschaft mit beschränkter Berufshaftung, ZIP 2012, S. 1112–1115.

Leuering, Dieter/ Rubner, Daniel: Rechtsanwaltsgesellschaften in der Rechtsform der KG, NJW-Spezial 2010, S. 591–592.

Leutheusser-Schnarrenberger, Sabine: Ein wichtiger Tag für die Freien Berufe, AnwBl 1994, S. 334–335.

Lewinski, Kai von: Grundriss des Anwaltlichen Berufsrechts, 3. Aufl., Baden-Baden 2012.

Lieder, Jan: Die Partnerschaftsgesellschaft mit beschränkter Berufshaftung – Teil 1: Grundzüge und erste Problemfragen der neuen Rechtsformvariante, NotBZ 2014, S. 81–88.

–: Die Partnerschaftsgesellschaft mit beschränkter Berufshaftung – Teil 2: Grundzüge und erste Problemfragen der neuen Rechtsformvariante, NotBZ 2014, S. 128–134.

Lieder, Jan/ Hoffmann, Thomas: Rechtstatsachen zur PartG mbB und zur LLP, NZG 2014, S. 127–131.

Linardatos, Dimitrios: Die Partnerschaftsgesellschaft mit beschränkter Berufshaftung - eine echte Alternative zur Limited Liability Partnership oder eine systemwidrige Implementierung in das Partnerschaftsgesellschaftsgesetz?, VersR 2013, S. 1488–1498.

Lorenz, Egon (Hrsg.): Karlsruher Forum 2002: Schuldrechtsmodernisierung, Karlsruhe 2003 (Zit.: *Bearbeiter,* in: Karlsruher Forum 2002).

Lutter, Marcus: Haftung und Haftungsfreiräume des GmbH-Geschäftsführers - 10 Gebote an den Geschäftsführer, GmbHR 2000, S. 301–312.

Lutter, Marcus: Theorie der Mitgliedschaft, AcP 180 (1980), S. 84–159.

Lutter, Marcus/Hommelhoff, Peter (Hrsg.): GmbH-Gesetz Kommentar, 12. Aufl., Köln 2012 (Zit.: *Bearbeiter,* in: Lutter/Hommelhoff GmbHG).

Mann, Thomas: Was bleibt heute vom Freien Beruf?, AnwBl 2010, S. 551–555.

Maurer, Frank: Die Haftung assoziierter Rechtsanwälte unter besonderer Berücksichtigung der Haftungsbeschränkung, Berlin 2002.

Medicus, Dieter/Petersen, Jens: Bürgerliches Recht - Eine nach Anspruchsgrundlagen geordnete Darstellung zur Examensvorbereitung, 24. Aufl., München 2013.

Meilicke, Wienand/Westphalen, Friedrich von/Hoffmann, Jürgen/Lenz, Tobias/ Wolff, Reinmar (Hrsg.): Partnerschaftsgesellschaftsgesetz : Gesetz über Partnerschaftsgesellschaften Angehöriger Freier Berufe, 2. Aufl., München 2006 (Zit.: *Bearbeiter*, in: M/GvW/H/L/W).

Michalski, Lutz (Hrsg.): Kommentar zum Gesetz betreffend die Gesellschaften mit beschränkter Haftung (GmbH-Gesetz) - Band 1 Systematische Darstellungen §§ 1–34 GmbHG, 2. Aufl., München 2010 (Zit.: *Bearbeiter*, in: Michalski GmbHG).

– (Hrsg.): Kommentar zum Gesetz betreffend die Gesellschaften mit beschränkter Haftung (GmbH-Gesetz) - Band 2 Systematische Darstellungen §§ 35–85 GmbHG, §§ 1–4 EGGmbHG, 2. Aufl., München 2010 (Zit.: *Bearbeiter*, in: Michalski GmbHG).

–: Der Begriff des freien Berufs im Standes- und im Steuerrecht, Köln 1989.

Michalski, Lutz/ Römermann, Volker: Inhaltskontrolle von Einzelvereinbarungen anhand des AGB-Gesetzes, ZIP 1993, S. 1434–1446.

–: PartGG: Kommentar zum Partnerschaftsgesellschaftsgesetz, 3., neu bearb. Aufl., Köln 2005.

Miras, Antonio: Aktuelle Fragen zur Unternehmergesellschaft (haftungsbeschränkt), NZG 2012, S. 486–491.

Möller, Carolin: Anwalts-AG und LLP - innovative Rechtsformen für Rechtsanwaltsausübungsgesellschaften?, AnwZert HaGesR 11/2010, Anm. 2.

Müller-Erzbach, Rudolf: Das private Recht der Mitgliedschaft als Prüfstein eines kausalen Rechtsgedankens, Weimar 1948.

Müller-Graff, Peter-Christian: Haftungsrecht und Gesellschaftsrecht: Der Maßstab der „diligentia quam in suis“ für Geschäftsführer in Personengesellschaften, AcP 191 (1991), S. 475–494.

Neuner, Jörg: Handelsrecht - Handelsgesetz - Grundgesetz, ZHR 157 1993, S. 243–290.

Nowotny, Georg: Gesellschaftsrecht, 1. Aufl., Wien 2005.

Odersky, Walter: Anwaltliches Berufsrecht und höchstrichterliche Rechtsprechung, Köln 1991.

Oetker, Hartmut (Hrsg.): Kommentar zum Handelsgesetzbuch (HGB), 3. Aufl., München 2013 (Zit.: *Bearbeiter*, in: Oetker HGB).

Peitscher, Stefan: Anwaltsrecht, Baden-Baden 2013.

Pelzer, Melanie: Die Sozietät im Sinne der BRAO unter besonderer Berücksichtigung der Beteiligung von Berufsfremden, Diss. jur., Bonn 2008 (Zit.: *Bearbeiter*, Die Sozietät im Sinne der BRAO).

Posegga, Volker: Die Partnerschaftsgesellschaft mit beschränkter Berufshaftung als neue Organisationsform - Überblick und erste Bewertung des Referentenentwurfs zur Einführung einer PartG mbB, DStR 2012, S. 611–615.

–: Die Haftung der Mitglieder einer interprofessionellen Sozietät aus Rechtsanwälten und Steuerberatern - Zugleich ein Beitrag zur Diskussion über die freiberufliche Sozietät im Spannungsgeflecht von Gesellschafts- und Berufsrecht, DStR 2009, S. 2391–2396.

Raisch, Peter: Geschichtliche Voraussetzungen, Dogmatische Grundlagen und Sinnwandlung des Handelsrechts, Karlsruhe 1965.

–: Freie Berufe und Handelsrecht, in: Festschrift für Fritz Rittner zum 70. Geburtstag, München 1991, S. 471–489.

Raiser, Thomas: Der Begriff der juristischen Person. Eine Neubesinnung, AcP 199 (1999), S. 104–144.

–: Gesamthand und juristische Person im Licht des neuen Umwandlungsrechts, AcP 194 (1994), S. 495–512.

–: Das Unternehmen als Organisation - Kritik und Erneuerung der juristischen Unternehmenslehre, Berlin 1969.

Redeker, Konrad: Der Rechtsanwalt: „Freier Beruf“ - „unreglementiert“ - „dereguliert“, NJW 2004, S. 2799–2801.

Reiff, Peter: Die neuen berufsrechtlichen Bestimmungen über Haftungsbeschränkungen durch AGB, AnwBl 1997, S. 3–15.

Reischl, Klaus: Insolvenzrecht, 2. Aufl., Heidelberg/München/Landsberg/Frechen/Hamburg 2011.

Riechert, Stefan: Das Haftungsregime der Sozietät und neue Versicherungskonzepte, AnwBl 2011, S. 489–491.

Ring, Gerhard: Die Partnerschaftsgesellschaft mit beschränkter Berufshaftung für Angehörige freier Berufe (insbesondere Rechtsanwälte), WM 2014, S. 237–242.

Rittner, Fritz: Teamarbeit bei freien Berufen, StB 1967, S. 2–9.

Röhricht, Volker: Insolvenzrechtliche Aspekte im Gesellschaftsrecht, ZIP 2005, S. 505–516.

Römermann, Volker (Hrsg.): PartGG: Kommentar zum Partnerschaftsgesellschaftsgesetz, 4. Aufl., Köln 2012 (Zit.: *Bearbeiter*, in: PartGG).

–: Die PartG mbB - eine neue attraktive Rechtsform für Freiberufler, NJW 2013, S. 2305–2310.

–: PartG mbB - die anwaltliche Rechtsform der Zukunft?!, AnwBl 2012, S. 288–291.

–: Das Ende für die Anwalts-KG vor dem BGH - das letzte Wort?, AnwBl 2011, S. 750–752.

–: Die Anwalts-GmbH & Co. KG, AnwBl 2008, S. 609–612.

–: Neues im Recht der Partnerschaftsgesellschaft, NZG 1998, S. 675–678.

–: Entwicklungen und Tendenzen bei Anwaltsgesellschaften - Eine vergleichende Studie zu EWIV, Sozietät und Kapitalgesellschaft, Diss. jur., Köln 1995 (Zit.: *Bearbeiter*, Entwicklungen und Tendenzen bei Anwaltsgesellschaften).

Römermann, Volker/Hartung, Wolfgang: Anwaltliches Berufsrecht, 2. Aufl., München 2008.

Römermann, Volker/ Praß, Jan-Philipp: Die Partnerschaftsgesellschaft mit beschränkter Berufshaftung - Rechtspolitische Kritik und rechtssystematische Einordnung, NZG 2012, S. 601–608.

Roth, Günter: Die kleine Erwerbsgesellschaft zwischen bürgerlichem Recht und Handelsrecht, ZHR 155 (1991), S. 24–51.

Roth, Günter/Altmeppen, Holger (Hrsg.): Gesetz betreffend die Gesellschaften mit beschränkter Haftung (GmbHG) - Kommentar, 7. Aufl., München 2012 (Zit.: *Bearbeiter*, in: Roth/Altmeppen, GmbHG).

Ruppert, Stefan: Partnerschaftsgesellschaft mit beschränkter Berufshaftung - Ende gut, alles gut?, DStR 2013, S. 1623–1628.

Säcker, Franz Jürgen/Armbrüster, Christian (Hrsg.): Münchener Kommentar zum Bürgerlichen Gesetzbuch, BGB Band 1: Allgemeiner Teil §§ 1–240, ProstG, AGG, 6. Aufl., München 2012 (Zit.: *Bearbeiter*, in: MüKo BGB).

Säcker, Franz Jürgen/Rixecker, Roland (Hrsg.): Münchener Kommentar zum Bürgerlichen Gesetzbuch: BGB Band 2: Schuldrecht - Allgemeiner Teil §§ 241–432, 6. Aufl., München 2012 (Zit.: *Bearbeiter*, in: MüKo BGB).

Säcker, Franz Jürgen/Rixecker, Roland/Oetker, Hartmut (Hrsg.): Münchener Kommentar zum Bürgerlichen Gesetzbuch: BGB Band 5: Schuldrecht - Besonderer Teil III §§ 705–853, Partnerschaftsgesellschaftsgesetz, Produkthaftungsgesetz, 6. Aufl., München 2013 (Zit.: *Bearbeiter*, in: MüKo BGB).

Salger, Hans-Christian: Beschränkte Berufshaftung - Zum Gesetzesentwurf zur Einführung einer „Partnerschaft mit beschränkter Berufshaftung", DB 2012, S. 1794–1797.

Sassenbach, Holger: Sind Haftungsrecht und Berufsrecht (un)vereinbar? Zugleich eine Anmerkung zu BGH, Urt. v. 5.2.09 – IX ZR 18/07, AnwBl 2009, S. 447–448.

–: Rechtsanwaltsgesellschaften: RA-GmbH, RA-AG und RA-LLP? Die Möglichkeiten der gesetzlichen Haftungsbeschränkung bei der Berufsausübung, AnwBl 2007, S. 293–296.

–: Berufsrecht contra Gesellschaftsrecht - Haftungs- und versicherungsrechtliche Fragen bei der Anwendung der akzessorischen Haftung, AnwBl 2006, S. 304–308.

Schanze, Erich: Gesellschafterhaftung für unlautere Einflussnahme nach § 826 BGB: Die Trihotel-Doktrin des BGH, NZG 2007, S. 681–686.

Schaub, Bernhard: Die Haftung des GmbH-Geschäftsführers im Außenverhältnis (Teil II), DStR 1992, S. 1766–1770.

Schmidt, Karsten: Neuregelung des Rechts der Personengesellschaften? - Vorüberlegungen für eine konsistente Reform –, ZHR 177 (2013), S. 712–740.

–: Plädoyer für die freiberufliche (GmbH & Co.)Kommanditgesellschaft, DB 2009, S. 271–274.

–: Die Sozietät als Sonderform der BGB-Gesellschaft - Wandlung einer klassischen Rechtsform im Lichte der Rechtsprechung, NJW 2005, S. 2801–2810.

–: Der Entwurf eines Unternehmensgesetzbuchs - eine rechtspolitische Analyse, JBl 2004, S. 31–43.

–: Das Handelsrechtsreformgesetz, NJW 1998, S. 2161–2169.

–: HGB-Reform und gesellschaftsrechtliche Gestaltungspraxis, DB 1998, S. 61–65.

–: Bemerkungen und Vorschläge zur Überarbeitung des Handelsgesetzbuchs, DB 1994, S. 515–521.

–: Partnerschaftsgesetzgebung zwischen Berufsrecht, Schuldrecht und Gesellschaftsrecht, ZIP 1993, S. 633–652.

–: Der Partnerschaftsgesetzentwurf: Chance für eine überfällige Reform der Gesellschaft bürgerlichen Rechts - Ein rechtspolitischer Beitrag zum Recht der unternehmenstragenden Gesamthand in Österreich, JBl 1988, S. 745–756.

–: Vom Handelsrecht zum Unternehmens-Privatrecht?, JuS 1985, S. 249–257.

– (Hrsg.): Münchener Kommentar zum Handelsgesetzbuch, Band 1, §§ 1–104a HGB, 3. Aufl., München 2010 (Zit.: *Bearbeiter,* in: MüKo HGB).

– (Hrsg.): Münchener Kommentar zum Handelsgesetzbuch, Band 2, Handelsgesellschaften und stille Gesellschaft, §§ 105–160, 3. Aufl., München 2011 (Zit.: *Bearbeiter,* in: MüKo HGB).

–: Handelsrecht, 6. Aufl., Köln 2014.

–: Gesellschaftsrecht, 4. Aufl., Köln 2002.

Schmidt, Karsten/Lutter, Marcus (Hrsg.): Aktiengesetz : Kommentar, 2. Aufl., Köln 2010 (Zit.: *Bearbeiter,* in: AktG Kommentar).

Schmidt, Rolf: Schuldrecht Besonderer Teil II, 8. Aufl., Bremen 2013.

Schneider, Uwe H.: Haftungsmilderung für Vorstandsmitglieder und Geschäftsführer bei fehlerhafter Unternehmensleitung?, in: Festschrift für Winfried Werner zum 65. Geburtstag am 17. Oktober 1984, Berlin/New York 1984, S. 796–815.

Schnittker, Helder/Bank, Stephan: Die LLP in der Praxis – Gesellschaftsrecht und Steuerrecht der Limited Liability Partnership, München 2008.

Scholz, Franz (Hrsg.): Kommentar zum GmbH-Gesetz, I. Band, §§ 1–34, 11. Aufl., Köln 2012 (Zit.: *Bearbeiter,* in: Scholz, GmbHG).

– (Hrsg.): Kommentar zum GmbH-Gesetz, II. Band, §§ 35–52, 10. Aufl., Köln 2007 (Zit.: *Bearbeiter,* in: Scholz/K. Schmidt GmbHG).

Schön, Wolfgang: Die vermögensverwaltende Personenhandelsgesellschaft - Ein Kind der HGB-Reform -, DB 1998, S. 1169–1177.

Schüppen, Matthias: Wider die LLP, für rechtspolitische Plausibilität - es bleibt viel zu tun bei der Änderung des PartGG, BB 2012, S. 783–787.

Schwab, Martin: Die Neuauflage der Existenzvernichtungshaftung: Kein Ende der Debatte!, ZIP 2008, S. 341–350.

Seibert, Ulrich: Die Partnerschaftsgesellschaft mit beschränkter Berufshaftung, DB 2013, S. 1710–1714.

–: EG-Gesellschaftsrecht - Die grenzüberschreitende Ausübung freiberuflicher Tätigkeiten in einer besonderen Rechtsform?, WiR 1993, S. 185–186.

–: Regierungsentwurf eines Partnerschaftsgesellschaftsgesetzes, ZIP 1993, S. 1197–1202.

–: Zum neuen Entwurf eines Partnerschaftsgesellschaftsgesetzes, AnwBl 1993, S. 155–157.

–: Die Partnerschaft - eine neue Gesellschaftsform für die Freien Berufe; Text, Einführung, Materialien, 1. Aufl., Bonn 1994.

Smid, Stefan: Praxishandbuch Insolvenzrecht, 5. Aufl., Berlin 2007.

Sodan, Helge: Freie Berufe als Leistungserbringer im Recht der gesetzlichen Krankenversicherung - Ein verfassungs- und verwaltungsrechtlicher Beitrag zum Umbau des Sozialstaates, Tübingen 1997.

Soergel, Hans Theodor/Siebert, Wolfgang (Hrsg.): Bürgerliches Gesetzbuch – mit Einführungsgesetz und Nebengesetzen, Band 11/1, Schuldrecht 9/1, §§ 705–758, 13. Aufl., Stuttgart 2011 (Zit.: *Bearbeiter,* in: Soergel, Kommentar zum BGB).

Sommer, Michael/ Treptow, Oliver: Die „Umwandlung“ einer Partnerschaftsgesellschaft in eine PartG mbB und ihre Folgen, NJW 2013, S. 3269–3275.

Sommer, Michael/ Treptow, Oliver/ Dietlmeier, Stefan: Haftung für Berufsfehler nach Umwandlung einer Freiberufler-GbR in eine Partnerschaftsgesellschaft, NJW 2011, S. 1551–1557.

Sproß, Joachim: Die RechtsanwaltsGesellschaft in der Form der GmbH & Co. KG, AnwBl 1996, S. 201–206.

Staudinger, Julius von (Hrsg.): J. von Staudingers Kommentar zum Bürgerlichen Gesetzbuch, Allgemeiner Teil, Buch 1: §§ 21–79 : (Allgemeiner Teil 2), Neubearbeitung 2005, Berlin 2005 (Zit.: *Bearbeiter,* in: Staudinger BGB).

– (Hrsg.): J. von Staudingers Kommentar zum Bürgerlichen Gesetzbuch mit Einführungsgesetz und Nebengesetzen, Buch 2 Recht der Schuldverhältnisse §§ 305–310, UKlaG, Neubearbeitung 2006, Berlin 2006 (Zit.: *Bearbeiter,* in: Staudinger BGB).

– (Hrsg.): J. von Staudingers Kommentar zum Bürgerlichen Gesetzbuch mit Einführungsgesetz und Nebengesetzen, Buch 2: Recht der Schuldverhältnisse §§ 397–432, Neubearbeitung 2012, Berlin 2012 (Zit.: *Bearbeiter,* in: Staudinger BGB).

– (Hrsg.): J. von Staudingers Kommentar zum Bürgerlichen Gesetzbuch mit Einführungsgesetz und Nebengesetzen, Buch 2: Recht der Schuldverhältnisse §§ 657 bis 704 (Geschäftsbesorgung), Neubearbeitung 2006, Berlin 2006 (Zit.: *Bearbeiter,* in: Staudinger BGB).

– (Hrsg.): J. von Staudingers Kommentar zum Bürgerlichen Gesetzbuch, Buch 2: Recht der Schuldverhältnisse §§ 705–740 (Gesellschaftsrecht), Neubearbeitung 2003, Berlin 2003 (Zit.: *Bearbeiter,* in: Staudinger BGB).

Stobbe, Ulrich: Lücken in der Berufshaftpflichtversicherung der Anwälte - Die Kongruenz von Deckungskonzept und Haftungssystem – ein vergessener Grundsatz?, AnwBl 2010, S. 449–454.

–: Die Beschränkung der Anwaltshaftung nach § 51a Abs. 1 Nr. 2 BRAO und die EG-Verbraucherschutzrichtlinie, AnwBl 1997, S. 16–19.

Stürner, Rolf/ Bormann, Jens: Der Anwalt - vom freien Beruf zum dienstleistenden Gewerbe? Kritische Gedanken zur Deregulierung des Berufsrechts und zur Aushöhlung der anwaltlichen Unabhängigkeit, NJW 2004, S. 1481–1492.

Taupitz, Jochen: Die Standesordnungen der freien Berufe - Geschichtliche Entwicklung, Funktionen, Stellung im Rechtssystem, Berlin/New York 1991.

Tersteegen, Jens: Fehlende Eintragungsfähigkeit einer Freiberufler-GmbH & Co. KG ins Handelsregister am Beispiel der Steuerberatungs- bzw. Wirtschaftsprüfungs-GmbH § Co. KG, NZG 2010, S. 651–655.

Triebel, Volker/ Otte, Sabine/ Kimpel, Bert: Die englische Limited Liability Partnership in Deutschland: Eine attraktive Rechtsform für deutsche Beratungsgesellschaften?, BB 2005, S. 1233–1241.

Triebel, Volker/ Silny, Deny: Die persönliche Haftung der Gesellschafter einer in Deutschland tätigen englischen Rechtsanwalts-LLP, NJW 2008, S. 1034–1038.

Tröger, Tobias/ Pfaffinger, Lisa: Partnerschaftsgesellschaft mit beschränkter Berufshaftung, JZ 2013, S. 812–821.

Uhlenbruck, Wilhelm/Hirte, Heribert/Vallender, Heinz (Hrsg.): Insolvenzordnung, 13. Aufl., München 2010 (Zit.: *Bearbeiter,* in: Uhlenbruck InsO).

Ulmer, Peter: Von „TBB“ zu „Bremer Vulkan“ - Revolution oder Evolution?, ZIP 2001, S. 2021–2029.

Ulmer, Peter/Habersack, Mathias: Die Haftungsverfassung der Partnerschaftsgesellschaft, in: Festschrift für Hans Erich Brandner: zum 70. Geburtstag, Köln 1996, S. 151–166.

Ulmer, Peter/Schäfer, Carsten: Gesellschaft bürgerlichen Rechts und Partnerschaftsgesellschaft - Systematischer Kommentar - Sonderausgabe aus Band 5

(Schuldrecht III, Besonderer Teil III) des Münchener Kommentars zum Bürgerlichen Gesetzbuch, 6. Aufl., München 2013.

Uwer, Dirk/ Roeding, Manuela: Wege in die Partnerschaftsgesellschaft mit beschränkter Berufshaftung, AnwBl 2013, S. 309–313.

Veil, Rüdiger: Die Unternehmergesellschaft nach dem Regierungsentwurf des MoMiG - Regelungsmodell und Praxistauglichkeit, GmbHR 2007, S. 1080–1086.

Vieth, Hendrik/ Schulz-Jander, Hendrick: Die Rechtsanwalts-GmbH: ein Vertragsentwurf mit Erläuterungen, NZG 1999, S. 1126–1132.

Volmer, Norbert: Die Partnerschaft als Gesellschaftsform für die Teamarbeit im freien Beruf, StB 1967, S. 25–29.

Wagner, Gerhard: Schlusswort zu „Gespaltene Verjährung kaufvertraglicher Ansprüche auf Ersatz mängelbedingter Schäden?“ Zu Beate Gsell, JZ 2002, 1089, JZ 2002, S. 1092–1095.

Wälzholz, Eckhard: Wege in die PartG mbB - Überlegungen zur Gründung und Umwandlung bereits existierender Rechtsträger in eine PartG mbB, DStR 2013, S. 2637–2642.

Wehrheim, Michael: Die Partnerschaftsgesellschaft - Recht, Steuer, Betriebswirtschaft, 4. Aufl., Berlin 2007.

Wellensiek, Jobst: Anwaltshaftung und Risikomanagement, in: Festschrift für Hans Erich Brandner: zum 70. Geburtstag, Köln 1996, S. 727–752.

Weller, Marc Philippe/ Kienle, Florian: Die Anwalts-LLP in Deutschland – Annerkennung – Postulationsfähigkeit – Haftung (Teil I), DStR 2005, S. 1060–1064.

–: Die Anwalts-LLP in Deutschland – Annerkennung – Postulationsfähigkeit – Haftung (Teil II), DStR 2005, S. 1102–1107.

Werner, Rüdiger: Die neue Partnerschaftsgesellschaft mit beschränkter Berufshaftung (PartG mbB), StBW 2013, S. 715–720.

Wertenbruch, Johannes: Die Innenhaftung bei der Partnerschaftsgesellschaft mbB, NZG 2013, S. 1006–1010.

Westphalen, Friedrich von: Möglichkeiten der Beschränkung und Konzentration der Haftung für Rechtsanwälte, WiB 1997, S. 1217–1221.

Westphalen, Friedrich von/Thüsing, Gregor (Hrsg.): Vertragsrecht und AGB-Klauselwerke, Stand: März 2012 (31. Erg.-Lfg.), München 2012 (Zit.: *Bearbeiter*, in: Vertragsrecht und AGB-Klauselwerke).

Whittaker, John/Machell, John: The Law of Limited Liability Partnerships, 2. Aufl., Bristol 2004.

Wiedemann, Herbert: Gesellschaftsrecht - Ein Lehrbuch des Unternehmens- und Verbandsrechts - Band II: Recht der Personengesellschaften, München 2004.

Wieland, Karl: Handelsrecht, München/Leipzig 1921.

Wölk, Jonas: Möglichkeiten der Haftungsbeschränkung des Rechtsanwalts, AnwBl 2003, S. 328–336.

Würfele, Falk: Haftungs- und Haftungsbeschränkungsprobleme bei der gemeinschaftlichen Berufsausübung von Rechtsanwälten, Diss. jur., Hamburg 1999 (Zit.: *Bearbeiter*, Haftungs- und Haftungsbeschränkungsprobleme bei der gemeinschaftlichen Berufsausübung von Rechtsanwälten).

Zib, Christian/Verweijen, Stephan: Das neue Unternehmensgesetzbuch, Wien 2006.

Zimmermann, Christian: Verdrängt die PartG mbB Haftungsvereinbarungen?, NJW 2014, S. 1142–1147.

Zimmermann, Christian: Haftungsbeschränkung statt Versicherung - zur Reichweite von § 51a BRAO, NJW 2005, S. 177–180.

Zöllner, Wolfgang: Wovon handelt das Handelsrecht?, ZGR 1983, S. 82–91.

Anhang

Limited Liability Partnerships Act 2000

CHAPTER 12
ARRANGEMENT OF SECTIONS

ELIZABETH II

Limited Liability Partnerships Act 2000

2000 CHAPTER 12

An Act to make provision for limited liability partnerships.

[20th July 2000]

Be it enacted by the Queen's most Excellent Majesty, by and with the advice and consent of the Lords Spiritual and Temporal, and Commons, in this present Parliament assembled, and by the authority of the same, as follows:—

Introductory

1.—(1) There shall be a new form of legal entity to be known as a limited liability partnership.

(2) A limited liability partnership is a body corporate (with legal personality separate from that of its members) which is formed by being incorporated under this Act; and—

(a) in the following provisions of this Act (except in the phrase "oversea limited liability partnership"), and

(b) in any other enactment (except where provision is made to thecontrary or the context otherwise requires),

references to a limited liability partnership are to such a body corporate.

(3) A limited liability partnership has unlimited capacity.

(4) The members of a limited liability partnership have such liability to contribute to its assets in the event of its being wound up as is provided for by virtue of this Act.

(5) Accordingly, except as far as otherwise provided by this Act or any other enactment, the law relating to partnerships does not apply to a limited liability partnership.

(6) The Schedule (which makes provision about the names and registered offices of limited liability partnerships) has effect.

Incorporation

2.—(1) For a limited liability partnership to be incorporated—

(a) two or more persons associated for carrying on a lawful business with a view to profit must have subscribed their names to an incorporation document,

(b) there must have been delivered to the registrar either the incorporation document or a copy authenticated in a manner approved by him, and
(c) there must have been so delivered a statement in a form approved by the registrar, made by either a solicitor engaged in the formation of the limited liability partnership or anyone who subscribed his name to the incorporation document, that the requirement imposed by paragraph (a) has been complied with.

(2) The incorporation document must—

(a) be in a form approved by the registrar (or as near to such a form as circumstances allow),
(b) state the name of the limited liability partnership,
(c) state whether the registered office of the limited liability partnership is to be situated in England and Wales, in Wales or in Scotland,
(d) state the address of that registered office,
(e) state the name and address of each of the persons who are to be members of the limited liability partnership on incorporation, and
(f) either specify which of those persons are to be designated members or state that every person who from time to time is a member of the limited liability partnership is a designated member.

(3) If a person makes a false statement under subsection (1)(c) which he—

(a) knows to be false, or
(b) does not believe to be true,

he commits an offence.
(4) A person guilty of an offence under subsection (3) is liable—

(a) on summary conviction, to imprisonment for a period not exceeding six months or a fine not exceeding the statutory maximum, or to both, or
(b) on conviction on indictment, to imprisonment for a period not exceeding two years or a fine, or to both.

3.—(1) When the requirements imposed by paragraphs (b) and (c) of subsection (1) of section 2 have been complied with, the registrar shall retain the incorporation document or copy delivered to him and, unless the requirement imposed by paragraph (a) of that subsection has not been complied with, he shall—

(a) register the incorporation document or copy, and
(b) give a certificate that the limited liability partnership is incorporated by the name specified in the incorporation document.

(2) The registrar may accept the statement delivered under paragraph (c) of subsection (1) of section 2 as sufficient evidence that the requirement imposed by paragraph (a) of that subsection has been complied with.
(3) The certificate shall either be signed by the registrar or be authenticated by his official seal.
(4) The certificate is conclusive evidence that the requirements of section 2 are complied with and that the limited liability partnership is incorporated by the name specified in the incorporation document.

Membership

4.—(1) On the incorporation of a limited liability partnership its members are the persons who subscribed their names to the incorporation document (other than any who have died or been dissolved).
(2) Any other person may become a member of a limited liability partnership by and in accordance with an agreement with the existing members.
(3) A person may cease to be a member of a limited liability partnership (as well as by death or dissolution) in accordance with an agreement with the other members or, in the absence of agreement with the other members as to cessation of membership, by giving reasonable notice to the other members.
(4) A member of a limited liability partnership shall not be regarded for any purpose as employed by the limited liability partnership unless, if he and the other members were partners in a partnership, he would be regarded for that purpose as employed by the partnership.

5.—(1) Except as far as otherwise provided by this Act or any other enactment, the mutual rights and duties of the members of a limited liability partnership, and the mutual rights and duties of a limited liability partnership and its members, shall be governed—

(a) by agreement between the members, or between the limited liability partnership and its members, or
(b) in the absence of agreement as to any matter, by any provision made in relation to that matter by regulations under section 15(c).

(2) An agreement made before the incorporation of a limited liability partnership between the persons who subscribe their names to the incorporation document may impose obligations on the limited liability partnership (to take effect at any time after its incorporation).

6.—(1) Every member of a limited liability partnership is the agent of the limited liability partnership.
(2) But a limited liability partnership is not bound by anything done by a member in dealing with a person if—

(a) the member in fact has no authority to act for the limited liability partnership by doing that thing, and
(b) the person knows that he has no authority or does not know or believe him to be a member of the limited liability partnership.

(3) Where a person has ceased to be a member of a limited liability partnership, the former member is to be regarded (in relation to any person dealing with the limited liability partnership) as still being a member of the limited liability partnership unless—

(a) the person has notice that the former member has ceased to be a member of the limited liability partnership, or
(b) notice that the former member has ceased to be a member of the limited liability partnership has been delivered to the registrar.

(4) Where a member of a limited liability partnership is liable to any person (other than another member of the limited liability partnership) as a result of a wrongful act or omission of his in the course of the business of the limited liability partnership or with its authority, the limited liability partnership is liable to the same extent as the member.

7.—(1) This section applies where a member of a limited liability partnership has either ceased to be a member or—

(a) has died,
(b) has become bankrupt or had his estate sequestrated or has been wound up,
(c) has granted a trust deed for the benefit of his creditors, or
(d) has assigned the whole or any part of his share in the limitedliability partnership (absolutely or by way of charge or security).

(2) In such an event the former member or—

(a) his personal representative,
(b) his trustee in bankruptcy or permanent or interim trustee (within 1985 c. 66. the meaning of the Bankruptcy (Scotland) Act 1985) or liquidator,
(c) his trustee under the trust deed for the benefit of his creditors, or
(d) his assignee,

may not interfere in the management or administration of any business or affairs of the limited liability partnership.
(3) But subsection (2) does not affect any right to receive an amount from the limited liability partnership in that event.

8.—(1) If the incorporation document specifies who are to be designated members—

(a) they are designated members on incorporation, and
(b) any member may become a designated member by and in accordance with an agreement with the other members,

and a member may cease to be a designated member in accordance with an agreement with the other members.
(2) But if there would otherwise be no designated members, or only one, every member is a designated member.
(3) If the incorporation document states that every person who from time to time is a member of the limited liability partnership is a designated member, every member is a designated member.
(4) A limited liability partnership may at any time deliver to the registrar—

(a) notice that specified members are to be designated members, or
(b) notice that every person who from time to time is a member of the limited liability partnership is a designated member,

and, once it is delivered, subsection (1) (apart from paragraph (a)) andsubsection (2), or subsection (3), shall have effect as if that were stated in the incorporation document.
(5) A notice delivered under subsection (4)—

(a) shall be in a form approved by the registrar, and
(b) shall be signed by a designated member of the limited liability partnership or authenticated in a manner approved by the registrar.

(6) A person ceases to be a designated member if he ceases to be a member.

9.—(1) A limited liability partnership must ensure that—

(a) where a person becomes or ceases to be a member or designated member, notice is delivered to the registrar within fourteen days, and
(b) where there is any change in the name or address of a member, notice is delivered to the registrar within 28 days.

(2) Where all the members from time to time of a limited liability partnership are designated members, subsection (1)(a) does not require notice that a person has become or ceased to be a designated member as well as a member.
(3) A notice delivered under subsection (1)—

(a) shall be in a form approved by the registrar, and
(b) shall be signed by a designated member of the limited liability partnership or authenticated in a manner approved by the registrar,

and, if it relates to a person becoming a member or designated member, shall contain a statement that he consents to becoming a member or designated member signed by him or authenticated in a manner approved by the registrar.
(4) If a limited liability partnership fails to comply with subsection (1), the partnership and every designated member commits an offence.
(5) But it is a defence for a designated member charged with an offence under subsection (4) to prove that he took all reasonable steps for securing that subsection (1) was complied with.
(6) A person guilty of an offence under subsection (4) is liable on summary conviction to a fine not exceeding level 5 on the standard scale.

Taxation

10.—(1) In the Income and Corporation Taxes Act 1988, after section 118 insert—

"Limited liability partnerships

118ZA. For the purposes of the Tax Acts, a trade, profession or business carried on by a limited liability partnership with a view to profit shall be treated as carried on in partnership by its members (and not by the limited liability partnership as such); and, accordingly, the property of the limited liability partnership shall be treated for those purposes as partnership property.
118ZB. Sections 117 and 118 have effect in relation to a member of a limited liability partnership as in relation to a limited partner, but subject to sections 118ZC and 118ZD.
118ZC.—(1) Subsection (3) of section 117 does not have effect in relation to a member of a limited liability partnership.
(2) But, for the purposes of that section and section 118, such a member's contribution to a trade at any time ("the relevant time") is the greater of—

(a) the amount subscribed by him, and
(b) the amount of his liability on a winding up.

(3) The amount subscribed by a member of a limited liability partnership is the amount which he has contributed to the limited liability partnership as capital, less so much of that amount (if any) as—

(a) he has previously, directly or indirectly, drawn out or received back,
(b) he so draws out or receives back during the period of five years beginning with the relevant time,
(c) he is or may be entitled so to draw out or receive back at any time when he is a member of the limited liability partnership, or
(d) he is or may be entitled to require another person to reimburse to him.

(4) The amount of the liability of a member of a limited liability partnership on a winding up is the amount which—

(a) he is liable to contribute to the assets of the limited liability partnership in the event of its being wound up, and
(b) he remains liable so to contribute for the period of at least five years beginning with the relevant time (or until it is wound up, if that happens before the end of that period).

118ZD.—(1) Where amounts relating to a trade carried on by a member of a limited liability partnership are, in any one or more chargeable periods, prevented from being given or allowed by section 117 or 118 as it applies otherwise than by virtue of this section (his "total unrelieved loss"), subsection (2) applies in each subsequent chargeable period in which—

(a) he carries on the trade as a member of the limited liability partnership, and
(b) any of his total unrelieved loss remains outstanding.

(2) Sections 380, 381, 393A(1) and 403 (and sections 117 and 118 as they apply in relation to those sections) shall have effect in the subsequent chargeable period as if—

(a) any loss sustained or incurred by the member in the trade in that chargeable period were increased by an amount equal to so much of his total unrelieved loss as remains outstanding in that period, or
(b) (if no loss is so sustained or incurred) a loss of that amount were so sustained or incurred.

(3) To ascertain whether any (and, if so, how much) of a member's total unrelieved loss remains outstanding in the subsequent chargeable period, deduct from the amount of his total unrelieved loss the aggregate of—

(a) any relief given under any provision of the Tax Acts (otherwise than as a result of subsection (2) in respect of his total unrelieved loss in that or any previous chargeable period, and
(b) any amount given or allowed in respect of his total unrelieved loss as a result of subsection (2) in any previous chargeable period (or which would have been so given or allowed had a claim been made)."

(2) In section 362(2)(a) of that Act (loan to buy into partnership), after "partner" insert "in a limited partnership registered under the Limited Partnerships Act 1907".

(3) In the Taxation of Chargeable Gains Act 1992, after section 59 insert—

59A.—(1) Where a limited liability partnership carries on a trade or business with a view to profit—

(a) assets held by the limited liability partnership shall be treated for the purposes of tax in respect of chargeable gains as held by its members as partners, and
(b) any dealings by the limited liability partnership shall be treated for those purposes as dealings by its members in partnership (and not by the limited liability partnership as such),

and tax in respect of chargeable gains accruing to the members of the limited liability partnership on the disposal of any of its assets shall be assessed and charged on them separately.

(2) Where subsection (1) ceases to apply in relation to a limited liability partnership with the effect that tax is assessed and charged—

(a) on the limited liability partnership (as a company) in respect of chargeable gains accruing on the disposal of any of its assets, and
(b) on the members in respect of chargeable gains accruing on the disposal of any of their capital interests in the limited liability partnership,

it shall be assessed and charged on the limited liability partnership as if subsection (1) had never applied in relation to it.

(3) Neither the commencement of the application of subsection (1) nor the cessation of its application in relation to a limited liability partnership is to be taken as giving rise to the disposal of any assets by it or any of its members."

(4) After section 156 of that Act insert—

156A.—(1) Where, immediately before the time of cessation of trade, a member of a limited liability holds an asset, or an interest in an asset, partnership. acquired by him for a consideration treated as reduced under

section 152 or 153, he shall be treated as if a chargeable gain equal to the amount of the reduction accrued to him immediately before that time.
(2) Where, as a result of section 154(2), a chargeable gain on the disposal of an asset, or an interest in an asset, by a member of a limited liability partnership has not accrued before the time of cessation of trade, the member shall be treated as if the chargeable gain accrued immediately before that time.
(3) In this section "the time of cessation of trade", in relation to a limited liability partnership, means the time when section 59A(1) ceases to apply in relation to the limited liability partnership."

11. In the Inheritance Tax Act 1984, after section 267 insert—
267A. For the purposes of this Act and any other enactments relating to inheritance tax—

(a) property to which a limited liability partnership is entitled, or which it occupies or uses, shall be treated as property to which its members are entitled, or which they occupy or use, as partners,
(b) any business carried on by a limited liability partnership shall be treated as carried on in partnership by its members,
(c) incorporation, change in membership or dissolution of a limited liability partnership shall be treated as formation, alteration or dissolution of a partnership, and
(d) any transfer of value made by or to a limited liability partnership shall be treated as made by or to its members in partnership (and not by or to the limited liability partnership as such)."

12.—(1) Stamp duty shall not be chargeable on an instrument by which property is conveyed or transferred by a person to a limited liability partnership in connection with its incorporation within the period of one year beginning with the date of incorporation if the following two conditions are satisfied.
(2) The first condition is that at the relevant time the person—

(a) is a partner in a partnership comprised of all the persons who are or are to be members of the limited liability partnership (and noone else), or
(b) holds the property conveyed or transferred as nominee or bare trustee for one or more of the partners in such a partnership.

(3) The second condition is that—

(a) the proportions of the property conveyed or transferred to which the persons mentioned in subsection (2)(a) are entitled immediately after the conveyance or transfer are the same as those to which they were entitled at the relevant time, or

(b) none of the differences in those proportions has arisen as part of a scheme or arrangement of which the main purpose, or one of the main purposes, is avoidance of liability to any duty or tax.

(4) For the purposes of subsection (2) a person holds property as bare trustee for a partner if the partner has the exclusive right (subject only to satisfying any outstanding charge, lien or other right of the trustee to resort to the property for payment of duty, taxes, costs or other outgoings) to direct how the property shall be dealt with.

(5) In this section "the relevant time" means—

(a) if the person who conveyed or transferred the property to the limited liability partnership acquired the property after its incorporation, immediately after he acquired the property, and

(b) in any other case, immediately before its incorporation.

(6) An instrument in respect of which stamp duty is not chargeable by virtue of subsection (1) shall not be taken to be duly stamped unless—

(a) it has, in accordance with section 12 of the Stamp Act 1891, been 1891 c. 39. stamped with a particular stamp denoting that it is not chargeable with any duty or that it is duly stamped, or

(b) it is stamped with the duty to which it would be liable apart from that subsection.

13. In section 15 of the Social Security Contributions and Benefits Act 1992 and section 15 of the Social Security Contributions and Benefits (Northern Ireland) Act 1992 (Class 4 contributions), after subsection (3) insert—

"(3A) Where income tax is (or would be) charged on a member of a limited liability partnership in respect of profits or gains arising from the carrying on of a trade or profession by the limited liability partnership, Class 4 contributions shall be payable by him if they would be payable were the trade or profession carried on in partnership by the members."

Regulations

14.—(1) Regulations shall make provision about the insolvency and winding up of limited liability partnerships by applying or incorporating, with such modifications as appear appropriate, Parts I to IV, VI and VII of the Insolvency Act 1986.

(2) Regulations may make other provision about the insolvency and winding up of limited liability partnerships, and provision about the insolvency and winding up of oversea limited liability partnerships, by—

(a) applying or incorporating, with such modifications as appear appropriate, any law relating to the insolvency or winding up of companies or other corporations which would not otherwise have effect in relation to them, or
(b) providing for any law relating to the insolvency or winding up of companies or other corporations which would otherwise have effect in relation to them not to apply to them or to apply to them with such modifications as appear appropriate.

(3) In this Act "oversea limited liability partnership" means a body incorporated or otherwise established outside Great Britain and having such connection with Great Britain, and such other features, as regulations may prescribe.

15. Regulations may make provision about limited liability partnerships and oversea limited liability partnerships (not being provision about insolvency or winding up) by—

(a) applying or incorporating, with such modifications as appear appropriate, any law relating to companies or other corporations which would not otherwise have effect in relation to them,
(b) providing for any law relating to companies or other corporations which would otherwise have effect in relation to them not to apply to them or to apply to them with such modifications as appear appropriate, or
(c) applying or incorporating, with such modifications as appear appropriate, any law relating to partnerships.

16.—(1) Regulationsmaymake in any enactment such amendments or repeals as appear appropriate in consequence of this Act or regulations made under it.
(2) The regulations may, in particular, make amendments and repeals affecting companies or other corporations or partnerships.

17.—(1) In this Act "regulations" means regulations made by the Secretary of State by statutory instrument.
(2) Regulations under this Act may in particular—

(a) make provision for dealing with non-compliance with any of the regulations (including the creation of criminal offences),

(b) impose fees (which shall be paid into the Consolidated Fund), and
(c) provide for the exercise of functions by persons prescribed by the regulations.

(3) Regulations under this Act may—

(a) contain any appropriate consequential, incidental, supplementary or transitional provisions or savings, and
(b) make different provision for different purposes.

(4) No regulations to which this subsection applies shall be made unless a draft of the statutory instrument containing the regulations (whether or not together with other provisions) has been laid before, and approved by a resolution of, each House of Parliament.

(5) Subsection (4) applies to—

(a) regulations under section 14(2) not consisting entirely of the application or incorporation (with or without modifications) of provisions contained in or made under the Insolvency Act 1986,
(b) regulations under section 15 not consisting entirely of the application or incorporation (with or without modifications) of provisions contained in or made under Part I, Chapter VIII of Part V, Part VII, Parts XI to XIII, Parts XVI to XVIII, PartXX or Parts XXIV to XXVI of the Companies Act 1985,
(c) regulations under section 14 or 15 making provision about oversea limited liability partnerships, and
(d) regulations under section 16.

(6) A statutory instrument containing regulations under this Act shall (unless a draft of it has been approved by a resolution of each House of Parliament) be subject to annulment in pursuance of a resolution of either House of Parliament.

Supplementary

18. In this Act—

"address", in relation to a member of a limited liability partnership, means—

(a) if an individual, his usual residential address, and
(b) if a corporation or Scottish firm, its registered or principal office,

"business" includes every trade, profession and occupation,

"designated member" shall be construed in accordance with section 8,

"enactment" includes subordinate legislation (within the meaning of the Interpretation Act 1978),
"incorporation document" shall be construed in accordance with section 2,
"limited liability partnership" has the meaning given by section 1(2),
"member" shall be construed in accordance with section 4,
"modifications" includes additions and omissions,
"name", in relation to a member of a limited liability partnership, means—

(a) if an individual, his forename and surname (or, in the case of a peer or other person usually known by a title, his title instead of or in addition to either or both his forename and surname), and
(b) if a corporation or Scottish firm, its corporate or firm name,

"oversea limited liability partnership" has the meaning given by section 14(3),
"the registrar" means—

(a) if the registered office of the limited liability partnership is, or is to be, situated in England and Wales or in Wales, the registrar or other officer performing under the Companies Act 1985 the duty of registration of companies in England and Wales, and
(b) if its registered office is, or is to be, situated in Scotland, the registrar or other officer performing under that Act the duty of registration of companies in Scotland, and

"regulations" has the meaning given by section 17(1).

19.—(1) The preceding provisions of this Act shall come into force on such day as the Secretary of State may by order made by statutory instrument appoint; and different days may be appointed for different purposes.
(2) The Secretary of State may by order made by statutory instrument make any transitional provisions and savings which appear appropriate in connection with the coming into force of any provision of this Act.
(3) For the purposes of the Scotland Act 1998 this Act shall be taken to be a pre-commencement enactment within the meaning of that Act.
(4) Apart from sections 10 to 13 (and this section), this Act does not extend to Northern Ireland.
(5) This Act may be cited as the Limited Liability Partnerships Act 2000.

SCHEDULE

Names and registered offices

Part I

Names

Index of names

1. In section 714(1) of the Companies Act 1985 (index of names), after paragraph (d) insert— 1985 c. 6.

"(da) limited liability partnerships incorporated under the Limited Liability Partnerships Act 2000,".

Name to indicate status

2.—(1) The name of a limited liability partnership must end with—

(a) the expression "limited liability partnership", or
(b) the abbreviation "llp" or "LLP".

(2) But if the incorporation document for a limited liability partnership states that the registered office is to be situated in Wales, its name must end with—

(a) one of the expressions "limited liability partnership" and "partneriaeth atebolrwydd cyfyngedig", or
(b) one of the abbreviations "llp", "LLP", "pac" and "PAC".

Registration of names

3.—(1) A limited liability partnership shall not be registered by a name—

(a) which includes, otherwise than at the end of the name, either of the expressions "limited liability partnership" and "partneriaeth atebolrwydd cyfyngedig" or any of the abbreviations "llp", "LLP", "pac" and "PAC",
(b) which is the same as a name appearing in the index kept under section 714(1) of the Companies Act 1985,
(c) the use of which by the limited liability partnership would in the opinion of the Secretary of State constitute a criminal offence, or
(d) which in the opinion of the Secretary of State is offensive.

(2) Except with the approval of the Secretary of State, a limited liability partnership shall not be registered by a name which—

(a) in the opinion of the Secretary of State would be likely to give the impression that it is connected in any way with Her Majesty's Government or with any local authority, or
(b) includes any word or expression for the time being specified in regulations under section 29 of the Companies Act 1985 (names needing approval),

and in paragraph (a) "local authority" means any local authority within the meaning of the Local Government Act 1972 or the Local Government etc. (Scotland) Act 1994, the Common Council of the City of London or the Council of the Isles of Scilly.

Change of name

4.—(1) A limited liability partnership may change its name at any time.
(2) Where a limited liability partnership has been registered by a name which—

(a) is the same as or, in the opinion of the Secretary of State, too like a name appearing at the time of registration in the index kept under section714(1) of the Companies Act 1985, or
(b) is the same as or, in the opinion of the Secretary of State, too like a name which should have appeared in the index at that time,

the Secretary of State may within twelve months of that time in writing direct the limited liability partnership to change its name within such period as he may specify.
(3) If it appears to the Secretary of State—

(a) that misleading information has been given for the purpose of the registration of a limited liability partnership by a particular name, or
(b) that undertakings or assurances have been given for that purpose and have not been fulfilled,

he may, within five years of the date of its registration by that name, in writing direct the limited liability partnership to change its name within such period as he may specify.
(4) If in the Secretary of State's opinion the name by which a limited liability partnership is registered gives so misleading an indication of the nature of its activities as to be likely to cause harm to the public, he may in writing direct the limited liability partnership to change its name within such period as he may specify.

(5) But the limited liability partnership may, within three weeks from the date of the direction apply to the court to set it aside and the court may set the direction aside or confirm it and, if it confirms it, shall specify the period within which it must be complied with.

(6) In sub-paragraph (5) "the court" means—

(a) if the registered office of the limited liability partnership is situated in England and Wales or in Wales, the High Court, and
(b) if it is situated in Scotland, the Court of Session.

(7) Where a direction has been given under sub-paragraph (2), (3) or (4) specifying a period within which a limited liability partnership is to change its name, the Secretary of State may at any time before that period ends extend it by a further direction in writing.

(8) If a limited liability partnership fails to comply with a direction under this paragraph—

(a) the limited liability partnership, and
(b) any designated member in default, commits an offence.

(9) A person guilty of an offence under sub-paragraph (8) is liable on summary conviction to a fine not exceeding level 3 on the standard scale.

Notification of change of name

5.—(1) Where a limited liability partnership changes its name it shall deliver notice of the change to the registrar.

(2) A notice delivered under sub-paragraph (1)—

(a) shall be in a form approved by the registrar, and
(b) shall be signed by a designated member of the limited liability partnership or authenticated in a manner approved by the registrar.

(3) Where the registrar receives a notice under sub-paragraph (2) he shall (unless the new name is one by which a limited liability partnership may not be registered)—

(a) enter the new name in the index kept under section 714(1) of the Companies Act 1985, and
(b) issue a certificate of the change of name.

(4) The change of name has effect from the date on which the certificate is issued.

Effect of change of name

6. A change of name by a limited liability partnership does not—

(a) affect any of its rights or duties,
(b) render defective any legal proceedings by or against it,

and any legal proceedings that might have been commenced or continued against it by its former name may be commenced or continued against it by its new name. Improper use of "limited liability partnership" etc.

7.—(1) If any person carries on a business under a name or title which includes as the last words—

(a) the expression "limited liability partnership" or "partneriaeth atebolrwydd cyfyngedig", or
(b) any contraction or imitation of either of those expressions,

that person, unless a limited liability partnership or oversea limited liability partnership, commits an offence.

(2) A person guilty of an offence under sub-paragraph (1) is liable on summary conviction to a fine not exceeding level 3 on the standard scale.

Similarity of names

8. In determining for the purposes of this Part whether one name is the same as another there are to be disregarded—

(1) the definite article as the first word of the name,
(2) any of the following (or their Welsh equivalents or abbreviations of them or their Welsh equivalents) at the end of the name—
"limited liability partnership",
"company",
"and company",
"company limited",
"and company limited",
"limited",
"unlimited",
"public limited company", and
"investment company with variable capital", and
(3) type and case of letters, accents, spaces between letters and punctuation marks,

and "and" and "&" are to be taken as the same.

Part II

Registered offices

Situation of registered office

9.—(1) A limited liability partnership shall—

(a) at all times have a registered office situated in England and Wales or in Wales, or
(b) at all times have a registered office situated in Scotland,

to which communications and notices may be addressed.
(2) On the incorporation of a limited liability partnership the situation of its registered office shall be that stated in the incorporation document.
(3) Where the registered office of a limited liability partnership is situated in Wales, but the incorporation document does not state that it is to be situated in Wales (as opposed to England and Wales), the limited liability partnership may deliver notice to the registrar stating that its registered office is to be situated in Wales.
(4) A notice delivered under sub-paragraph (3)—

(a) shall be in a form approved by the registrar, and
(b) shall be signed by a designated member of the limited liability partnership or authenticated in a manner approved by the registrar.

Change of registered office

10.—(1) A limited liability partnership may change its registered office by delivering notice of the change to the registrar.
(2) A notice delivered under sub-paragraph (1)—

(a) shall be in a form approved by the registrar, and
(b) shall be signed by a designated member of the limited liability partnership or authenticated in a manner approved by the registrar.

Saarbrücker Studien zum Privat- und Wirtschaftsrecht

herausgegeben von
Prof. em. Dr. Johann Paul Bauer
Prof. Dr. Dr. Dr. h.c. mult. Michael Martinek
Prof. Dr. Dr. h.c. Helmut Rüßmann

Die Schriftenreihe "Saarbrücker Studien zum Privat- und Wirtschaftsrecht" bildet in erster Linie ein Forum für rechtswissenschaftliche Doktorarbeiten der Universität des Saarlandes auf zwei juristischen Schwerpunktgebieten. Zum einen sollen Dissertationen im klassischen Privatrecht, vor allem im bürgerlichen Vermögensrecht der ersten drei Bücher des BGB und ihrer Nebengesetze vorgestellt werden. Zum anderen findet das Wirtschaftsrecht im Sinne des Wirtschaftsprivatrechts besondere Berücksichtigung, womit namentlich die Gebiete des Handelsrechts einschließlich des Bilanzrechts, des Personen- und Kapitalgesellschaftsrechts einschließlich des Konzernrechts, des Gewerblichen Rechtsschutzes sowie des Wettbewerbs- und Kartellrechts bezeichnet sind. Es versteht sich, dass nicht nur rechtsdogmatische Studien, sondern auch rechtstatsächlich, rechtspolitisch oder interdisziplinär angelegte Arbeiten in die Schriftenreihe Aufnahme finden. Denn die Rechts- und Wirtschaftswissenschaftliche Fakultät der Universität des Saarlandes vereinigt unter *einem* Dach die Fachbereiche Rechtswissenschaft und Wirtschaftswissenschaft und regt damit Studenten und Hochschullehrer in besonderer Weise zu fachübergreifender Lehre und Forschung an. Die Schriftenreihe steht aber nicht nur sehr guten und ausgezeichneten Dissertationen, sondern auch anderen "Studien" zu privat- und wirtschaftsrechtlichen Themen offen, bis hin zu Materialien und Skripten des akademischen Unterrichts. Die drei Herausgeber, die zugleich stellvertretend für ihre anderen Saarbrücker Fakultätskollegen des Privat- und Wirtschaftsrechts handeln, verbinden mit den "Saarbrücker Studien zum Privat- und Wirtschaftsrecht" den Wunsch, dass die hier veröffentlichten Arbeiten die verdiente Resonanz in der breiteren juristischen Fachöffentlichkeit finden.

Saarbrücker Studien zum Privat- und Wirtschaftsrecht

Herausgeber:
Johann Paul Bauer, Michael Martinek und Helmut Rüßmann

Band 1 Susanne Jaschinski: Die Haftung von Schwestergesellschaften im GmbH-Unterordnungskonzern. Ein Beitrag zum Konzernverfassungsrecht. 1997.

Band 2 Roman Sascha Ahnert: Die *actio individualis*. Ein Beitrag zur verfassungsrechtlichen Fundierung der Aktionärsklage bei sogenannten Aktien-Interessenverbänden. 1997.

Band 3 Torsten Peters: Der Cateringvertrag. Rechtstatsachen, Rechtsnatur und Rechtsprobleme eines modernen Dienstleistungsvertrags. 1998.

Band 4 Michael Meissner: Persönlichkeitsschutz juristischer Personen im deutschen und US-amerikanischen Recht. Eine rechtsvergleichende Untersuchung des allgemeinen Persönlichkeitsrechts juristischer Personen. 1998.

Band 5 Thomas Tegen: Joint Venture-Vertrag und Projektträgergesellschaft im amerikanischen und deutschen Recht. 1998.

Band 6 Gerhard Wolter: Treuhandrecht im Umbruch? Ein Blick nach Frankreich, Luxemburg, in die Schweiz und in den Libanon sowie auf das Haager Trust-Übereinkommen. 1999.

Band 7 Thomas Dehlfing: Das Recht der irreführenden Werbung in Deutschland, Großbritannien und Frankreich. 1999.

Band 8 Hanno Dornseifer: Börsentermingeschäfte und Börsentermingeschäftsfähigkeit. Zur börsengesetzlichen Behandlung von finanzwirtschaftlichen Festgeschäften, Options- und Optionsscheingeschäften. 1999.

Band 9 Patrick Lenz: Absatzförderung durch *zinssubventionierte* Darlehen. Eine wettbewerbs- und kartellrechtliche Studie zur Zulässigkeit von Niedrigzins-Kreditangeboten unter besonderer Berücksichtigung des Automobilmarktes. 1999.

Band 10 Mansur Pour Rafsendjani: Der Goodwill-Ausgleichsanspruch des Franchisenehmers. Ein Vergleich des deutschen, französischen und US-amerikanischen Franchiserechts. 1999.

Band 11 Jörg Hartmann: Juristische und ökonomische Regelungsprobleme des Insiderhandels. Eine rechtsvergleichende Darstellung USA – Deutschland. 1999.

Band 12 David Altmeier: Rückstellungsbilanzierung in Deutschland und Frankreich. Eine vergleichende Untersuchung der französischen Rückstellungsbilanzierung aus der Perspektive des deutschen Bilanzrechts. 1999.

Band 13 Barbara Günther: Aktivische Bilanzierungshilfen im deutschen und französischen Bilanzrecht. 1999.

Band 14 Bernhard Glasow: Vertikale Preisbindung, Wettbewerbstheorie und Wettbewerbsrecht in den USA, Deutschland und Europa. Bestandsaufnahmen, Kritik und Zukunftsperspektiven. 2000.

Band 15 Dorota Nowak-James: Der Börsenzugang für Anleger in Deutschland und Polen. Eine rechtsvergleichende Untersuchung zum deutschen Finanzkommissionsgeschäft und zum polnischen Brokerauftragsvertrag. 2000.

Band 16 Mathias Queck: Der Nießbrauch am Anteil einer offenen Handelsgesellschaft. Eine Form der (un-)mittelbaren Unternehmensbeteiligung. 2000.

Band 17 Ina Roth: Umweltbezogene Unternehmenskommunikation im deutschen und europäischen Wettbewerbsrecht. 2000.

Band 18 Jörg Preiss: Die Anwendung des markenrechtlichen Erschöpfungsgrundsatzes auf Dienstleistungsmarken. 2000.

Band 19 Kevin M. McDonald: Der Begriff der Dienstleistung im europäischen Binnenmarkt und WTO-System (GATS). 2001.

Band 20 Carolin Opgenhoff: Die europäische Fusionskontrolle zwischen Wettbewerbsrecht und Industriepolitik. 2001.

Band 21 Susanne Schäfer: Die Deliktsfähigkeit juristischer Personen. Eine rechtsvergleichende Untersuchung zur Übertragbarkeit des englischen Modells. 2001.

Band 22 Kay Diedrich: Die Interventionswirkung – Ausprägung eines einheitlichen Konzepts zivilprozessualer Bindungswirkung. 2001.

Band 23 Michael Fröhlich: Zentrale Institutionen des deutschen Urheberrechts und des französischen Droit d'auteur auf dem Prüfstand der elektronischen Netzwerke. 2001.

Band 24 Joël Benjamin Münch: Abtretungsverbote im deutschen und französischen Recht. Rechtsvergleichende Untersuchung der Übertragungshindernisse im deutschen und französischen Forderungsverkehr als Beitrag zu einer weiteren Schuldrechtsvereinheitlichung in Europa. 2001.

Band 25 Monika Prieß: Der Begriff des Sachmangels im deutschen und englischen Kaufrecht. Reformbedarf aufgrund der Verbrauchsgüterkauf-Richtlinie 1999/44/EG. 2001.

Band 26 Katharina Siegel: Produkthaftung im polnischen, tschechischen und slowenischen Recht. 2001.

Band 27 Carolin Kühne: Die gesetzliche Form der Rechtsgeschäfte im deutschen und italienischen Recht. Eine rechtsvergleichende Untersuchung. 2002.

Band 28 Nina Scherf: Die Nachschußpflicht im Gesellschaftsrecht. Eine rechtsformübergreifende Bestandsaufnahme, Analyse und Kritik. 2002.

Band 29 Marc Laukemann: Fernsehwerbung im Programm. Die zunehmende Kommerzialisierung des Fernsehprogramms im Zeitalter einer Ökonomisierung der Aufmerksamkeit als verfassungs-, wettbewerbs- und rundfunkrechtliches Problem. 2002.

Band 30 Michael Bo Jaspers: Nachträgliche Rechtswahl im internationalen Schuldvertragsrecht. Unter besonderer Berücksichtigung der Rechtspraxis in England, Frankreich, Dänemark und Deutschland. 2002.

Band 31 Christina Pernice: Die Insolvenzverschleppung durch das Geschäftsführungsorgan der kleinen Kapitalgesellschaft im deutschen, französischen und englischen Recht. Eine rechtsvergleichende Untersuchung zur Entwicklung eines europäischen Lösungsansatzes. 2002.

Band 32 Anne Christine Janert: Der sachliche und persönliche Anwendungsbereich des deutschen Verbraucherkreditrechts und des britischen Consumer Credit Act 1974. Ein Beitrag zu den Möglichkeiten und Grenzen verbraucherrechtlicher Harmonisierung in Europa. 2002.

Band 33 Annette Trost: Faktische Sitzverlegung unter Sitz- und Gründungstheorie im Vergleich. Unter besonderer Berücksichtigung ihrer gesellschafts- und zivilrechtlichen Folgewirkungen. 2003.

Band 34 Esther Cordula Hilpert: Die Gründerhaftung in der Gesellschaft mit beschränkter Haftung in Deutschland, Frankreich und England. 2003.

Band 35 Wei-ming Liao: Die Schiedsgerichtsbarkeit in Taiwan. Unter besonderer Berücksichtigung der internationalen Handelsschiedsgerichtsbarkeit und mit Hinweisen zu der Entwicklung in Deutschland. 2003.

Band 36 Stefan Stork: Sitzverlegung von Kapitalgesellschaften in der Europäischen Union. Zur Reichweite der Niederlassungsfreiheit unter Berücksichtigung der positiven und der negativen Integration. 2003.

Band 37 Marc Pfeffer: Interbrand-Kartellverbot und Intrabrand-Vereinbarungen. Die Ablösung horizontaler und vertikaler Eingriffsmerkmale im GWB zu Gunsten einer Betrachtung produktexterner und -interner Wettbewerbsfaktoren. 2003.

Band 38 Nicole Burkardt: Der arbeitsrechtliche Aufhebungsvertrag. Einvernehmliche Beendigung von Arbeitsverhältnissen unter Berücksichtigung der Rechtslage nach der Schuldrechtsreform. 2004.

Band 39 Christian Schmeling: Die Entlastung von Mitgliedern geschäftsführender Organe im Recht der Kapitalgesellschaften. Eine rechtsvergleichende Studie zum deutschen, schweizerischen und französischen Recht. 2004.

Band 40 Andreas Wolf: Wege zur virtuellen Haupt- und Gesellschafterversammlung. Eine vergleichende Untersuchung über die Einbeziehung elektronischer Medien in die Hauptversammlung einer Aktiengesellschaft und die Gesellschafterversammlung einer GmbH. 2004.

Band 41 Bianca Natalie Baldus: Der elektronisch geschlossene Vertrag mit Schiedsabrede. Zulässigkeit und anwendbares Recht in nationalen und internationalen Schiedsverfahren. 2004.

Band 42 Vania Dilek: Der Wettbewerbsschutz in Bulgarien und in der Russischen Föderation während des Übergangs vom Dirigismus zur Privatautonomie. 2004.

Band 43 Rudolf Lenders: Treuhand am Gesellschaftsanteil. Die Einbindung des Treugebers in das gesellschaftsrechtliche Organisationsgefüge. 2004.

Band 44 Weizuo Chen: Rück- und Weiterverweisung (Renvoi) in staatsvertraglichen Kollisionsnormen. 2004.

Band 45 Stefan Hahn: Neue Ansätze im Anlegerschutz durch die Ad-hoc-Publizität des § 15 WpHG. 2004.

Band 46 Pietro Graf Fringuelli: Internet TV. Filmurheberrecht im Internet. 2004.

Band 47 Caspar Frhr. v. Schnurbein: Missbrauch von Minderheitsrechten im deutschen und italienischen Aktienrecht. 2005.

Band 48 David Kereselidze: Der allgemeine Teil des Georgischen Zivilgesetzbuches von 1997. Eine rechtsvergleichende Untersuchung. 2005.

Band 49 Miguel A. García Mateos: Das neue Recht der Namensaktie. Bestandsaufnahme, Analyse und Kritik. 2005.

Band 50 Christine Eckstein-Puhl: Prozessbetrug im Schiedsverfahren. Eine Studie zu den vom erschlichenen Schiedsspruch aufgeworfenen Fragen des Aufhebungsverfahrens gemäß § 1059 ZPO. 2005.

Band 51 Steffen Paulmann: Wirksamkeit von Haftungsausschlüssen und -begrenzungen im deutsch-französischen Warengeschäftsverkehr. Unter besonderer Berücksichtigung der UNIDROIT-Principles und der Principles of European Contract Law. 2005.

Band 52 Ina Krischek: Wirtschaftsmediation als alternatives Streitbeilegungsverfahren. Gerichtsverfahren, Schiedsverfahren und Mediation im Vergleich. 2005.

Band 53 Olaf Pick: Verkehrspflichten und Handlungsfreiheit des „Schädigers". 2005.

Band 54 Thomas Paul: Die Gesellschafterfähigkeit von Gesamthandsgemeinschaften. 2005.

Band 55 Dieter Friedrich Unger: Das Recht der Kapitalaufbringung und -erhaltung bei der Aktiengesellschaft im Rechtsvergleich Deutschland, Österreich und Schweiz. Eine Analyse des Kapitalsicherungsrechts in Deutschland, Österreich und der Schweiz. 2006.

Band 56 Nicole Schröder: Perspektiven der Europäisierung des GmbH-Rechts und der Europäischen Privatgesellschaft vor dem Hintergrund der Europäischen Aktiengesellschaft. 2007.

Band 57 Ivo du Mont: Die Kombination von Rücktritt und Schadensersatz im neuen Schuldrecht. Eine ökonomische und rechtsvergleichende Analyse am Beispiel des Kaufvertrags. 2007.

Band 58 Matthias Kühn: Umweltschutz durch Privatrecht. Eine Studie zur ökologischen Analyse der privatrechtlichen Schutzrechte und des Vertragsrechts in Deutschland und England. 2007.

Band 59 Komninos Komnios: Die elektronische Signatur im deutschen und griechischen Recht. 2007.

Band 60 Matthias Kühl: Die Gewinnzusage nach § 661a BGB. Dogmatische Einordnung und rechtsvergleichende Untersuchung. 2007.

Band 61 Barbara Jeanne Attinger: Der Mittelpunkt der hauptsächlichen Interessen nach der EuInsVO – erfolgreiches Konzept oder Quelle der Rechtsunsicherheit? Eine Auseinandersetzung mit dem Zuständigkeitskriterium der Europäischen Insolvenzverordnung unter Heranziehung der Erkenntnisse der ökonomischen Analyse des Rechts. 2008.

Band 62 Dorothee Stober: Der deutsch-schweizerische Erbfall. Eine rechtsvergleichende und international-privatrechtliche Analyse. 2009.

Band 63 Daniel Marc Protz: Das zivilrechtliche Anforderungsprofil mezzaniner Strukturen der Unternehmensfinanzierung. 2009.

Band 64 Manuela Schäfer: Die Verträge zur Durchführung des Schiedsverfahrens. Analyse und Vergleich zweier Lösungsmodelle am Beispiel des deutschen und US-amerikanischen Rechtsraums. Teil I und Teil II. 2010.

Band 65 Ionut Raduletu: Der Schutz von Minderheitsaktionären nach rumänischem und deutschem Aktienrecht unter Berücksichtigung des EU-Acquis. 2010.

Band 66 Christoph Köhler: Lastschriftverfahren in der Insolvenz des Schuldners. Im Lichte der neuen BGH-Rechtsprechung. 2010.

Band 67 Stefan Weiland: *Par condicio creditorum.* Der insolvenzrechtliche Gleichbehandlungsgrundsatz und seine Durchbrechungen zugunsten öffentlich-rechtlicher Gläubiger. 2010.

Band 68 Philipp Ehring: Die Due Diligence im Spannungsverhältnis zwischen kaufrechtlichem Haftungssystem und vertraglicher Gestaltung. 2010.

Band 69 Jochen Hell: GmbH-Mantelverwendung. Haftung und Verantwortlichkeit jenseits der „wirtschaftlichen Neugründung". 2010.

Band 70 Ge Jiang: Das GmbH-Recht in China aus rechtsvergleichender Sicht. Analyse, Kritik und Verbesserungsvorschläge. 2011.

Band 71 Michael Helmut Wildscheck: Das Recht des Unternehmenskaufs in Deutschland und Frankreich unter besonderer Berücksichtigung von Garantieklauseln. Eine rechtsvergleichende Studie zur deutschen und französischen Kautelarpraxis. 2011.

Band 72 Britta Wagner: Haftungsrisiken aus Liquiditätszusagen und Patronatserklärungen in der Unternehmenskrise. 2011.

Band 73 Manuel Karb: Energiepreiskontrolle. Eine Untersuchung der Entgeltkontrolle auf den verschiedenen Energiemärkten nach Energiewirtschaftsrecht, deutschem und europäischem Wettbewerbsbeschränkungsrecht und allgemeinem Zivilrecht. 2011.

Band 74 Bernd Steffen Bertelmann: Das BGB-Zahlungsdiensterecht im Kontext der Single Euro Payments Area. Leitlinien zur richtlinienkonformen Auslegung unter vergleichender Berücksichtigung des britischen und französischen Rechts. 2011.

Band 75 Susanne Niesse: Die leistungsstörungsrechtlichen Grundstrukturen des deutschen, französischen und englischen Unternehmenskaufrechts im Vergleich. 2012.

Band 76 Zhong Ren: Wahrheitspflicht und Kooperationsmaxime im Zivilprozess in Deutschland, Japan und China. 2013.

Band 77 Giga Gabrichidze: Der Prozess der Angleichung des georgischen Wettbewerbsrechts an das Recht der Europäischen Union. 2013.

Band 78 Stephan Wachs: Flucht aus der kartellrechtlichen Bußgeldverantwortung? Unternehmensrestrukturierung und Haftungsnachfolge im deutschen und europäischen Bußgeldrecht. 2013.

Band 79 Max Jakob Rösch: Gesellschafterfremdfinanzierung, Gläubigerschutz und Gläubigerrisikoverantwortung. Die insolvenzrechtliche Sonderbehandlung der Gesellschafterfremdfinanzierung als Ausdruck von Gläubigerschutz und Gläubigerrisikoverantwortung der Gesellschafter. 2013.

Band 80 Sinan Okur: Eine kritische Untersuchung zu den Rechtsbehelfen des Käufers im alten und im neuen türkischen Warenkaufrecht. Zugleich ein Beitrag zu der Harmonisierung des türkischen Warenkaufrechts im Lichte des CISG, BGB und der europäischen Vertragsrechtsharmonisierung. 2013.

Band 81 Dagmar Julia Mathieu: Der Kampf des Rechts gegen erpresserische Aktionäre. Bestandsaufnahme, Kritik und Perspektiven. 2014.

Band 82 Matthias Michael Kappel: Der Grundschuldsicherungsvertrag als Wandlung eines Treuhandverhältnisses. Ein Beitrag zur Überwindung der Dichotomie von Sicherung und Treuhand. 2014.

Band 83 Norman Konecny: Der Verordnungsentwurf über ein Gemeinsames Europäisches Kaufrecht. Meilenstein der europäischen Integration oder Irrlicht der europäischen Politik? 2014.

Band 84 Anna Feilen: Verträge über die Lieferung herzustellender beweglicher Sachen und deren rechtliche Einordnung – eine rechtsvergleichende Untersuchung. 2015.

Band 85 Zeynep Dönmez: Das Widerrufsrecht bei Fernabsatzverträgen. Online-Verträge im türkischen und deutschen Recht. 2015.

Band 86 Martin Kienzler: Die Partnerschaftsgesellschaft mit beschränkter Berufshaftung (PartG mbB) als gesetzgeberische Zwischenstation der Liberalisierung des Gesellschaftsrechts Freier Berufe. 2015.

www.peterlang.com